Max Fuchs

Erziehungswissenschaft und Postkolonialismus

Max Fuchs

Erziehungswissenschaft und Postkolonialismus

Annäherungen an eine aktuelle Kritik der Moderne

kopaed (muenchen)
www.kopaed.de

Bibliografische Information Der Deutschen Nationalbibliothek Die Deutsche Nationalbibliothek verzeichnet diese Publikation in der Deutschen Nationalbibliografie; detaillierte bibliografische Daten sind im Internet über http://dnb.ddb.de abrufbar

ISBN 978-3-96848-143-2
eISBN 978-3-96848-743-4

Druck: docupoint, Barleben

Arnulfstraße 205, 80634 München
Fon: 089. 688 900 98 Fax: 089. 689 19 12
e-mail: info@kopaed.de Internet: www.kopaed.de

Inhaltsverzeichnis

Vorwort

Die Geschichte der Moderne kann als eine Geschichte der Kritik an der Moderne geschrieben werden. Selbst ein kurzer Überblick über Auseinandersetzungen mit der Moderne zeigt, dass nahezu alles, was in diesem Zusammenhang erwähnt und beschrieben wird, strittig ist. Dies beginnt bereits bei der Frage, ob es sich bei der Moderne um eine abgrenzbare und geographisch eindeutig zuzuordnende historische Etappe oder um eine bestimmte Mentalität von Menschen („Modernität") handelt.

Versteht man die Moderne als eine historische Etappe, so werden die unterschiedlichsten Daten genannt, an denen sie einen Anfang nahm. Früheste zeitliche Vorschläge reichen bis ins späte Mittelalter zurück, andere nennen die Renaissance oder den Jahrhundertwechsel 1500, wiederum andere nennen die Revolutionsdaten 1689, 1776 oder 1789, wiederum andere stellen eine Verbindung zur Industriellen Revolution oder zum 19. Jahrhundert her.

Neben dieser politischen und ökonomischen Betrachtungsweise spielt – in den letzten Jahrzehnten verstärkt – die kulturelle Dimension der Moderne eine immer wichtigere Rolle. So bringt man die Moderne mit der europäischen Aufklärung in Verbindung, mit einem spezifischen Verständnis von Vernunft und einer Haltung des Menschen zur Welt, welche durch die Prinzipien des Fortschritts, der Machbarkeit und der Unterwerfung charakterisiert werden kann. Es gibt allerdings im Bereich der Künste die Rede von einer Moderne, die man in der zweiten Hälfte des 19. Jahrhunderts findet.

Erhebliche Unterschiede ergeben sich auch, wenn man verschiedene Disziplinen wie etwa Geschichtswissenschaft, Literaturwissenschaft oder Kunstwissenschaft betrachtet. Zudem ist in den letzten Jahrzehnten eine deutliche Kritik daran geübt worden, dass sich viele Auseinandersetzungen mit der Moderne lediglich auf Europa bzw. den Westen beziehen und Entwicklungen außerhalb Europas erst gar nicht in den Blick genommen werden. Man spricht demgegenüber von unterschiedlichen Modernen in den verschiedenen Regionen der Welt.

Nicht zuletzt wird zunehmend thematisiert, dass man die Moderne und die sie charakterisierenden Prinzipien unter dem Aspekt der Macht und Unterwerfung diskutieren muss. Dies wird insbesondere in der These zum Ausdruck gebracht, dass man die Entwicklung der europäischen Moderne nur in Verbindung mit Kolonialismus,

Sklaverei und Rassismus verstehen könne. In diesem Zusammenhang werden nicht nur die (in der Tat vollmundigen) Versprechungen und realen Errungenschaften, die man der Moderne zuschreibt, einer Kritik unterzogen, man spricht insbesondere auch von einer „epistemischen Gewalt“ und einer deshalb notwendigen „Dekolonialisierung des Wissens“. Dies betrifft die (als europäisch-westlich verstandenen) Wissenschaften und die Philosophie, denen man vorwirft, dass Wissenskulturen außerhalb Europas nicht zur Kenntnis genommen und respektiert werden.

Auch die praktische Pädagogik und die sie flankierende theoretische Erziehungswissenschaft werden in diesem Zusammenhang einer oft radikalen Kritik unterzogen. Aus diesem Grund und im Hinblick auf die Notwendigkeit einer (ebenfalls zur Moderne gehörenden) kritischen Selbstreflexion ist es aus meiner Sicht notwendig, sich ausführlicher mit diesen Debatten auseinanderzusetzen. Erste Überlegungen habe ich in meinen Büchern „Eurozentrismus“ (2021b) und „Pädagogik, Diskriminierung und kulturelle Bildung in der Einwanderungsgesellschaft“ (2021) vorgelegt. Diese Überlegungen werden im vorliegenden Text aufgegriffen und vertieft.

1. Einleitung: Annäherungen an die post- und dekoloniale Kritik der Moderne

Die Moderne und die mit ihr verbundene „moderne Zivilisation“ waren immer schon Thema heftiger und kontroverser Debatten. Die sich in den letzten Jahren dynamisch entwickelnden post- und dekolonialen Theorien und Diskurse, die sich kritisch mit der Moderne und den mit ihr in Verbindung gebrachten Themen wie Kolonialismus, Sklaverei, Unterdrückung, Kapitalismus, Ausbeutung und Diskriminierung auseinandersetzen (siehe etwa Castro Varela/Dhawan 2020, Kerner 2012, Kastner 2022), stehen also in einer langen Tradition.

Allerdings wird diese selbstkritische Traditionslinie, die praktisch mit dem Beginn der Diskussion über die Moderne und einzelne ihrer Bestimmungsmomente ihren Anfang genommen hat, nicht immer in diesen Diskursen zur Kenntnis genommen. Man beansprucht vielmehr, nunmehr auf völlig neue Weise Theorien, Ideologien und Realisierungen dessen, was man der Moderne zurechnet, kritisch zu analysieren. Damit ist man allerdings bereits bei einem wichtigen Thema des vorliegenden Textes angekommen, in dem es darum geht, solche Diskurse nachzuzeichnen, in ihrer Berechtigung zu überprüfen und entsprechende Konsequenzen zu ziehen. Das zentrale Interesse dieses Textes besteht dabei darin, auf der Basis der post- und dekolonialen Kritik, sofern man diese für gerechtfertigt hält, darüber nachzudenken, was „Dekolonialisierung“ der praktischen und theoretischen Pädagogik bedeuten könnte.

Die Rezeption und Bewertung post- und dekolonialer Theorien ist allerdings nicht einfach. Zum einen betritt man ein ausgesprochen diverses und vielfältiges Diskursfeld mit unterschiedlichsten theoretischen, historischen, geographischen und thematischen Bezügen und Schwerpunkten, wobei es zum Teil erhebliche Kontroversen innerhalb dieses Feldes gibt. Eine erste Kontroverse zeigt sich bereits bei der Unterscheidung von postkolonialen und dekolonialen Ansätzen. Während sich postkoloniale Ansätze überwiegend auf das britische Empire und die dazugehörigen Kolonien beziehen, wobei die entsprechenden Beiträge in englischer Sprache verfasst sind, beziehen sich die Autor*innen dekolonialer Studien vorwiegend auf Lateinamerika und damit (vorwiegend) auf ehemalige spanische und portugiesische Kolonien. Daraus ergeben sich unterschiedliche zeitliche Schwerpunkte, da die lateinamerikanische Kolonisierung mit der „Entdeckung“ von Kolumbus am Ende des 15. Jahrhunderts begonnen hat und die spanischen und portugiesischen Kolonien bereits zu Beginn des 19. Jahrhunderts ihre Unabhängigkeit erkämpft haben, während all dies im Kontext des britischen Empires wesentlich später geschah. Die dekolonialen Texte sind zudem vorwiegend in spanischer Sprache verfasst, sodass es im internationalen Kontext auch deshalb Schwierigkeiten bei der Rezeption gegeben hat und gibt. In deutscher Sprache liegen nur einige wenige relevante Texte wichtiger Autor*innen vor (etwa Mignolo 2019, Quijano 2019 sowie einige Texte von Enriquo Dussel).

Probleme gibt es auch bei dem Verständnis dessen, was man unter „Moderne" verstehen soll. Auch wenn man sich nur auf die europäische Moderne konzentriert, gibt es kontroverse Debatten darüber, wann man diese beginnen lässt, wo geographisch und intellektuell die Schwerpunkte liegen, welche Bestimmungsmerkmale sie auszeichnen, wer relevante Bezugsautor*innen sind und in welcher Weise sich die jeweils definierte „Moderne" in der Realität wiederfindet. Man spricht inzwischen von einer Vielfalt an Modernen (plurality of modernities), um den Blick über Europa hinaus auszudehnen. So findet ein aktuelles „Handbuch Moderneforschung" (Jaeger/Knöbl/Schneider 2015) eine entsprechend definierte „Moderne" in Afrika und in verschiedenen arabischen, asiatischen und amerikanischen Ländern. Es werden zudem Moderne-Debatten in den unterschiedlichsten philosophischen Ansätzen, in den Künsten und den verschiedenen Wissenschaften gefunden und dargestellt:

> „Die Frage nach Periodisierung, Strukturen, Zielen, Pfaden und Prozessen der Moderne mündet in eine Vielzahl von konzeptuellen Erweiterungen, Nuancierungen und alternativen Entwürfen (...)." (1)

Bei aller Vielfalt an Konzeptionen der Moderne (deren Berechtigung allerdings auch bestritten wird) gibt es zumindest einige Gemeinsamkeiten, auf die sich kritische Diskurse immer wieder beziehen. Einige Beispiele: Es geht um eine als bloß instrumentell verstandene Vernunft auf der Basis der Quantifizierung und Messbarkeit mit dem Ziel der Schaffung einer bestimmten Ordnung (in Theorie und Praxis), um die Idee des Fortschritts und das Ziel einer Universalisierung. All dies finden post- und dekoloniale Autor*innen in der (europäischen) Aufklärung, sodass diese mit ihren prominenten Vertreter*innen in Philosophie, in den Künsten und den Wissenschaften ins Zentrum der Kritik rückt. Man findet ideelle und reale Verstrickungen wichtiger Vertreter (wie etwa Hobbes, Locke oder Kant) mit Kolonialismus, Rassismus und Sklavenhandel (siehe etwa Därmann 2020), sodass gelegentlich die Forderung erhoben wird, Werke dieser Autor*innen nicht mehr zu berücksichtigen (etwa von Walter Mignolo).

Eine kritische Sicht auf eine derartige Aufklärungskritik und das zugrunde gelegte Verständnis von Aufklärung wird man allerdings ebenfalls einer Kritik unterziehen müssen, wenn man das im postkolonialen Diskurs formulierte Ziel weiterverfolgen möchte, „das Beste der Aufklärung zu bewahren" (Spivak, Dhawan). Man versteht zudem den Kapitalismus als einen zentralen Aspekt der Moderne. Insbesondere geht es um die (gewaltförmigen) Auswirkungen des Kolonialismus:

> „Trotz ihrer vielfältigen Strömungen und Ausrichtungen zielen postkoloniale Theorien darauf ab, die verschiedenen Ebenen kolonialer Vergangenheit, postkolonialer Gegenwart und dekolonialer Zukunft im Hinblick auf sozio-historische Interdependenzen und deren geopolitische Implikationen für das globale Zusammenleben in der postkolonialen Weltgesellschaft herauszuarbeiten (…).“ (Afewoki Abey 2023, 28)

Die Moderne und ihre Errungenschaften werden als Gewaltverhältnis interpretiert, wobei unterschiedliche Ausprägungen von Gewalt (körperliche, sexualisierte, strukturelle, symbolische, epistemische etc. Gewalt) unterschieden und in ihrer Relevanz untersucht werden, kurz: Man thematisiert „The Dark Side of Modernity“ (Alexander 2013). Dies hat eine lange Tradition, sodass man die Geschichte der Moderne auch als Geschichte der Kritik an der Moderne schreiben kann (Bollenbeck 2007), wobei diese Kritik bis heute aufgrund anhaltender Verstöße gegen die in der Politik und Publizistik in Anspruch genommenen „westlichen Werte“ berechtigt ist (siehe etwa Ziegler 2009).

In der Vielfalt post- und dekolonialer Studien spielen zudem bestimmte „Schlüsselwerke“ (Reuter/Karentzos 2012) eine wichtige Rolle. Im postkolonialen Bereich spricht man von einer „Heiligen Dreifaltigkeit“, nämlich dem Palästinenser Edward Said, Gayatri Chakravorty Spivak und Homi Bhabha (beide aus Indien) – und kritisiert diese Kanonisierung, weil damit die Arbeiten vieler anderer Autor*innen nicht gewürdigt wird. Autor*innen aus dem Bereich des Poststrukturalismus (v. a. Jacques Derrida und Michel Foucault), der Psychoanalyse, dem antikolonialen Kampf aus den 1950-er Jahren (Frantz Fanon), den cultural studies (Stuart Hall) und dem Marxismus (Antonio Gramsci) haben einen großen Einfluss (siehe etwa Young 2001). Allerdings gibt es im dekolonialen Diskursbereich zum Teil andere Autor*innen (etwa Walter Mignolo, Enrique Dussel, Elisabeth Walsh und Anibal Quijano), die wiederum im postkolonialen Bereich selten zur Kenntnis genommen werden (obwohl die Genannten zum Teil auf Englisch schreiben und an US-Universitäten lehren).

Kritik an der Moderne kann man in vielerlei Hinsicht üben. Eine erste Annäherung könnte etwa darin bestehen, dass man an die vollmundigen Versprechungen der Moderne erinnert, wie sie etwa in dem Slogan der Französischen Revolution (Freiheit, Gleichheit und Brüderlichkeit) genannt werden (siehe etwa Joas/Wiegandt 2006). Man kann fragen, inwieweit diese Ziele selbst in solchen Ländern, die sich in ihrem Selbstbild als modern und zivilisiert verstehen, umgesetzt sind. Die Antwort hierauf ist ernüchternd:

> „Angesichts gesellschaftlicher Verhältnisse, die durch soziale Ungleichheit, hegemoniale Macht- und Herrschaftsverhältnisse, kapitalistische Interessenkonflikte, asymmetrische Geschlechterverhältnisse sowie internationale Grenz- und Migrationsregimes gekennzeichnet sind, stellt sich pädagogisches und soziales Handeln als herausfordernd dar. Prozesse der Ein- und Ausgrenzung, Unterwerfung sowie Normierung und Normalisierung sind immanente Bestandteile dieser Verhältnisse, die durch Neoliberalisierung und ökonomische Krise noch weiter verschärft werden. Diese Verhältnisse spiegeln sich unter anderem in Organisationen und Institutionen von Bildung oder auch in Projekten zu Diversität und Diskriminierungskritik wider. Sie prägen diese und werden hier zugleich reproduziert – aber auch kritisch hinterfragt.“ (Riegel 2016, 5)

Über diese Kritik an einer mangelhaften Umsetzung der Versprechungen der Moderne hinaus geht eine grundsätzliche Kritik an den modernen Prinzipien selbst. Schon Jean-Jacques Rousseau hat Mitte des 18. Jahrhunderts in seiner ersten Preisschrift bezweifelt, dass die mit der Moderne entstandenen neuen Naturwissenschaften zur Verbesserung der Sitten beitragen könnten. Es gibt kritische Untersuchungen darüber, ob die unterschiedlichen Prinzipien moderner Gesellschaften nicht im Widerspruch zueinander stehen. Es gibt grundsätzlich Fragen danach, inwieweit die politischen Gestaltungsprinzipien der parlamentarischen liberalen Demokratie sinnvoll auf alle Regionen und Länder der Welt angewandt werden können (siehe etwa Ziai 2016). Ein solcher kritischer Ansatz ist Teil eines globalen Vorwurfs des Eurozentrismus in allen Bereichen des gesellschaftlichen Lebens (Politik, Wirtschaft, soziales Zusammenleben und Kultur; siehe Fuchs 2021b).

In dem vorliegenden Text will ich daher in knapper und daher auch nur kursorischer Form auf folgende Themen eingehen:

In den post- und dekolonialen Debatten geht man oft davon aus, dass es eine enge Verbindung zwischen Moderne, Gewalt, Sklaverei und Kolonialismus gibt. Man wird fragen müssen, inwieweit sich diese These auf reale Entwicklungen in der Geschichte und in der aktuellen Gesellschaft stützen kann und ob dieser Zusammenhang nicht bereits von Autor*innen untersucht worden ist, die sich nicht dem post- und dekolonialen Feld zurechnen (vgl. etwa Fuchs 2021). Reale Entwicklungen werden zudem begleitet, erklärt und legitimiert durch theoretische und ideologische Anstrengungen. Es geht um Fragen des Wissens, der Wissenschaften und der Philosophie, wobei eine zentrale Rolle die These spielt, dass koloniale Wissens- und Theorieproduktion den realen Kolonialismus nicht bloß begleitet, sondern zum Teil sogar erst ermöglicht hat (siehe etwa Brunner 2020). Daraus ergibt sich angesichts einer „epistemischen Gewalt“ (Spivak, Brunner) die Forderung nach einem „epistemischen Ungehorsam“ (Mignolo): Man will eine Dekolonialisierung nicht bloß in den verschiedenen Praxisfeldern, sondern auch in der Philosophie und in den unterschiedlichsten Wissenschaften.

In einem letzten Teil dieser Arbeit gehe ich daher der Frage nach, ob, wie und wo sich eine Kolonialität erziehungswissenschaftlichen Wissens finden lässt und was daher eine Dekolonialisierung des erziehungswissenschaftlichen Wissens (und der pädagogischen Praxis) bedeuten kann.

Teil 1:

Hinweise zur Geschichte und Kritik von Moderne und Aufklärung

In diesem Teil geht es nicht bloß um (Hinweise für) eine Annäherung an die Moderne selbst, sondern auch um eine Annäherung an die Diskurse über die Moderne. Ein Stichwort ist das der Ambivalenz: Es geht um positive und negative Auswirkungen des Prozesses der Modernisierung.

Man könnte bereits bei diesem Hinweis mit einer kritischen Analyse beginnen. Denn ein Strukturmerkmal, das der Moderne oft zugeschrieben wird, ist der durchgängige Versuch, Eindeutigkeit herzustellen, Mehrdeutigkeiten und insbesondere Ambivalenzen nicht zuzulassen. Neben diesem zu diskutierenden Aspekt gibt es weitere Strukturmerkmale, die man üblicherweise mit der Moderne assoziiert. Eine längere, aber immer noch unvollständige Liste solcher Merkmale enthält etwa Vernunft und Rationalität bzw. ein bestimmtes Verständnis von beidem, das Streben nach Universalität, nach Unterwerfung, die Idee des Fortschritts und des Wachstums. Auch bringt man die Entwicklung des Kapitalismus und des modernen Staates in eine enge Verbindung mit der Moderne und dies oft zusammen mit der Expansion sich modernisierender europäischer Staaten, also mit Gewalt, Kolonialismus, Krieg und Sklavenhandel. Die Moderne ist verbunden mit der Entwicklung und umfassenden Nutzung von Technik, was zugleich Machtmittel bei den genannten Prozessen der Eroberung und Expansion ist. Mit dem Kapitalismus ist ein risikofreudiges Unternehmertum und dies wiederum mit der entstehenden Klasse eines Bürgertums verbunden. Die Stadt spielt eine große Rolle, wobei – und dies ist ein wichtiger Hinweis – man eine erste urbane Revolution bereits im zwölften Jahrhundert in Europa findet. In dieser Liste, die sicherlich noch zu erweitern ist, finden sich Kategorien von unterschiedlichem Abstraktionsgrad, die zudem verschiedenen Bereichen menschlichen Handelns zugeordnet werden können.

Zur europäischen Moderne zählt man die funktionale Ausdifferenzierung der Gesellschaft, was bedeutet, dass man – in der Sprache der soziologischen Systemtheorie – Subsysteme wie Wirtschaft, Politik, Soziales und Kultur unterscheiden und danach fragen kann, was der Prozess der Modernisierung in diesen verschiedenen Bereichen jeweils bedeutet. Hierbei kann man versuchen, möglichst wertfrei reale Entwicklungen in der Geschichte zu beschreiben, man muss allerdings auch sehen, dass ein wichtiger Aspekt des Redens über die Moderne ein normativer ist, dass nämlich Modernisierung ein normativ gesetztes Ziel verfolgt, das zum einen von Philosoph*innen und anderen Intellektuellen theoretisch zu begründen versucht wurde, das man dann in der Praxis allerdings auch mit extremer Gewalt durchsetzte. Paradox ist, dass man diese Gewaltförmigkeit in der Entwicklung durchaus im Einklang mit vollmundigen Zielen wie Freiheit und Gerechtigkeit sah. *Die Moderne hat offenbar ein Janusgesicht, dessen eine Seite Humanität und Wohlergehen verspricht, auf der anderen Seite allerdings menschliche Abgründe zeigt.*

Ein möglicher Weg der Annäherung und eine notwendige Klärung darüber, worüber man überhaupt spricht, wenn „Moderne“ das Thema ist, wird durch Antwortversuche auf die verschiedenen W-Fragen gezeigt: Was ist eigentlich unter „Aufklärung“ und – damit verbunden – unter „Moderne“ zu verstehen? Wo kann man sie geographisch und dann auch zeitlich verorten und zugleich abgrenzen von konkurrierenden Bewegungen? Was hat ihre Entstehung verursacht und die weitere Entwicklung beeinflusst bzw. behindert und wer waren Träger dieser Bewegung? Wie kann man den konkreten Verlauf von Modernisierungsprozessen beschreiben und warum haben diese an bestimmten Orten stattgefunden und an anderen Orten nicht? Wie geht man mit den (positiven und negativen) Ergebnissen stattgefundener Modernisierungsprozesse heute um?

Zur Beantwortung all dieser Fragen findet sich heute eine nicht mehr überschaubare Menge an Literatur aus den verschiedensten Disziplinen und Bereichen. Man findet kritische und affirmative Literatur, man findet eine Apologetik der Moderne ebenso wie eine radikale Ablehnung. Auch dies ist ein Zeichen der Moderne, denn die Moderne – hier betrachtet als eine näher zu definierende zeitliche Epoche – zeichnet sich durch eine große Selbstreflexivität aus.

Der amerikanische Soziologe Jeffrey Alexander (2013) legt seinen Versuch, die Moderne zu verstehen, unter dem Titel „The Dark Side of Modernity“ vor. Er beginnt sein Buch mit der Feststellung (in sinngemäßer deutscher Übersetzung), dass die Charakterisierung der Moderne und Modernität als bloße „Enttäuschung“ dem Horror, den sie mit sich gebracht hat, nicht gerecht werden würde. Aber, so fährt er fort, Modernität und Moderne lediglich als Albtraum zu verstehen, wäre ebenfalls eine höchst einseitige Geschichte.

Beispiele für die dunkle Seite der Moderne sieht er in einer Reihe von Katastrophen in früheren Jahrhunderten. Er benennt typische Repräsentanten der Aufklärung mit ihren Schattenseiten: Voltaire als zutiefst antisemitisch, Thomas Jefferson als Sklavenhalter, Kant als Rassist. Deutschland als Land der „Bildung“ (im Original Deutsch) beging Mitte des 20. Jahrhunderts einen Völkermord an den Juden, zwei Jahrzehnte später versuchte die amerikanische Luftwaffe Vietnam „in die Steinzeit zurückzubombardieren“ (so ein damals offiziell verkündetes Ziel). Vor dem Hintergrund dieser Entwicklungen führt er die Figur des Janus ein, der mit einem Gesicht in die Vergangenheit und mit dem anderen Gesicht in die Zukunft schaut und sich selbst zwischen Barbarei und Zivilisation sieht.

Diese Janusköpfigkeit versteht Alexander als zentrale Herausforderung für all jene, die versuchen, die „Moderne“ theoretisch zu erfassen. Auf diese Weise diskutiert er all die berühmten Theoretiker der Moderne wie Max Weber, Shmuel Eisenstaedt, Talcott Parsons, Georg Simmel, Karl Marx und Emile Durkheim bis hin zu Michel

Foucault und gibt selbst am Ende seines Buches hoffnungsvolle Hinweise, wie problematische Linien in der Entwicklung der Moderne repariert werden könnten. Als solche problematischen Stränge sieht er eine übersteigerte hierarchisch-bürokratische Organisation der Gesellschaft, die Kommodifikation, die Kulturindustrie, die Zerstörung traditioneller Communities, die bewusste Schaffung kultureller Differenzen („Othering"), Nationalismus, Krieg, technisch-wissenschaftliche Zerstörung und schließlich die mentalen Schäden für das Individuum.

Die meisten dieser Themen werden im Kontext post- und dekolonialer Theorien ebenfalls (kritisch) angesprochen und diskutiert. Ein zentrales Problem, das im Wesentlichen nur benannt, aber hier kaum gelöst werden kann, besteht darin, dass es zu all diesen Aspekten und bei allen versuchten Antworten auf die eingangs genannten W-Fragen eine Fülle von zum Teil einander heftig widersprechenden Antworten gibt. Dies betrifft etwa die hier zitierte Liste von Strukturmerkmalen der Moderne, es betrifft die zeitliche Abgrenzung, wobei einzelne Autoren die Grundlagen für die Entstehung der Moderne schon im späten Mittelalter (Tabaczek/Prokasky 1996) sehen, wohingegen andere das 19. Jahrhundert als zentral ansehen (Osterhammel 2011; Kocka 2022).

Aus einer ersten Intuition heraus sieht man vielleicht Europa als diejenige geographische Region, in der Modernität entstanden ist. Doch ist keineswegs gesichert, was unter „Europa" politisch, kulturell oder geographisch verstanden werden kann. Zudem thematisiert das „Handbuch Moderneforschung" (Jaeger/Knöbl/Schneider 2015) auch Afrika, die arabische Welt, China, Japan, Lateinamerika und Osteuropa im Hinblick auf Prozesse der Modernisierung. Nicht bloß von theoretischem Interesse ist zudem die Frage danach, inwieweit die Menschenrechte heute universelle Gültigkeit beanspruchen können, zumal man zeigen kann, dass das die Menschenrechte tragende Konzept von Menschsein die Vorstellung einer autonomen Person ist, die ihr Leben weitgehend in Freiheit selbst bestimmen kann.

2. Die Genese der Moderne (in Europa) als kontingenter Zufallsprozess

Überblick

Bei der Frage nach der Rolle Europas bei der Gestaltung des „Rests der Welt“ (Ferguson 2013) kann man sich bei der Analyse der ökonomischen Dimension auf die Entwicklung des Kapitalismus und seinen Auswirkungen auf „die Welt“ konzentrieren („Europa hat den Kapitalismus erfunden.“; so Werner Plumpe). Im Hinblick auf die politische Dimension steht die Entwicklung des Staates, später des Nationalstaates und der Demokratie im Mittelpunkt („Europa hat den Staat erfunden“; so Wolfgang Reinhard). Bei der Frage nach der Art und Weise des sozialen Zusammenlebens und seiner Veränderungen („sozialer Wandel“) kann man die These formulieren: Europa bzw. der Westen hat die moderne Gesellschaft erfunden (Übergang von der stratifikatorischen zur funktional differenzierten Gesellschaft).

Damit ergeben sich sofort einige Fragen. Wenn „Gesellschaft“ eine spezifische Form des Zusammenlebens meint, dann muss man fragen, inwieweit Menschen in Europa bzw. in anderen Teilen der Welt vor der Erfindung einer solchen „Gesellschaft“ gelebt haben, wie sich dieses Zusammenleben charakterisieren lässt und wie man es bezeichnen (und bewerten) sollte. Auch das Attribut „modern“ führt zu einem ausgesprochen weiten und unübersichtlichen Diskurshorizont. So wird man feststellen, dass sich in der „Moderne“ die Wissenschaften ausdifferenziert und unterschiedliche Verständnisweisen von Moderne entwickelt haben. Dies beginnt schon mit dem Problem der zeitlichen Festlegung. So führen einige Autor*innen den Ursprung der westlichen Moderne auf Traditionen zurück, die mehr als 2500 Jahre alt sind (griechische Philosophie, später der Bezug auf christliche und jüdische Werte, wobei schon früh Zusammenhänge zwischen philosophischen Traditionen zumindest zwischen Asien, Europa und Afrika zu finden sind; siehe Joas/Wiegandt 2006 sowie Ansätze einer interkulturellen Philosophie), andere sehen die Wurzeln des neuzeitlichen („modern“ werdenden) Europa im Mittelalter, wenn etwa die Revolutionen im Ackerbau oder im geistigen Leben in immer frühere Jahrhunderte verlegt werden (Moore 2001). Die Renaissance rückt in den Blick bei der Suche nach Ursachen und Gründen, etwa im Hinblick auf die These, dass in dieser Zeit das Individuum entdeckt oder sogar erfunden worden sei (so Jacob Burckhardt). Das Individuum und der Individualismus werden von allen, die sich mit der Charakterisierung der Moderne befassen, als zentral angesehen. Individualismus ist die Basis der (individuumsbezogenen) Rechtsentwicklung im Westen (Roeck 2017; Wesel 2010). Es gibt eine Entdeckung der Individualität in den Künsten und einen „Besitzindividualismus“ als Grundlage für den entstehenden Kapitalismus und die werdende bürgerliche Gesellschaft mit der eng mit dieser verbundenen Frage nach dem individuellen Eigentum und dessen Schutz. Das Jahr 1500 gilt mit seinen weltbewegenden Ereignissen (Kolumbus, Reformation, Buchdruck, Bauernkrieg, osmanisches Reich etc.) in vielen Theorien und Konzeptionen als die wichtigste Zäsur, die für verschiedene Kontinente hohe Relevanz hat. Die wissenschaftliche Revolution im 16. und vor allem im 17. Jahrhundert (mit ihren geistigen Vorläufern und Voraussetzungen im Mittelalter und der bedeutenden Rolle arabischer Philosophen; vgl. Fuchs 2022, Cohen 2011) und der Dreißigjährige Krieg mit dem Westfälischen Frieden und seiner bis heute weitgehend gültigen territorialen Gliederung Europas sind markante zeitliche Bezugspunkte.

Die unterschiedlichen politischen Revolutionen in England (1648 und 1688), der Kampf um Unabhängigkeit der Niederlande von Spanien, die Religionskriege, die erkämpfte Unabhängigkeit der amerikanischen Kolonien und nicht zuletzt die Französische und – oft vergessen – die Haitianische Revolution sind weitere Bezugspunkte für die Theorien der Moderne. Dabei zeigt eine Globalgeschichte, die regionale Entwicklungen im globalen Kontext analysiert, wie sehr etwa koloniale Eroberungen mit Machtfragen zwischen europäischen Mächten verbunden waren. In geistiger und kultureller Hinsicht sind es die mit Descartes entstehende neuzeitliche Philosophie und das Prinzip des Rationalismus, es sind die Künste, die sich entwickeln und spätestens gegen Ende des 18. Jahrhunderts Autonomie für sich beanspruchen, die das Verständnis von „Moderne“ in den entsprechenden Wissenschaftsdisziplinen prägen.

Man sieht, dass es erhebliche Unterschiede bei der zeitlichen Festlegung gibt, sodass man eine ökonomische, soziale, politische und kulturelle Moderne unterscheiden kann. Es entsteht in Europa eine bürgerliche Gesellschaft, die sich in ihrer sozialen Struktur wesentlich von der Ständegesellschaft unterscheidet. Bevölkerungsgruppen wie etwa das Bürgertum erlangen Einfluss, andere Bevölkerungsgruppen wie etwa der Adel und der Klerus müssen einen dramatischen Bedeutungsverlust hinnehmen. Auch viele koloniale Aktivitäten wurden nicht von politischen Machthabern, sondern von (bürgerlichen) Kaufleuten und Händlern initiiert. Die bürgerliche Gesellschaft ist offenbar ein wichtiges Charakteristikum bei der Bestimmung der Moderne, sie gibt allerdings den Intellektuellen viele Rätsel auf, sodass neue Wissenschaften wie etwa die Soziologie entstehen mit der einzigen Aufgabe, die moderne bürgerliche (europäische) Gesellschaft zu untersuchen. Es entsteht so eine Vielzahl fachspezifischer „Diskurse der Moderne“.

Wenn Hegel davon spricht, dass Philosophie die Aufgabe habe, ihre Zeit in Begriffe zu fassen, dann bedeutet dies ein Verständnis von Philosophie als institutionalisierter und dauerhafter Selbstreflexion der Gesellschaft. Genau dies tat Hegel mit seinen Bundesgenossen Fichte und Schelling, allerdings – wie angemerkt werden muss – mit eurozentrischem und z. T. rassistischem Blick. Sie konnten an die Philosophen der Aufklärung, insbesondere an Kant, Locke, Hobbes und Rousseau anschließen. Auch Nachfolger von Hegel wie Marx, Nietzsche oder – um einen zeitlichen Sprung ins 20. Jahrhundert zu machen – John Dewey und seine Kollegen im amerikanischen Pragmatismus, setzten sich mit der am weitesten entwickelten modernen Gesellschaft auseinander und ignorierten internationale Vernetzungen nationaler Entwicklungen. Es sind die Vertreter der Kritischen Theorie rund um Max Horkheimer und Theodor Adorno, zu nennen sind zudem Jean-Paul Sartre, Pierre Bourdieu oder Michel Foucault als einflussreiche gesellschaftskritische Intellektuelle, und nicht zuletzt ist es Jürgen Habermas, der als Philosoph und Soziologe über Jahrzehnte hinweg kritischer Beobachter und Analytiker der kapitalistischen Gesellschaft ist. *Allen Genannten kann man die von post- und dekolonialen Autor*innen kritisierte Einengung ihrer Perspektive vorwerfen*. Allerdings: Habermas kritisiert die Moderne und thematisiert ständig ihre „dunklen Seiten", hält aber an dem Projekt der Moderne fest, sieht es jedoch als unvollendet an (Habermas 1992). Vor diesem Hintergrund kritisiert er die aus seiner Sicht überzogene Kritik an der Moderne durch Vertreter*innen der Postmoderne und des Poststrukturalismus. Neben dem philosophischen Diskurs der Moderne gibt es – wie erwähnt– einen soziologischen Diskurs der Moderne (Nassehi 2009), wobei Nassehi auf die Anmerkung von Peter Wagner (1995, 9) hinweist: dass die Rede von einem soziologischen Diskurs der Moderne ein Pleonasmus sei, da die Soziologie mit der Aufgabe der Analyse der Moderne, ihren positiven und negativen Seiten, ihren Momenten der Befreiung und der Entmündigung, im 19. Jahrhundert in Europa und letztlich auch nur für Europa entstanden ist.

Damit ist auch ein Problem verbunden, das auf den Kern der vorliegenden Arbeit zielt, dass sich nämlich Soziologie lange Zeit überwiegend mit der Analyse „moderner und entwickelter" Gesellschaften befasst hat, wohingegen man die außereuropäischen Gesellschaften in den Bereich einer eigens dafür geschaffenen Ethnologie verwies, die zudem die Aufgabe hatte, notwendiges Herrschaftswissen für die Kontrolle der Kolonien bereit zu stellen. Später hat man theoretische Konzepte, die für diese „entwickelten" Gesellschaften erarbeitet wurden, normativ auf die anderen Gesellschaften zu übertragen versucht (Modernisierungstheorie; zur Kritik siehe etwa Cooper 2012). Genau dies macht den Kern des hier anzusprechenden Eurozentrismus aus, dass nämlich mit der Analyse moderner Gesellschaften zugleich die Bewertung verbunden ist, dass diese den Endpunkt der Zivilisierung und Kultivierung des Menschen darstellen und von daher Allgemeingültigkeit beanspruchen können und – wie viele westliche Politiker*innen meinten – sogar müssen.

Wie oben erwähnt steht im Mittelpunkt jeden Denkens in Kategorien der Moderne der Einzelne, das Individuum, das Subjekt. Die Rolle des Individuums wird daher nicht bloß in den soziologischen, ökonomischen, politischen und philosophischen Diskursen der Moderne debattiert, es entstehen auch spezialisierte individuumszentrierte Arbeitsfelder und Debatten. Insbesondere entsteht gegen Ende des 18. Jahrhunderts eine sich als wissenschaftlich verstehende Psychologie und es verbreitern und vertiefen sich die Diskussionen über eine geeignete Pädagogik, in denen man fragt, wie das Subjekt beschaffen sein soll, das die entstehende moderne Gesellschaft trägt. Nach wichtigen Vorläufern ist es insbesondere das 18. Jahrhundert, das als „pädagogisches Jahrhundert" gilt (darauf gehe ich später ein).

Annäherungen an die moderne (westliche) Gesellschaft

An Theorien zur Moderne ist – wie gesehen – kein Mangel. Sowohl als „Intellektuellendiskurs" als auch als fachwissenschaftliche Analyse ist offensichtlich „die Moderne" nicht nur ein Thema, sondern auch ein Problem, denn neben Definitionsproblemen sind es immer wieder auch Krisen und Pathologien, die zu Analysen herausfordern. Dies gilt nicht nur für die brutalen Folgen der europäischen Expansion, die zu dem von Jean Ziegler (2009) eindrucksvoll beschriebenen und nachvollziehbaren „Hass auf den Westen" geführt hat: Auch in den Staaten des „modernen" Westens gibt es erhebliche Friktionen, die sich immer wieder zu Krisen auswachsen.

Man kann philosophische, soziologische, pädagogische, politikwissenschaftliche etc. (Krisen-) Diskurse der Moderne unterscheiden, die jeweils ihre fachspezifische Dimension beleuchten und um ein Deutungsrecht ringen: die Kämpfe um die Durchsetzung einer parlamentarischen Demokratie, der Aufstieg und Niedergang der Idee eines „autonomen Subjekts", Fragen einer rationalen Lebensführung, das Problem des sozialen Zusammenhangs, die Entwicklung von Kindheit, Jugend, Familie, Ehe, Liebe, die Entstehung moderner Institutionen (Rechtssystem, Bildungswesen, Kultureinrichtungen etc.). Dies ist auch ein Grund dafür, dass es Charakterisierungen der modernen Gesellschaft gibt, die jeweils eine Entwicklung in einem der Subsysteme in den Mittelpunkt stellen. So gibt es im Hinblick auf das Feld der Wirtschaft u. a. die Rede von einer Markt-, Arbeits-, Industrie-, Dienstleistungs-, Konsum- etc. -gesellschaft. Im Hinblick auf die politische Dimension werden autoritäre, diktatorische oder demokratische Gesellschaften unterschieden. Hinsichtlich des Zusammenlebens unterscheidet man Stände- von sich ausdifferenzierenden Gesellschaften. Es gibt Theorien der Individualisierung, der Klassen und Schichten und vieles mehr. Auch kulturelle Charakterisierungen gibt es in größerer Zahl: etwa Lebensstilgesellschaften, christliche oder säkulare Gesellschaften, man spricht von einer Ästhetisierung, von einer Erlebnisgesellschaft. Ein schon älteres Handbuch (Kneer u. a. 1997) kennt allein 15 soziologische Gesellschaftsbegriffe neben den genannten noch die Massen-, National-, Agrar-, Überfluss-, Wissens- und Technikgesellschaft. Diese Liste kann man aus der Perspektive der Sozialpsychologie (etwa die vaterlose oder narzisstische Gesellschaft), der Pädagogik (die Bildungsrepublik oder die lernende Gesellschaft) oder anderer Disziplinen beliebig verlängern. Solche Charakterisierungen heben ein bestimmtes und für wichtig gehaltenes Kriterium hervor und sind damit zugleich eine Zeitdiagnose, meist in kritischer Absicht. Insgesamt kann man feststellen, dass sich Analysen der Kultur, der Moderne und der Gesellschaft oft mit denselben Fragen befassen.

DISKURSE DER AKTUELLEN MODERNE

POLITILK
der politische Diskurs der Moderne
- die Rolle des Staates
- Fachbeamte, Bürokratie
- Neue Steuerung
- Gouvernementalität
- Rechtsstaat

WIRTSCHAFT
der ökonomische Diskurs der Moderne
- digitaler Kapitalismus
- Flexibilisierung
- Neoliberalismus
- Armut
- Globalisierung
- Finanzmarkt/Finanzkrise
- Ökologie

SUBJEKTDISKURSE

Autonomie,
Entfremdung, Nervosität,
Depression, methodische
Lebensführung,
Lebenskunst etc.

GEMEINSCHAFT
- die Moderne im sozialen Diskurs
- Teilhabe
- Individualisierung und Pluralisierung
- Integration
- demographischer Wandel
- Gewalt
- Bürgertum und Prekariat

KULTUR
der kulturelle Diskurs der Moderne
- der philosophische Diskurs der Moderne
- der wissenschaftliche (z. B. der soziologische etc.) Diskurs
- der Diskurs in und mit Künsten
- der theologische Diskurs
- der Mediendiskurs
- Wertewandel, Traditionsbruch, Multi-Kultur
- der pädagogische Diskurs

Moderne Gesellschaft und Subjektivität im historischen Prozess

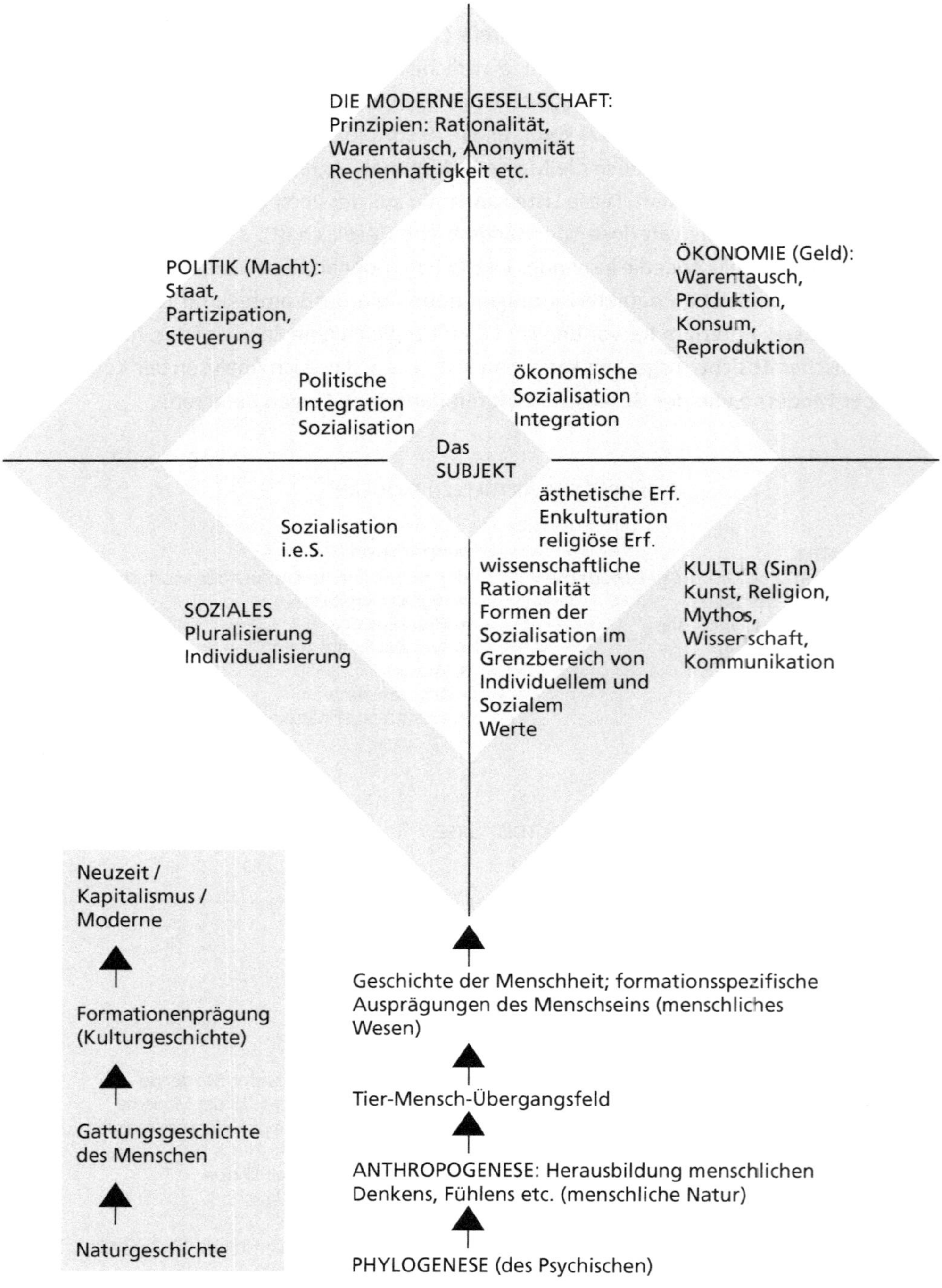

DIE MODERNE GESELLSCHAFT:
Prinzipien: Rationalität,
Warentausch, Anonymität
Rechenhaftigkeit etc.

POLITIK (Macht):
Staat,
Partizipation,
Steuerung

ÖKONOMIE (Geld):
Warentausch,
Produktion,
Konsum,
Reproduktion

Politische
Integration
Sozialisation

ökonomische
Sozialisation
Integration

Das
SUBJEKT

ästhetische Erf.
Enkulturation
religiöse Erf.

Sozialisation
i.e.S.

wissenschaftliche
Rationalität
Formen der
Sozialisation im
Grenzbereich von
Individuellem und
Sozialem
Werte

KULTUR (Sinn)
Kunst, Religion,
Mythos,
Wissenschaft,
Kommunikation

SOZIALES
Pluralisierung
Individualisierung

Neuzeit /
Kapitalismus /
Moderne

▲

Formationenprägung
(Kulturgeschichte)

▲

Gattungsgeschichte
des Menschen

▲

Naturgeschichte

▲

Geschichte der Menschheit; formationsspezifische
Ausprägungen des Menschseins (menschliches
Wesen)

▲

Tier-Mensch-Übergangsfeld

▲

ANTHROPOGENESE: Herausbildung menschlichen
Denkens, Fühlens etc. (menschliche Natur)

▲

PHYLOGENESE (des Psychischen)

„Die Moderne“ ist dabei schwer greifbar. So arbeiten die unterschiedlichen Disziplinen wie erwähnt mit sehr verschiedenen zeitlichen Abgrenzungen: die einen beginnen bereits mit dem magischen Jahr 1500 (Buchdruck, Reformation, Entdeckung Amerikas etc.), andere sprechen von einer „klassischen Moderne“, die erst mit dem 20. Jahrhundert beginnt, als die ersten bereits „postmoderne“ Abgesänge formulierten.

Nicht uninteressant ist daher der Vorschlag, „Moderne“ nicht als Epochenbezeichnung zu verwenden, sondern als Haltung zur Welt und zu sich, die in Gestaltungsprinzipien des Ökonomischen, Sozialen, Politischen und Kulturellen zu suchen ist. Bemerkenswert ist, dass gerade bei der Thematisierung der Moderne starke Versprechungen (Freiheit, Gleichheit, Brüderlichkeit) starken Frustrationen gegenüberstehen. Entsprechend hat man – gerade in den dekolonialen Debatten Lateinamerikas – den Begriff der „Kolonialität“ gebildet, der ein Weiterleben kolonialer Denk- und Handlungsmuster nach der Beendigung der Kolonialzeit in den ehemaligen Kolonien, aber auch in den früheren Kolonialmächten erfasst.

So ist der Diskurs der Moderne nicht nur wesentlich ein Diskurs über die Kultur der Moderne, sondern mehrheitlich ein Diskurs über *Kulturkritik,* über Krisen, Pathologien, Widersprüche. Aber auch dies gehört zur Moderne: eine bislang nicht gekannte Selbstreflexion des Einzelnen und der jeweiligen sozialen Zusammenschlüsse. Die Moderne war immer schon eine „reflexive Moderne“ (Ulrich Beck), die Reflexion trat dabei in Form einer Zeitdiagnose, oft genug verbunden mit einer – selten optimistischen – Zukunftsprognose auf. Etwas salopp kann man sagen: So viel Niedergang und Verfall gab es noch nie. So gibt es nicht nur die (postkoloniale) Forderung nach einer „Provinzialisierung Europas“ (Dipesh Chakrabarty), es mehren sich auch Schriften, die den Niedergang des Westens beschreiben (Niall Ferguson).

Das gilt insbesondere für die Kultur der Moderne. Wie bei allen komplexen Begriffen muss man auch bei dem Kulturbegriff davon ausgehen, dass es unterschiedliche Definitionen in den Fachwissenschaften gibt (Fuchs 2008a), dass er allerdings auch eher feuilletonistisch gebraucht wird, fast sogar zu einem „Plastikwort“ verkommen ist. Neben seiner erkenntnissuchenden Funktion hat er eine ideologische Funktion. So kann man mit Gewinn fragen, welche Dimension des menschlichen Seins er erschließt, die ohne seine Verwendung unzugänglich geblieben wäre. Man kann allerdings auch fragen, welche Begriffe und Fragestellungen er verdrängt.

> “From the end of the eighteenth century to the late nineteenth century, a remarkable convergence takes place in Europe between theories of the modern state and theories of culture (…).” Es ist die Rede davon, dass Staat und Kultureinrichtungen der Glättung innergesellschaftlicher Konflikte und Widersprüche dienen sollen. Kultur hat dabei die Aufgabe von Schiller

(1) Mythos der Moderne	**(2) Realität der Moderne**	**(3) Individuelle Erfahrungen**
Modernes Menschen-, Familien-, Gesellschaftsbild, – "Verheißung" –	**Realisierte Aspekte gesellschaftlicher Modernisierung**	**von gesellschaftlichen Modernisierungsprozessen**
Selbstbewusstes, autonomes Individuum	• Freisetzung von traditionellen sozialer und kultureller Bindungen • Inklusion größerer Bevölkerungsgruppen bez. Bürger- und Menschenrechten etc. • Individualisierung von Biographien, Lebensansprüchen, Rollengestaltung • Subjektivierung der Selbstthematisierung, Ich-Kult	• Selbst- vs. Fremdbestimmung der eigenen Person • Anerkennung vs. Missachtung der eigenen Individualität • Entwicklung pos. oder neg. Selbstbewusstseins, Selbstwerts
Liebesbegründete, individualisiert- partnerschaftliche, autonome Familie	Familiale Lebenspraxis im Spannungsfeld von • bürgerlichem Familienmodell • Individualisierung der Familienmitglieder • Auseinandersetzung mit gesellschaftlicher Umwelt der Familie (Wirtschaft, Schule etc.) • Ungleich verteilte Ressourcen der Familie	• Individuelle Autonomie vs. Heteronomie in Familie • Familiale Autonomie vs. Heteronomie in Gesellschaft • Liebe vs. Routine, Konflikte • Partnerschaft vs. Patriarchat • Anerkennung vs. Missachtung der Individualität
"Fortschritt" in • Wissenschaft • Technik • Wirtschaft • Kultur • Ethik • Recht • Gesellschaft • Politik	• Wissenskomplexität und Pluralisierung • techn. Rationalisierung • Wirtschaftswachstum, Wohlstandsmehrung und Arbeitslosigkeit • kulturelle Differenzierung, Säkularisierung, Pluralisierung • Leistungsprinzip, Aufstiegsmotivation, Pluralismus • Universalisierung des Rechts, • Komplexität des Rechts • Differenzierung in Subsysteme und Lebensformen • wachsende Komplexität und Mediatisierung • Egalisierungstrends vs. Hierarchifizierung • Demokratisierung vs. politische Partizipationsgrenzen etc.	• Aufklärung und Verwirrung • Entlastung vs. Anforderungen • Hebung des Lebensstandards, Arbeitslosigkeit • ungelöste Sinnfragen • Erfahrung der Grenzen des Leistungsprinzips, Normverwirrung • zunehmende Individualrechte • Verwirr. durch Rechtskomplexität • Autonomisierung der Lebensgestaltung • komplexe Sozialbeziehungen • soziale Ungleichheitserfahrung (Geschlecht, Schichten) • politische Partizipation vs. Ohnmacht etc. Quelle: Wahl 1989; S.164

> bis Matthew Arnold, „of forming citizens for the modern state.“ (Lloyd/Thomas 1998, 1).

Der Kulturdiskurs kann daher sein: ein Medium der Krisenthematisierung, ein Teil der Krise, ein Weg aus der Krise oder ein Indikator für eine Krise. In der Geschichte – etwa seit der Jahrhundertwende 1900 und speziell in der Weimarer Zeit – verdrängte der Kulturdiskurs die Debatte über das Soziale, speziell über die soziale Frage. Wolfgang Eßbach (2004) unterscheidet in dem Diskurs der Moderne – in Bezug auf Europa – seit 1800 drei Phasen: In einer ersten Phase ist „Gesellschaft“ das Thema: Was hält sie zusammen, was treibt sie nach vorne? Hegel und Marx sind hierbei wichtige Bezugspersonen. Es ist die Zeit, als die neu entstehende Soziologie genau diese Fragen bearbeitet. Denn die Ablösung der Ständegesellschaft durch eine bürgerliche Klassengesellschaft lässt genau dies als Problem aufkommen: Wie ist sozialer Zusammenhalt unter Bedingungen möglich, unter denen der bisherige „Kitt“ der Gesellschaft (Religion, stabile soziale Ordnung) abhandenkommt und die Verheißungen der Moderne (Freiheit, Bildung, Wohlstand für alle) nicht in dem erwarteten Umfang eintreten?

„Anomie“ wird zu einem zentralen Thema der neuen Soziologie. Max Weber und seine Zeitgenossen versuchen, diese „schwierige Moderne“ (Eßbach) zu verstehen, haben aber – trotz des Einflusses von Nietzsche – insgesamt eine positive Haltung zur Entwicklung.

Eine Grundlage der Integration wird in der Religion und weiter: in der Kultur gesehen. Gegen Ende des 19. Jahrhunderts blüht deshalb der Kulturdiskurs auf. Unter (moderner) Kultur wird dabei normativ eine Orientierung an Werten wie Verantwortlichkeit, Zivilisation, Menschenwürde verstanden. Für Eßbach sind es drei Modernitätskatastrophen, die diese Orientierung als Illusion, als Modernitätskatastrophe enttarnen: der Archipel Gulag (als Demontage eines rationalen Fortschritt-Konzeptes), Auschwitz (Völkermord) und Hiroshima (als Verschwinden individueller Verantwortlichkeit). Angebahnt hat sich dies in den 1920er Jahren, als Theoretiker von links und von rechts auf der Basis der Pathologie der (Kultur der) Moderne (Verelendung, Vereinsamung, Vermassung, Verstädterung, „Vergletscherung der Seele“) Konzepte eines theoretischen Radikalismus entwarfen. Auf der Grundlage dieser Idee spricht er von „Paaren feindlicher Brüder“, die – obwohl sie jeweils weit rechts bzw. links im politischen Spektrum stehen – mehr miteinander gemeinsam haben, als auf den ersten Blick zu vermuten ist: Max Weber und Sigmund Freud; Ernst Jünger und Ernst Bloch; Georg Lukacs und Carl Schmitt; Wilhelm Reich und Arnold Gehlen. Aus der schwierigen wird so eine ungeliebte Moderne.

Die drei Modernitätskatastrophen, die jeweils zentrale Prinzipien der Moderne in Frage stellen (Verantwortung, Humanität, Fortschritt), führen zu einer grundlegenden Debatte über Ethik in der dritten und letzten Phase der Moderne seit den 1960er Jahren. Dies ist die Zeit der Infragestellung der Moderne durch eine „Postmoderne".

Diese Phasenaufteilung der letzten 200 Jahre deckt sich mit analogen Vorschlägen anderer Soziologen. So unterscheidet Wagner (1995) die (restringierte) liberale Moderne, die organisierte Moderne und die (erweiterte) liberale Moderne, wobei jeweils Krisen die Übergänge markieren: Die erste Krise besteht darin, dass die intellektuellen Konstruktionen einer liberalen Gesellschaft, so wie sie in der Aufklärung entwickelt wurden, von der Realität der „ursprünglichen Akkumulation" des Kapitalismus (so wie sie Marx im ersten Band des Kapitals beschreibt) widerlegt wurden. Es entstehen die „stählernen Gehäuse", von denen Max Weber später spricht.

Eine weitere Krise wird rund um 1970 identifiziert: Grenzen des Wachstums, die Auflösung der Bindung von Währungen an die Realwirtschaft, die Ölkrise etc. Reckwitz (2006) nutzt diese Phasenteilung, um jeweils drei Paare von Subjekt-Typen zu identifizieren:

- moralisch-souveränes Subjekt – expressives Subjekt der Romantik
- Angestellten-Subjekt – Subjekt der Avantgarde
- konsumorientiertes Kreativsubjekt – Subjekt der counter culture.

In jedem Fall besteht eine große Einigkeit darüber, dass wir es seit den 1970er Jahren mit einem grundlegenden gesellschaftlichen Wandel zu tun haben, der in jeder Hinsicht (Kultur, Politik, Weltordnung, Ökonomie, Subjektformen etc.) zu gravierenden Veränderungen führt (siehe für eine aktuelle Analyse Schauer 2023).

Kondylis (1991) entwickelt die folgende Gegenüberstellung.

Bürgerliche und nachbürgerliche Gesellschaft

BÜRGERLICHE GESELLSCHAFT	NACHBÜRGERLICHE GESELLSCHAFT
Das Soziale	
Öffentlichkeit und Privates	Das Private wird öffentlich
Konventionen zählen	Konventionen zerfallen
wenige stabile Werte	Pluralisierung der Werte
Askese und Triebkontrolle	Hedonismus
Individualitätsform der Bürger (als Bourgeois und Citoyen)	
	Der Dandy, der Manager, der Bohemien
Hierarchie	Egalitarismus
stabiles Selbst	Patchwork-Identität
Das Politische	
bürgerliche parlamentarische Demokratie	Massendemokratie
Die Wirtschaft	
Beruf	Job
Mangelbewirtschaftung, Güterknappheit	massenhafte Güterversorgung
Nationale Volkswirtschaften	globalisierte Wirtschaft
Industrie	Dienstleistung
Die Kultur	
Selbstzucht, Pflicht	Selbstverwirklichung, Selbstbestimmung
Das Ethische	Das Ästhetische, die Oberfläche
Vernunft	Ästhetik, Gefühl
Synthese	Kombinatorik von Vielem
Kontinuität	Diskontinuität
Leidenschaft	Zerstreuung
Bildung	Selbstverwirklichung
das Appolinische	**das Dionysische**
Formalismus, klassische Moderne	das Bruchstückhafte

Quelle: Kondylis 1991

Kultur-Krisen

Es gibt in der Moderne einen inflationären Gebrauch von „Krisen". Aber ist jede Veränderung tatsächlich eine Krise in einem existentiell bedeutsamen Sinn? Natürlich gibt es stets Veränderungen. Die „Moderne" kann geradezu definiert werden durch ihren Wesenszug, dass sich ständig alles ändert, dass man Neues will mit der Folge, dass das, was heute noch aktuell ist, morgen schon veraltet ist. Veränderung heißt dann aber auch, dass Umgangsweisen unzeitgemäß werden, dass Kompetenzen veralten, dass Zukunftsvorstellungen zerbrechen. Das Subjekt, das all diese Veränderungen verarbeiten muss, wird stark gefordert. Kein Wunder, dass „Flexibilität" geradezu zum Mantra der Gegenwart geworden ist. Von Beginn der Moderne an ist „Zerrissenheit" ein Thema der Kulturkritik: Verloren gegangene, vielleicht aber auch nur „gefühlte" oder nachträglich konstruierte Ganzheitlichkeit früherer Zeiten wird vermisst. „Entfremdung" ist ein weiteres Stichwort. Die Tragödie der Kultur, so Simmel, besteht darin, dass sich von Menschen Gemachtes gegen diese stellt – als scheinbar nicht mehr zu kontrollierender Macht: Die Seele sei nicht mehr Herr im eigenen Haus. Die Mängelanalysen rufen Gegenkonzepte hervor – oft genug rückwärtsgewandte und romantisierende Konzepte:

Zerrissenheit:	Ganzheitlichkeit, Integration, Identität, Kohärenz
Entfremdung:	Authentizität, Mythos, Heimat, Nähe, Eigenes
Krise:	Sicherheit, Vertrauen, Stärke.

Man kann an den Leitbegriffen, Versprechungen und Slogans politischer Parteien erkennen, gegen welche Modernitätspathologie sie anargumentieren, um die entsprechend eingeschüchterten Bürger*innen als Wähler*innen zu gewinnen. Insbesondere sind fast immer Ästhetik und Kunst im Spiel, wenn es sich um Gegenmodelle zu den Pathologien der Moderne handelt. Bei den drei dominanten Subjektformen, die Reckwitz unterscheidet, sind es das romantische Subjekt, das Avantgarde-Subjekt und das kreative Konsumsubjekt. Wenn „Vernunft" Basis der Moderne ist, dann kann nur „das Andere der Vernunft", nämlich Kunst und Ästhetik, uns retten. Und so schwankt der Kunstdiskurs zwischen verschiedenen Zielen und „Versprechungen des Ästhetischen": Zum einen geht es durchaus um Emanzipation, Sensibilisierung, Empowerment. Es geht aber auch um eine „Veredelung des Arbeiters" gemessen an bildungsbürgerlichen Kulturstandards, es geht um die Besänftigung sozialer Differenzen, um eine Ablehnung von handfesten sozialen Problemen. Die Ästhetisierung der Gesellschaft ist mitnichten stets deren Humanisierung, sondern war oft genug in der Geschichte eine oberflächliche Verhübschung von antihumanen Tendenzen. Bei der Rede von einer Krise kann man zudem nicht sicher sein, inwieweit diese tatsächlich eine Krise für alle ist. Tatsächlich waren wichtige Krisenzeiten zu einem großen Teil Zeiten der Krise bloß für eine bestimmte gesellschaftliche Gruppe. So beschreibt Ringer (1983), wie rund um die Jahrhundertwende bis in die Weimarer Zeit die bisherige bildungsbürgerliche Elite um ihr Deutungsrecht bangen musste, weil ihr Konzept von politischer und gesellschaftlicher Ordnung, ihr Verständnis von „Kultur" von der Entwicklung überrollt wurde. Die Folge waren krisenhafte „Intellektuellendiskurse" (Bialas 1996, Gangl 1994), in denen die Angst vor der „Masse", der Niedergang der Religion, der Verfall der Künste beklagt wurden. Als Wege aus der Krise wurde dann angeboten: Rückzug aus der Politik und Verachtung der Politiker (Thomas Mann in seinen „Betrachtungen eines Unpolitischen"), ein reaktionärer Rückfall in die Ständegesellschaft („konservative Revolution"), heroisierende Entwürfe von Entscheidungen, von Freund und Feind (Jünger, Schmitt).

Zu einem Vergleich der Jahrhundertwende 1900 und 2000

Die beiden Jahrhundertwenden können durchaus (in westlicher Perspektive) als Epochenwechsel betrachtet werden. Insbesondere können mit einer gewissen Plausibilität Argumente für eine Kulturkrise zusammengetragen werden. Die Zeit rund um 1900 gilt als Rationalitätskrise, Gründe sind die folgenden: In der Mathematik und Logik gibt es einen Streit über die Grundlagen der Mathematik. Die Mengenlehre (G. Cantor) eröffnet neue Möglichkeiten, die Mathematik insgesamt zu strukturieren (was später die französische Mathematiker-Gruppe Bourbaki in ihrem Jahrhundertprojekt angegangen ist). Allerdings zeigen sich Widersprüche, das Unendliche in den Griff zu bekommen. Es ergeben sich daraus verschiedene Schulen, die eine widerspruchsfreie Grundlegung derjenigen Wissenschaft versuchten, die über Jahrtausende vermeintlich sicheres Wissen produziert hat. Rund um David Hilbert entwickelt sich der Formalismus, in Anschluss an Frege versuchen Russell und Whitehead eine Begründung der Mathematik auf der Basis der Logik, Brouwer („Intuitionismus") versucht, auf das Unendliche ganz zu verzichten, was später Paul Lorenzen in Erlangen fortgeführt hat („Konstruktivismus"). Letztlich ergeben sich die so genannten „Begrenzungssätze", die darauf hinauslaufen, dass Vollständigkeit und Widerspruchsfreiheit bei halbwegs reichhaltigen Theorien nicht gleichzeitig nachgewiesen werden können: Die Mathematik bleibt unsicher. Ebenso erhält das Newtonsche Weltbild durch die Forschungen von Einstein und später von Planck Risse. Die Selbstgewissheit über den Menschen, der sich mit seiner Vernunft als „Krone der Schöpfung" sieht, wird durch Darwin und Freud zerstört. Und Thomas Mann beschreibt mit den Buddenbrooks den Zerfall eines Kerns der bürgerlichen Gesellschaft: eine gut etablierte bürgerliche Familie. Das Jahr 1905 ragt in dieser Hinsicht heraus: Einstein publiziert seine entscheidenden

Aufsätze, die Buddenbrooks erscheinen, Freud veröffentlicht seine Traumdeutung. Und es erscheint Max Webers „Protestantische Ethik", also eine Zurückführung des rationalen Kapitalismus auf das Irrationalste überhaupt: auf Religion.

Zu der langen Reihe real vorfindlicher Erosionserscheinungen und Krisen kommt also auch noch eine Krise des Geistigen, sodass es nicht verwunderlich ist, dass sich eine Vielzahl von Gegenbewegungen formiert (Frauen-, Jugend-, Arbeiter-, Lebensreform- etc. -bewegung). Ich gebe eine Liste wieder, die die (tatsächlichen oder auch nur „gefühlten" und vermeintlichen) Mängel mit Versprechungen einer – oft ästhetisch imprägnierten – Gegenbewegung konfrontiert.

Versprechungen des Ästhetischen – Wege aus der Krise der Moderne

MÄNGEL DER GEGENWART	VERSPRECHUNGEN
• Zerrissenheit	• Ganzheitlichkeit
• Abstraktheit	• Konkretheit
• Kontingenz als Unübersichtlichkeit und Orientierungslosigkeit	• Kontingenz als Gestaltungsoffenheit
• kognitiv	• sinnlich
• Verstand	• Gefühl
• Konsum als Sinn	• produktive Tätigkeit als Sinn
• Fehlerintoleranz	• fehlerfreundlich
• isolierend	• gemeinschaftlich
• Entfremdung	• Aneignung/Sinngebung
• machtlos/demütigend	• selbstwirksam/anerkennend/ wertschätzend
• deformierend im Hinblick auf Persönlichkeit	• bildend, entwickelnd
• kommerziell, prokapitalistisch	• antikommerziell, sinnorientiert
• Masse	• Persönlichkeit
• Fremdbestimmung	• Selbstbestimmung

Wichtige Stichwortgeber dieser Zeit sind Nietzsche, der – tragischerweise erst, nachdem er in geistige Umnachtung gefallen ist – eine größere Verbreitung findet, dann aber für alle Intellektuellen dieser Zeit eine hohe Relevanz besitzt. Oswald Spengler arbeitet außerhalb der akademischen Institutionen an seiner ambitionierten Zeitdiagnose, die auch in der akademischen Philosophie debattiert wird. Speziell in Deutschland ist die bürgerliche Mentalität nach dem verlorenen Krieg, dem Verlust der Weltmachtstellung, der Abdankung der Hohenzollern, der Einführung der Demokratie (als Machtergreifung der verhassten Massen) grundlegend zerrüttet. Doch ist vor diesem Hintergrund der Vergleich mit der Jahrhundertwende 2000 gerechtfertigt? Mit der Postmoderne gibt es – im Anschluss an Nietzsche – einen starken Abgesang an die Moderne. Die Wachstumsphase des Kapitalismus ist vorüber. Nach dem Ende des Ost-West-Konfliktes wird die soziale Abfederung sozialer Härten als nicht mehr als so wichtig angesehen, sodass sich ein neoliberales Regime ungehindert – selbst in der sozialdemokratischen Partei – durchsetzen kann. Die Technik ist spätestens nach der Sensibilisierung für ökologische Fragen fragwürdig geworden. Allerdings ist eine Kritik der Technik (als Grundlage der kapitalistischen Produktion) immer schon präsent. Doch erhält diese Skepsis durch die Entwicklung der Atomtechnik und der dadurch entstehenden Möglichkeit der Totalvernichtung der Menschheit eine neue Qualität. „Fortschritt" und Wachstum werden in weiten Teilen der Bevölkerung als Leitmotive der Moderne demontiert. Die Moderne wird zunehmend als riskant erlebt. Nolte (2006) benennt die folgenden Aspekte der „Riskanten Moderne":

- neue Klassenspaltungen
- soziale Gerechtigkeit
- Generationensolidarität
- Geschlechterdifferenzen
- Krise der Erwerbsgesellschaft
- problematische Beziehung (der Menschen) zum Kapitalismus.

In all diesen Fragen werden frühere Gewissheiten zumindest fragwürdig, entstehen neue Debatten. Seine „Rettungsvorschläge" (u.a.):

- Rückkehr der Werte
- neuer Republikanismus
- neue Vorstellungen von Staat.

Vergleichen wir noch einmal die Rahmenbedingungen von 1900 und 2000. Die zentrale Figur der ersten Jahrhundertwende ist sicherlich Max Weber. Heute wäre es nicht so leicht, eine entsprechende Persönlichkeit zu finden, zumal man dies oft erst rückblickend bewerten kann. Ein aussichtsreicher Kandidat könnte (zumindest im Westen) Jürgen Habermas sein.

Rahmenbedingungen – Vergleich 1900/2000

WEBER	HEUTE
• Revolutionen in Russland 1905/1917	• Ende der Sowjetunion
• Imperialismus	• digitaler und globaler Kapitalismus
• Weltkrieg	• regionale Kriege
• Positivismus und Gegenströmungen (Dilthey, Husserl, Lebensphilosophie, Neukantianismus)	• überwundene Postmoderne, Hirnforschung (Rückkehr des naturwissenschaftlichen Positivismus)
• rationale Lebensführung	• Lebenskunst
• Film, Zeitungen	• digitale Medien
• Beginn/Konstituierung der Kulturwissenschaft	• cultural, postkolonial u. a. turns
• Europa im Abstieg/USA im Aufstieg	• China im Aufstieg/USA und Europa im Abstieg
• europäische Moderne	• multiple modernities
• Säkularisierung	• Rückkehr der Religionen, v.a. des religiösen Fundamentalismus (christlich, islamisch)
• Demokratie in Anfängen	• Ambivalenz und Rückgang der weltweiten Demokratisierung
• Deutschland: autoritäres Kaiserreich	• Deutschland (West): 60 Jahre Demokratie
• Epochenwechsel	• Epochenwechsel
• Eisen/Stahl/Montan; Elektro- und Chemieindustrie im Vormarsch	• Dienstleistungswirtschaft, Digitalisierung, Finanzkapitalismus, Plattformökonomie

Der Vergleich zeigt, dass es mehr Gemeinsamkeiten als Unterschiede gibt. Natürlich hat sich die technische Basis der Produktion verändert. Doch sind die Grundprobleme der Moderne dieselben geblieben: Fehlende Integration, stattdessen Zerrissenheit; Versuch, über den Kulturdiskurs neue Wege einer Integration zu finden („Leitkultur"), wobei man lieber über „Kultur" als über fehlende soziale, politische und ökonomische Teilhabe spricht. Das Bildungsbürgertum als wesentliche, deutungsmächtige Trägergruppe von Diskursen und (Kultur-)Einrichtungen verliert an Einfluss.

Es lohnt sich also, diese Gruppe und ihre Einstellung zur Lebensführung genauer zu betrachten.

Bürgertum und Bürgerlichkeit in der westlichen Moderne

Wenn es heißt, dass keine andere Epoche so selbstreflexiv war wie die Moderne, so gilt auch, dass beides, die Moderne und das Selbstreflexive aufs engste mit dem

Bürgertum als Trägergruppe verbunden war. Kein Wunder also, dass „Bürgertum" in den letzten 20 Jahren zu einem Gegenstand umfangreicher Forschungsprojekte geworden ist. Man will dabei wissen, wie „das Bürgertum die Moderne erfand", so Nipperdey (1993). Es gab Revolutionen in England und Frankreich, es gab die Unabhängigkeitskriege in Amerika; es entwickelte sich eine neue Form von Staatlichkeit mit einer professionalisierten Verwaltung; es gab – spätestens seit der Renaissance in Norditalien – die Entwicklung des Kapitalismus vom Handelskapitalismus über seine hochindustrielle Form im 19. Jahrhundert bis zum digitalen und globalen Kapitalismus unserer Tage. Es gab philosophische Entwürfe einer bürgerlichen Gesellschaft. Nipperdey beginnt seine Erfindungsgeschichte im Jahr 1800:

> „Jeder weiß es: Die Jahrzehnte um 1800 haben die Welt, Europa und mit ihm Deutschland revolutioniert: politisch durch die liberal-demokratischen Revolutionen 1776 und 1789 und ihre unerhörten Auswirkungen, die großen staatlich-bürokratischen Reformen; wirtschaftlich durch die industrielle Revolution, durch Maschine und Markt. An die Stelle der feudalen Gesellschaft und des feudalen Staates tritt die bürgerliche Gesellschaft und der bürgerlich-bürokratische Staat, auch wenn es noch nicht Demokratie wird; Industrie und kapitalistisch-rationales Wirtschaften werden die bewegenden Kräfte der Entwicklung." (Ebd., 7)

Im Mittelpunkt von Nipperdeys kleiner Schrift stehen die Künste. Sie sind Teil, sogar ein besonders wichtiger Teil der Verbürgerlichung. Zumindest in Deutschland lässt sich keine Geschichte des – politisch nicht sonderlich erfolgreichen – Bürgertums verfassen ohne den erfolgreichen Versuch zu erwähnen, auf dem Gebiet der Bildung und Kultur Hegemonie zu erlangen. Die Verbürgerlichung der Künste geht einher mit einer ästhetisch-künstlerischen Prägung der bürgerlichen Lebensweise.

Bis heute ist das Bürgertum wichtig: Als – möglicherweise verschwindende – Trägergruppe einer kulturellen Infrastruktur, dessen Funktion, die sie im 19. Jahrhundert hatte, nunmehr offenbar nicht mehr vonnöten ist; als alte oder neue Mitte, in der quasi alle Parteien ihr Wählerreservoir suchen; als Erfinderin einer Lebensform, die – auch außerhalb der ursprünglichen Trägergruppe – Relevanz hat. So endet auch der Essay von Nipperdey:

> „Das Bürgertum, durch Bildung geprägt, ist als Klasse untergegangen, ja als Lebensform. Aber in dem, wovon hier die Rede war, dem Leben mit der Kunst, haben wir seinen Lebensentwurf übernommen und verallgemeinert. Der moderne Umgang mit Kunst als Teil der Lebenserfüllung ist Erbe des Bürgertums, wir sind seine Erben. Davon brauchen wir nicht zu schweigen." (Ebd., 89)

Es gibt offenbar eine Sehnsucht nach wohlanständiger Bürgerlichkeit. Und es gibt die Hoffnung, dass man als Partei für die neue oder alte Mitte attraktiv ist, da man hier viele Wählerstimmen, vielleicht aber auch Leistungsträger der Gesellschaft vermutet.

Doch welches sind Elemente von Bürgerlichkeit? Als erstes wäre der „bürgerliche Wertehimmel" (Hettling/Hoffmann 2000; siehe auch Münch 1984) zu nennen, die – auf Personen bezogenen – wünschenswerten Tugenden besteht (Fleiß, Sparsamkeit, Ordnungswillen, Zuverlässigkeit etc.). Bude (in Hettling 2005, 118 ff.) schlägt drei Merkmale von Bürgerlichkeit vor:

- Familienstolz: Der Bürger steht in einer Tradition und sorgt – auch durch entsprechende Familienplanung – dafür, dass diese Tradition fortgeführt wird.
- Ständischer Instinkt: Bürger bleiben – auch heiratspolitisch – unter sich und erkennen sich selbst dann, wenn sie unterschiedlicher politischer Auffassung sind.
- Gemeinschaftsverpflichtung: Der Bürger weiß, dass er bestimmte Rahmenbedingungen braucht, damit er seine Bürgerlichkeit ausleben kann. Bis in die praktischen Philosophien von Aristoteles und Platon gibt es daher einen engen Zusammenhang von Persönlichkeitsstruktur (und Pädagogik als Formung dieser Struktur) und politischer Ordnung.

In den Kulturwissenschaften wurde das Konzept der „Sozialfigur" entwickelt, um durch Typenbildung der Subjektformen die jeweilige Gesellschaft besser zu verstehen.

> „Sozialfiguren sind zeitgebundene historische Gestalten, anhand deren ein spezifischer Blick auf die Gegenwartsgesellschaft geworfen werden kann." (Moebius/Schroer 2010, 8).

Interessant ist bei der Darstellung von solchen Sozialfiguren zum einen der Wandel innerhalb derselben Sozialfigur (etwa bei dem „Unternehmer") bzw. der Wechsel, das Verschwinden alter und Auftauchen neuer Sozialfiguren etwa im Vergleich des 20. mit dem 19. Jahrhundert (Frevert/Haupt 1999a und 1999b). So kennt die Zusammenstellung zum 20. Jahrhundert den Arbeiter, die Hausfrau, den Star, den Sportler, den Touristen, den Konsumenten etc. Eine entsprechende Darstellung der Gegenwart (Moebius/Schroer 2010) kennt 34 Sozialfiguren, wobei zusätzlich zu den genannten noch dazu kommen (u.a.): der Kreative, der Medienintellektuelle, der Terrorist, der Überflüssige, der Migrant, der Experte, der Amokläufer, der Single. Kaum eine dieser Sozialfiguren wäre denkbar ohne die heutige Ausprägung des Kapitalismus mit der dazugehörigen Medienwelt. Ich komme darauf zurück.

3. Zur Aufklärung

Was ist „Aufklärung"? – Eine erste Annäherung

Wenn von „Aufklärung“ die Rede ist, können unterschiedliche Assoziationen hervorgerufen werden. So liegt es nahe, sich an die berühmte Definition von Immanuel Kant aus dem Jahre 1784 zu erinnern, die die „Aufklärung“ mit der Aufforderung „sapere aude“, also den Mut zu haben, selbst zu denken, in Verbindung bringt. Für heutige Menschen klingt dies möglicherweise verwunderlich, denn selbst zu denken gehört inzwischen zu dem Selbstverständnis des modernen Menschen. Man kann allerdings danach fragen, wieso es Kant für nötig gehalten hat, diese Aufforderung zu formulieren. Offensichtlich war das Selbstdenken zu seiner Zeit noch keine Selbstverständlichkeit, sondern ein Wagnis, was bedeutet, dass man sich gegen Kräfte zur Wehr setzen musste, die das Denken für den Einzelnen übernehmen wollten.

Dies ist aufschlussreich, weil damit deutlich wird, dass es sich bei der „Aufklärung“ offenbar um eine Protestbewegung handeln muss, sodass man fragen kann, wogegen sich die Aufklärung im Sinne Kants gewandt hat. Man kann eine so verstandene „Aufklärung“ also als ein Element eines Emanzipationsprozesses des Menschen verstehen.

„Aufklärung“ ist in diesem (Kant'schen) Verständnis eine geistige Haltung, so wie sie auch in historischen Darstellungen beschrieben wird:

> „‚Aufklärung', wird der Leser alsbald bemerken, ist ein Sammelname, der die verschiedensten Formen geistigen Lebens decken muss. Aber es gibt Gemeinsames, welches den Sammelnamen rechtfertigt: ein Sichloslösen des Denkens von der Tradition, zumal der theologischen; eine erstrebte Verbindung zwischen Wissenschaft und Literatur; eine Tendenz von isoliertem Fachgelehrtentum weg zu Kontakten des Forschers und Schriftstellers mit einem breiten Laienpublikum, mit den Problemen des gegenwärtigen Lebens, mit der Gesellschaft. In diesem Sinne ist die große, von Professoren, Ärzten, Handwerkern gelesene französische Enzyklopädie in der Tat das klassische Werk der Aufklärung und Diderot, der Sprecher der gebildeten Bourgeoisie, ihr klassischer Sprecher. Unabdingbar gehört zum Begriff der

> Aufklärung auch die Toleranz, wenngleich es in der Wirklichkeit ‚Aufklärer' gab, die im Umgang mit ihren Gegnern nicht eben tolerant waren. Typische literarische Ausdrucksformen kommen dazu: der geschliffene Dialog; der Aphorismus." (Mann/Nitschke 1991, Bd. 7, 19)

Vor diesem Hintergrund überrascht es vielleicht, dass eine zweite verbreitete Assoziation in einer kritischen Haltung gegenüber der Aufklärung besteht. Man erinnert sich vielleicht an die „Dialektik der Aufklärung", die Max Horkheimer und Theodor Adorno (1971) in einem einflussreichen Buch beschrieben haben. Man bringt die Aufklärung mit reinem Nützlichkeitsdenken in Verbindung, mit einer bloß instrumentellen Vernunft, die es dem Menschen ermöglicht, Herrschaft über die Natur und andere Menschen auszuüben, ohne die gravierenden Folgen eines auf bloßen Nutzen fokussierten Denkens und Handelns zu bedenken. In einer so verstandenen Aufklärung wird dann rasch die Ursache für alle möglichen Verhaltensweisen gesehen, die katastrophale Folgen hatten.

Aufklärungskritik im Sinne der Kritik an einem mit ihr in Verbindung stehenden „Fortschritt" gab es allerdings schon in der Epoche, an die viele denken werden, wenn von „Aufklärung" die Rede ist, nämlich im 18. Jahrhundert. Die Geschichte der Aufklärung kann also auch als Geschichte der Aufklärungskritik geschrieben werden, und eine solche Fundamental-Kritik wurde insbesondere durch die Vertreter des Poststrukturalismus in Frankreich und wird heute – mit einiger Verspätung – von Anhängern dieser Denkrichtung (auch und gerade in der deutschen Erziehungswissenschaft) geübt. Immerhin zeigt diese Kritik, dass das Aufklärungsverständnis von Kant, das sich nur auf den geistigen Prozess des Denkens bezieht, offensichtlich zu eng ist: Es muss auch eine Wirksamkeit in der Praxis geben, in der ein solches Denken im Verständnis der Kritiker großen Schaden angerichtet hat.

Im Folgenden werde ich mich daher (in knapper Form) nicht nur auf die Frage einlassen, was man unter „Aufklärung" verstehen kann, nämlich u. a. eine Denkweise, eine Haltung zur Welt, ein politisch-emanzipatorischer Prozess, eine Handlungsweise, eine Epoche, ein Ansatz zur (Rechtfertigung von) Unterdrückung etc., es wird auch zu fragen sein, wann dieser Prozess stattgefunden hat, wie man ihn zeitlich und inhaltlich abgrenzen kann von Prozessen, die vorher und die nachher geschehen sind, man wird fragen, in welchen Gebieten sie stattgefunden hat, welches die Trägergruppe war, welche Ziele diese verfolgte und mit welchen gesellschaftlichen Wandlungsprozessen die „Aufklärung" in Verbindung gebracht werden kann.

Es werden Namen auftauchen wie etwa die über ihren eigenen Landesgrenzen hinaus einflussreichen Philosophen wie der Engländer John Locke oder der Schotte David Hume, es werden neben dem Schweizer Jean-Jacques Rousseau Franzosen wie Voltaire und Denis Diderot zur Sprache kommen, die einen neuen Typus eines

Intellektuellen repräsentieren, der gleichzeitig neben philosophischen Erörterungen erfolgreich im Bereich der Literatur und des Theaters war und zugleich kritischer Zeitdiagnosen publizierte, für die er oft genug von der kritisierten Obrigkeit in den Kerker geschickt wurde. All diese Personen sind heute unter Verdacht geraten, Rassisten zu sein und Sklaverei und Kolonialismus zu rechtfertigen (siehe Kap. 8).

Zu diesem internationalen Kreis bedeutender Persönlichkeiten, die man mit der Aufklärung in Verbindung bringt, gehört im deutschen Sprachraum Gotthold Ephraim Lessing (1729-1781), der ebenso wie die oben genannten eine hohe Begabung in verschiedenen Feldern hatte und als Philosoph, Schriftsteller, Dramatiker und Zeitdiagnostiker in Erscheinung trat. Natürlich wird man wieder auf Immanuel Kant zurückkommen müssen, der in seinem philosophischen Ansatz einen Grundgedanken des gesamten Aufklärungsdenkens – im Anschluss an den Humanismus der Renaissance – systematisch durchdeklinierte: nämlich die wesentliche Rolle eines denkfähigen und gestaltungsbereiten Subjekts.

Wie komplex ein Nachdenken über die Aufklärung angelegt sein muss, erkennt man nicht bloß daran, dass es eine umfangreiche Literatur zu diesem Thema gibt, auch die Vielzahl der Charakterisierungen des für die Aufklärung wichtigen 18. Jahrhunderts lässt erahnen, dass man es mit einem großen Facettenreichtum zu tun hat. So spricht man von diesem Jahrhundert – immer wieder nur bezogen auf Europa und selbst hier nicht in allen Regionen gleichermaßen – als einem Jahrhundert des Bürgers und des Bürgertums, man spricht von einem pädagogischen Jahrhundert oder einem Jahrhundert der Anthropologie, einem Jahrhundert der Toleranz, der Nützlichkeit, der Emanzipation, einem Jahrhundert, in dem Grundideen ausformuliert und begründet wurden, die bis heute die Basis demokratisch strukturierter Gesellschaften sind. Es ist ein Jahrhundert, in dem der Kapitalismus seinen Siegeszug antritt. Es ist aber auch ein Jahrhundert des Kolonialismus und der Sklaverei. Man bekommt es mit paradoxen Wortschöpfungen wie etwa der Rede von einem „aufgeklärten Absolutismus" zu tun, einer Formulierung, die deshalb paradox ist, weil sich der oben geäußerte Gedanke der Emanzipation nicht ohne weiteres mit dem undemokratischen Konzept einer absolutistischen Ordnung in Einklang bringen lässt. Diesen politiktheoretischen Aspekt bringt der Artikel zur Aufklärung von Heinz Thoma (in Thoma 2015, 67) prägnant zum Ausdruck:

> „Aufklärung wird hier nach der wissenschaftlichen Konvention zunächst als jene Epoche verstanden, in der in Europa bzw. in den USA in zeitlich und kulturell unterschiedlicher Lagerung sich abzeichnete, dass die tradierten Verkehrs- und Denkformen dysfunktional wurden, dass weder die Ständeordnungen noch die Auffassung vom Gottesgnadentum der Monarchie auf Dauer durchsetzbar waren und sich mit der Theorie der Gewaltenteilung und

> der Erklärung der Menschenrechte (1776) in der amerikanischen Verfassung (…) wie in der Déclaration des droits de l'homme et du citoyen von 1789 eine auf Freiheit, politische Gleichheit und Selbstständigkeit der Individuen abhebende Weltsicht Platz schafft."

Die „Aufklärung" ist also ebenso wie der Renaissance-Humanismus eine (europäische) Bewegung, die von Intellektuellen vorangetrieben worden ist, sie hat – wie an prominenten Vertretern wie John Locke und Jean-Jacques Rousseau und ihren entsprechenden Werken gesehen werden kann – ebenso wie der Renaissance-Humanismus einen starken Impuls, in Fragen der Bildung und Erziehung wirksam zu werden („Volksaufklärung"). Allerdings hat sie auch ihre Schattenseiten.

„Aufklärung" – ein zweiter Anlauf

Es ist – wie bei anderen anspruchsvollen Begriffen – hilfreich, sich die Herkunft und den Bedeutungskontext der verwendeten Begriffe anzuschauen. Offensichtlich hat man es bei dem Begriff der Aufklärung mit Klarheit zu tun, mit einem Prozess also, Licht in eine offensichtlich dunkle Angelegenheit zu bringen. In diesem Sinne verwendet man den Begriff des Aufklärens im Kontext von Verbrechen, man will Geschehnisse, die sich im Dunkeln abgespielt haben oder immer noch abspielen, ans Licht der Öffentlichkeit bringen. Hierbei hilft die von Kant angesprochene Disposition, nämlich die Fähigkeit, den eigenen Verstand zu verwenden.

Die Lichtmetapher, auf die sich der Begriff der Aufklärung offensichtlich bezieht, ist – so einer der Autoren des Artikels „Aufklärung" im Historischen Wörterbuch der Philosophie (Ritter 1971 ff., Bd. 1, 619 f.) – für das gesamte 18. Jahrhundert charakteristisch und hat eine stark theologische (christliche) Konnotation. Interessant ist, dass sich nicht bloß diese Lichtmetapher bei der Bezeichnung der betreffenden Epoche auch im Französischen, im Englischen und in anderen Sprachen findet, sondern dass die betreffenden Akteure und Persönlichkeiten sich selbst und ihre Zeit als Aufklärer bzw. als Aufklärung bezeichnen. Dies ist ein wichtiger Unterschied zu anderen Epochenbezeichnungen wie etwa Mittelalter oder Antike, die erst zu späteren Zeiten aufgekommen sind.

Auch weitere Aspekte, die im letzten Abschnitt bereits angesprochen wurden, sind bei einer Annäherung an die „Aufklärung" interessant. So ist die Aufklärung zwar eine europäische Erscheinung, so wie es das entsprechende Handbuch (Thoma 2015) signalisiert, doch findet man in den verschiedenen europäischen Ländern nicht nur unterschiedliche Schwerpunkte, sondern auch unterschiedliche zeitliche

Abgrenzungen. Für den englischsprachigen Kontext werden oft die beiden Jahreszahlen 1687 und 1689 als Anfangszeiten genannt. Das erstere Datum bezieht sich auf die Publikation des Hauptwerkes von Isaac Newton, die „Mathematischen Grundlagen der Naturphilosophie". Es geht um die mathematische Darstellung von Naturgesetzen insbesondere der Mechanik, deren Bedeutung man auch daran erkennen kann, dass man diese zunächst für eine Wissenschaftsdisziplin entwickelte Denkweise später auf zahlreiche andere Lebensbereiche bezogen hat, sodass man von einer „Mechanisierung des Weltbildes" (Dijksterhuis 1956) spricht. Es geht um den Anspruch auf Erkenntnis, also darum, Licht in das bisherige Dunkel von Abläufen in der Natur, in der Gesellschaft und letztlich auch im Menschen zu bringen.

In politischer Hinsicht ist das Datum 1689 relevant. Es ist das Datum der Glorious Revolution in England, mit der ein Einvernehmen über die Begrenzung der Machtbefugnisse und Zuständigkeiten des Königs erzielt wurde. Man geht davon aus, dass aufgrund der dadurch geschaffenen politischen und gesellschaftlichen Ordnung eine wichtige Grundlage für den Prozess der Industrialisierung und die wachsende weltpolitische Bedeutung des britischen Empires geschaffen wurde. In philosophischer Perspektive hat man die wachsende Bedeutung des Sensualismus und Empirismus in England als eine philosophische Lehrmeinung interpretiert, die mit dem sich dynamisch auf die ganze Welt ausdehnenden Erfahrungsbereich der Menschen in England zu tun hatte. Für metaphysische Spekulationen, mit denen sich die Philosophen des Kontinents noch längere Zeit befassten, sah man keine Veranlassung mehr.

Eine andere Datierung findet man etwa bei dem Philosophiehistoriker Hermann Ley (1956), der seine Geschichte der Aufklärung und des Materialismus lange Zeit vor der Zeitenwende – und dies in mehreren Kontinenten – beginnen lässt, weil für ihn „Aufklärung" im Wesentlichen aus dem Siegeszug der Rationalität besteht. Auch Peter Gay (1967) spricht von einer „ersten Aufklärung" im antiken Griechenland und Rom (vom Mythos zur Vernunft). An diese Sichtweise schließt sich im frühen 20. Jahrhundert der Philosoph Georg Lukacs an, wenn er „die Zerstörung der Vernunft" (1981) als Gegenbewegung zur Aufklärung beschreibt, die er mit dem Ende des 18. Jahrhunderts beginnen und mit dem Faschismus und dessen ideologischen Unterstützern enden lässt.

In der französischen Philosophie und Öffentlichkeit ist René Descartes mit seiner rationalistischen Philosophie die wichtigste Persönlichkeit. Mit der methodischen Strenge des genialen Mathematikers will er auch im Bereich der Philosophie zu Aussagen kommen, die sein entscheidendes Rationalitätskriterium („clare et distincte") erfüllen. Im französischen Kontext spielt zudem hinsichtlich der sozialen und politischen Verhältnisse die lange Regierungszeit von Ludwig XIV als wichtiger Vertreter des Absolutismus als Herrschaftsform eine wesentliche Rolle. Allerdings weiß man inzwischen, dass Ludwig XIV keineswegs uneingeschränkte Herrschaftsvollmachten hatte und nutzen konnte, sondern vielfältige Rücksichten nehmen musste. Es ist zugleich eine Zeit der Blüte französischer Kultur, insbesondere im Bereich der Literatur (Corneille, Racine, Molière). In dieser Zeit findet die Debatte zwischen „den Alten und den Modernen“ (Querelles des Anciens et des Modernes) statt. Die Zeit zwischen 1680 und 1715 beschreibt der Kulturhistoriker Paul Hazard (1939) in seinem bis heute positiv rezipierten Buch „Die Krise des europäischen Geistes“, auf das er sein Buch „Die Herrschaft der Vernunft“ (1949) über das 18. Jahrhundert (mit dem ursprünglichen Titel „Das europäische Denken im 18. Jahrhundert von Montesquieu bis Lessing) folgen lässt:

> „Welch ein Kontrast! Welch unvermittelter Übergang! Hierarchie, Disziplin, eine von der Autorität gesicherte Ordnung, Dogmen, die das Leben mit fester Hand regeln, das liebten die Menschen des 17. Jahrhunderts. Zwang, Autorität, Dogmen, das hassten die Menschen des 18. Jahrhunderts, ihre unmittelbaren Nachfolger. Die ersteren sind christlich, die letzteren antichristlich; die ersteren glauben an das göttliche Recht, die anderen an das Naturrecht; die einen fühlen sich wohl in einer Gesellschaft, die in höchst ungleiche Klassen aufgespalten ist, die anderen träumen von nichts als Gleichheit. Sicherlich neigen Söhne immer dazu, sich zu ihren Vätern in Widerspruch zu setzen und bilden sich ein, sie würden die Welt erneuern, und nur sie hätten gefehlt, sie zu verbessern; aber die Gegenströmungen, von denen aufeinanderfolgende Generationen bewegt werden, reichen zur Erklärung einer so raschen und entscheidenden Wandlung nicht aus. Die Mehrzahl der Franzosen dachte wie Bossuet, und auf einmal denken die Franzosen wie Voltaire: es ist eine Revolution.“ (Hazard 1939, 21)

Während in England die Industriegesellschaft mit dem Bürgertum als Trägergruppe („Protoindustrialisierung“) entsteht und in Frankreich die Aufklärung mit dem entstehenden revolutionären Bewusstsein als Protest gegen das autoritäre absolutistische Regime zusammenhängt, findet sich in Deutschland nichts von beidem. Deutschland leidet im 17. Jahrhundert unter dem Dreißigjährigen Krieg und seinen Folgen. Zudem ist die Kleinstaaterei mit mehreren 100 weitgehend selbstständigen Fürstentümern keine geeignete Voraussetzung für eine ökonomische Entwicklung wie in England, weil diese einen ungehinderten Warentausch benötigt.

Der Soziologe Richard Münch hat in seinen beiden Bänden über die Kultur der Moderne (1986) die Rolle und das Verständnis wesentlicher Grundprinzipien der Entwicklung einer modernen Gesellschaft wie etwa Freiheit und Gleichheit in den vier Ländern Frankreich, England, Deutschland und den USA untersucht und ist hinsichtlich des Konzeptes der Freiheit zu dem Ergebnis gekommen, dass man diese in Frankreich, in England und in den Vereinigten Staaten ganz real und zum Teil mit Waffengewalt gegen unterdrückende Mächte erkämpft hat, während man sich in Deutschland auf die Forderung nach bloß „geistiger Freiheit" beschränkte: Politische Revolutionen waren in Deutschland stets erfolglos. Dies kommt selbst in dem oben zitierten Diktum von Kant zum Ausdruck, für den die Aufklärung bloß in einem freien Denken und nicht in einer revolutionären Handlung besteht.

Aber auch in Deutschland will das Bürgertum Einfluss auf die politische Gestaltung der Gesellschaft nehmen, wobei Literatur und Theater – Lessing mit seinen Schriften und seinen Theaterstücken ist bereits mehrfach erwähnt worden – eine Vorreiterrolle einnehmen. Man liest die großen (bürgerlichen) Romane englischer Autoren (Defoe, Swift, Fielding, Richardson), man liest und rezipiert die politischen und pädagogischen Vorschläge von John Locke, Rousseau und Montesquieu, man leidet unter der Zensur in den kleinen Fürstentümern und kann oft genug Sanktionen dadurch entgehen, dass man das Fürstentum wechselt. Wenn also in einer aktuellen Weltgeschichte (Pleticha 1996) der entsprechende Band die Überschrift „Aufklärung und Revolution" trägt, so wird man wie beschrieben Revolutionen in den entstehenden Vereinigten Staaten, in England und in Frankreich finden (ohne allerdings Haiti zu erwähnen), in Deutschland sind es jedoch wesentlich die Künste, in denen eine neue Haltung zur Welt und ein Bruch mit Traditionen versucht wird.

Allerdings steht bei einer bedeutsamen Entwicklung Deutschland im Mittelpunkt, nämlich bei dem Erfolg von Preußen, sich nach dem Siebenjährigen Krieg als weitere Großmacht auf dem Kontinent (neben England, Frankreich, Russland, Österreich) etablieren zu können. Der Siebenjährige Krieg wird oft als ein erster Weltkrieg bezeichnet, weil zum einen zahlreiche europäische Länder in wechselnden Koalitionen involviert sind und weil deren kriegerische Aktivitäten und Auseinandersetzungen sich auch in anderen Kontinenten wie Amerika, Asien und Afrika abspielen. Es geht um eine Neuaufteilung der Welt, genauer gesagt: der Kolonien. England setzt sich gegenüber Frankreich durch und begründet auf diese Weise das Empire, das bis zum Beginn des 20. Jahrhunderts große Teile der Welt erfasst.

Ein weiterer Zugriff ist bei dem Verständnis der Aufklärung hilfreich. Wenn man nämlich der Zuordnung der Aufklärung zum 18. Jahrhundert folgt, dann sind die oben vorgestellten Etikettierungen dieses Jahrhunderts auch bedeutsam für ein näheres Verständnis der Aufklärung. Man spricht (in Bezug auf Europa) von dem Jahrhundert des Bürgers und bezieht sich dabei auf die politische und ökonomische Entwicklung, die England anführt. Mit dem Bürgertum werden „bürgerliche Tugenden und Werte" (Münch 1984) wie etwa Fleiß oder Sparsamkeit – und dies in einem klaren Gegensatz zur Lebensweise des Adels – relevant. Mit den ökonomischen Aktivitäten wird das Ziel der Nützlichkeit des Handelns und Denkens bedeutsam: Der Utilitarismus ist zunächst einmal eine englische Erfindung des immer erfolgreicher werdenden Bürgertums. Dabei entwickelt sich auch ein spezifisches Verständnis des Subjekts als bürgerliches Individuum, nämlich der „Besitzindividualismus", der insbesondere auf ökonomischem Handeln auf der Grundlage individueller Freiheit beruht. Die ökonomische Konnotation zentraler Begriffe, die auch für das Verständnis der gegenwärtigen Gesellschaft relevant sind, hat hier ihren Ursprung. Man kann also nicht bloß von einer Dialektik der Aufklärung sprechen, sondern auch von einer Dialektik der Freiheit und der Individualität.

Auch die Rede von einem pädagogischen Jahrhundert hängt mit dieser ökonomischen und politischen Entwicklung zusammen. Denn es werden nunmehr andere Qualifikationen benötigt, wobei sich sehr schnell auch eine Zweiteilung herausstellt. Es geht zum einen um „Die Bildung des Bürgers" und „die Formierung der bürgerlichen Gesellschaft und die Gebildeten im 18. Jahrhundert" (so der Untertitel von Herrmann 1982), und zum andern um Volksaufklärung und die Erziehung zur Armut im 18. Jahrhundert für die unterbürgerlichen Schichten (Herrmann 1981), wobei für beide Bevölkerungsgruppen, das Bürgertum und die unterbürgerlichen Schichten, spezifische Bildungsmöglichkeiten geschaffen werden. Gerade im Hinblick auf die unterbürgerlichen Schichten wird man zudem das seinerzeit von Gerhard Oesterreich eingebrachte Konzept der Sozialdisziplinierung im Bereich der pädagogischen Angebote, aber auch im Feld der Fürsorge und der Einrichtungen des Rechtssystems berücksichtigen müssen.

Das 18. Jahrhundert ist durchaus ein Jahrhundert der Emanzipation, zunächst einmal der Emanzipation vom Einfluss der Kirche. Doch muss man sehen, dass Formen von Leibeigenschaft in bestimmten Regionen Deutschlands noch bis zum Beginn des 20. Jahrhunderts existierten. Es ist das Jahrhundert der Toleranz, so wie es in philosophischen Schriften beschrieben wurde. Doch wurde oben bereits auf das oft intolerante Umgehen von Aufklärern mit anderen Aufklärern hingewiesen, die an bestimmten Punkten andere Ansichten vertraten.

Interessant ist zudem, dass es erhebliche semantische Verschiebungen gegeben hat:

> „Der vormoderne Bürgerbegriff war geprägt durch die Verschränkung politischer, sozialer, rechtlicher und kultureller Dimensionen, diese lassen sich in der ständischen Herrschaftsordnung seit dem späten Mittelalter empirisch nicht trennen. Im und seit dem 18. Jahrhundert erfuhr der Begriff *erstens* eine Erweiterung durch die Herausforderung des Postulats der Gleichheit der Menschen; differenzierten sich *zweitens* die einzelnen Ebenen aus, ließen sich etwa der politische gegen den sozialen, der kulturelle gegen den rechtlichen Gehalt ausspielen; erfuhr *drittens* der Begriff eine politische

> Ideologisierbarkeit; erweiterte sich *viertens* das Begriffsfeld, das bis dahin durch die zwei Bereiche des eine einzelne Person oder einen Stand bezeichnenden Bürgers und die rechtlich verfasste Gesamtheit des Gemeinwesens ‚bürgerliche Gesellschaft' (gr. koinonika politike, lat. societas civiles, engl. civil society, fr. societé civile) bestimmt war, und ermöglichte begriffliche Neuprägungen wie Bürgertum oder Bürgerlichkeit, welche eine soziale Formation oder eine spezifische Lebensweise und kulturelle Orientierung bezeichneten. Seit dem 18. Jahrhundert ist einerseits der Bürger zunehmend zurückgetreten hinter den Staatsbürger, welcher auf der rechtlichen und politischen Gleichheit basiert und soziale, ökonomische und kulturelle Unterschiede von der politischen Teilhabe entkoppelt bzw. ihre Verringerung als politische Gestaltungsaufgabe legitimieren kann." (Hettling in Thoma 2015, 123)

Auch der Begriff des Subjekts erfährt in der Philosophie von Kant geradezu eine Umkehrung. War das Subjekt bislang – auch sprachlich – das Unterworfene, so wird es nunmehr in der Subjektphilosophie von Kant zu dem Tragenden, dem Ausgangspunkt und Motor von Aktivitäten und Gestaltungen. Bei der Betrachtung des 18. Jahrhunderts der Aufklärung muss man also darauf achten, dass es zwar zum einen neue Begrifflichkeiten gibt, dass zum anderen herkömmliche Begrifflichkeiten zum Teil erheblich einem semantischen Wandlungsprozess unterworfen sind.

Die eingangs beschriebene Unterscheidung der Aufklärung als intellektuelle Haltung auf der einen Seite und als Bündel realer Aktivitäten in unterschiedlichen Bereichen auf der anderen Seite lässt sich auf der Basis der hier vorgestellten Annäherungen weiter ausdifferenzieren. Im Hinblick auf den Bereich des Geistigen kann man fragen, was die Aufklärung im Bereich unterschiedlicher wissenschaftlicher Disziplinen (die zum Teil – wie etwa die Psychologie – im 18. Jahrhundert erst entstanden sind) bedeutet, was also eine psychologische, pädagogische, soziologische, historische, medizinische etc. Aufklärung bedeutet. Man kann die Aufklärung in der Philosophie mit ihren verschiedenen Disziplinen (Erkenntnistheorie, Ontologie, Moralphilosophie, Ästhetik, politische Philosophie etc.) analysieren, man kann die Auswirkungen der Aufklärung auf das theologische Denken berücksichtigen und nicht zuletzt sind die unterschiedlichen Künste und ihre Theorien in den Blick zu nehmen.

Auf der Ebene des Praktischen lassen sich die Bereiche der Politik, der Ökonomie, der gelebten Kultur (also der praktizierten Religiosität, den künstlerischen Praktiken, der wissenschaftlichen Tätigkeit etc.) und dem Zusammenleben mit ihren jeweiligen Veränderungsprozessen betrachten. Man kann danach fragen, welche gesellschaftlichen Gruppen (Gelehrte, Wissenschaftler, Adel, Unterschichten, Geistliche, Künstler) als Trägergruppen fungierten und welches die Zielgruppen waren.

Infolgedessen kann man neben der Aufklärung im intellektuellen Diskurs auch eine Volksaufklärung unterscheiden und etwa danach fragen, in welcher Hinsicht man Gedanken und Konzepte der Aufklärung im pädagogischen Bereich umgesetzt hat. Man kann zudem – wie oben angedeutet – Entwicklungsverläufe in unterschiedlichen Regionen, Ländern oder sogar Kontinenten betrachten und unterscheiden, was insofern bis heute aktuell ist, als man etwa von der Notwendigkeit einer (nachzuholenden) islamischen Aufklärung spricht (siehe den Artikel „Religion" in Thoma 2015).

Ein erstes Fazit

Die hier formulierten Hinweise zeigen, dass es erhebliche Meinungsunterschiede bei der Bewertung der Aufklärung geben kann. Die „Aufklärung" muss mit ihren Licht- und Schattenseiten betrachtet werden. Man muss sich mit der „Dialektik der Aufklärung" (im Sinne von Horkheimer und Adorno) auseinandersetzen, also mit der Berechtigung der Aufklärungskritik und den Schattenseiten der Aufklärung.

Dabei wird man zum Beispiel sehen, dass wesentliche Grundprinzipien einer modernen demokratischen Gestaltung der Gesellschaft wie etwa Gewaltenteilung, das Recht auf Rechte (Arendt), Volkssouveränität, Demokratie, Kritik und Kontrolle ebenso geschaffen wurden, wie neue Methoden der Disziplinierung, Überwachung und Gouvernementalität, so wie sie Michel Foucault in seinen Büchern – allerdings, wie kritisch in postkolonialen Debatten angemerkt wird, nur in einer europäischen Perspektive – dargestellt hat. Man muss zur Kenntnis nehmen, dass wichtige Wortführer humanistischer und demokratischer Prinzipien wie etwa John Locke oder Immanuel Kant rassistische Positionen vertreten haben bzw. (wie John Locke und Thomas Hobbes) erheblich in Sklavenhandel und Kolonialismus verstrickt waren (so Därmann 2020 sowie Kap. 8).

Doch auch dies ist richtig: Die Liste der Persönlichkeiten mit ihren Werken in allen Bereichen des Lebens, in der Philosophie und in den Wissenschaften, in den unterschiedlichsten Künsten, in der Wirtschaft, in der praktischen Politik und im politischen Denken ist ausgesprochen umfangreich und eindrucksvoll. Eindrucksvoll ist aber auch, wie die wohltönenden und gut überlegten Konzeptionen, Ideen und Vorschläge immer wieder – und dies oft von denen, die sie selbst formuliert haben – in der Praxis konterkariert wurden. Johannes Kleinstück schreibt in seinem Vorwort zu Gay (1967/1983):

> „Vieles von dem, was unser Leben bestimmt und uns als selbstverständlich gilt, ist von den eleganten Leuten ersonnen worden, die uns scheinbar so unendlich weit entrückt sind: damals wurde die Welt entzaubert, das rationale, sich mündig erklärende Denken verdrängte die Religion; traditionell Formen der Gesellschaft wurden kritisiert und schließlich gewaltsam zerbrochen; mit den Maschinen kam die Industrialisierung und zugleich die soziale Frage. Das Elend der Arbeiter, unter denen eine große Zahl von Kindern war, erweckte die Anteilnahme humanitärer Reformer.
>
> Charakteristisch für die Aufklärung ist ein optimistisches Vertrauen darauf, dass sich die Menschheit bei freier Anwendung ihrer geistigen Gaben aufwärts entwickeln und ständig weiter vervollkommnen müsse."

Und weiter:

> „Aber schon Jean-Jacques Rousseau stellte den Wert der Zivilisation infrage; auch der Kulturpessimismus hat seinen Ursprung im 18. Jahrhundert, und manche Aufklärer sahen im Menschen nur eine Art von besonderem Tier, das genauso wie andere Tiere seinen Trieben und Reizen ausgeliefert ist." (7)

Ähnlich argumentiert auch die Historikerin Barbara Stollberg-Rilinger in ihrem Buch „Europa im Jahrhundert der Aufklärung" (2000), das auch deshalb zu empfehlen ist, weil dem Text eine eindrucksvolle Sammlung aussagekräftiger Texte aus dem 18. Jahrhundert beigefügt ist. Stollberg-Rilinger diskutiert das 18. Jahrhundert als europäisches Jahrhundert, als Jahrhundert des Hungers, des Bürgertums, der Toleranz, der Geselligkeit, der Weiblichkeit, der Vernunft, der Reformen und der Revolutionen, wobei sie einige der Etikettierungen (Hunger, Bürgertum, Weiblichkeit, Toleranz) zu Recht mit einem Fragezeichen versieht und die entsprechenden Etiketten in ihrer Allgemeingültigkeit infrage stellt. Das bedeutet, dass sie auch auf „Widersprüche und Ambivalenzen" (so die Überschrift in Teil II ihres Buches) eingeht, nämlich auf den Fortschrittsoptimismus und die Zivilisationskritik sowie die Grenzen, die im 18. Jahrhundert bei der Umsetzung der mit einigem Pathos formulierten, Menschen- und Bürgerrechte gesehen werden müssen.

Beispielhaft diskutiert sie den Umgang mit Juden, mit Sklaven und mit Frauen:

> „Das 18. Jahrhundert erweist sich also als ambivalent: Es hat nicht nur das eurozentrische Konzept der Menschheitsgeschichte als fortschreitende Vervollkommnung formuliert, sondern auch die ersten Ansätze dazu hervorgebracht, diese Sicht zu kritisieren, das Fremde als etwas Eigenwertiges wahrzunehmen und sich um ein Verständnis seiner Andersartigkeit zu bemühen. Damit wurde allerdings zugleich der Weg dafür bereitet, die Aufklärungsprinzipien selbst wiederum infrage zu stellen." (263)

Auch hinsichtlich des emanzipatorischen Ansatzes, also etwa im Hinblick auf die Forderung des Comenius Mitte des 17. Jahrhunderts, nämlich „Bildung für alle" zu realisieren, darf man nicht zu viel erwarten:

> „Andererseits befürchteten nicht wenige Volkspädagogen auch, dass ein Zuviel an Aufklärung schaden könne, weil es Bauern, Manufakturarbeiter und Handwerker mit den Grenzen ihres Standes unzufrieden machen könne. Denjenigen, die sich die allgemeine Volksaufklärung zum Ziel gesetzt hatten, ging es in der Regel darum, die Menschen aus Elend, Not und Aberglauben zu befreien, nicht aber aus ihrem angeborenen Stand. Ihre Wirtschaftsweise und damit ihre Lebensbedingungen sollten so verbessert werden, dass sie mit ihrem Los zufrieden sein konnten, denn von ihrem Fleiß hing schließlich das Wohlergehen des ganzen Gemeinwesens ab. Sehr behutsam und „verhältnismäßig" müsse man daher bei der Volksaufklärung zu Werke gehen." (275)

und weiter:

> „An eine tatsächlich unmittelbar bevorstehende völlige Auflösung der ständischen Ordnung, eine völlige Egalisierung der Gesellschaft, dachten bis zur Revolution nur wenige, ebenso wenig wie an eine restlose Abschaffung der Sklaverei. Die Aufklärung war – das ist bei all ihrer Freiheitsrhetorik nicht zu vergessen – die Bewegung einer relativ schmalen Bildungselite, die in ihrer Mehrzahl von der geistigen Unterlegenheit der europäischen Bauern ebenso überzeugt war wie von der der ‚primitiven' Völker." (ebd.)

Postkoloniale Positionen

In einer postkolonialen Perspektive, auf die ich später noch einmal zurückkommen werde, scheint mir die Position der Politikwissenschaftlerin und Philosophin Nikita Dhawan (2021) gerade auch für das Projekt einer Dekolonisierung der Erziehungswissenschaft angemessen zu sein. Dhawan spart nicht mit einer Kritik an den Schattenseiten der Aufklärung:

> „Imperialistische Ideologien haben ihr provinzielles Verständnis von Wissen, Normen und Werten erfolgreich in erklärende Paradigmen mit universeller Reichweite übersetzt. Das Universalisierungsprojekt der Aufklärung hat einen uniformen Standard instrumenteller Vernunft eingeführt, welcher europäische Wissens- und Institutionskonzepte privilegiert. Die Reformen der Rechts-, Verwaltung- und Wirtschaftspolitik in den Kolonien im Zuge

> der Aufklärung haben ein neues Kapitel der Beherrschung eröffnet, anstatt Freiheit und Gleichheit zu ermöglichen. Praktiken der Subjektwerdung, Überwachung, Regulierung und Disziplinierung wurden durch sie eingeführt. Versuche, aufgeklärte und humanitäre Reformen durchzusetzen, führten regelmäßig zu verstärkter Kontrolle über die Individuen, in deren Namen diese Reform durchgeführt wurden.“ (193)

Dhawan beschreibt, wie unter Bezug auf Prinzipien der Aufklärung Gewalt und Unterdrückung legitimiert werden, sodass es durchaus Gründe dafür gibt, die emanzipatorischen Ziele von Aufklärungsdenker*innen infrage zu stellen:

> „Das normative Erbe der Aufklärung ist höchst ambivalent und widersprüchlich und gleichzeitig geprägt von Barbarei und Zivilität, Beherrschung und Emanzipation.“ (203)

Und doch will Dhawan nicht grundsätzlich auf die emanzipatorischen Dimensionen des Aufklärungsdenkens verzichten, zumal sie feststellen muss, dass die postkoloniale Kritik der Aufklärung insofern „in einem performativen Widerspruch gefangen (bleibt), weil sie ihr kritisches Vokabular vom Zielobjekt ihrer Kritik geerbt hat.“ (205) Sie will daher das Beste der Aufklärung bewahren, möchte dies allerdings nicht allein westlichen Denker*innen überlassen:

> „Im Gegensatz zu einer kulturrelativistischen Anklage gegen das Erbe der Aufklärung oder einer ethnozentrischen Suche nach reinen nichtwestlichen Wissenssystemen scheint es vielversprechender, die Verflechtungen von westlichen mit nichtwestlichen Theorieproduktion zu untersuchen. In diesem Zusammenhang sind folgende Fragen von Interesse: Wie kann mit dem Paradoxon umgegangen werden, dass die Aufklärung trotz ihrer Ausrichtung auf das weiße, männliche bürgerliche Subjekt absolut unverzichtbar ist? So wurde etwa in vielen postkolonialen Kontexten die Erfahrung gemacht, dass die Kritik an der Moderne zu einer Stärkung von konservativen und nationalistischen Ordnungen geführt hat. Es muss untersucht werden, wie die Aufklärung über die Grenzen Europas hinausbefördert werden kann, um den postkolonialen ‚Anderen‘ zu dienen.

Meiner Ansicht nach würde solch ein Projekt das Beste der Aufklärung bewahren und zu einem Umdenken in Bezug auf das Verhältnis der Aufklärung zum ‚delegitimierten‘ Wissen und seiner Rolle im Projekt der Dekolonisierung führen. Dies würde auch ein Abweichen von den Orthodoxien antikolonialer Kritik bedeuten.“ (206 f.)

4. Kolonialismus und Sklaverei

Geschichte und Begriff des Kolonialismus

Kolonialismus und Sklaverei gehören zusammen und werden in historischen oder systematischen Darstellungen oft zusammen behandelt. Man muss allerdings sehen, dass es ein koloniales Vorgehen in der Geschichte gegeben hat, ohne dass die Menschen in den eroberten Gebieten versklavt wurden (etwa die Eroberung Irlands durch England), zum anderen gab es Raubzüge – gerade in Afrika –, in denen Menschen gefangen genommen und verkauft wurden, ohne dass ein Interesse an der dauerhaften Besetzung des entsprechenden Gebietes bestand. Darauf wird man eingehen müssen.

Eine Gemeinsamkeit von Kolonialismus und Sklaverei besteht darin, dass man zwar in der Geschichte vor der europäischen Neuzeit vielfältige Formen sowohl von Kolonialismus als auch von Sklaverei finden kann, die eigentliche Bedeutung, die heute noch zu spüren ist, wird jedoch der Sklaverei und dem Kolonialismus zugeschrieben, die mit dem Jahr 1492 begonnen haben. So beschreibt Pelizaeus (2008) die Zeit vor Kolumbus als „Vorläufer". Zu dieser Vorbereitung des „eigentlichen" Kolonialismus gehört die Entwicklung von Handelsbeziehungen etwa von Genua und Venedig mit Asien (berühmt wurde Marco Polo 1254-1324), wobei von einer Eroberung der sehr viel mächtigeren Reiche im Osten keine Rede sein kann. Auch in umgekehrter Richtung gab es keine Eroberungswünsche: Die ostasiatischen Reiche hatten kein Interesse an Europa, denn dort gab es nichts, was sie nicht schon selbst gehabt hätten.

Zu dieser Vorgeschichte ließen sich die griechische und römische Kolonialisierung des Mittelmeerraumes in der Antike zählen ebenso wie die Angriffe der Reitervölker aus dem Osten. Noch früher finden Eroberungen Ägyptens oder die im Alten Testament beschriebene Unterjochungsgeschichte der Juden statt, die wiederum bei ihrer Flucht aus Ägypten Palästina für sich eroberten. Auch die Wikinger brachen zu Eroberungs- und Raubzügen auf, zuerst bis England, dann bis nach Sizilien, Grönland und Nordamerika, anfangs nur zu Raubzügen, dann aber auch, um bessere Umweltbedingungen für eine dauerhafte Ansiedlung zu finden.

Die Geschichte der Menschheit lässt sich also als Gewalt- und Eroberungsgeschichte schreiben. Es entstanden zum Teil riesige Imperien, die allerdings nach längerer oder kürzerer Zeit alle wieder untergingen (Darwin 2000, Burbank/Cooper 2012). Dies geschah zum Teil auch deshalb, weil die Menschen in den eroberten Gebieten die Fremdherrschaft nicht mehr akzeptierten. Es stellte sich zudem als schwierig heraus, die Herrschaft der eroberten Gebiete aufrecht zu erhalten. Das war teuer und man brauchte viele Soldaten, sodass bereits Alexander der Große sich geschickt die vorhandenen Herrschaftsstrukturen zunutze machte. Es lässt sich in der europäischen Geschichte feststellen, dass fast jedes europäische Land einmal Großmachtbestrebungen verfolgt hat (siehe zu dieser Problematik unterschiedlicher Strategien zur Aufrechterhaltung der Macht Burbank/Cooper2012)

Gerade in der deutschen Geschichtsschreibung und Erinnerungskultur hat lange Zeit der Kolonialismus bestenfalls dort eine Rolle gespielt, wo es um die klassischen Kolonialmächte wie etwa England, Frankreich, Spanien oder Portugal geht. Der deutsche Kolonialismus wurde – etwa in den Lehrplänen von Schulen – vernachlässigt, oft mit dem Argument, dass Deutschland nur eine kurze Zeit im 19. Jahrhundert eine Kolonialmacht war.

Dieses Argument trifft allerdings nur begrenzt zu, denn koloniale Anstrengungen aus Deutschland lassen sich auch in früheren Zeiten finden, zudem hat das Aufleben der kolonialen Frage in der wissenschaftlichen und öffentlichen Diskussion in den letzten Jahren und Jahrzehnten in Deutschland damit zu tun, dass auch die kurze Zeit eines intensiven kolonialen Engagements in Deutschland in der Hochzeit des Imperialismus (1880 – 1918) gravierende Spuren und Probleme bis hin zu dem Genozid an den Herero und Nama bis heute hinterlassen hat, mit denen man sich nunmehr auseinandersetzen muss. Dabei geht es nicht bloß um Gegenstände zweifelhafter Herkunft, die in Museen zu finden sind: Es geht auch sehr stark um Spuren kolonialen Denkens und um eine Sprache, in der koloniale Denkweisen und Traditionen immer noch zu finden sind. Man kann feststellen, dass lange Zeit eine kritische Auseinandersetzung mit Personen und deren Handlungen nicht stattgefunden hat, die in koloniale Verbrechen bis hin zum Völkermord verstrickt waren und die bis heute immer noch durch Denkmäler oder als Namensgeber von Straßen oder Gebäuden geehrt werden.

Diese Überlegungen weisen bereits auf ein zentrales Problem hin, das bei der Behandlung des Kolonialismus bearbeitet werden muss: Dieser hinterließ nicht nur Spuren in den ehemaligen Kolonien, die bis heute spürbar sind, auch wenn eine entsprechende Dekolonialisierung bereits Jahrzehnte zurückliegt; der Kolonialismus hinterließ auch Spuren bei den Kolonialmächten selbst.

Doch was ist überhaupt „Kolonialismus“? Eine häufig in der Wissenschaft genutzte Beschreibung stammt von Jürgen Osterhammel (2017, 20):

> „Kolonialismus ist eine Herrschaftsbeziehung zwischen Kollektiven, bei welcher die fundamentalen Entscheidungen über die Lebensführung der Kolonisierten durch eine kulturell andersartige und kaum anpassungswillige Minderheit von Kolonialherren unter vorrangiger Berücksichtigung externer Interessen getroffen und tatsächlich durchgesetzt werden. Damit verbinden sich in der Neuzeit in der Regel sendungsideologische Rechtfertigungsdoktrinen, die auf der Überzeugung der Kolonialherren von ihrer eigenen kulturellen Höherwertigkeit beruhen.“

Ein Grundelement dieser Begriffsbestimmung besteht darin, Kolonialismus mit Macht und Herrschaft in Verbindung zu bringen, ganz so, wie es auch im Hinblick auf Rassismus diskutiert wird. Dies stellt auch die Verbindung zwischen beidem her: Denn Rassismus als Ideologie diente oft genug als Legitimation dieser Herrschaftsbeziehung, ganz so, wie es in der Begriffsbestimmung beschrieben wird. Es werden in binärer Weise ein überlegenes (und als homogen verstandenes) „Wir“ und untergeordnete „Andere“ definiert. Man hat es dabei mit unterschiedlichen Interessen zu tun. Es kann sich um politische Interessen handeln, die etwa darin bestehen können, den Einflussbereich des eigenen Landes zu vergrößern. Diese Interessen sind oft mit ökonomischen Interessen verbunden, insofern man entweder neue Absatzmärkte bzw. neue Möglichkeiten sucht, fehlende Rohstoffe für die eigene Wirtschaft zu besorgen. Auch ein missionarischer Impuls, vorgeblich unzivilisierten und unterentwickelten Lebewesen „Kultur“, die richtige Religion und Menschlichkeit beizubringen, spielt eine Rolle.

Bei der Begründung solcher Ansätze tauchen auch Größen der Philosophiegeschichte auf. So hielt sich sehr lange die etwa von Hegel in der Darstellung der Philosophie der Geschichte (Hegel 1970, 120ff) formulierte These von der Geschichtslosigkeit afrikanischer Völker, die eine Begründung in einer unzulänglichen Entwicklung der Intellektualität afrikanischer Menschen findet:

> „Bei den Negern ist nämlich das Charakteristische gerade, dass ihr Bewusstsein noch nicht zur Anschauung irgendeiner festen Objektivität gekommen ist, wie zum Beispiel Gott, Gesetz, bei welcher der Mensch mit seinem Willen wäre und darin die Anschauung seines Wesens hätte. Zu dieser Unterscheidung seiner als des Einzelnen und seiner wesentlichen Allgemeinheit ist der Afrikaner in seiner unterschiedslosen, gedrungenen Einheit noch nicht gekommen, wodurch das Wissen von einem absoluten Wesen, das ein anderes, höheres gegen das Selbst wäre, ganz fehlt. Der Neger stellt, wie schon gesagt worden ist, den natürlichen Menschen in seiner

ganzen Wildheit und Unbändigkeit dar; von aller Ehrfurcht und Sittlichkeit, von dem, was Gefühl heißt, muss man abstrahieren, wenn man ihn richtig auffassen will: es ist nichts an das Menschliche Anklingende in diesem Charakter zu finden." (122)

Es folgt eine Wiedergabe vorgeblichen „Wissens" über Verhaltensweisen der Afrikaner, die als Beleg für die Unzivilisiertheit dienen sollen (willkürliche Ermordungen, Kannibalismus etc.). Vor diesem Hintergrund findet auch eine Verharmlosung der Sklaverei statt:

> „Die Neger werden von den Europäern in die Sklaverei geführt und nach Amerika hin verkauft. Trotzdem ist ihr Los im eigenen Lande fast noch schlimmer, wo ebenso absolute Sklaverei vorhanden ist; denn es ist die Grundlage der Sklaverei überhaupt, dass der Mensch das Bewusstsein seiner Freiheit noch nicht hat und somit zu einer Sache, zu einem Wertlosen herabsinkt. Bei den Negern sind aber die sittlichen Empfindungen vollkommen schwach oder, besser gesagt, gar nicht vorhanden. Die Eltern verkaufen ihre Kinder und umgekehrt ebenso diese jene, je nachdem man einander habhaft werden kann." (125)

Ähnliche rassistische Äußerungen finden sich bereits vorher bei Kant, wobei insbesondere die Ästhetik, nämlich das abweichende Aussehen von Menschen anderer Hautfarbe und Statur von einem weißen Schönheitsideal, zu einem wichtigen Unterscheidungsmerkmal wird. Immerhin hat sich Kant in seinen späteren Schriften deutlich von diesen Ansichten distanziert (siehe Kap. 8).

In der wissenschaftlichen Auseinandersetzung wurden einige Vorschläge unterbreitet, den Komplex der Kolonialisierung zu differenzieren. Etymologisch geht das Wort „Kolonie" (ebenso wie „Kultur") auf das lateinische Verb colere zurück, was bebauen oder Land bestellen heißt. Es geht also um eine *Landnahme*, wobei das Problem darin besteht, dass Länder, die genommen werden, keineswegs unbewohnt waren: Mit der Landnahme war eine Verdrängung oder Unterwerfung der dort wohnenden Menschen verbunden. Es geht um Expansion, um Unterwerfung und Unterjochung, um Ausbeutung und Ausdehnung des eigenen Machtbereiches, ganz so, wie es bereits Überschriften historischer Darstellungen beschreiben. Einige Beispiele: „Die Unterwerfung der Welt" (Reinhard 2016), „Imperien" (Münkler 2005), „Imperien der Weltgeschichte" (Burbank/Cooper 2012). Die Auswirkungen werden erkennbar in Buchtiteln wie etwa „Die Verwandlung der Welt" oder „Die Entzauberung Asiens" (Osterhammel 2011 und 2010).

Allerdings wurden gegen eine oft eurozentrische Darstellung weltgeschichtlicher Prozesse (für die die genannten Bücher allerdings gerade keine Beispiele sind) historische Darstellungen vorgelegt, die zeigen, in welcher Weise das imperialistische Europa nicht nur in ökonomischer, sondern gerade auch in geistiger und kultureller Hinsicht von den eroberten Ländern profitiert hat: „Licht aus dem Osten“ (Frankopan 2019) oder „Die Geschichte der Welt“ (Frie 2017). Es geht also gerade nicht um einen dauerhaften „Triumph des Abendlandes“ (Roberts 1986), sondern man stellt sich aufgrund des immer häufiger diagnostizierten Niedergangs des Westens die Frage nach den Verlaufsformen der Geschichte von Imperien.

Jürgen Osterhammel (2017, 16) definiert:

> „Eine *Kolonie* ist ein durch Invasion (Eroberung und/oder Siedlungskolonisation) in Anknüpfung an vorkoloniale Zustände neu geschaffenes politisches Gebilde, dessen landfremde Herrschaftsträger in dauerhaften Abhängigkeitsbeziehungen zu einem räumlich entfernten ‚Mutterland‘ oder imperialen Zentrum stehen, welches exklusive ‚Besitz‘-Ansprüche auf die Kolonie erhebt.“

Vor diesem Hintergrund unterscheidet Osterhammel

- *Beherrschungskolonien*: meist Resultat militärischer Eroberung zum Zwecke wirtschaftlicher Ausbeutung oder zur strategischen Absicherung imperialer Politik; autokratische Regierung durch das Mutterland (Britisch-Indien, Indochina (französisch), Ägypten (britisch), Togo (deutsch), Philippinen (amerikanisch), Taiwan (japanisch),
- *Stützpunktkolonien*: Ziel ist eine indirekte kommerzielle Erschließung eines Hinterlandes oder die Einrichtung eines Stützpunktes für militärische Zwecke (Hongkong, Aden, Singapur, Batavia, Shanghai),
- *Siedlungskolonien:* Ziel ist die Nutzung billigen Landes und billiger Arbeitskräfte, wobei sich Menschen oder Menschengruppen aus dem Mutterland dauerhaft ansiedeln. Der Autor unterscheidet drei Untertypen: den „neuenglischen“ Typ: Verdrängung oder sogar Vernichtung der Urbevölkerung (Neuenglandkolonien Kanada, Australien); „afrikanischer“ Typ: ökonomische Abhängigkeit einheimischer Arbeitskräfte (Algerien, Südrhodesien, Südafrika); „karibischer“ Typ: Import von landfremden Arbeitssklaven (Barbados, Jamaika, Saint Domingue, Virginia, Kuba, Brasilien).

Osterhammel schlägt die folgende Periodisierung des Kolonialismus in der Neuzeit vor:

1520-1570: Aufbau des spanischen Kolonialsystems

1630-1680: Grundlegung der karibischen Plantagenökonomie

1760-1830: Anfänge europäischer Territorialherrschaft in Asien

1880-1900: neue Kolonienbildung in der alten Welt

1900-1930: Entfaltung der kolonialen Exportökonomien

1945-1960: die „zweite koloniale Besetzung“ Afrikas.

Einige Aspekte und Streitpunkte in der Debatte über Kolonien

Bei aller Vielfalt der Formen und Realisierungsmöglichkeiten von kolonialistischer Politik scheint es eine weitgehende Übereinstimmung darüber zu geben, dass man den Kolonialismus der Neuzeit von einem Kolonialismus früherer Zeiten unterscheiden muss. So liegt es nahe, die kolonialen Aktivitäten, aber auch die von Anfang an vorhandenen kolonialismuskritischen Positionierungen (Stuchtey 2010) seit dem 16. Jahrhundert in Verbindung mit der Entwicklung des Kapitalismus und der Entstehung der modernen Gesellschaft und den dazugehörigen Theorien zu bringen. Ein Streitpunkt besteht etwa darin, welche ökonomische Bedeutung Kolonialismus hatte. Adam Smith wies im 18. Jahrhundert darauf hin, dass freie Lohnarbeit eine größere Produktivität habe als erzwungene Sklavenarbeit, weswegen er Kolonialismus ablehnte. Dem wiederum widersprechen andere Historiker wie etwa Jürgen Osterhammel mit dem Hinweis auf die Langlebigkeit kolonialer Sklavenarbeit, was nur dadurch begründet werden könne, dass sie so unproduktiv nicht gewesen sein konnte. Doch muss man sehen, dass die Aufrechterhaltung der Macht in den Kolonien ausgesprochen teuer für die Kolonialmächte war.

Dies war ein Grund etwa für den englischen Kolonialismus, in den Kolonien Kollaborateure zu finden, die die Ordnung im Interesse der Kolonialmacht aufrecht hielten. Solche Kollaborateure fand man in den vorhandenen politischen und militärischen Führungskräften der kolonialisierten Länder. Zudem bildete man als intermediäre Kräfte nationale Eliten für die Verwaltung der Kolonien aus.

Es gab (und gibt!) in der Debatte über den Kolonialismus immer wieder auch Positionen, die auf zivilisatorische Errungenschaften in den Kolonien hinwiesen (Entwicklung eines Bildungssystems, Urbanisierung, Ausbau einer Verkehrsinfrastruktur etwa durch Eisenbahnen, Entstehung nationaler Eliten). Auf der anderen Seite wird gegen solche Ansätze eingewandt, dass es in den (ehemaligen) Kolonien nie zu dem Ausbau einer leistungsfähigen Volkswirtschaft gekommen sei, was bis heute dazu führe, dass sich die ehemaligen Kolonien immer noch in großer Abhängigkeit der ehemaligen Kolonialmächte bzw. internationaler Organisationen wie der Weltbank oder dem Weltwährungsfonds befinden, die eine neoliberale

Politik im Interesse der westlichen Industrieländer (und Kolonialmächte) betreiben (Ferdowski 2004, Ziegler 2009).

Die ökonomische Bedeutung von Kolonien bei der Entwicklung des Kapitalismus in den Kolonialmächten beschreibt etwa Karl Marx in seinem „Kapital", Bd. 1 (MEW 23) in den Kapiteln 24 und 25, die sich mit der „ursprünglichen Akkumulation" befassen, also mit der Ansammlung von Reichtum, der notwendig war, um die teure Infrastruktur des entstehenden Industriesystems zu finanzieren:

> „Die Entdeckung der Gold- und Silberländer in Amerika, die Ausrottung, Versklavung und Vergrabung der eingeborenen Bevölkerung in die Bergwerke, die beginnende Eroberung und Ausplünderung von Ostindien, die Verwandlung von Afrika in ein Geheg zur Handelsjagd auf Schwarzhäute bezeichnen die Morgenröte der kapitalistischen Produktionsära." (Marx/ Engels 1983, 779)

Gerhard Hauck (2010, 159 ff.) weist darauf hin, dass sich Marx, der bekanntlich in London, also in der Hauptstadt der wichtigsten Kolonialmacht wohnte und arbeitete und als Journalist für eine amerikanische Zeitung schrieb, vornehmlich für die ehemaligen Kolonien in Nordamerika interessierte. Hauck erwähnt jedoch in seinem Beitrag „Kolonialismus" auch die „Indienbriefe" und Irland-Analysen von Marx in diesem Zusammenhang. Beide Länder sind im Kontext der Kolonialisierung wichtige Beispiele. So zeigt Theodore W. Allen (1994), welch große Rolle Irland im Rahmen einer innereuropäischen Kolonialisierung spielt.

In der Tat muss man immer wieder daran denken, dass die Geschichte Europas nicht nur als Geschichte der Gewalt, sondern auch der gewaltförmigen Kolonialisierung – oft verbunden mit christlicher Missionierung – verbunden ist. Christliche Missionierung spielte bei den Kriegen von Karl dem Großen im Osten Europas eine zentrale Rolle (Sachsen), sie spielte eine Rolle bei dem mittelalterlichen Kampf von Angelsachsen gegen die eindringenden Wikinger. Dem Christentum als missionierender Religion ist nämlich ebenso wie dem Islam ein imperialistischer und kolonialisierender Drang eingeschrieben. In ökonomischer Hinsicht sind die Handelsstädte am Mittelmeer wie Genua oder Venedig zu nennen, die zur Absicherung ihres Fernhandels mit Asien Stützpunkte für ihre Schiffe brauchten, die sie durch entsprechende Eroberungen gewannen.

Die Verbindung des Kolonialismus mit dem Kapitalismus wird in der Imperialismustheorie von Marxisten, etwa in der berühmten Leninschen These vom Imperialismus als höchstem Stadium des Kapitalismus, weiterverfolgt und lebt heute in einigen Theorien der Globalisierung weiter. Solche Ansätze werden nach dem Zweiten Weltkrieg im Zuge der Dekolonialisierung ehemaliger Kolonien in

Südamerika, Asien und vor allen Dingen in Afrika zur Analyse des Geschehens verwendet. So erlangten zwar immer mehr ehemalige Kolonien ihre Unabhängigkeit, aber man kann – bis heute – zeigen, dass die Abhängigkeit von den ehemaligen Kolonialstaaten und dem von diesen dominierten Weltmarkt in ökonomischer und politischer und vor allen Dingen auch in kultureller Hinsicht fortbesteht. Dies gilt auch für die nach dem Zweiten Weltkrieg begonnenen Ansätze einer „Entwicklungspolitik", bei der der Hauptvorwurf darin besteht, dass unter dem Deckmantel der Hilfe weiterhin ein interessengeleiteter Einfluss ausgeübt werden soll (Fischer u. a. 2010).

Gegen eine als reduktionistisch verstandene ökonomische Interpretation des Kolonialismus wenden sich insbesondere Autorinnen und Autoren im Rahmen der cultural und postkolonialen Studien. In diesen Studien steht die kulturelle Dimension im Mittelpunkt. Dies wiederum führt oft zur Verabsolutierung der kulturellen Dimension und zur Vernachlässigung realer ökonomischer und politischer Machtverhältnisse. Darauf weisen wiederum Wissenschaftler*innen und Aktivisten*innen wie etwa der Amerikaner Cornel West hin:

> „Es besteht ein unmittelbarer Zusammenhang zwischen imperialistischer Außenpolitik und einer Innenpolitik, die an den Interessen der Konzerne ausgerichtet ist. Das Resultat ist eine verarmte Arbeiterklasse, die obendrein spirituell bombardiert wird, weil sie und ihre Kinder kaum Zugang finden können zu nicht vermarktbaren Werten wie Intimität und Verletzlichkeit." (West 2020, 23)

Vor diesem Hintergrund kritisiert West auch Ansätze der kritischen Weißseinsforschung wegen ihres individualistischen Ansatzes:

> „Solange wir unsere Anliegen isoliert betrachten, solange wir in unseren Blasen bleiben, ohne Solidarität zu üben, haben wir keine Chance. Es ist also leicht, Race oder Gender als Identität zu fetischisieren, ohne damit eine Kritik des Raubtierkapitalismus zu verbinden. Aber nur die lässt uns erkennen, wie stark unsere Solidarität mit Arbeitenden und mit Armen ist." (A. a. O., 22)

Cornel West ist nicht nur Wissenschaftler und Aktivist, er ist auch Künstler, wobei er keine Scheu hat, bei Veranstaltungen der populären Kultur mitzuwirken (Hip-Hop, Matrix). Interessant sind daher seine Überlegungen zu den Möglichkeiten einer ästhetischen Praxis mit dem Ziel der Ermutigung zur Widerständigkeit gegen Unterdrückungsverhältnisse. Dies ist deshalb interessant, weil wesentliche rassistische Äußerungen bei Kant in ästhetischen Schriften gefunden wurden, wenn etwa ästhetische Ideale normativ an weißen Menschen orientiert werden. West schreibt:

> „Nach 244 Jahren der barbarischen Form moderner Sklaverei; keine Chance, ohne weiße Aufsicht lesen und schreiben zu lernen oder Gott zu preisen, und im Durchschnitt starben die Sklaven mit 26 Jahren. Sie schlichen sich nachts davon, um ihre Stimme zu erheben, standen im Kreis und hielten sich bei den Händen. Und sangen diese wunderschönen Lieder, *Swing Low, Sweet Chariot* und *Wate in the Water, God's Gonna Trouble the Water.* Das war Kunst. Ein Festhalten am Schönen im Angesicht von Terror und Trauma. Das, woran uns Rilkes Gedichte erinnern: die Schönheit wird zum Quell der Resilienz, wo Terror und Trauma über viele Jahrzehnte hin institutionalisiert sind, und die Musik wird lebenswichtig. Darum sind die Liebe zur Wahrheit, die Liebe zum Schönen, die Liebe zur Gerechtigkeit und für mich auch die Liebe zu Gott so eng miteinander verflochten." (a. a. O., 23)

Diese Aussagen weisen darauf hin, was der kenianische Schriftsteller Ngugi wa Thiong'o (neu herausgegeben 2017) in seinen 1986 veröffentlichten Essays ist „Dekolonisierung des Denkens" genannt hat. Ich komme darauf zurück.

Der deutsche Kolonialismus

Bei der Rede von einem „deutschen Kolonialismus" wird man als erstes an eine Etappe in der deutschen Kolonialgeschichte denken, die mit der von Bismarck organisierten berühmt-berüchtigten Berlin-Konferenz im Jahre 1884/85 und dem dabei stattgefundenen Erwerb von Kolonien vor allen Dingen im Süden Afrikas begonnen und die mit dem Ende des Ersten Weltkrieges ihr Ende gefunden hat. Doch ist beides nicht zutreffend. So gibt es einen „langen Weg zum Kolonialreich" (so das erste Kapitel in Graichen/Gründer 2005), bei dem etwa deutsche Konquistadoren, Kanoniere und Kaufleute im Dienste von Spaniern und Portugiesen im 16. Jahrhundert eine Rolle spielten (ebd., 13 ff.). Es gibt Unternehmer wie den Hofrat Becher, der Mitte des 17. Jahrhunderts von der holländisch-westindischen Compagnie ein riesiges Gebiet als ‚Kolonie" in Südamerika gekauft hat. Es gab koloniale Interessen des „Großen Kurfürsten" im 17. Jahrhundert und nicht zuletzt eine sich intensivierende Kolonialbewegung im 19. Jahrhundert.

Bismarck war bekanntlich lange Zeit ein Gegner von Kolonien, allerdings weniger aus humanistischen Gründen, sondern vielmehr deshalb, weil er sie politisch und ökonomisch für wenig interessant hielt. In Deutschland wie auch in anderen Kolonialmächten ging der Drang zur Kolonialisierung ohnehin weniger vom Staat, sondern sehr stark von privaten, ökonomisch orientierten Initiativen und Personen aus. Eine wichtige Rolle spielte etwa der dubiose Bremer Tabakkaufmann Adolf Lüderitz, der durch ein betrügerisches Manöver in den Jahren von 1882 bis 1884 große Ländereien in Südafrika erworben hat, bei der er allerdings eine ordnungsgemäße Verwaltung nicht leisten konnte. Er setzte daher erfolgreich das Reich unter Druck, die „Schutzherrschaft" dieser Gebiete zu übernehmen, was insbesondere bedeutete, dass ein Reichskommissar eingesetzt und Soldaten hingeschickt wurden.

Auch wenn das Deutsche Reich ein Neuankömmling unter den Kolonialmächten war und im Vergleich zu England, das zu dieser Zeit etwa ein Viertel der Erdoberfläche beherrschte, nur über eine kleine kolonialisierte Fläche herrschte, so überschritt diese Fläche die Fläche des Deutschen Reiches noch um ein Vielfaches. Bekanntlich gipfelte die deutsche Kolonialherrschaft in einem Völkermord, für den sich auch die demokratische Bundesrepublik viele Jahrzehnte nicht entschuldigen wollte und auch keine Reparationen zahlte. Es handelt sich um den Völkermord an den Nama und Herero in Südwestafrika in den Jahren 1904-1908, der von deutschen Soldaten unter der Leitung des Generals Lothar von Trotha verübt wurde. Es ging um die Niederschlagung von Aufständen. Zentrales Anliegen der Herero war die Landfrage. Winfried Speitkamp (2014, 123) gibt die folgende Darstellung der Entwicklung:

> „Die Herero befanden sich in einer besonders prekären Situation. In den späten 1890-er Jahren beschleunigte sich ihr ökonomischer, sozialer und kultureller Niedergang. Die Viehherden, Basis ihrer Nomadenexistenz und auch symbolischer Ausdruck von Rang und Status, fielen zum beträchtlichen Teil der Rinderpest von 1896/97 zum Opfer. In den Jahren bis 1900 folgten Malaria- und Typhusepidemien, Heuschreckenplage und Dürreperiode. Viele Herero sahen sich gezwungen, Land an deutsche Siedler und auch Missionen zu verkaufen. Zudem mussten sich immer mehr Herero bei deutschen Händlern verschulden." (A. a. O., 123)

Es folgte eine ungeschickte Politik der Kolonialverwaltung, etwa die Umsiedlung der Herero in Reservate mit schlechten Böden, sodass diese sich ihrer Existenzgrundlage beraubt sahen.

Deutsche Kolonien gab es im Osten, Süden und Westen Afrikas, im Westpazifik und in Mikronesien. Allerdings war in Deutschland wie auch in anderen Kolonialmächten der Kolonialismus nie unumstritten. Es gab wie erwähnt politische und ökonomische Erwägungen, die gegen Kolonien sprachen, es gab allerdings auch humanistische Argumentationen, die gegen eine Kolonialisierung sprachen. Antikoloniale Haltungen und Aktivitäten fanden sich zum einen in den Kolonialmächten als auch in den Kolonien selbst, sie lassen sich zum andern bis in die frühe Neuzeit zurückverfolgen (Bartolome de las Casas, 1484-1566). Insbesondere gilt dies für die Zeit der Aufklärung, bei der – wie erwähnt – renommierte Exponenten wie etwa Kant durch rassistische Argumentationen ins Gerede gekommen sind. Eine gründliche Darstellung der Kolonialismuskritik vom 18. bis in das 20. Jahrhundert (so der Untertitel) leistet Benedikt Stuchtey unter dem Titel „Die europäische Expansion und ihre Feinde" (2010). Interessanterweise tauchen dieselben Autoren, die gerade in postkolonialen Diskursen als Rassisten gebrandmarkt werden, hier in ihrer Gegnerschaft gegen Kolonialismus und eine entsprechende unmenschliche Behandlung der Bewohner ein. Bei Kant sind es vor allen Dingen die Spätschriften wie etwa der Entwurf „Zum ewigen Frieden" (1795), in denen dies geschieht:

> „Kolonialismus und das Entstehen von Rechtsmaximen in den Internationalen Beziehungen waren demnach eng verknüpft. Kant bestritt die welthistorische Bedeutung des Kolonialismus nicht, sprach von den ‚verschiedenen Racen der Menschheit' und distanzierte sich auch nicht von einer ethnozentrischen Klimatheorie mit ihren Gegenpolen von ‚natürlicher', unmündiger Wildheit und aufgeklärter Zivilisation. Ihn aus diesem Grund des Rassismus zu bezichtigen, ist hingegen abwegig." (Stuchtey a.a.O., 53)

Stuchtey verfolgt die antikoloniale Argumentation von Adam Smith über Herder, die englischen Kolonialkritiker, vor allem im 19. Jahrhundert, über antiimperialistische Positionen in Frankreich und Großbritannien bis hin zu kritischen Positionen gegenüber einer deutschen Kolonialpolitik vor dem Ersten Weltkrieg.

Gerade im Hinblick auf die fortschreitende Dekolonialisierung sind jedoch Aktivisten und Theoretiker aus kolonialisierten Gebieten selbst von größerer Bedeutung. Harald Fischer-Tiné (2016) beginnt seinen Artikel „Antikolonialismus und kulturelle Selbstbehauptung" mit den Worten:

> „Kolonialherren gelang es nur selten, eine völlige politische und kulturelle Hegemonie zu etablieren. Verschiedene Formen des Widerstandes, der Verweigerung, der Subversion gehören von Anfang an ebenso zur Geschichte der kolonialen Begegnung wie Expansion und Ausbeutung."

Dabei gibt es unterschiedlichste Formen einer solchen Widerständigkeit, was heißt, „sich dem kulturellen und zivilisatorischen Überlegenheitsanspruch der Kolonialmacht" entgegenzustellen (ebd.). Man kann von einem politischen, militärischen, aber auch kulturellen und ideologischen Widerstand sprechen. Gerade die nationalen intellektuellen Eliten kritisierten den Widerspruch zwischen den „westlichen Werten" und zivilisatorischen Normen auf der einen Seite und der realisierten Praxis auf der anderen Seite. Es entwickelte sich in der antikolonialistischen Bewegung ein „ethno-kultureller Nationalismus", der nicht nur die „Differenz, sondern auch ihre kulturelle oder moralische Überlegenheit (der Kolonien; M. F.) gegenüber den Kolonialmächten" betonte. Hierzu zählen etwa auch frühe Schriften des indischen Freiheitskämpfers Gandhi:

> „In diesem antimodernen Manifest (gemeint ist die Schrift ‚Indische Selbstherrschaft‘; M. F.) bezeichnete der spätere INC-Präsident die westliche Zivilisation als eine ‚finstere‘ und ‚satanische‘ Krankheit, von der man sich unter keinen Umständen anstecken lassen dürfe. Indiens Rettung bestehe folglich nicht etwa im möglichst geschickten Kopieren des Westens und in der Übernahme seiner materiellen Errungenschaften, sondern vielmehr in einer Rückbesinnung auf die eigenen Werte, Traditionen und Institutionen. Während sich die meisten Antikolonialisten für eine zumindest selektive Übernahme westlicher Technologie und Wissenschaft bei gleichzeitiger Selbstvergewisserung der eigenen kulturellen oder religiösen Identität aussprachen, lehnte Gandhi in *Hind Swaraj* das gesamte Projekt der ‚westlichen Zivilisation‘ ab.“ (ebd., 5)

Gandhi stützte sich dabei auf europäische und amerikanische Zivilisationskritiker wie etwa Tolstoi oder Thoreau. In diese Entwicklung gehört auch der Panafrikanismus eines Jomo Kenyatta oder Leopold Senghor oder – in gemäßigterer Form – Kwame Nkruma oder Julius Nyerere. Es geht also um einen Kampf gegen eine „epistemische Gewalt“ der Kolonialmächte neben der ökonomischen, politischen und militärischen Gewalt. In diesem Kontext der Abwehr einer westlichen kulturellen Hegemonie gehören auch und gerade die Schriften von Frantz Fanon und Edward Said. Es gibt also eine Vielzahl unterschiedlicher antikolonialer Konzeptionen.

Der Wiener Historiker und Afrikawissenschaftler Arno Sonderegger (2013) entwirft daher eine Typologie antirassistischer und antikolonialistischer Positionierungen bei afrikanischen Intellektuellen und er unterscheidet zunächst zwei grobe Positionen

> „(A) Zum einen gibt es jene Autoren, welche die Ansicht einer „natürlichen Andersartigkeit“ übernehmen, aber eine abweichende Bewertung vornehmen;
>
> (B) Zum andern gibt es jenen Ansatz, der mit dem Rassendiskurs radikal zu brechen sucht.
>
> Beiden Varianten liegt eine ‚positive Anthropologie des Afrikaners‘ zugrunde.“ (57)

Sonderegger diskutiert vor diesem Hintergrund die Konzeptionen der Négritude oder des Panafrikanismus. Er weist auf Spielarten des Afrozentrismus hin, so wie sie zum Teil von afroamerikanischen Wissenschaftlern an amerikanischen Universitäten vertreten werden (etwa Molefi Kete Asante), er beschreibt die Schwierigkeit der Verwendung des Rassebegriffs in antirassistischen Positionierungen. Und er erwähnt die politischen Zusammenschlüsse in Afrika mit ihren Grundlagendokumenten.

Seine „Conclusio“:

> „Afrika wurde vor dem Hintergrund einer Geschichte des Rassismus und Imperialismus, der Beherrschung, Unterordnung und Herabwürdigung anderer Erdteile und ihrer Bewohner konstruiert. Damit wurden Bilder sowohl derer imaginiert, die den Kontinent bewohnen, als auch der Nachfahren jener, die über die See verschleppt und in die Sklaverei gezwungen worden waren – also Angehörige der afrikanischen Diaspora. Diese Bilder verfestigten sich. Wahrnehmungshaltungen wurden konditioniert, die handlungsleitend wirkten. Analog zur Herausbildung und Verfestigung weltweit wirkender ungleicher Strukturen in Politik und Wirtschaft im Laufe der letzten Jahrhunderte wirken solche ganz manifest auch weiterhin zu Ungunsten der Entwicklungschancen Afrikas. An der Herausbildung rassistischer Afrika-Bilder unbeteiligt, entkamen afrikanische Intellektuelle im 19. und 20. Jahrhundert den Fallstricken des Rassendiskurses häufig dennoch nicht. Aber selbst noch in der gegenrassistischen Kritik am herrschenden ‚weißen‘ Rassismus ebneten afrikanische Autoren aktiv und tatkräftig der Überwindung rassistischer Rechtfertigungsmodi sozialer Ungleichheiten den Weg.“

Und weiter:

> „Antirassismus, Antikolonialismus und Antiimperialismus finden sich darum, in je spezifischer Mischung, in den Werken afrikanischer Intellektueller der beiden Jahrhunderte. Da die Herrschaftssituation während der Kolonialzeit keine uniforme Angelegenheit war, sondern von vielfältigen Brücken durchzogen und mannigfaltigen Veränderungen unterworfen war, sollte es nicht verwundern, dass sich die antikolonialen Stimmen afrikanischer Autoren keiner einfachen Tonart zuordnen lassen.(…) Dennoch lassen sich aus der vielfältigen Kritik an Herrschaftsformen und Diskriminierung, wie sie afrikanische Denker zwischen 1850 und 1970 formuliert haben, eine überschaubare Zahl an Grundsatzpositionen herausarbeiten, die ihrem antirassistischen und antikolonialen Denken zugrunde liegen.“ (69 f)

Auch nach Abschluss der Dekolonialisierung im Sinne der Gewinnung von Unabhängigkeit ehemaliger Kolonien ist der Prozess einer geistigen Dekolonialisierung sowohl in den ehemaligen Kolonien als auch in den früheren Kolonialmächten und anderen westlichen Staaten nicht abgeschlossen. Es geht zum einen um die Kolonialisierung des Denkens, was etwa Gegenstand der Essaysammlung des kenianischen Schriftstellers Ngugi wa Thiong‘o ist. Ngugi wehrt sich gegen herkömmliche Bilder von Afrika, etwa die Beschreibung von Konflikten als „Stammes“-Feindschaften. Er beklagte bewusst herbeigeführte Verpfändung und Verschuldung afrikanischer Länder unter der Ägide des Internationalen Währungsfonds und der nach wie vor zu spürenden Macht des westlichen Finanzkapitals (29 f.). Sein Schwerpunkt ist allerdings der Kampf um die Anerkennung der afrikanischen Kultur, wobei im Mittelpunkt seines Interesses die Vielfalt afrikanischer Sprachen steht. Er beschreibt, wie er in seiner intellektuellen Biografie gezwungen wurde, sich auf Englisch auszudrücken und kritisiert vor diesem Hintergrund etwa Leopold Senghor, der das Französische präferiert und afrikanische Sprachen geringschätzt. (54) Er selbst wendet sich zunehmend gegen die Verwendung der Kolonialsprachen und entscheidet sich in den 1980-er Jahren dafür, zumindest seine literarischen Texte nur noch in seiner eigenen Muttersprache (Kikuyu) zu verfassen. In einzelnen befasst er sich dann mit der Rolle der Sprache der afrikanischen Literatur, mit der Sprache des afrikanischen Theaters und der Sprache des afrikanischen Romans. Die kulturelle Bedeutung des Theaters beschreibt er eindrucksvoll (und durchaus relevant für das heutige Theater in Deutschland) wie folgt:

> „Das Schauspiel hat seinen Ursprung in der Auseinandersetzung des Menschen mit der Natur und mit anderen Menschen. Im präkolonialen Kenia rodeten die Bauern der verschiedenen Nationalitäten den Wald, bauten Feldfrüchte an, pflegten sie bis zur Reife und ernteten – dem einen in die Erde gelegten Samenkorn entsprangen viele Samen. Dem Tod entwuchs das Leben und dies mittels der menschlichen Hand und der Werkzeuge, die sie führte. Deshalb gab es Riten, mit denen die magische Kraft der Werkzeuge gesegnet wurde. Es gab weitere Mysterien: Kühe und Ziegen und andere Tiere und Vögel, die sich – den Menschen ähnlich – paarten und daraus entstand Leben, das dazu beitrug, das menschliche Leben zu erhalten. Und deshalb entstanden Fruchtbarkeitsriten und -zeremonien, die das Leben feierten, das aus der Erde oder zwischen den Schenkeln von Tieren und Menschen hervorströmte. Das Leben des Menschen selbst war ein Geheimnis: Geburt, Heranwachsen und Tod, und es durchlief viele Stadien. Demzufolge gab es Rituale und Zeremonien, die Geburt zu markieren und zu feiern, die Beschneidung oder die Initiation in die verschiedenen Stufen von Wachstum und Verantwortung, Heirat sowie der Beerdigung der Verstorbenen.
>
> Doch dann tritt die Grausamkeit des Menschenwesens hinzu. Feinde kommen, um zu stehlen, was die Gemeinde an Ziegen und Rindern besitzt. Also mussten Kämpfe ausgefochten werden, das Eigentum zurückzufordern. Segnet die Speere. Segnet die Krieger. Segnet jene, die die Gemeinschaft gegen ihre äußeren Feinde verteidigen. Siegreiche Krieger kehren zu Ritual und Zeremonien zurück. Mit Lied und Tanz stellen sie Schlachtszenen dar für die, die nicht dabei gewesen waren, damit die Krieger den Ruhm noch

> einmal durchleben, sich in Bewunderung und Dankbarkeit der Gemeinschaft baden konnten. Doch auch im Inneren gab es Feinde: Übeltäter, Diebe, Faulenzer; es gab Geschichten – oftmals vorgetragen von einem Chor – die das Schicksal derjenigen aufzeigten, die das Wohl der Gemeinschaft bedrohten." (80 f.)

Ngugi beschreibt, dass und wie der britische Kolonialismus diese Traditionen zerstört hat, wie insbesondere Missionare in ihrem Bekehrungseifer diese Traditionen als Teufelswerk betrachteten:

> „Doch es war der Imperialismus, der die freie Entwicklung der nationalen, in den rituellen und zeremonielle Praktiken der Bauernschaft wurzelnden Theatertraditionen abgebrochen hatte. Die tatsächliche Sprache eines afrikanischen Theaters konnte nur im Volk gefunden werden – insbesondere in der Bauernschaft – in seinem Leben, seiner Geschichte und seinen Kämpfen." (87)

Ngugi sieht durchaus die Errungenschaften der Kolonialisierung: eine hoch entwickelte Wissenschaft und Technologie, eine Anhäufung enormer Produktivkräfte, die Entwicklung derFähigkeit zu erkennen und zur Gestaltung der Welt. Allerdings: von all dem konnten die Bewohner der Kolonien nicht profitieren, vielmehr gilt:

> „Der Kapitalismus führte zu Armut und massenhaften Hunger in zuvor unbekanntem Maße. Der Kapitalismus und die Entwicklung von Wissenschaft und Technologie bot die Möglichkeit zur Beherrschung der Natur: Der Kapitalismus führte durch seine unkontrollierte Nutzung und Ausbeutung der natürlichen Ressourcen zur tatsächlichen Herrschaft der Natur über den Menschen durch Dürren und Verwüstung. Der Kapitalismus bot die Möglichkeit einer neuen Medizinwissenschaft zur Überwindung von Krankheiten: Der Kapitalismus führte durch seine selektive Verschreibung medizinischer Versorgung zumindest in den Kolonien zu einer von Krankheiten geplagten Bevölkerung, der gleichzeitig die Hilfe jener Kräutermediziner und Psychiater fehlte, deren Praktiken als Teufelswerk gebrandmarkt worden waren." (121 f.)

Am Ende des Buches findet sich ein Gedicht von Bert Brecht:

> „Darum
>
> fordern wir nun von euch, den Schauspielern
>
> unserer Zeit, Zeit des Umbruchs und der großen Meisterung
>
> Aller Natur, auch der menschlichen, euch

Endlich umzustellen und uns die Menschenwelt

So zu zeigen, wie sie ist: von den Menschen gemacht und

Veränderbar." (180)

Entwicklung

Karin Fischer und andere (in Fischer u. a. 2010, 24) geben den folgenden Einblick in die Geschichte des Entwicklungsbegriffs:

> „Der Begriff ‚Entwicklung' war lange Zeit der Theologie vorbehalten gewesen. Erst in der Moderne wurde die vormals heilsgeschichtlich interpretierte menschliche Entwicklung vom Himmel auf die Erde geholt, und der in die Biologie als Evolution eingeführte Entwicklungsbegriff fand in ähnlicher Konnotation Eingang in philosophische Überlegungen. Von da an begann der Entwicklungsbegriff sich mit dem Fortschrittsglauben an eine immer bessere Welt zu verbinden, was – spätestens im Zeitalter des Imperialismus – zu jenem eurozentrischen Gehalt führte, der dann von der Modernisierungstheorie aktualisiert werden sollte: nicht-westliche Gesellschaften müssten durch die Übertragung von wirtschaftlichen, politischen und kulturellen Lebensformen des ‚Westens' zivilisiert werden (…)"

Begriffe sind Instrumente, die die Art und Weise der Wahrnehmung formen und die Wahrnehmungsergebnisse ordnen helfen. Dies wiederum ist die Basis dafür, erfolgreich handelnd in die Gestaltung der Welt eingreifen zu können. Greifen, begreifen, eingreifen sind also Aktivitäten, die etwas mit menschlichem Leben, genauer gesagt: mit dem Überleben zu tun haben. Bereits auf dieser elementaren Ebene kann man sehen, dass die genannten Begriffe mit Interessen der Menschen, mit Zielen und mit Werten verbunden sind. Ebenso, wie die Art und Weise des eingreifenden Handelns abhängig ist von Ort, Zeit, handelnden Personen und ihren Interessen und Bedürfnissen, gilt dies auch für das begriffliche Instrumentarium. Begriffe haben also eine Geschichte, sie sind interessegebunden und werteorientiert. Sie spielen auch eine entscheidende Rolle in der Auseinandersetzung darüber, welches Bild von der Welt sich letztlich durchsetzt. Nicht zuletzt haben Begriffe Konjunkturen: Sie entstehen, sie werden akzeptiert, sie werden kritisiert, man verwirft sie. All dies kann man an dem Begriff der Entwicklung sehr gut zeigen.

Bereits die obige kurze Beschreibung von Entwicklung (von Fischer u. a.) zeigt, wie unterschiedlich der Entwicklungsbegriff verstanden werden kann. So beinhaltet die erwähnte frühere heilsgeschichtliche Bedeutung ein Versprechen auf ein besseres Leben, das einen erwartet oder das man – je nach theologischer Auffassung – durch ein entsprechendes Handeln herbeiführen kann. Mit „Entwicklung" bezeichnet man eher einen (harmonischen) Wachstumsprozess, also in politischer Hinsicht eher eine Reform als eine Revolution. Die Verbindung mit der Biologie in dem Zitat zeigt, dass durch Entwicklung etwas Neues entsteht, dass das Alte überwunden wird.

In jedem Fall ist es ein normativer Prozess, bei dem ein vorgegebenes Ziel verfolgt wird. Das Problem bei normativen Begriffen besteht darin, dass gerade dann, wenn man sie zur Anleitung einer Praxis benutzt, die realisierte Praxis dann zur Evaluation des Begriffs dienen kann.

Genau dies ist auch mit dem Entwicklungsbegriff geschehen. Denn die in der Mitte des 20. Jahrhunderts entwickelte Modernisierungstheorie als (soziologische und politische) Theorie der „entwickelten" westlichen Gesellschaften stützte sich wesentlich auf den Begriff der Entwicklung. Aber:

> „Als sich in den späten 1960er Jahren aber herauszustellen begann, dass die Erwartungen der Modernisierungstheoretiker sich nicht erfüllen würden, dass die armen Länder also trotz ihrer Bemühungen, den ‚Westen' nachzuahmen, arm blieben, und als gleichzeitig das kapitalistische Weltsystem in der Dritten wie in der Ersten Welt zunehmend auf politischer Ebene infrage gestellt wurde, begann eine entwicklungspolitische und -theoretische Debatte, die zu neuen Konzepten und Begriffen führte." (Ebd.)

Dieses Zitat spielt auf den Prozess der Dekolonialisierung und die zukünftige ökonomische, politische, kulturelle und soziale Gestaltung der nunmehr unabhängig gewordenen ehemaligen Kolonien an. Als ein wichtiges Gründungsdokument gilt die Antrittsrede des wiedergewählten US-Präsidenten Truman am 20.1.1949, in der er die „Globalisierung des amerikanischen Weges als Strategie zur Überwindung der Armut" empfahl. Auch hier ist der Kontext wichtig, denn es war abzusehen, dass nach der fragilen Allianz im Kampf gegen Hitler-Deutschland nunmehr der Ost-West-Konflikt eskalieren würde, was auch bedeutete, dass es einen Wettbewerb um die entstehenden neuen Staaten, vor allem in Afrika, geben würde:

> „Der Begriff der ‚Entwicklung' dient also dazu, für die bereits eingetretene oder sich unmittelbar abzeichnende nachkoloniale Periode die Bindung der peripheren Staaten an das kapitalistische Weltsystem ideologisch abzusichern." (15)

Dies ist der Beginn der „Entwicklungspolitik", bei der es eben nicht nur darum ging, Menschen in den selbstständig werdenden Staaten zu einem besseren Leben zu verhelfen, sondern ging um die Frage der Hegemonie im Wettstreit zwischen zwei Blöcken. Vor diesem Hintergrund entstand auch der Begriff der „Dritten

Welt“ (Frantz Fanon), der später deshalb kritisiert wurde, weil er eine zu starke Gemeinsamkeit in der Vielfalt heterogener Staaten suggerierte.

Der Entwicklungsbegriff ist bis heute umstritten. Während ihn eine Gruppe von Wissenschaftlerinnen und Wissenschaftlern ablehnt, weil er ein „Zivilisierungsimperativ“ und damit eine „rassistische Einteilung der Menschheit nach Raum und Zeit“ enthält (so der entsprechende Beitrag von Daniel Bendix in Arndt/Ofuatey-Alazard 2019, 272 ff.), sieht die Autorengruppe aus dem Studiengang „Internationale Entwicklung“ an der Universität Wien (Fischer u. a. 2010) die Möglichkeit, diese reduktionistische (postkoloniale) Deutung zwar zu respektieren, aber auch zu erweitern. Allerdings ist damit die Aufgabe verbunden, zu einem modifizierten Verständnis des Entwicklungsbegriffs zu kommen.

In der Tat lässt sich feststellen, dass es immer noch Anhänger der Modernisierungstheorie und dem damit verbundenen linearen Entwicklungsbegriff gibt, dass es aber auch eine Entwicklung im Hinblick auf eine veränderte definitorische Deutung des Entwicklungsbegriffs gibt. So hat man gegen Ende des 20. Jahrhunderts einen komplexeren Entwicklungsbegriff erarbeitet, der sich von der Fixierung auf die ökonomische Kennziffer des Bruttosozialproduktes löst („Tyrannei des Bruttosozialproduktes“) und neben Wirtschaftswachstum auch „Arbeit im Sinne produktiver und ausreichend bezahlter Beschäftigung; Gleichheit und Gerechtigkeit; Partizipation und Demokratie und schließlich Unabhängigkeit und Eigenständigkeit“ („magisches Fünfeck“) mit einbezieht (a. a. O., 25). Es geht hierbei um die Suche nach geeigneten Indikatoren, mit denen man bestimmte Prozesse in den beobachteten Ländern „messen“ und bewerten kann.

Eine besondere Rolle spielen die Weltentwicklungsberichte, die das Entwicklungsprogramm der Vereinten Nationen (UNDP) regelmäßig seit 1978 vorlegt. Diese Berichte orientieren sich an dem Human Development Index (HDI), der wesentlich von den indischen Ökonomen und Philosophen Amartya Sen und dem pakistanischen Ökonomen Mahbub ul Haq entwickelt wurde und der neben der ökonomischen Kennziffer (Bruttosozialprodukt pro Kopf) auch den Gesundheitsstand (Lebenserwartung) und den Bildungsstand (schulische Abschlüsse) mitberücksichtigt. Das mit diesem Index verbundene Konzept der „menschlichen Entwicklung“ erfasst neben Wirtschaftswachstum auch menschenrechtliche Normen wie Gleichheit, Gerechtigkeit und Selbstbestimmung und wurde in diesem Sinne gerade in solchen selbstständig gewordenen ehemaligen Kolonien von regierungskritischen Bewegungen verwendet, in denen nicht-demokratische, autoritäre oder diktatorische politische Strukturen installiert wurden.

Auf der Basis dieses erweiterten Entwicklungskonzeptes hat die UNESCO in der Zeit von 1988 bis 1997 eine „Weltdekade für kulturelle Entwicklung“ durchgeführt, die mit einer großen Weltkonferenz „Power of Culture“ in Stockholm im Jahr 1998 abgeschlossen wurde, wo man gleichzeitig einen „Aktionsplan Kulturpolitik für Entwicklung“ verabschiedete (Deutsche UNESCO-Kommission 1998). Selbst wenn solche Aktionspläne nicht unmittelbar auf die nationalen politischen Strategien Einfluss haben, so haben sie trotzdem eine Bedeutung im Kampf um die Deutung bestimmter Begriffe (wie etwa dem der Entwicklung) sowie als Referenzpapiere auf der nationalen Ebene. Ähnliches gilt für andere Initiativen der Vereinten Nationen, die oft mit der Arbeit speziell einberufener Kommissionen verbunden sind: die Nord-Süd-Kommission unter dem Vorsitz von Willy Brandt 1977-1980 oder die Kommission für Weltordnungspolitik (Commission for Global Governance) 1992-1995 unter dem Vorsitz von Ingvar Carlsson und Shridath Ramphal sowie zahlreiche Treffen zur Diskussion der Menschenrechte und zur Entwicklung neuer Konventionen (Menschen mit Behinderung, Frauen, Kinderrechte, kulturelle Vielfalt etc.).

Im Zuge der Globalisierung, die seit den 1990er Jahren einen deutlichen Dynamisierungsschub erlebte, gab es einen Rückfall in die überwunden geglaubte Modernisierungstheorie. Denn national und international setzte sich das neoliberale Paradigma durch, das nicht nur in den „entwickelten“ Ländern zu einer dramatischen Vergrößerung der Ungleichheit führte, sondern das auch in den ehemaligen Kolonien eine Politik im Sinne des Human Development Indexes verhinderte. Auch wenn oft beklagt wird, dass Politik und Medien einseitige Bilder Afrikas vermitteln, bei denen Krieg, Hunger und Krankheit im Mittelpunkt stehen, so wird man dennoch nicht ignorieren können, dass die Lebenssituation vieler Menschen dringend verbessert werden muss. Es geht um Armutsbekämpfung, um den Aufbau funktionierender Gesundheitssysteme und eine funktionierende Verwaltung, um Korruption, also darum, dass Erträge und Gewinne der Volkswirtschaft gerade nicht in den Ausbau entsprechender Infrastrukturen fließen. Das Problem bei den genannten Handlungsfeldern besteht darin, dass es politisch und wissenschaftlich keine Einigkeit darüber gibt, wie ein „Wohlstand der Nationen“ (so der Titel eines berühmten Buches von Adam Smith; siehe etwa Diamond 2000, Landes 2010 oder Ferguson 2013) erreicht werden kann.

Man spricht davon, dass mit dem Ende des Apartheid-Regimes in Südafrika im Jahre 1989 der Prozess der Dekolonialisierung abgeschlossen und nunmehr das menschenrechtliche Prinzip der Selbstbestimmung umfassend realisiert sei. Dem widerspricht Jörg Fisch (2010):

> „Die Grundidee des Selbstbestimmungsrechts der Völker ist das Recht eines jeden Menschen, im Staat seiner Wahl zu leben, und das Recht eines jeden Kollektivs, das sich selber als Volk versteht oder konstituieren will,

auf einen eigenen, souveränen Staat – eine Idee, die im späten 18. und im 19. Jahrhundert entstanden ist, zuerst als Idee eines Rechts auf Unabhängigkeit in Amerika und später als Idee eines Rechtes auf Selbstbestimmung in Europa. Es ist eine Idee, die sich nie vollständig wird verwirklichen lassen, weil nie alle Ansprüche miteinander vereinbar sein werden. Die Idee der Selbstbestimmung aller Völker bringt das Ideal der herrschaftsfreien internationalen Gesellschaft zum Ausdruck. Wäre sie verwirklicht, so würde ausschließlich der Wille der Betroffenen über die staatliche Einteilung der Welt entscheiden. Die Größe und die Macht der einzelnen Völker wären demgegenüber gleichgültig. Dieses Versprechen, das in der Formel vom Selbstbestimmungsrecht der Völker enthalten ist, lässt sich weder verwirklichen noch aus der Welt schaffen, nachdem es einmal gegeben worden ist. Herrschaftsfreiheit und Machtprinzip konkurrieren miteinander. Die Anwendung des Prinzips der Selbstbestimmung bedeutet den Verzicht des Stärkeren auf die Durchsetzung seiner Macht. Der Schwächere hat demgegenüber die Chance, seine Ziele mithilfe der Zahl und ungeachtet seiner materiellen und machtmäßigen Schwäche zu verwirklichen. Keine der beiden Seiten wird indessen ihr Ziel zur Gänze erreichen können. Das Prinzip der Selbstbestimmung wird eine umso geringere Rolle spielen, je ungleicher und einseitiger die Machtverteilung ist. Beherrscht eine einzige Macht die ganze Welt, wird sie sich kaum genötigt sehen und noch weniger dazu bereit sein, auf Selbstständigkeitswünsche einzugehen. (…) Die Geschichte des Selbstbestimmungsrechts ist die Geschichte seiner Einschränkungen.“ (288 f.)

Dekolonialisierung und postkoloniale Entwicklung – einige Aspekte am Beispiel von Afrika

Seit den 1940er Jahren erlangten etwa 120 Kolonien und abhängige Gebiete ihre Unabhängigkeit. Dies gilt insbesondere in den 1960er Jahren für eine große Zahl vor allem französischer und britischer Kolonien in Afrika. Begonnen hatte dieser Prozess mit einem Paukenschlag, nämlich mit der Unabhängigkeitserklärung von zwölf der sechzehn britischen Kolonien in Nordamerika am 2.7.1776 in Philadelphia.

Freiwillig haben die Kolonialmächte ihre Kolonien allerdings nicht in die Unabhängigkeit entlassen, sondern es gab zum Teil lang andauernde erbitterte kriegerische Handlungen, etwa in den Befreiungskriegen nordafrikanischer und südostasiatischer Kolonien gegen Frankreich. Begleitet wurden diese Auseinandersetzungen durch ebenso erbitterte Debatten sowohl innerhalb der Kolonialmächte als auch in den Kolonien selbst. Auch die unabhängig gewordenen neuen Staaten sahen sich einer schwierigen Erblast der früheren Kolonialzeit ausgesetzt. So gab es willkürliche Grenzziehungen, insbesondere bei der Afrika-Konferenz 1884/85 in Berlin. Es gab politische und Verwaltungsstrukturen, die die Kolonialmächte ihren jeweiligen Kolonien aufgezwungen hatten. Die zurückgelassene ökonomische, administrative und politische Infrastruktur war in den wenigsten Fällen geeignet, eine ertragreiche Volkswirtschaft aufzubauen. Die nationalen Eliten waren wiederum nach Standards der Kolonialmächte und für deren Interessen ausgebildet worden, was sie nicht unbedingt dazu befähigte, den Neuaufbau zu bewältigen. Zudem muss man sehen, dass es auch Menschen und Personengruppen in den Kolonien gab, die von dem Kolonialsystem profitierten. Dies waren dann auch Bündnispartner für die ehemaligen Kolonialmächte bei dem Ziel, auch weiterhin ihre Interessen vertreten zu sehen.

Gerade in Deutschland wird man nach der deutschen Einigung und den vielfältigen Schwierigkeiten, die mit einer vollständigen Transformation des Gesellschaftssystems eines Landes verbunden sind, verstehen können, wie groß die Probleme in den neuen Staaten waren. Dabei muss man sehen, dass zwar das Ziel der Gewinnung von Unabhängigkeit und Selbstbestimmung weitgehend geteilt wurde, dass damit aber keineswegs eine Einigung über den einzuschlagenden politischen Weg für die Zukunft des Landes verbunden war, zumal es zwischen den zwei nach dem Zweiten Weltkrieg entstandenen Blöcken einen Konkurrenzkampf um Anhänger gab. Denn mit den neuen Staaten änderten sich unter anderem auch die Mehrheitsverhältnisse in internationalen Organisationen. Zudem waren diese Staaten weiterhin relevant für die Wirtschaft der ehemaligen Kolonialmächte, und dies sowohl als Lieferanten von Rohstoffen und billigen Arbeitskräften als auch als Absatzmärkte. All dies weist darauf hin, dass der eher harmlos und unprätentiös daherkommende Begriff der „Dekolonisation“ ausgesprochen schwierige Probleme und Prozesse erfasst:

„‚Dekolonisation‘ ist ein technischer und undramatischer Begriff für einen der dramatischsten Vorgänge der neueren Geschichte. Man kann diesen historischen Prozess mit einer Doppeldefinition fassen, die ihn nicht chronologisch unbestimmt hält, sondern eindeutig in der Geschichte des 20. Jahrhunderts verankert:

Dekolonisation ist demnach

> *erstens* die gleichzeitige Auflösung mehrerer interkontinentaler Imperien innerhalb des kurzen Zeitraums von etwa drei Jahrzehnten (1945-1975), verbunden mit,
>
> *zweitens,* der historisch einmaligen und voraussichtlich unumkehrbaren Delegitimierung jeglicher Herrschaft, die als ein Untertanenverhältnis zu Fremden empfunden wird.“ (Jansen/Osterhammel 2013, 7)

Der Prozess der Dekolonisation war insgesamt eine gewaltsame Angelegenheit. Menschen wurden getötet und verletzt, vor allem aber wurden sie vertrieben. So gilt die Teilung Indiens 1947 als

> „größte zeitlich komprimierte Zwangsmigration des 20. Jahrhunderts" (15 Millionen Flüchtlinge und Vertriebene), „der Algerienkrieg der Jahre 1954-62 und der Indochinakrieg von 1946-54 gehören zu den auffälligsten Gewaltereignissen in der zweiten Hälfte des 20. Jahrhunderts. Auf den indonesischen Inseln herrschte zwischen Sommer 1945 und 1949 ein blutiges Chaos. In all diesen Fällen ist es fast unmöglich, genaue Opferzahlen zu nennen. Das Bild wird noch düsterer, wenn man den Koreakrieg (1950-53) und den Krieg zwischen den USA und dem vietnamesischen Nationalkommunismus (1964-1973) als Folgekriege von Dekolonisation betrachtet und auch Bürgerkriege mit einbezieht, die unmittelbar oder kurz nach der die Kolonisation stattfanden (Kongo, Nigeria, Angola, Mosambik usw.)." (Ebd., 9)

Die Dekolonisation betraf allerdings nicht nur die Situation in den neu entstehenden Staaten, sondern sie ging einher mit der Auflösung der Kolonialreiche und ehemaligen Imperien (Ansprenger 1973, Ferdowski 2004). Innerhalb der ehemaligen Kolonien stellte man fest, dass es nicht genügt, bloß *gegen* den Einfluss der ehemaligen Kolonialmächte zu sein, sondern dass man auch eine Besinnung auf *eigene Kulturen und Traditionen* benötigt. Es entwickelten sich Vorstellungen wie etwa Panislamismus oder Panafrikanismus, es gab die Vision einer Négritude bis hin zu einem Afrozentrismus. Insbesondere spielt hierbei eine Auseinandersetzung mit der westlichen und insbesondere europäischen Moderne eine zentrale Rolle.

Als ein aktuelles Beispiel soll auf das Buch „Afrotopia" des senegalesischen Ökonomen und Musikers Felwine Sarr (2019) hingewiesen werden. Sarr hat aktuell in Europa eine größere Bekanntheit durch seinen „Bericht über die Rückgabe des afrikanischen Kulturerbes" (2018) erlangt, den er zusammen mit der Kunstwissenschaftlerin Bénédicte Savoy (FU Berlin/Collège de France) vorgelegt hat. Mit diesem Bericht sollte das Versprechen des französischen Staatspräsidenten Emmanuel Macron konkretisiert werden, afrikanische Artefakte aus französischen Museen zurückzugeben.

„Afrotopia" ist ein visionärer Entwurf für ein zukünftiges Afrika, das in der Tradition der oben erwähnten Überlegungen von Ngugi steht. Denn es geht zwar auch um die Entwicklung einer nicht-westlichen Alternative von Politik und Ökonomie, es geht allerdings auch sehr stark darum, wie „der afrikanische Mensch" beschaffen sein sollte, der diese Visionen umsetzt:

> „Der afrikanische Mensch der Gegenwart ist hin- und hergerissen zwischen einer Tradition, mit der er nicht mehr vertraut ist, und einer Moderne, die ihn von außen befallen hat wie eine zerstörerische, entmenschlichende Gewalt. Wir erinnern uns: Eine der markantesten Begegnungen mit der westlichen Moderne war die mit dem ‚abscheulichen Antlitz des anderen', die sich vermittelst des Kolonialismus vollzogen hat. Dieser bedeutete für die afrikanischen Gesellschaften und den Charakter ihrer sozialen Zusammenhänge eine radikale Umwälzung. Hinzu kommt, dass die westliche Moderne den afrikanischen Menschen zugleich fasziniert und abgestoßen hat." (35)

Felwine Sarr kritisiert (wie viele andere) die negativen Bilder von Afrika, die im Westen vermittelt werden. Er beschreibt den Zusammenhang einer kapitalistischen Wirtschaftsordnung und der Entwicklung dazugehöriger reduktionistischer Menschenbilder. Er kritisiert die Ideologie des permanenten Wachstums und die hegemoniale Gewalt, mit der Afrika ungeeignete westliche Strukturen übergestülpt wurden.

Vor diesem Hintergrund appelliert er daran, afrikanische Traditionen wiederzuentdecken und zur Grundlage einer neu zu schaffenden „afrikanischen Moderne" zu machen. Er stützt sich dabei auf Überlegungen zu alternativen Modernen, wie sie von anderen Denkern wie etwa Charles Taylor oder Dipesh Chakrabarty vorgelegt wurden. Er weist darauf hin, dass es nicht eine einzige Moderne gibt, sondern eine Vielzahl unterschiedlicher Modernen. Er stellt fest, dass es eine spezifische afrikanische Moderne – zumindest in Ansätzen – bereits gebe. (38). Basis ist eine Kultur, in der

> „bestimmte afrikanische Werte rehabilitiert werden: *jom* (Würde), Gemeinschaftlichkeit, *téraanga* (Gastfreundschaft), *kersa* (Bescheidenheit, Gründlichkeit), *ngor* (Ehrgefühl)." (156)

Seine Vision: „Am Tag der Revolution wird Afrika, wie zur Zeit der ersten Morgenanbrüche, wieder das spirituelle Zentrum der Welt sein." (Ebd.)

Dieses Buch ist in der öffentlichen Debatte in Deutschland im Wesentlichen positiv aufgenommen worden. Es wurde allerdings eine Tendenz zur Essentialisierung dessen, was „Afrika" bedeutet, bemängelt. Denn einer Kritik an den Universalisierungstendenzen im westlichen Denken wird ein Afrika gegenübergestellt, das homogen vorgestellt und in seinem Bereich universalistisch gedacht wird. Es wird zudem bemängelt, dass Konflikte und Widersprüche, die innerhalb afrikanischer Staaten aufgrund unterschiedlicher Interessen der verschiedenen Gruppen – bis hin zu Bürgerkriegen – entstehen, nicht erwähnt und berücksichtigt werden. In der Tat gehen andere, proafrikanische Analysen der Entwicklung afrikanischer Staaten auf die oft problematische Rolle nationaler Eliten ein (Kleptokratie, Korruption, Staatsversagen, vorkoloniale Widersprüche und Gegensätze; vgl. Hauck 2001, Ansprenger 1999)

Sklaverei

Überblick

Vermutlich wird es kaum jemanden geben, der bei dem Thema Sklaverei nicht sofort an Kolonialismus – vor allem in Afrika – und an Rassismus denkt. Dies gilt offenbar auch für die wissenschaftliche Literatur, denn ein Standardwerk zur Geschichte der Sklaverei hat den Titel „Schwarzes Amerika" (Meissner u. a. 2008). Die Aufmerksamkeit wird dadurch sofort auf die Rassenunruhen in den Vereinigten Staaten gelenkt, was aktuell durch die mediale Präsenz der Bewegung Black Lives Matter aufgrund rassistischer Übergriffe US-amerikanischer Polizisten gegenüber Schwarzen Amerikanern auch plausibel ist. Ein enger Zusammenhang von Rassismus, Sklaverei und Menschenhandel liegt also auf der Hand.

Doch zeigt ein erster Blick in das Inhaltsverzeichnis des genannten Buches über die Geschichte der Sklaverei sofort, dass diese erste Assoziation zwar zutrifft, allerdings zur Erfassung dessen, was mit Sklaverei gemeint sein könnte, viel zu eng ist. So lautet die Überschrift des zweiten Kapitels in dem Buch „Sklaverei – eine Form unfreier Arbeit", das dritte Kapitel befasst sich mit dem „Wirtschaftsraum Atlantik" und das vierte Kapitel diskutiert schließlich die „Arbeit der Sklaven". Es geht also offensichtlich um eine erzwungene Form von Arbeit und insgesamt um ökonomische Fragen, bei denen der transatlantische Sklavenhandel als Dreiecksbeziehung zwischen Afrika, Europa und Amerika im Mittelpunkt steht.

Aus einer deutschen Perspektive scheint man dies lange Zeit mit einer gewissen Gelassenheit betrachtet zu haben, denn „Sklaven gab es anderswo; es gab sie nicht in Deutschland. Die Deutschen nahmen sie aus der Ferne wahr." So der renommierte Historiker Jürgen Osterhammel in einem Vortrag im Jahre 2000.

Dies wird man heute in dieser Form nicht mehr so formulieren können, denn auch aufgrund einer erhöhten öffentlichen Sensibilität für die Beteiligung Deutschlands am Kolonialismus und dessen Auswirkungen auf den Alltag der Menschen hat man direkte und indirekte Verstrickungen von Deutschen und Deutschland insgesamt mit dem Sklavenhandel untersucht, zu denen etwa auch die Beteiligung der berühmten Augsburger Unternehmerfamilien der Fugger und vor allem der Welser an entsprechenden Unternehmungen in der frühen Neuzeit gehören.

Auch aktuell ist Deutschland keineswegs frei von Sklaverei. So nimmt Deutschland im Jahr 2014 mit 10.500 Sklaven immerhin noch den 147. Platz (vor Frankreich und Großbritannien) in dem „Global Slavery Index" ein (www.globalslaveryindex.org; siehe Schneider 2015, 9f.). Offenbar ist das Thema Sklaverei überhaupt noch nicht abgeschlossen, denn es hat nicht nur mit der Neuzeit und der Entwicklung des transatlantischen Sklavenhandels zu tun. Die Internationale Arbeitsorganisation ILO spricht von etwa 50 Millionen Sklav*innen heute.

So gibt es nicht nur einen erheblichen Sklavenhandel von Ostafrika aus über den Indischen Ozean. Es gab den arabischen Sklavenhandel aufgrund des großen Bedarfs an Arbeitskräften in dem schnell wachsenden islamischen Reich, wobei es dort zu einem großen Sklavenaufstand zwischen 869 und 883 gekommen ist. Man spricht von über 17 Millionen versklavten Afrikaner*innen. Der Handel mit Menschen reicht weit in die Geschichte zurück. So beginnt Martin Schneider in seiner „Geschichte der Sklaverei" (2015) seinen Durchgang durch die Geschichte mit den alten Kulturen Asiens (China seit dem dritten Jahrtausend vor Christi), Indien und Japan. Er geht auf Ägypten mit seiner jahrtausendealten Kulturgeschichte ein und thematisiert das Problem terminologischer Unklarheiten, was überhaupt als Sklaverei bezeichnet werden kann. Denn es gibt unterschiedliche Formen der Unfreiheit wie etwa Leibeigenschaft oder Zwangsarbeit, bei denen es zwar immer um erzwungene Arbeitstätigkeiten geht, zwischen denen es allerdings auch deutliche Unterschiede gibt. Offensichtlich muss man mit einer Vielzahl von Erscheinungsformen rechnen, wenn man sich mit Sklaverei und unfreier Arbeit befasst. Schneider definiert:

> „Sklaverei bezeichnet die völlige persönliche, rechtliche und wirtschaftliche Abhängigkeit eines Menschen von einem anderen. Dieser abhängige Mensch – der Sklave – ist das Eigentum seines Herrn – des Sklavenhalters. Letzterer kann im Extremfall über körperliche Bestrafung, Verkauf, Vererbung und Tötung, aber auch über die Freilassung seines Sklaven entscheiden." (Schneider 2015, 11)

Es geht also offensichtlich um Eigentum, wobei das Eigentum an einem „Sklaven" gleichgesetzt wird mit dem Eigentum an einem Ding, einer Sache. Sklaverei ist also verbunden mit der Negierung von Menschlichkeit. Dies ist der entscheidende Unterschied zur Leibeigenschaft, die im europäischen Mittelalter zentral war. Diese war ein Rechtsverhältnis, das insbesondere bedeutet, dass die Leibeigenen kein Eigentum waren, sondern auch Rechte besaßen. Man erinnere sich an den Ausspruch von Hannah Arendt, dass ein wesentliches Charakteristikum des Menschen darin bestehe, das Recht zu haben, überhaupt Rechte zu haben. In dieser Hinsicht unterscheidet sich auch Zwangsarbeit von Sklaverei:

> „Während in der Sklaverei sowohl die Arbeit als auch die arbeitende Person unfrei sind, kann Zwangsarbeit auch von personenrechtlich Freien geleistet werden.“ (Ebd., 13)

Offensichtlich spielt die Frage des Rechts und der Rechte eine wichtige Rolle, also Rechte, die man hat oder nicht hat, Rechte, die man einklagen kann, Rechte, die entwickelt werden mussten, um Streitigkeiten zu beheben. Anscheinend lässt sich die Geschichte der Sklaverei auch als Geschichte der jeweiligen Rechtsetzung schreiben.

Bei unfreier Arbeit wiederum wird man daran denken, dass es auch andere Formen erzwungener Arbeitsleistungen gibt. So kennt man in Europa die Leibeigenschaft, man denkt an Arbeitsmigranten und an Arbeitsmigration, man denkt an prekäre Arbeitsverhältnisse, bei denen sich scheinbar freie Menschen vertraglich zu bestimmten Tätigkeiten verpflichtet haben, aber letztlich keine andere Alternative hatten, als unmenschliche und knebelnde Vertragsverhältnisse einzugehen. Ist man an dieser Stelle bei seinen Überlegungen angelangt, dann stellt man fest, dass Sklaverei keineswegs etwas ist, das möglicherweise in früheren Zeiten und bloß lokal begrenzt stattgefunden hat, sondern dass es sie auch heute noch gibt – und dies möglicherweise überall auf der Welt.

Dies sollte mehr überraschen, als es anscheinend der Fall ist, denn offensichtlich ist jede dieser oben genannten erzwungenen Formen von Arbeitstätigkeiten mit Unfreiheit verbunden und steht damit in einem Widerspruch zu zivilisatorischen Standards, die man eigentlich für selbstverständlich halten sollte. Insbesondere gibt es einen Widerspruch zu den Menschen- und Bürgerrechten, bei denen die Freiheit des Einzelnen im Mittelpunkt steht und die recht genau formulieren, was dies im Einzelnen für alle Teile der Bevölkerung bedeutet. Diese Menschenrechte haben zwar eine lange Tradition, die je nach Lehrmeinung einige Jahrhunderte in der Geschichte zurückreicht. Man weiß aber auch, dass die einzelnen Menschenrechte mühsam und blutig erkämpft werden mussten. Doch kann man offenbar noch nicht davon ausgehen, dass sie heute überall auf der Welt auch umgesetzt sind. Man spricht sogar inzwischen von einer „neuen Sklaverei“, bei der es etwa um Kindersoldaten, erzwungene Arbeitsmigration oder um Zwangsprostitution geht. Man spricht davon, dass die früheren Ketten als sichtbares Zeichen der Versklavung heute unsichtbar geworden sind, allerdings in anderer Form weiter existieren:

> „Die Sklaverei und der Sklavenhandel haben nicht nur die materielle Vergangenheit (und damit auch Gegenwart) maßgeblich geprägt, sie bilden auch eine zentrale Referenz für europäische, afrikanische und amerikanische Vorstellungen vom Menschen und der Gesellschaft. So ist zum Beispiel unser moderner Freiheitsbegriff in seinen Grundzügen als radikale Antithese zur

Sklaverei entwickelt worden. Dieser Freiheitsbegriff entwirft den Menschen nicht als Teil einer sozialen Einheit (Familie, Ethnien, Corporation), sondern als ein unabhängiges Individuum, das aus freien Stücken Beziehungen zu anderen eingeht – oder eben auch nicht. Der Sklave wird somit zu einer Negativfolie des modernen Individuums. (…) Sklaverei und Freiheit bilden daher eines der wichtigsten Gegensatzpaare für das Denken über die politische Ordnung und das soziale Leben und haben die großen Revolutionen seit dem 18. Jahrhundert stets begleitet." (Meissner 2008, 12 f.)

Ein weites Verständnis von Menschenhandel liegt dem „Zusatzprotokoll zur Verhütung, Bekämpfung und Bestrafung des Menschenhandels" (2005) der Vereinten Nationen zugrunde, in dem Menschenhandel definiert wird als

> „die Anwerbung, Beförderung, Verbringung, Beherbergung oder Aufnahme von Personen durch die Androhung oder Anwendung von Gewalt oder anderen Formen der Nötigung, durch Entführung, Betrug, Täuschung, Missbrauch von Macht oder Ausnutzung besonderer Hilflosigkeit oder durch Gewährung oder Entgegennahme von Zahlungen oder Vorteilen zur Erlangung des Einverständnisses einer Person, die Gewalt über eine andere Person hat, zum Zweck der Ausbeutung. Ausbeutung umfasst mindestens die Ausnutzung der Prostitution anderer oder andere Formen sexueller Ausbeutung, Zwangsarbeit oder Zwangsdienstbarkeit, Sklaverei oder sklavereiähnliche Praktiken, Leibeigenschaften oder die Entnahme von Organen." (Zitiert nach Schneider 2015, 14)

Das Vorhandensein von Sklaverei stellt also zentrale Grundwerte einer freiheitlich-demokratischen Ordnung infrage und muss daher als wichtiges Kriterium für die Beurteilung der Ernsthaftigkeit dieser Ordnung gelten:

> „Die Beschäftigung mit Sklavenhandel und Sklaverei führt uns in die Kernbereiche dessen, was immer wieder als ‚westliche Moderne' bezeichnet worden ist. In ihrer Unmenschlichkeit zeigen sie schon früh die Janusköpfigkeit der Gesellschafts- und Entwicklungsvorstellungen, die wir gerne mit dem Begriff der ‚Moderne' umreißen." (Ebd., 13)

Wichtig im Hinblick auf die pädagogische Frage nach Handlungsfähigkeit und Subjektivität des Menschen ist in diesem Zusammenhang auch der Aspekt der Widerständigkeit und der Rebellion der versklavten Menschen (Schneider 2015, 95 ff.). Ein Höhepunkt ist das Jahr 1804, das Jahr der haitianischen Revolution, als der Sklavenaufstand in der französischen Kolonie Saint-Domingue zur Gründung des ersten unabhängigen Staates in Lateinamerika führte, der zudem von ehemaligen Sklaven geschaffen wurde. Die UNESCO hat daher das Jahr 2004, also den

200. Jahrestag des erfolgreichen Aufstandes, zum *Jahr der Befreiung der Sklaven* erklärt. Zudem wird seit 1998 der 23. August jedes Jahr *als Internationaler Tag zur Erinnerung an den Sklavenhandel und dessen Abschaffung* und der 30. Juli als *Welttag gegen Menschenhandel* begangen.

An dieser Stelle soll und kann nun keine Kurzdarstellung zur Geschichte der Sklaverei und der zugehörigen Theorien gegeben werden (siehe dazu neben den genannten Büchern Zeuske 2013). Ich will vielmehr einige Streitpunkte, Kontroversen und Aspekte herausgreifen, die mir für das Thema des vorliegenden Buches und seine erziehungs- und kulturwissenschaftliche Perspektive bedeutsam erscheinen.

Einige Streitpunkte und Konflikte

Begrifflichkeit: Ein erster zu klärender Punkt besteht darin, was mit „Sklaverei" überhaupt gemeint ist. Der Historiker Michael Zeuske (2013, 1ff.) erläutert, wie es notwendig wurde, von einer eher „unflexiblen Definition" von Sklaverei zu einem Verständnis zu kommen, das die Vielfalt unterschiedlicher Erscheinungsformen in der Geschichte und überall auf der Welt zu erfassen in der Lage ist. Er beschreibt zudem, dass er erkennen musste, dass Sklaverei keineswegs ein historisch abgeschlossener Prozess ist, sondern dass es in der Moderne und insbesondere in der Gegenwart immer noch Formen von Sklaverei von beachtlichem Ausmaß gibt:

> „Sklaverei und Sklavenhandel sowie Menschenjagd, Kidnapping, Sklavenfang zusammengefasst unter dem Begriff *slaving*, existierten seit tausenden von Jahren und es gibt sie, trotz der Jahrestags-Feiern, noch heute. Sklaverei oder besser, Sklavereien, sind ein historischer Prozess mit Entwicklungsepochen, Plateaus, Räumen und Typen, weniger eine einzige festgefügte Rechts-Institution. Gegenwärtig gibt es sogar mehr Sklavinnen und Sklaven als zu Zeiten der ‚großen' Sklavereien und Sklavenhandelssysteme. Schätzungen über heutigen Menschenhandel und ‚moderne Sklaverei' reichen von 12 Million über 27 Millionen bis zu 52 Millionen Menschen (da es keine gültige Rechtsdefinition von Sklaverei gibt, die alle Aspekte unter den Kommunikations- und Migrationsbedingungen der Gegenwart erfassen würde, ist die Schwankungsbreite so immens). Mehr denn je sind Sklaverei, Menschenhandel und unfreie Arbeit Teil unserer heutigen, dynamischen Globalgeschichte." (Ebd., 2)

Entsprechend der Weite seines Konzeptes von Sklaverei erfasst sein „Handbuch der Geschichte der Sklaverei" nicht bloß die vielfältigen Formen in unterschiedlichen Weltregionen, sondern thematisiert schwerpunktmäßig auch die Aktualität dieses Themas. Er weist etwa auf jährliche Gewinne von 31 Milliarden Dollar hin (571).

In seinem Fazit spricht er von einem „Sklavereiboom des 21. Jahrhunderts“:

> „Heutige Sklavereien bilden vielfältigste neue Typen, Formen, Arten und kulturellen Ausprägungen von mit Gewalt erzwungener Arbeit, Dienste oder Nutzung von Körpern. Sie können unter den neuen Formen und Elementen der Globalisierung (Migrationen, demographische Explosion, Kommunikation, Verslumung der Megastädte, Fehlen einer sinnvollen Nahrungs- und Agrarpolitik, Billigproduktion, Anlagesuche ‚freien‘ Kapitals) auf völlig neue Weise organisiert werden – nochmals: ganz lokal, aber höchst dynamisch in einer globalen Welt.“ (573)

Die wissenschaftliche Auseinandersetzung mit der Sklaverei ist – wie jede wissenschaftliche Behandlung eines beliebigen Themas – geprägt von Meinungsstreitigkeiten, von unterschiedlichen Sichtweisen, von der Anerkennung der Relevanz vorgetragener Argumentationen unter anderem auf der Grundlage eines sich entwickelnden Forschungsstandes. Ein Beispiel ist die oben erwähnte These, dass die Sklaverei mit Deutschland wenig zu tun habe, was inzwischen als widerlegt gilt. Bei den wissenschaftlichen und publizistischen Debatten über Sklaverei muss man ebenso wie bei den Debatten über Rassismus oder Kolonialismus sehen, dass sie sehr stark moralisch imprägniert sind. Es geht nicht nur um Fakten und ihre Begründung, sondern es geht immer auch um eine moralische Bewertung des Themas insgesamt und der vorgelegten Fakten. Dies lässt sich insbesondere an zwei Themen erkennen: zum einen an dem Streit über die Relevanz, die Größe und Bedeutung des arabischen Sklavenhandels in Ostafrika, zum andern an der Untersuchung der Beteiligung von Afrikanern selbst am afrikanischen Sklavenhandel.

Es wurde oben bereits darauf hingewiesen, dass bei der Thematisierung des Sklavenhandels überwiegend der transatlantische Sklavenhandel und damit die Dreiecksbeziehung zwischen Europa, Westafrika und den beiden Amerikas im Mittelpunkt steht. Dies mag seine Rechtfertigung darin finden, dass dieser Sklavenhandel in der Tat den größten Einfluss sowohl auf die Entwicklung in Amerika, aber auch auf Entwicklungen in Europa hatte und hat. Vor diesem Hintergrund war es offensichtlich schwieriger, den ostafrikanischen Sklavenhandel in den Blick zu nehmen.

Man hat allerdings darauf hingewiesen, dass dieser ostafrikanische Handel viel älter als der transatlantische Sklavenhandel war, der etwa im 15. Jahrhundert mit der ökonomischen Erschließung der westafrikanischen Küste durch Portugiesen begonnen hatte. Es war insbesondere der islamische Expansionsdrang, der spätestens seit dem achten Jahrhundert zur Eroberung von Teilen von Afrika durch die Araber geführt hat. Im Islam ist – ebenso wie im Christentum – zwar die Versklavung von Menschen untersagt, die dem gleichen Glauben angehören, doch wird ansonsten

Sklaverei Andersgläubiger als „normaler“ Aspekt gesellschaftlichen Lebens verstanden und nicht weiter problematisiert (Schneider 2015, 60ff.).

Eine solche, nicht weiter begründungspflichtige Sklaverei gab es wie erwähnt schon Jahrtausende vorher. Man versklavte besiegte Soldaten und Bewohner eines eroberten Gebietes, es gab die Versklavung verschuldeter Menschen, die Darlehen nicht zurückzahlen konnten, es gab Sklaven als Zahlungsmittel, als ökonomisch notwendige Basis des Wirtschaftsgeschehens oder als Statussymbol. Versklavung gab es allerdings nicht bloß gegenüber Bewohnern anderer Gebiete, sondern es gab sie – wie etwa das Beispiel der Schuld-Sklaverei zeigt – auch gegenüber den eigenen Landsleuten.

Man hat darauf hingewiesen, dass die arabisch-islamische Versklavung mit weit über 1000 Jahren sehr viel länger andauerte als die rund 500-jährige transatlantische Sklaverei. Was die Anzahl der versklavten Menschen betrifft, sind die Schätzungen nicht nur schwierig, die Angaben gehen auch weit auseinander. Heute geht man davon aus, dass sowohl die west- als auch die ostafrikanische Sklaverei einen zahlenmäßigen Umfang von etwa 10 bis 12 Millionen Menschen hat, wobei exakte Zahlenangaben aufgrund unsicherer oder nicht vorhandener Quellen schwierig sind. Nicht gerechnet sind bei diesen Zahlenangaben die Opfer, die bei der Gefangennahme und insbesondere bei dem oft monatelangen Transport zu den Sklavenschiffen und dann über das Meer entstanden sind.

Kollaboration und arabisch-islamischer Sklavenhandel: Sklaverei war ein lukratives Geschäft, denn Sklaven waren wertvoll. Dabei sollte man nicht bloß an den Wert des einzelnen Sklaven denken, sondern auch an die gesamte Zulieferindustrie. Man brauchte Transportwege und Transportmittel, man brauchte Personen, die diese Transporte durchführten und bewachten, Schiffe mussten gebaut und die Menschen während des Transportes ernährt werden. Sklaven wurden zwar auch von Menschen gefangen, die nicht aus Afrika stammten, aber überwiegend wurden afrikanische Sklaven von Afrikanern selbst gefangen genommen und verkauft. Es entwickelten sich zum Teil stabile und lukrative Geschäftsbeziehungen, zumal die europäischen Sklavenhändler auf das Wohlwollen derer angewiesen waren, die die Meeresstrände und insbesondere die Häfen beherrschten. Auch Afrikaner selbst hielten afrikanische Sklaven, es gab sogar Sklavenhalter unter afrikanischen Sklaven in Amerika.

All diese Fragen waren offenbar auch in den Wissenschaften schwer zu behandeln. So erregte der afroamerikanische Harvard Wissenschaftler Henry Louis Gates einiges Aufsehen, als er auf die Rolle hinwies, die Afrikaner im Sklavenhandel spielten. Ähnliches berichtet der für die UNESCO-Geschichte der Sklaverei („Sklavenroute“) verantwortliche Wissenschaftler Ali Moussa Lye über die Reserviertheit islamischer Staaten im Hinblick auf die islamisch-arabische Rolle in der Geschichte des Sklavenhandels Sklaven waren als Arbeitskräfte nötig wegen der großen Zahl anspruchsvoller Bauprojekte, die im Rahmen der arabisch-islamischen Eroberungszüge vorgesehen waren. Man brauchte Arbeiter zudem in den Bergwerken, in den Salzminen und bei dem Errichten der Staudämme. Auch die Historiker Ibrahima Thioub (Universität Dakar, Senegal) oder die Tidiane N'Diaye („Der verschleierte Völkermord") berichten von Problemen, die sie mit ihren Forschungen etwa über die Kollaboration von Afrikanern bzw. über die Rolle des islamisch-arabischen Sklavenhandels hatten: Man wollte das beliebte Weiß-Schwarz-Schema nicht verlassen und Grauzonen bei der Verteilung von Gut und Böse nicht akzeptieren. Die Reserviertheit bei der Diskussion dieser Themen ist allerdings auch deshalb erklärbar, weil solche Forschungen sofort in politischem Interesse aufgegriffen werden, wenn es etwa darum geht, antiislamische Haltungen zu verstärken oder die europäische Schuld zu verharmlosen.

Ökonomische Bedeutung: Kontrovers diskutiert wird im Zusammenhang mit der Sklaverei ihre ökonomische Bedeutung. Wenn man sich überlegt, dass erhebliche Investitionen getätigt werden mussten, um erfolgreich Sklavenhandel zu betreiben, dann liegt die Schlussfolgerung nahe, dass er sich als ökonomische Aktivität hat lohnen müssen. Für den Aufstieg der Sklaverei und seine spätere Konjunktur wurde die ökonomische Bedeutung kaum bestritten. Auch für die Erklärung seiner kleiner werdenden Relevanz in ökonomischer Hinsicht gab es schon recht früh ein ökonomisches Argument, das etwa von Adam Smith vorgetragen wurde: dass nämlich freie Lohnarbeit letztlich produktiver sei als erzwungene Sklavenarbeit.

Dies wird heute bestritten, denn man kann zeigen, wie produktiv insbesondere die Plantagenwirtschaft immer geblieben ist, die in ihrer stringenten ökonomischen Rationalität quasi als Vorläufer des sich entwickelnden Kapitalismus gilt.. Es ging um den industriell organisierten Anbau, die Weiterverarbeitung und den Vertrieb auf einem in diesem Zusammenhang entstehenden Weltmarkt zunächst von Zuckerrohr, später vor allem von Tabak und von Baumwolle. Auch hat man darauf hingewiesen, dass die „freie" Lohnarbeit von den entsprechenden Menschen in Europa keineswegs als „frei" gesehen wurde, was man nicht zuletzt daran erkennt, dass es sehr große Ähnlichkeiten zwischen dem Widerstand von Sklaven und dem Widerstand der kapitalistischen Lohnarbeiter gegen ihre Ausbeutung und Ausbeuter gab. Es ließen sich also andere als ökonomische Gründe für den Niedergang der Sklaverei finden.

Ein erster Aspekt der ökonomischen Bedeutung der Sklaverei bestand in dem Wert der Sklaven selbst. So gilt etwa im Süden der Vereinigten Staaten nach dem Land der Besitz von Sklaven als größter Vermögenswert der Nation. Die frühen europäischen Eroberer und später die Siedler erkannten, dass Afrikaner kompetenter und leistungsfähiger in der landwirtschaftlichen Tätigkeit waren als die Ureinwohner. Sie waren auch widerstandsfähiger im Hinblick auf Gesundheitsrisiken und Krankheiten. Und: Sie wurden benötigt. Denn in jedem Fall war der Mangel an geeigneten Arbeitskräften eine starke Motivation für den Sklavenhandel.

Zwar arbeiteten in der Frühzeit der englischen Kolonien auf dem amerikanischen Kontinent freie englische Arbeiter neben Sklaven, doch fanden diese im Zuge der Industrialisierung immer häufiger einen Arbeitsplatz in ihrem Heimatland, sodass sich die Notwendigkeit der Gewinnung neuer Arbeitskräfte verstärkte (siehe die Kap. 3 und 4 in Meissner u. a. 2008). Die wirtschaftliche Bedeutung der Sklavenhaltung zeigte sich dann auch im 19. Jahrhundert, als schon längst die Sklaverei von den wichtigsten Staaten geächtet worden war, die Südstaaten der Vereinigten Staaten aber nicht auf darauf verzichten wollten. Bekanntlich führte dies sogar zu einem Bürgerkrieg, wobei Jürgen Osterhammel (2000) darauf hinweist, dass es sich in den Südstaaten geradezu um eine Revolution gegen normative Grundlagen des Westens handelte: Auf dem Höhepunkt des liberalen Denkens in der Mitte des 19. Jahrhunderts zogen die Südstaaten in den Krieg gegen die Nordstaaten mit einem klaren Bekenntnis zum Rassismus und zur Sklaverei, zu einem Bekenntnis für eine Demokratie, die nur von Wenigen praktiziert wird verbunden mit einer Rechtlosigkeit für viele. An den heutigen rassistischen Auseinandersetzungen in den Vereinigten Staaten kann man erkennen, wie stark dieses Denken immer noch in der Mentalität vieler Amerikaner*innen verankert ist.

Die ökonomische Bedeutung der Sklaverei lässt sich auch an Reparationskosten erkennen, die afrikanische Intellektuelle von westlichen und arabischen Staaten gefordert haben: Es ging um 777 Billionen Dollar als Entschädigung für Verbrechen gegen die Menschlichkeit (man orientierte sich an Zahlungen im Kontext der NS-Verbrechen; zum Vergleich: Das Bruttosozialprodukt von Deutschland betrug im Jahre 2018 rund vier Billionen Dollar). Man wies darauf hin, dass renommierte Unternehmen wie die Barclays Bank oder Lloyds ihren späteren Erfolg auf Gewinnen aus dem Sklavenhandel aufgebaut haben.

Kulturelle Bedeutung: Die Sklaverei hat neben der ökonomischen Bedeutung, die letztlich ihre Ursache war, auch eine kulturelle Bedeutung, und dies in mehrfacher Hinsicht. So ist sie in einer modernitätskritischen Perspektive ein Beleg dafür, dass die Ziele und Versprechungen der Moderne wie Freiheit, Gleichheit und Brüderlichkeit selbst von ihren Urhebern nicht wirklich ernst genommen worden sind. Gerade in den letzten Jahren unterzieht man die wichtigsten Philosophen, die die geistigen Grundlagen für die parlamentarische Demokratie gelegt haben, einer kritischen Revision. So stellt man fest, dass Thomas Hobbes und John Locke nicht bloß an der Sklaverei verdient hatten, sondern sogar produktiv mit Ratschlägen der Verbesserung ihrer Grundlagen und Strukturen zugearbeitet haben. Man greift rassistische Äußerungen bei Kant oder Hegel auf und entdeckt Widersprüche selbst bei Alexander von Humboldt. Dieser war zwar Zeit seines Lebens ein scharfer Kritiker der Sklaverei und hielt den Kolonialismus für eine unmoralische Idee, stellte aber seine Forschungsergebnisse der jeweiligen Kolonialregierung zur Verfügung und lebte einige Jahre in Kuba im Haus des größten Sklavenhändlers der Insel. Das Wissen, das Alexander von Humboldt durch seine Forschungen zusammenstellte, wurde offensichtlich als hilfreich für das Regierungshandeln der Unterdrücker gesehen. Aus diesem Grunde förderte die britische Regierung im späteren 19. Jahrhundert die Ethnologie: Man brauchte Wissen über die Beherrschten. Auf die Rolle von Wissen („epistemische Gewalt") gehe ich später ein.

Eine weitere enge Verbindung zwischen der geistigen Grundlage der Moderne und der Sklaverei hat der aus Jamaika stammende Harvard-Professor Orlando Patterson (2005) vorgelegt. Er spricht im Anschluss an den französischen Ethnologen Claude Meillassoux von Sklaverei als dem „sozialen Tod", weil man die Sklaven aus ihren sozialen, kulturellen, zeitlichen und räumlichen Kontexten herausgerissen und isoliert hat. Man gab ihnen neue Namen und behandelt sie wie ein rechtloses sachliches Eigentum.

Möglich war dies nur dann, sofern man den betreffenden Menschen den Status des Menschseins absprach. Man ist dabei durchaus in einer westlichen philosophischen Tradition, denn bereits Aristoteles sprach von Sklaven als von „sprechenden Werkzeugen". Auf dieser Grundlage entwickelte Patterson den Gedanken, dass der im Mittelpunkt des westlichen Denkens stehende Gedanke der individuellen Freiheit nur denkbar war vor dem Hintergrund der Sklaverei, also des Zustandes totaler Unfreiheit. Er weist darauf hin, dass in (außerwestlichen) Kulturen, in denen es keine Sklaverei gegeben hat, der Begriff der Freiheit

> „stets mit Konnotationen verbunden (war), die an Verlust, endgültiges Scheitern, Bosheit, Kriminalität, Deklassierung und Liederlichkeit denken lassen. Nur im Westen stieg das Wort zu den kostbarsten Ausdrücken der ganzen Sprache auf, vergleichbar allenfalls noch mit dem Namen Gottes." (168)

Er zeigt zudem, dass der Gedanke der Freiheit nur vor dem Hintergrund einer solchen Unfreiheit hat entstehen können, denn:

> „(…); jeder Grieche kannte und schätzte den Gedanken, wonach ein Mann, der ‚wirklich frei' sein wollte, Macht haben und nach *arete,* der Würde, Unabhängigkeit und Selbstbeherrschung adligen Lebens, streben musste, und

> dazu bedurfte es der Versklavung oder Unterjochung anderer Menschen und anderer Völker. (….) Sklaverei, Freiheit und Herrschaft traten gemeinsam vor den Altar der Athener, wie Vater, Braut und Bräutigam." (169)

Freiheit, Sklaverei und Eigentum: Der Siegeszug des Freiheitsbegriffs war im westlichen Europa zudem verbunden mit dem, was C. B. Macpherson (1973) „Besitzindividualismus" nannte. Es gab also eine enge Verbindung zwischen dem Freiheitsgedanken, der bürgerlichen Rechtsordnung und Eigentum (vgl. Schwardtländer/Willoweit 1983). Dies liegt durchaus nahe, denn Sklaverei bedeutet zunächst einmal, dass der einzelne Mensch eben nicht mehr Eigentümer seiner selbst und damit auch nicht mehr verfügungsberechtigt über seine Person ist. Zu der okzidentalen Vorstellung einer „Person" gehört zudem, dass sie gewisse Rechte hat. Sehr schön hat dies der Sklavenhalter Thomas Jefferson in seinem Entwurf der amerikanischen Unabhängigkeitserklärung als verbindliches Menschenbild zugrunde gelegt:

> „Wir halten diese Wahrheiten für ausgemacht, dass alle Menschen gleich erschaffen wurden, dass sie von ihrem Schöpfer mit gewissen unveräußerlichen Rechten begabt wurden, worunter sind Leben, Freiheit und das Bestreben nach Glückseligkeit."

Freiheit, Partizipation an der politischen Willensbildung, Bürgerrecht und ein hinreichendes Eigentum waren bereits in der griechischen „Demokratie" die Basis der Politik. Dies findet sich heute noch in parlamentarischen Demokratien, wo man davon ausgeht, dass die Abgeordneten mit einem hinreichenden Einkommen versorgt werden müssen, damit ihre Unabhängigkeit gewährleistet ist.

Das Verständnis dessen, was Eigentum bedeutet, spielte auch im Kolonialismus eine entscheidende Rolle. Denn das in Europa vorfindliche individuelle Eigentum, also der Besitzindividualismus, war in Afrika eine höchst ungewöhnliche Idee: dort gab es vor allem – gerade im Hinblick auf das bewohnte Land – kollektives Eigentum.

Auch unter westlichen Ländern kann man sehr unterschiedliche Entwicklungen zentraler Begriffe feststellen. Dies gilt auch und gerade für den Begriff der Freiheit. So hat bereits vor Jahren der Soziologe Richard Münch (1986) gezeigt, dass man bei dem Begriff der Freiheit in Deutschland – gerade im Anschluss an den „Freiheitsdenker" Friedrich Schiller – bloß an geistige Freiheit denkt, wohingegen man in England, Frankreich und in den Vereinigten Staaten Freiheit politisch versteht.

Sklaverei und das Recht: Der enge Zusammenhang von Sklaverei und Eigentum ist auch der Grund dafür, dass sich die Gesetzgebung eigentlich schon immer mit Sklaverei befasst hat. Das oben erwähnte Recht auf Freiheit oder auch das Recht auf Selbstbestimmung der Völker ist nämlich sehr jungen Datums. Sehr viel älter sind die Regelungen im Hinblick auf den Sklaven als Eigentum. Dabei ging es zum einen um das Recht, Sklaven zu erwerben, es ging um die Regelung der möglichen Freilassung von Sklaven, speziell im Römischen Reich, es ging um den Status von Sklaven in den unterschiedlichen Arbeitsfeldern (Haus, Plantage, Bergbau, Militär etc.). Es ging um die Beziehungen von Sklaven untereinander (etwa Eheschließung oder Elternschaft). Und nicht zuletzt ging es um mögliche Rechte, die Sklaven selbst hatten. So vererbte sich etwa der Sklavenstatus meist auf deren Kinder. In einigen Regionen hatten Sklaven die Möglichkeit, Eigentum zu erwerben, sodass zu regeln war, wer darüber verfügen durfte. Es war zu regeln, welche Strafen Sklaven für bestimmte Verfehlungen und insbesondere für die Flucht zu erwarten hatten bzw. ob und welche Strafen die Sklavenbesitzer erwarten mussten, wenn sie etwa ihre eigenen Sklaven verletzten oder töteten.

Insbesondere in den Südstaaten der Vereinigten Staaten hat sich angesichts der großen Zahl von Sklaven eine eine Rechtsprechung ergeben, deren Tendenz darin bestand, mögliche und eingeforderte Rechte von Sklaven abzulehnen. Insbesondere betraf dies das Grundprinzip, überhaupt Rechte zu haben.

Das Recht spielt auch bei der Abschaffung der Sklaverei eine Rolle, so wie sie im Wesentlichen im 19. Jahrhundert von den großen Kolonialmächten angegangen wurde. Allerdings war dies kein geradliniger Prozess, der ohne Widerstände ablief. So beschloss die Pariser Nationalversammlung zwar am 4. August 1789 die Abschaffung aller Feudal- und Steuerprivilegien, es folgte am 26. August die Erklärung der Menschen- und Bürgerrechte und am 4.2.1794 formell die Abschaffung der Sklaverei. Diese wurde allerdings in der Praxis nie umgesetzt; Napoleon machte später ohnehin diesen Prozess rückgängig, zumal inzwischen die Sklaven auf Haiti erfolgreich ihren Befreiungskrieg beendet hatten. Auf den Widerstand gegen die Beendigung der Sklaverei in den Südstaaten der Vereinigten Staaten habe ich oben schon hingewiesen. Im Jahr 1866 gründete sich zudem in Tennessee der Ku-Klux-Klan, der zwar verboten ist, aber als militante Geheimorganisation bis heute noch besteht.

Die Ächtung der Sklaverei und ihre Wiederkehr: Im Jahre 1890 fand in Brüssel eine Anti-Sklavereikonferenz statt, die sich gegen die Sklaverei aussprach. Dies wurde nach dem Ersten Weltkrieg am 25.9.1926 in Genf von dem neu gegründeten Völkerbund verstärkt. Die Wirksamkeit hielt sich jedoch in Grenzen. Insbesondere hat dies das nationalsozialistische Regime in Deutschland nicht daran gehindert, etwa 4 Millionen Zwangsarbeiter vor allem in der Rüstungsindustrie zu beschäftigen. In anderen Ländern gab es vor allem im 19. Jahrhundert starke Bewegungen gegen den Kolonialismus und gegen die Sklaverei („Abolitionismus“).

Dieser moralisch-ethische Diskurs setzte die Politik, so Osterhammel (2000), so unter Druck, dass sie entgegen ökonomischen Argumenten, die für die Beibehaltung der Sklaverei sprachen, entsprechende Regelungen zu ihrer Abschaffung traf. Diese ehemaligen Kolonialmächte erlebten damit eine Art „karthatische Selbstbefreiung“. Jürgen Osterhammel hat sich gefragt, wieso es nach der Ächtung der Sklaverei gerade in Deutschland dazu kommen konnte, mit der Zwangsarbeit eine neue Form der Sklaverei wieder einzuführen. Seine Antwort: Gerade weil Deutschland keine umfassende Kolonialerfahrung hatte, fehlte eine Form von kritischer Aufarbeitung und ein damit verbundener Effekt der Katharsis: Es fehlte das Gefühl, einmal für die Freiheit anderer gekämpft zu haben.

(Dieses Kapitel stützt sich in überarbeiteter Form auf Kap. 5 in Fuchs 2021.)

5. Zur Europäisierung der Welt

Europa ist selbst dann flächenmäßig bloß eine Ausbuchtung des großen Kontinents Asien, wenn man seine Grenzen großzügig interpretiert, also etwa den Ural als Grenze zwischen Europa und Asien nimmt. Berücksichtigt man zudem Unterschiede zwischen dem Westen und dem Osten Europas bzw. zwischen dem Norden und dem südlichen Mittelmeerraum, wird das Rätsel noch größer, wie es gelingen konnte, dass ein territorial derart begrenztes Gebiet zumindest für einige Jahrhunderte einen solch großen Einfluss auf das Weltgeschehen erlangen konnte.

So entstanden bereits in der griechischen und römischen Antike Reiche, die drei Kontinente umfassten. Alexander der Große dehnte seinen Machtbereich nach seinem Sieg über die Perser von einem kleinen europäischen Königreich ausgehend bis nach Ägypten und Indien aus. Das römische Imperium erstreckte sich fast über ganz Europa und erfasste Vorderasien und Nordafrika. Jahrhunderte später eroberten die Wikinger ausgehend von kleinen skandinavischen Regionen auf ihren Eroberungs- und Raubzügen Grönland, errichteten in Sizilien, auf dem europäischen Kontinent bis hin zur heutigen Ukraine und in Nordfrankreich einflussreiche Königreiche und erreichten Grönland und sogar die Küste von Nordamerika. Im späteren europäischen Kaiserreich ging im wahrsten Sinn des Wortes die ‚Sonne nie unter'.

Ein wichtiges Ergebnis dieser expansiven Aktivitäten bestand darin, dass sich nicht bloß in politischer, militärischer und ökonomischer Hinsicht wichtige Austauschprozesse zwischen den verschiedenen Gebieten des Imperiums ergaben, sondern dass es auch in geistiger Hinsicht Vernetzungen und Wissenstransfer gegeben hat. Man kann also durchaus von einer Globalisierung sprechen, die sehr viel früher begann, als es die Konjunktur dieses Themas in den letzten Jahrzehnten des 20. Jahrhunderts nahelegt. Vor diesem Hintergrund ist es geradezu überraschend, dass erst in den letzten Jahrzehnten das Konzept einer „Globalgeschichte" (Conrad 2013) entwickelt wurde, bei dem regional begrenzte Prozesse in einen größeren Kontext eingeordnet werden.

Trotz der oben erwähnten frühen europäischen Imperien spricht man von einer „Europäisierung der Welt" erst seit dem 16. Jahrhundert (Tabaczek/Prokasky 1996, Kapitel 4). So waren es zunächst Portugal und Spanien, die die europäische Expansion betrieben. Später folgten andere Länder wie etwa die Niederlande und Großbritannien. Damit verschoben sich auch die Zentren der Weltwirtschaft, sodass nach einer anfänglichen Blütezeit des mediterranen Raumes später Amsterdam und zuletzt London zu Machtzentren wurden. Bei diesen expansiven Bestrebungen waren zwar Genehmigungen der politischen Machthaber notwendig, die Initiatoren waren jedoch oft genug private Kaufleute und Unternehmer, die die nötigen Mittel für die oft kostenaufwändigen Aktivitäten bereitstellten. Sie taten dies, weil sie sich erhebliche Gewinne von diesen Unternehmungen versprachen. Dies ist auch eingetroffen.

Diese Eroberungen und Kolonisierungen hatten einen erheblichen und meist negativen Einfluss auf die Menschen in den Kolonien, man muss allerdings auch sehen, wie stark die Kolonien wiederum auf die Kolonialmächte eingewirkt haben (siehe etwa Gewecke 1986). Dies betrifft die Lieferung landwirtschaftlicher Produkte, die zum Teil grundlegend die Ernährungsweise in Europa verändert haben. Das betrifft aber auch die Bodenschätze, die bis heute von westlichen Industrienationen aus Ländern des Globalen Südens bezogen werden. So spielte zum Beispiel Silber eine große Rolle, das man in Europa für den Handel mit asiatischen Ländern benötigte. Es betrifft Kupfer und Salpeter sowie später Uran und heute Lithium.

In dieser Zeit der europäischen Expansion wurde die Grundlage für die heutige ungerechte Asymmetrie in der Weltwirtschaftsordnung gelegt, die eine wesentliche Ursache für weltweite Armut und weltweites Elend ist. In jedem Fall wird die Anzahl der Menschen kleiner, die den europäischen Einfluss auf das Weltgeschehen positiv beurteilen. Zwar feiern immer wieder Publikationen „Das Wissen des Abendlandes“ (Tarnas 2006), doch gibt es zahlreiche Studien, die „Die Geburt Europas aus dem Geist der Gewalt“ (Bartlett 1998) und Europa als „Kontinent der Gewalt“ (Sheehan 2008) beschreiben. Man darf sich also nicht mehr darüber wundern, dass es einen „Hass auf den Westen“ (Ziegler 2009) gibt und ein „Ende der Arroganz“ (Danner 2012) gefordert wird.

Doch wie erklärt man sich diesen Aufstieg Europas? Dies ist eine Frage, für die immer wieder neue Antworten vorgeschlagen werden. Mitterauer (2009) spricht etwa von einem europäischen Sonderweg. Es gibt Autor*innen, die die geographische Besonderheit, das Klima und den Boden als wichtige Ursachen für den wachsenden Einfluss Europas angeben. Man weiß, dass über lange Zeit bis tief in die Neuzeit hinein der Entwicklungsstand von Technik und Wissenschaften etwa in China im Vergleich zu Europa höher oder zumindest gleichwertig war. Dies veränderte sich erst mit der wissenschaftlichen Revolution . Gründe dafür sieht man etwa in mentalen Dispositionen wie etwa der Neugierde, dem Wunsch, Unbekanntes zu erforschen. Man versteht die Entwicklung des Rationalismus als wesentliche Ursache, weil Glaube und Mythos zurückgedrängt werden. Andere Autoren betonen die Vielfalt Europas und den Wettbewerb zwischen europäischen

Staaten. Max Weber hat die berühmte These formuliert, dass der Protestantismus die Initiative des einzelnen Individuums angestachelt habe, nämlich den Wunsch, Erfolg im Leben zu haben. Andere Autoren sehen wiederum in der europäischen Rechtsordnung den wesentlichen Motor der Entwicklung, bei dem das Eigentum des Einzelnen geschützt wird. Man spricht von einer geschickten Nutzung der Naturwissenschaften und der Technik im militärischen Bereich. Christopher Bayly, dessen Buch „Die Geburt der modernen Welt" (2008) von dem Historiker Sebastian Conrad (2013) neben dem Buch von Jürgen Osterhammel („Die Verwandlung der Welt", 2009) als herausragendes Werk einer Globalgeschichte gewürdigt wird, wendet sich gegen monokausale Erklärungsmuster für gesellschaftliche Entwicklungsprozesse:

> „Ich behaupte allerdings, dass jede Weltgeschichte eine komplexere Interaktion zwischen politischer Organisation, politischen Ideen und ökonomischer Aktivität postulieren muss. Die Ökonomie behält sicherlich eine wesentliche Funktion in der Argumentation. Formen lokaler ökonomischer Intensivierung waren wichtige Antriebe für Veränderungen noch vor der eigentlichen Industrialisierung." (19)

Bayly erwähnt mentale Dispositionen wie etwa „Revolutionen des Fleißes":

> „Die Bedeutung der Revolution des Fleißes hervorzuheben, heißt jedoch nicht, in der Frage der historischen Kausalität lediglich einem anderen ökonomischen Motor Priorität einzuräumen. Der Revolutionen des Fleißes waren nicht bloß Veränderungen in der Verteilung materieller Kräfte. Sie waren auch Revolutionen im ‚Diskurs', um einen modernen Ausdruck zu verwenden. Die Horizonte des Begehrens änderten sich, denn Informationen über die Ideale und Lebensstile der herrschenden Gruppen zirkulierten schneller. Der Mittelstand etwa wollte das Konsumverhalten von Königshäusern nachahmen. Diese begrifflichen Wandlungen stärkten die Ladenbesitzer, schufen neue Nachfrage nach Arbeit und schickten Kaufleute über die Ozeane auf die Suche nach Genussgütern. Neue, aggressivere Staaten profitierten besonders in Westeuropa von diesen Veränderungen und begannen die Revolution des Fleißes rund um die Welt mit bewaffneten Schiffen und Monopolgesellschaften zu verbinden. Das Sklavensystem in der Karibik war die extremste, erzwungene Revolution des Fleißes." (19 f.)

Sein Fazit:

> „Historische Entwicklung scheint demnach, um es allgemein zu fassen, durch ein komplexes Parallelogramm der Kräfte bestimmt worden zu sein,

> das von ökonomischen Veränderungen, ideologischen Konstruktionen und staatlichen Verwaltungsapparates gebildet wurde.“ (21)

Geschichte in diesem Sinne ist also kein linear ablaufender Prozess, der monokausal auf nur eine Ursache zurückgeführt werden kann und sich an einem vorgegebenen Ziel orientiert. Es geht vielmehr um Ambivalenzen und Kontingenzen, sodass man die Entstehung der Moderne als kontingenten Zufallsprozess bezeichnen kann (siehe Fuchs 2021b).

Im Folgenden gebe ich die Schlussbemerkungen aus meinem Buch über Eurozentrismus (Fuchs 2021b) wieder, in dem ich ausführlicher auf die hier skizzierten Entwicklungen in Wirtschaft, Politik, Kultur und sozialem Zusammenleben eingehe.

„Zur Aktualität des Eurozentrismus – Schlussbemerkungen

> Der vorliegende Text ist als Erkundungsprojekt angelegt, ob und in welcher Weise Eurozentrismus in Erscheinung tritt, welche Ursachen und Auswirkungen er möglicherweise hat und wie er in den verschiedenen Bereichen der Gesellschaft – und dies in verschiedenen Regionen der Welt, vor allem in Afrika – diskutiert wird. Die Rede von einem Eurozentrismus bedeutet nicht nur, dass Ideen und Praktiken, die man Europa zuschreibt, in anderen Teilen der Welt gefunden werden können, sondern sie meint vielmehr, dass eine Europa zugeschriebene Entwicklung anzustreben ist, weil es sich hierbei um den bestmöglichen Weg handele. Eurozentrismus ist also eine spezifische Form von Ethnozentrismus.
>
> Es gibt natürlich andere Formen von Ethnozentrismus. Man kann feststellen, dass es zu dem Spezifikum einer jeglichen Kultur gehört, sich selbst für die beste aller möglichen Kulturen zu halten. Die Bedeutsamkeit des Eurozentrismus besteht allerdings darin, dass es europäischen Mächten aufgrund ihrer politischen, militärischen und ökonomischen Macht gelungen ist, die eigene Denkweise und Ideologie – zum Teil auf brutale Weise – Menschen in anderen Gegenden der Welt aufzuzwingen.
>
> Die aktuelle Debatte über Eurozentrismus verbunden mit dem Kolonialismus und dem ihn legitimierenden Rassismus (vgl. Fuchs 2021) geschieht zu einer Zeit, in der der Einfluss von Europa und insgesamt des Westens (einschließlich Nordamerikas) im Schwinden ist und der Einfluss etwa von China und Indien, also solchen Regionen, die über viele Jahrhunderte an der

Spitze der kulturellen und zivilisatorischen Entwicklung standen, wächst. Gleichzeitig sind in vielen Teilen der Welt, in Afrika, in Lateinamerika und zum Teil in Asien die Folgen der früheren imperialistischen Hegemonie Europas politisch, ökonomisch und kulturell immer noch zu finden.

Die Gegenwart, darin dürfte Einigkeit bestehen, ist durch umfassende Prozesse der Globalisierung charakterisiert. Globalisierung bedeutet dabei auch – neben der Austragung ökonomischer, politischer und gelegentlich auch militärischer Konkurrenzen – einen Wettbewerb der Ideen und Werte, der sich auch auf die Lebensgestaltung der Menschen im Alltag auswirkt. Paradox scheint zu sein, dass diese Auseinandersetzung um westliche und europäische Werte in einer Zeit geschieht, in der die politische Stabilität und Einheitlichkeit innerhalb Europas und vor allem innerhalb der Europäischen Union deutlich kleiner wird. So gibt es gravierende Meinungsunterschiede zwischen den Mitgliedsstaaten der Europäischen Union etwa hinsichtlich der Einwanderungspolitik, wobei diese Politik mehrheitlich gerade nicht den von der europäischen Wertegemeinschaft beanspruchten Ziele der Toleranz und der Solidarität gegenüber anderen geprägt ist. Man spricht von einer „Festung Europa", die mit allen Mitteln verteidigt wird. Neben dem Einsatz auch militärischer Kräfte (etwa bei der Sicherung der Grenzen im Mittelmeer) wird dabei auch das Instrument des Welthandelsrechts verwendet, mit dem unfaire Handelsbedingungen gegenüber solchen Staaten und Regionen gefestigt werden, gegenüber denen man in Zeiten des Kolonialismus erhebliche Schuld auf sich geladen hat. All dies hat wenig mit christlichen Werten zu tun, auf die sich viele Europapolitiker immer wieder berufen.

Es gibt zudem Widerstände bei der Aufarbeitung gerade der Kolonialgeschichte europäischer Mächte. So tut man sich auf der iberischen Halbinsel schwer, Verantwortung für die Folgen der Eroberung Lateinamerikas zu übernehmen. Der Umgang mit dem Kongo ist in Belgien nach wie vor ein schwieriges Thema, Frankreich hat sich bei der brutalen und letztlich gescheiterten Verteidigung seiner Kolonien in Nordafrika kaum entsprechend den oft vollmundig vorgetragenen europäischen Werten verhalten. Der Umgang mit Migranten in Deutschland ist schwierig und führt zu vielerlei Diskriminierungen. Die Aufarbeitung der deutschen Kolonialgeschichte verläuft äußerst zögernd. Schwierig ist die Situation von Menschen aus ehemaligen Kolonien der früheren Kolonialmächte. Man spricht man von einem individuellen, einem institutionellen und einem strukturellen Rassismus.

Im Hinblick auf die Frage nach dem Eurozentrismus muss man also erhebliche Widersprüche zwischen dem oftmals formulierten Selbstbild, so wie es in demokratischen Verfassungen oder in der Grundrechtecharta der Europäischen Union formuliert wird, und der Realität und der praktischen Politik europäischer und westlicher Staaten feststellen.

In den verschiedenen Gesellschaftsfeldern, die im vorliegenden Text diskutiert wurden, scheint die Beantwortung der Frage nach der Rolle Europas recht einfach zu sein. So ist die zentrale These im Bereich der Politik diejenige, die Wolfgang Reinhard formuliert hat: Europa hat den Staat erfunden. Im Bereich der Wirtschaft ist die These unstrittig: Europa hat den Kapitalismus erfunden. Im Kulturbereich spielen das Christentum und die christliche Missionierung eine wichtige Rolle. Zwar ist das Christentum als eklektizistische Sekte in Vorderasien entstanden, aber die Theologisierung sowie die Einrichtung einer schlagkräftigen und oft militanten Organisation in Form der christlichen Kirchen ist wiederum eine europäische Erfindung. Im Bereich des philosophischen und wissenschaftlichen Denkens spielt Europa insofern eine zentrale Rolle, als hier die abstrakte Form des logozentrischen theoretischen Denkens erfunden wurde. Dieses wurde dann die Basis der wissenschaftlich-technischen Revolution, unter deren Folgen weltweit die Natur heute leidet und die möglicherweise sogar zur Beendigung eines Lebens führen kann, so wie wir es bislang kennen.

Es gibt also gute Gründe, eine kritische Haltung gegenüber europäischen Errungenschaften und deren Einfluss auf die Welt einzunehmen.

Doch wird man einige Differenzierungen vornehmen müssen. So wird man als erstes fragen müssen, was an Impulsen, Ideen und Entwicklungen in Europa entstanden und auch nur dort anzutreffen ist. Man wird fragen müssen: Was ist in Europa entstanden und wird im Rahmen eines normativen Eurozentrismus anderen als Muster und Leitbild vorgegeben? Eine dritte Frage ist die Frage nach dem, was auch anderswo entstanden ist, was allerdings dann in Europa erstmals explizit beschrieben, theoretisch durchdacht und systematisiert wurde. Man kann weiterhin fragen, was in Europa entstanden ist und von anderen (freiwillig und möglicherweise in abgewandelter Form) übernommen wurde. Nicht zuletzt kann man danach fragen, was nicht in Europa entstanden ist, Europa dann allerdings zugeschrieben wird bzw. von Europäern angeeignet wurde. Letzteres betrifft etwa das Christentum. Im Hinblick auf die Ziele und Werte, so wie sie in den Menschenrechtskonventionen beschrieben werden (Freiheit, Selbstbestimmung, Toleranz etc.) gibt es inzwischen hinreichend viele Untersuchungen, die zeigen, dass diese Grundwerte in allen Kulturen der Welt eine Rolle spielen und sogar in den frühen Schriftkulturen Chinas oder Indiens auf hohem Niveau theoretisch diskutiert wurden. Interessant ist zudem die These des brasilianischen Wissenschaftlers Darcy Ribeiro, der in seiner Konzeption einer evolutionären Entwicklung von Gesellschaften lapidar feststellt, dass bestimmte Prozesse und Entwicklungen zwar in Europa entstanden sind, dies sei jedoch eher zufällig geschehen, denn wenn es nicht in Europa entstanden wäre, dann wäre es an einem anderen Ort entstanden. Im Hinblick auf den Rationalismus und die damit verbundene These einer zunehmenden Säkularisierung des Alltags und der Entwicklung eines säkularen Staates gibt es in den letzten Jahren eine Reihe wichtiger Einsprüche, die darauf hinweisen, dass man keineswegs von dem Ende von Religionen sprechen kann (Joas/Wiegandt 2006). Dies gilt nicht nur in westlichen Staaten, wo man sogar die Zunahme einer religiösen Spiritualität im Alltag registriert, es gilt insbesondere für Lateinamerika und Afrika. Man diskutiert inzwischen differenzierter die Folgen der Missionierung und weist darauf hin, dass an keinem Ort, an dem Missionare tätig waren, das Christentum oder auch der Islam (als die beiden einflussreichsten Weltreligionen in Afrika) unverändert übernommen wurden. Es gab und gibt vielmehr vielfältige Formen der Vermischung dieser Sinnstiftungsangebote mit lokalen religiösen Überzeugungen („Hybridität").

Dieser Aspekt ist wichtig auch im Hinblick auf das Machtverhältnis zwischen dem Westen und nicht-westlichen Staaten, insbesondere bei der Diskussion des Kolonialismus und der Sklaverei. Denn es wird darauf hingewiesen, dass sich keineswegs die kolonialisierten Menschen immer und überall hilflos untergeordnet hätten. Die Geschichte der Sklaverei ist vielmehr zugleich eine Geschichte des Widerstandes gegen die Sklaverei. Dies ist deshalb anzumerken, weil man sonst den Menschen, die man zu versklaven suchte, ihren Anspruch auf Selbstbestimmung, Freiheit und Handlungsfähigkeit, also ihren Subjektcharakter, abspricht. Allerdings spielten lange Zeit diese Widerstandsaktionen in der westlichen Geschichtsschreibung nicht die Rolle, die sie verdienen. So sucht man in vielen historischen Darstellungen vergeblich den Befreiungskrieg der Sklaven von Haiti, als zum ersten Mal Sklaven ihre Unabhängigkeit erkämpfen und einen eigenständigen Staat gründeten. Dieser Aspekt ist mit einer zurzeit zu Recht intensiv diskutierten Problemstellung verbunden, nämlich der „Dekolonisierung des Wissens",

d. h. einer westlichen Wissensproduktion, in der in ideologischer Absicht Geschehnisse verzerrt dargestellt oder gar nicht erst betrachtet werden.

Hinsichtlich einer Kritik des Westens und Europas wird allerdings auch nicht immer gewürdigt, dass zu deren Tradition auch eine selbstkritische Haltung gehört. So gibt es eine vehemente innereuropäische Kritik an der sich entwickelnden bürgerlichen Gesellschaft, an der Moderne, am Kapitalismus, an dem Logozentrismus der westlichen Wissenschaft. Es gab innerhalb der Kolonialmächte wichtige Stimmen, die sich gegen Sklaverei und Kolonialismus wendeten. Schwierig ist auch der Umgang mit einigen Vordenkern der westlichen Moderne, also etwa mit Thomas Hobbes, John Locke, mit Kant oder mit Hegel. Unstrittig ist, dass sich bei ihnen klare rassistische Äußerungen und Überzeugungen finden. Thomas Hobbes und John Locke waren dabei nicht nur finanziell am Sklavenhandel und an der Ausbeutung von Kolonien beteiligt, sie fungierten auch als Berater bei der Optimierung der Aktivitäten der entsprechenden Handelskompanien. Dies hat bei einigen Autor*innen innerhalb der postkolonialen Studien zu einer radikalen Ablehnung aller Ideen und Texte der genannten Autoren geführt. Walter Mignolo mit seiner These von einem „epistemologischen Ungehorsam" ist etwa zu nennen. Aktuell ist es die Frage, on Kant ein Rassist war. Unstrittig ist, dass es rassistische Äußerungen gibt. Unstrittig ist aber auch, dass er in seinen späten Jahren in seinen Überlegungen zum Weltfrieden Kolonialismus und Rassismus verurteilt hat. Allerdings gehen die Meinungen – auch unter renommierten Kantforschern – auseinander.

So gibt es in diesem Diskursfeld Stimmen, die eine radikale Ablehnung nicht mitmachen, etwa mit der These, man könne Kant nicht vorwerfen, dass er kein postkoloniales Studium absolviert habe (so der haitianische Anthropologe Michel-Rolph Trouillot). Andere fordern dazu auf, bei aller Verurteilung der rassistischen Äußerungen die auch vorhandenen emanzipatorischen Impulse aus den Werken dieser genannten Autoren und insgesamt der Aufklärung aufzunehmen und zu nutzen.

Strittig ist auch die Frage, ob es alternative Wege in eine (wie auch immer gestaltete) Moderne gibt, die die Pathologien der westlichen Moderne vermeiden. Eine These lautet, dass die Globalisierung alle Staaten unter Druck setzt, sich am Wettbewerb auf dem Weltmarkt zu beteiligen. Man muss zudem sehen, dass der westliche Lebensstil attraktiv – auch für die Bewohner*innen des Globalen Südens – ist. Zu diesem Lebensstil gehören jedoch auch die „westlichen Werte“ und der Anspruch auf Menschenrechte, sodass sich jenseits aller theoretischen Debatten über Begründungen, Geltungsbereich etc. auf diese praktische Weise (quasi performativ) deren universelle Gültigkeit ergibt. So ähnlich argumentiert Jürgen Habermas (1993) hinsichtlich der „asiatischen Werte“:

„Die asiatischen Gesellschaften können sich nicht auf eine kapitalistische Modernisierung einlassen, ohne die Leistungen einer individualistischen Rechtsordnung in Anspruch zu nehmen. Man kann nicht das eine wollen und das andere lassen.“ (Ebd., 185)

Der Konflikt besteht also nicht zwischen dem „Westen“ und dem „Osten“, sondern vielmehr zwischen Tradition und Moderne. Habermas spricht von „funktionalen Gründen“ (ebd.), was heißt, dass es einen notwendigen Zusammenhang zwischen Wirtschafts- und Gesellschaftsform und Kultur (hier: Denkweisen, Mentalitäten und Deutungsmustern) gibt.

Gerade angesichts der Globalisierung und der heute gegebenen Möglichkeit, die Welt als Ganzes zerstören zu können, müssen alle Chancen eines interkulturellen Austauschs genutzt werden. Eine interkulturelle Philosophie versucht etwa, die geistigen Errungenschaften aus allen Regionen der Welt aufzuzeigen. Vergleichende Ansätze in allen Wissenschaftsdisziplinen zeigen, welche Gemeinsamkeiten und welche Unterschiede es gibt. All diese Bemühungen sollen zum Ziel haben, das Beste und Erstrebenswerteste aus allen Kulturen zu sammeln. Foren, in denen dies geschieht, sind etwa die UNESCO, die Unicef oder andere vergleichbare, weltweit aktive Organisationen. Auch solche Initiativen wie das von Hans Küng gegründete „Projekt Weltethos“ geht in diese Richtung. All diese Ansätze schließen ein, Rassismus und andere Formen der Diskriminierung und des menschenverachtenden Denkens und Handelns aufzuzeigen und abzulehnen. Der Mensch lebt sein Leben als Individuum, da man sein Leben nicht delegieren kann. Er lebt es allerdings nicht isoliert von anderen, sondern immer in einem sozialen Zusammenhang. Dieser soziale Zusammenhang ist in Zeiten der Globalisierung deutlich größer geworden. Der türkische Dichter Nazim Hikmet hat dies so formuliert: ‚Leben wie ein Baum, einzeln und frei, doch brüderlich wie ein Wald, das ist unsere Sehnsucht‘“. (Fuchs 2021b, 223ff.)

6. Deutschland als moderne Gesellschaft?

Es gibt sie sicherlich immer noch: Beschreibungen unserer Gesellschaft als „beste aller Welten“ (Schulze 2003). Allerdings sprechen sowohl Alltagswahrnehmungen als auch wissenschaftliche Studien zur Stimmungslage in der Bevölkerung sehr stark dafür, dass die Menschen immer unzufriedener mit der politischen und ökonomischen Ordnung sind. Es sind immer mehr Menschen von Armut betroffen oder befürchten einen sozialen Abstieg. Zum ersten Mal in der Nachkriegsgeschichte Deutschlands kann man der nachwachsenden Generation nicht mehr versprechen, dass es ihr besser gehen werde als ihren Eltern. Gleichzeitig wächst die Kluft zwischen Arm und Reich in einer Weise, dass selbst Neoliberale gelegentlich die Frage stellen, wie viel Ungleichheit die Gesellschaft aushalten kann. Damit wächst zugleich die Skepsis gegenüber den immer wieder vorgetragenen Zielen und Versprechungen der Moderne. Schauer (2023) zeigt etwa, dass der frühere Optimismus, die Gesellschaft verändern zu können, in der heutigen Spätmoderne nicht mehr vorhanden sei. Die kritische Haltung in post- und dekolonialen Diskursen gegenüber der Moderne ist daher zwar verständlich, aber keineswegs so neuartig und innovativ, wie es häufiger behauptet wird. Vielmehr wird von vielen Autor*innen, die sich dieser Szene nicht zurechnen, auf die Schattenseiten der Moderne hingewiesen.

Ein gravierender Mangel in der heutigen deutschen Gesellschaft ist leicht im Alltag zu erkennen: nämlich daran, dass Menschen Mülleimer nach Pfandflaschen durchsuchen, dass es in immer mehr Städten sogenannte Tafeln gibt, in denen arme Menschen Lebensmittel bekommen können. Es wird über die Rechtmäßigkeit diskutiert, von Supermärkten weggeworfene Lebensmittel, die das Verfallsdatum überschritten haben, einzusammeln. Die Not der Menschen lässt sich auch daran erkennen, dass sie immer häufiger bereit sind, unter schlechtesten Arbeitsbedingungen mit niedrigster Bezahlung zu arbeiten.

Man kann in dieser Situationsbeschreibung sofort einen Verstoß gegen eine ganze Reihe von Grundrechten erkennen: das Recht auf menschenwürdige Arbeit, das Recht auf Wohnen, das Recht auf Gesundheit, das Recht auf kulturelle Teilhabe, das Recht auf freie Entfaltung der Persönlichkeit und vieles mehr.

War es lange Zeit verpönt, überhaupt über Armut in unserer Gesellschaft zu sprechen, so gibt es jetzt offizielle und offiziöse bzw. aus der Wissenschaft stammende

Armuts- und Reichtumsberichte, die zeigen, dass die Armut in Deutschland wächst. Mir scheint, dass die Stimmen leiser werden, die die Rede von der wachsenden Armut damit abtun wollen, dass sie von einer falschen Armutsdefinition ausgehen. Zu einer Desorientierung hat dabei auch die Wissenschaft beigetragen. So sprach der Soziologe Ulrich Beck noch in den 1980-er Jahren davon, dass von Armut in Deutschland keine Rede sein könne. Wir befänden uns alle vielmehr wie in einem Aufzug, in dem es zwar auch noch Formen von Ungleichheit gibt, allerdings auf einem immer höher steigenden Niveau.

Solche Thesen werden seit den 1990er Jahren kaum noch ernsthaft vertreten. Die Soziologie liefert vielmehr Bilder von der Gesellschaft, die bereits in ihrer Bezeichnung eine kritische Haltung erkennen lassen. So stehen in soziologischen Ansätzen die folgenden Begriffe im Mittelpunkt: Ausbeutung (marxistische Gesellschaftsanalysen), Angst, Depression, Neurasthenie, eine zu hohe Geschwindigkeit und ein Wachstums- und Steigerungsspiel, Unsolidarität und Konkurrenz, Unsicherheit, Abstiegsängste.

In soziologischen Theorien, die sich an dem amerikanischen Soziologen Talcott Parsons orientieren, unterscheidet man Subsysteme in der Gesellschaft. So kann man die Subsysteme Wirtschaft, Politik, Gemeinschaft und Kultur unterscheiden. Interessant ist ein solcher Ansatz deshalb, weil man nunmehr erkannte Defizite und Mängel in unserer Gesellschaft bestimmten Subsystemen zuordnen kann. Dies ist deshalb hilfreich, weil jedes Subsystem sein eigenes Medium hat, mit denen es seine eigenen Belange reguliert. So ist im Subsystem Wirtschaft Geld das zentrale Medium, im Subsystem Politik ist es Macht, im Subsystem Gemeinschaft ist es Solidarität und im Subsystem Kultur ist es Sinn. Vor diesem Hintergrund lässt sich die oben beschriebene Armut offensichtlich dem Subsystem Wirtschaft zuordnen. Es gibt Deformationen im Subsystem Politik, etwa dann, wenn man mit guten Gründen von Staatsversagen spricht. Es geht etwa um Überschreitungen der Rechtmäßigkeit des Handelns staatlicher Organe, um Korruption und um eine überbordende Kontrolle und Disziplinierung (etwa im Bereich der Sozialhilfe oder der Kriminalitätsprophylaxe). Im Bereich Gemeinschaft ist es ein Anwachsen der Gewalt, ist es eine wachsende Unsicherheit und Angst und die Diskriminierung von Bevölkerungsgruppen, und dies in einer Form, die lange Zeit verpönt war. Dies leitet über zu dem Subsystem Kultur, bei dem etwa Meinungsfreiheit durch Monopolisierungstendenzen im Medienbereich eingeschränkt wird und wo es Formen von kultureller Gewalt gibt.

Der regelmäßig vorgelegten Grundrechte Report (zum Beispiel Müller-Heidelberg u.a. 2016) listet in jedem Band eine größere Anzahl von Verstößen gegen die Grundrechte auf, um Fragen der Vorratsdatenspeicherung, um Fragen der Polizeigewalt. Es geht um die Nicht-Ratifizierung von Diskriminierungsverboten, die auf europäischer Ebene beschlossen worden sind, es geht um Versammlungsverbote und um ein gewaltsames Eingreifen in demokratische Protestbewegungen. Nicht zuletzt geht es um Versuche, Grundsätze der Verfassung wie etwa das Asylrecht aufzuweichen.

Immerhin ist es immer noch möglich, in einer kritischen Öffentlichkeit – auch dies ist ein Charaktermerkmal einer modernen Demokratie und Gesellschaft – all diese Verfehlungen vor allen Dingen von Staatsorganen oder auch von Großbetrieben öffentlich zu machen, an den Pranger oder zumindest zur Diskussion zu stellen. So ist zurzeit in Politik und Medien und natürlich auch im Alltag der Menschen das Problem virulent, in den Großstädten bezahlbaren Wohnraum zu finden. Eine Ursache für die enormen Steigerungsraten bei Wohnungsmieten besteht zum einen in dem Mangel an Wohnungen, der wiederum dadurch hervorgerufen wurde, dass in den letzten Jahren der soziale Wohnungsbau vernachlässigt worden ist. Das Problem hängt aber auch mit den Prozessen der Segregation und Gentrifizierung zusammen sowie mit der Entwicklung, dass der Immobilienbereich zu einem wichtigen Spekulationsobjekt im Finanzsektor geworden ist. D.h., es gibt eine enge Verbindung damit, dass es der Politik bislang nicht gelungen ist bzw. der Wille gefehlt hat, die während der Zeit der Bankenkrise intensiv diskutierten Möglichkeiten, den internationalen und nationalen Finanzmarkt zu disziplinieren und zu regulieren, kaum ergriffen worden sind. Daher wird weiter spekuliert, daher gibt es flottierende Geldmengen, die lukrative Anlagemöglichkeiten suchen.

Verschärfend zu dieser Tendenz hat dazu das Aufkommen des sogenannten „Neuen Steuerungsmodells“ in den 1980er Jahren beigetragen, nämlich, politische Organisationsformen wie die Kommune und ihre Einrichtungen als bloße Unternehmen und damit die Bürgerinnen und Bürger, also der eigentliche Souverän, bloß als Kunden für zu erbringende Dienstleistungen zu betrachten. Man hat Strukturen der Daseinsvorsorge (Versorgung mit Elektrizität, Wasser, Abfallbeseitigung, Abwasserbeseitigung, öffentlicher Nahverkehr etc.) privatisiert und zum Teil an Hedgefonds verkauft mit dem Ergebnis, dass nicht nur kein weiterer Ausbau erfolgte, sondern dass auch die Erhaltung der jeweiligen Strukturen nicht stattgefunden hat. Das ist der Grund dafür, dass sich in den letzten Jahren Skandalmeldungen häufen, etwa im Bereich des Bahnverkehrs oder der plötzlich nicht mehr möglichen Nutzung von Autobahnbrücken und Autobahnen.

Solche negative Zustandsbeschreibungen werden mit Bezeichnungen wie „Kleptokratie“ oder der „Kommodifizierung“ von Gütern, die traditionell zur öffentlichen Daseinsvorsorge gehören (Bildung, Gesundheit, Sicherheit etc.), belegt. Man spricht von einer „Gerechtigkeitslücke in Deutschland“, die nicht mehr zu übersehen sei

(Ebert 2012), wobei man all diese negativen Entwicklungstendenzen mit dem Programm des Neoliberalismus (Schui/Blankenburg 2002) in Verbindung bringt.

Verbunden mit dieser gesellschaftlichen Entwicklung ist eine Veränderung im Menschenbild (Bröckling 2007). Selbst konservative Soziolog*innen und Philosoph*innen legen Analysen vor, in denen die These begründet wird, dass dieser entfesselte Kapitalismus mit demokratischen Grundprinzipien eines liberalen Staates nicht mehr in Einklang zu bringen ist (Dux 2013). Es scheint allerdings so zu sein, dass im Moment vor allem rechte Bewegungen und Parteien von diesen Zuständen profitieren.

Was tun?

Es lassen sich also – wie angedeutet – in den verschiedenen gesellschaftlichen Subsystemen gravierende Abweichungen von unterschiedlichen Grundrechten diagnostizieren. Man kann vor diesem Hintergrund fragen, ob das Ziel, nämlich zu zeigen, dass es sich lohnt, in einer liberalen und demokratischen Gesellschaft zu leben, zu rechtfertigen ist. Als eine erste Begründung kann man darauf hinweisen, dass es in einer solchen Gesellschaft möglich ist, ausgesprochen selbstkritisch mit solchen Fehlentwicklungen umzugehen. Es ist – auch als Grundzug der Entstehung der Moderne – eine kritische Öffentlichkeit entstanden, in der solche Fehlentwicklungen aufmerksam registriert und kritisiert werden. Es haben sich sogar wissenschaftliche Disziplinen neu entwickelt, die eine solche Aufgabe der Selbstbeobachtung haben. So entstand auch aufgrund der zu dieser Zeit entstehenden sozialen Frage die Soziologie am Beginn des 19. Jahrhunderts mit einem Höhepunkt mit den großen Soziologen Ferdinand Tönnies, Max Weber, Georg Simmel, Emile Durkheim und anderen, die den Entwicklungen und Fehlentwicklungen der entstehenden modernen Gesellschaft akribisch nachgegangen sind und die auf wissenschaftliche Weise die bereits von Rousseau mit seinem Paukenschlag seiner beiden Preisschriften begonnene und etwa von Friedrich Schiller mit seinen „Briefen zur ästhetischen Erziehung“ fortgesetzte Kulturkritik der Moderne fortführten (vgl. Bollenbeck 2006).

Es gab in der Geschichte der Menschheit noch keine Gesellschaftsformation, in der nicht nur der Bedarf an einer solchen kritischen Selbstreflexion derart groß geworden ist, sondern in der es zur Selbstverständlichkeit gehört, auf vielfältige Weise diesen Bedarf abzudecken. Denn neben der neu entstandenen Soziologie und in Medien wie Zeitungen und Zeitschriften, die ebenfalls seit dem 18. eine immer größere Rolle im gesellschaftlichen Leben spielten, waren es auch die unterschiedlichen Künste, die ihre traditionelle Aufgabe der Selbstreflexion der Gesellschaft und speziell der menschlichen Existenz-Probleme wahrnahmen. Insbesondere ging es immer wieder darum, wie das Subjekt der bürgerlichen Gesellschaft beschaffen sein muss, damit es die neuen Aufgaben der von ihr geschaffenen Gesellschaftsform auch bewältigen kann. Es ist so, wie es Terry Eagleton (1994) belegt: In den Künsten und mit der aufkommenden systematischen Reflexion ihrer Bedeutung, nämlich in der in der Mitte des 18. Jahrhunderts entstandenen philosophischen Teildisziplin der Ästhetik, ist als Subtext und roter Faden die Frage nach dem Subjekt zu finden.

Es ist also auch kein Zufall, dass die empirische und theoretische Befassung mit der Entwicklung des Subjekts in der Pädagogik und die Entstehung einer beobachtenden Psychologie (Karl Philipp Moritz) seit der zweiten Hälfte des 18. Jahrhunderts immer bedeutsamer werden. Die großen bildungstheoretischen Entwürfe dieser Zeit, also die Aufklärungspädagogik etwa der Philanthropisten, die sich stark an dem Sensualismus und Empirismus von John Locke orientierten, die Ansätze der Neuhumanisten mit den wichtigen bildungstheoretischen Schriften von Wilhelm von Humboldt (insbesondere in seinen staatstheoretischen Schriften!), die Verwissenschaftlichung der Pädagogik durch Herbart – um nur einige wenige Namen und Tendenzen zu nennen. All dies belegt die Relevanz der Frage nach dem Subjekt.

Man kann nun die oben beschriebenen Fehlentwicklungen in jedem der einzelnen Subsysteme danach untersuchen, welche Gegenbewegungen es gab.

Wirtschaft: Die Entstehung der bürgerlichen Gesellschaft in Europa ist aufs engste mit der Entstehung und Durchsetzung des Kapitalismus verbunden, der in seiner Anfangszeit, etwa bei dem Moralphilosophen Adam Smith, eine individual- und sozial*ethische* Begründung hatte. Selbst die schärfsten Kritiker des Kapitalismus wie etwa Karl Marx und Friedrich Engels bewunderten geradezu die Produktivität, die auf der Basis dieser neuen Wirtschaftsordnung hat entstehen können. Es entstand allerdings zugleich ein großes Elend in den industriellen Zentren und in den Kolonien. Daher rief der Kapitalismus sowohl als Idee als auch als sich entwickelnde Realität Befreiungs- und Gegenbewegungen hervor. Es entstanden alternative Wirtschafts- und Gesellschaftsmodelle durch frühsozialistische Theoretiker und es entstanden immer wieder auch gesellschaftliche Oasen, in denen alternative Formen des Zusammenlebens erprobt wurden. Vor allem aber entstand eine sich zunehmend organisierende Arbeiterbewegung, die sich gegen die Unterdrückungs- und Ausbeutungsverhältnisse zur Wehr setzte. Es entstanden entsprechende Parteien und Gewerkschaften auf der Basis der Idee der Solidarität, dass nämlich Menschen, die als Einzelne schwach und machtlos waren, sich nicht bloß in Notlagen wechselseitig helfen können, sondern die zusammengeschlossen auch ein wichtiger politischer Machtfaktor werden können (Hofmann 1971). Allerdings schlossen diese Menschen in Kolonien meist nicht ein.

Das Konzept der Gerechtigkeit, hier verstanden als soziale Gerechtigkeit, war das zentrale leitende Motiv dieser Bewegungen. Bis heute gibt es diese widerstreitenden Interessen im ökonomischen Bereich. Es gibt den Kampf um Dominanz, etwa den Versuch, im eigenen Bereich ein Monopol zu bilden. Und es gibt vielfältige Gegenmaßnahmen, und diese sogar von Befürwortern des Kapitalismus.

Dieser grundsätzliche Streit ist natürlich nicht beendet, sondern vielmehr durch den Prozess der Globalisierung auf eine neue Stufe gehoben. Dabei haben sich über die nationale Ebene hinaus auch im internationalen Bereich wichtige Akteure auf beiden Seiten entwickelt: Es gibt die Welthandelsorganisation und die Europäische Union, die als Europäische Wirtschaftsgemeinschaft ihren Anfang genommen hat, es gibt aber auch internationale Arbeitsorganisationen (im Kontext der Vereinten Nationen) und eine internationale Öffentlichkeit, die Fehlentwicklungen beobachtet und kritisiert.

Politik: Eine ähnliche Beobachtung lässt sich im Bereich der Politik machen. So hoffte man rund um 1990, dass sich auf der Basis der verschiedenen Befreiungsbewegungen in unterschiedlichen Regionen der Welt (zum Beispiel „Arabischer Frühling“) nunmehr eine demokratische Ordnung weltweit durchsetzen möge. Diese Hoffnungen haben sich nicht erfüllt, vielmehr muss man konstatieren, dass sich in den letzten Jahren zunehmend autoritäre und diktatorische Regime selbst in solchen Ländern durchsetzten, die eine lange demokratische Tradition haben bzw. die hoffnungsvoll mit einer demokratischen Revolution vor 20 oder 30 Jahren versucht haben, eine neue politische Richtung einzuschlagen. Es gibt massive Einschränkungen der Menschenrechte, aber nach wie vor auch eine weltweite kritische Öffentlichkeit und Einrichtungen der Vereinten Nationen, in denen mehr oder weniger erfolgreich versucht wird, gegen die schlimmsten Verstöße gegen die Menschenrechte vorzugehen. So existieren schon seit Jahrzehnten die sogenannten Blauhelme, die aufgrund eines Beschlusses des Sicherheitsrates, dem wichtigsten politischen Gremium der Vereinten Nationen, zu friedensichernden Maßnahmen eingesetzt werden können. Man hat sogar einen eigenen Gerichtshof in Den Haag eingerichtet, in dem Verfahren bei „Verbrechen gegen die Menschlichkeit“ durchgeführt werden. Zudem gibt es zivilgesellschaftliche Organisationen mit weltweiter Ausstrahlung, die auch von den Vereinten Nationen als wichtige politische Partner anerkannt sind. Doch all dies hat aktuelle Kriege nicht verhindern können.

Gemeinschaft: Der zentrale politische Zielbegriff beschreibt zugleich das größte politische Problem: die Gefährdung des sozialen Zusammenhalts. Man registriert sehr genau, dass die moderne Gesellschaft auseinandergetrieben wird, man sucht aber auch intensiv nach Kräften, die den Zusammenhalt unterstützen bzw. wiederherstellen können.

Prozesse des sozialen Zerfalls stehen seit langem im Mittelpunkt soziologischer Gesellschaftsdiagnosen. So sprach der französische Soziologe Emile Durkheim von Anomie und befasste sich mit der Frage des Selbstmords in der modernen Gesellschaft. Man entwickelte eine Vielzahl zeitdiagnostischer Ansätze, die sich mit Verfallserscheinungen der Gesellschaft befassten

Kultur: In einem soziologischen Verständnis versteht man unter dem Sammelbegriff Kultur die Bereiche der Wissenschaften, der Künste, der Religionen. In jedem dieser Felder lassen sich spezifische Probleme identifizieren, die hier nur angedeutet werden können. Im Bereich der Wissenschaften mit ihrem Grundkonzept der Wahrheit darf man die Entwicklungen im Kontext der der Postmoderne und der post- und dekolonialen Studien nicht unterschätzen, in denen das Konzept der Wahrheit, infrage gestellt worden ist.

Im Bereich der Künste dürfte die Ökonomisierung eine problematische Rolle spielen. Neu ist der Einfluss der Ökonomie im Bereich der Künste natürlich nicht. Bereits Lessing und Schiller wollten allein durch ihre künstlerische Tätigkeit ihren Lebensunterhalt bestreiten, was ihnen allerdings nicht gelungen ist. Im 19. Jahrhundert sprach man in Europa davon, dass man den „Auftragskünstler“ aus dem Machtverhältnis der bürgerlichen und adligen Auftraggeber zwar befreite, ihn dafür aber den freien Kräften des Marktes überließ. Es ist heute schwierig, bei innovativen künstlerischen Produktionen zu unterscheiden, inwieweit bestimmte, Aufsehen erregende Handlungen künstlerisch begründet werden können oder eher dazu dienten, öffentliche Aufmerksamkeit zu erzielen. Ein Problem ist sicherlich auch, dass Kunst zunehmend als attraktive Geldanlage gesehen wird mit der Folge, dass Kunstwerke bekannter Künstler mit horrenden Summen gekauft und dann der öffentlichen Wahrnehmung entzogen werden.

Im Hinblick auf Religion ist seit Beginn der Neuzeit der Topos der Säkularisierung relevant. In der Tat entwickeln sich die neuen Wissenschaften gegen den Widerstand der Kirche und erheben den Anspruch, allein ihrer Vernunft und den sich neu entwickelnden wissenschaftlichen Forschungsprinzipien unterworfen zu sein. Man kann sagen, dass vor dem Jahre 1500 es für fast alle Menschen (in Europa) unvorstellbar war nicht katholisch zu sein. Dies hat sich seither gravierend verändert. Allerdings gibt es wichtige Stimmen, die zum einen darauf hinweisen, dass der Grad der Säkularisierung weniger hoch ist, als oftmals angenommen wird, und die zum anderen darauf bestehen, dass es auch zur Natur des Menschen gehört, einen Bedarf an Spiritualität zu haben (vgl. Taylor 2009).

Moderne, Liberalismus und Antimodernismus

Modernediskurse: Es gibt unterschiedliche Meinungen darüber, in welcher Weise man verschiedene historische Etappen voneinander unterscheiden kann. Dies hängt zum Teil davon ab, mit welcher Perspektive man einen Blick in die Geschichte realisiert und auf welche Region man sich bezieht. Keine der gängigen Unterteilungen findet eine vollständige Akzeptanz. Verbreitet ist für Europa die Unterteilung in Antike, Mittelalter und Neuzeit, wobei es einiges an Plausibilität dafür gibt, den Beginn der Neuzeit auf die Jahrhundertwende 1500 anzusetzen. Denn um diese Zeit herum entwickelt sich eine zweite christliche Religion, es finden die Bauernkriege statt, es erobern europäische Länder den mittel- und südamerikanischen Kontinent. Es bahnt sich die wissenschaftlich-technische Revolution an. Wolfgang Reinhard spricht in seiner „Globalgeschichte der europäischen Expansion 1415 bis 2015" (so der Untertitel) von einer „Unterwerfung der Welt" (2016) durch Europa.

Historiker des Mittelalters weisen allerdings darauf hin, dass auch frühere Anfangszeiten für die Neuzeit legitim sind. So gibt es bereits in der spätscholastischen Philosophie eine Grundlegung für ein neues Verständnis von Raum, Zeit und Bewegung und für ein neues Weltbild insgesamt. Es finden zudem Agrarrevolutionen bereits sehr viel früher als vor der genannten Jahrhundertwende statt. Auch die Entwicklung der Idee einer (neuzeitlichen) Individualität kann man mit guten Gründen auf die erste Hälfte des 14. Jahrhunderts zurückführen, nämlich auf die legendäre Besteigung des Mont Ventoux durch Petrarca.

Auch die marxistische Unterscheidung unterschiedlicher Gesellschaftsformationen (Sklavenhaltergesellschaft, Feudalismus und Kapitalismus) wird als unhaltbar kritisiert. Man streitet sich etwa darüber, wann man den Beginn einer bürgerlichen Gesellschaft ansetzen kann, zumal man auf die mächtigen Handelsstädte verweisen kann, die sich bereits im Mittelalter erfolgreich der Unterordnung der Landes- und Kirchenfürsten entziehen können. Es gibt reiche Unternehmer-Familien wie etwa die Fugger und Welser, bei denen sich sogar die Könige und Kaiser verschulden müssen, damit sie ihren Verpflichtungen nachkommen und ihre Kriege führen können. Selbst das hoheitliche Recht der Münzprägung wird dabei geopfert.

Geschichte ist eben ein historischer, in der Regel langsam ablaufen kontinuierlicher Prozess, bei dem selbst Revolutionen nicht von einem Tag auf den anderen stattfinden. Zudem sind „Revolutionen" oft bereichsgebunden, was heißt, dass es in einem gesellschaftlichen Feld durchaus gravierende Umwälzungen geben kann, die aber die anderen Felder überhaupt nicht berühren.

Eine weitere wichtige Charakterisierung der hier in Rede stehenden Zeit betrifft die bürgerliche Gesellschaft, oft in Verbindung mit einer kapitalistischen Wirtschaftsordnung. Auch hierbei kann man Entwicklungen im Bereich der Theorienbildung von realen Entwicklungen der Eroberung der Macht durch Bürger unterscheiden. Es gibt dabei komplexe Wechselbeziehungen zwischen der ideellen und der realen Ebene, wenn etwa auf der theoretischen Ebene Stichworte geliefert werden, die wiederum als Leitbegriffe im politischen und ökonomischen Machtkampf verwendet werden können.

Auch der Begriff der Moderne hat – wie gezeigt – eine wechselvolle Geschichte. Bekannt ist etwa die Auseinandersetzung zwischen den anciens und den modernes im Kontext der Französischen Akademie der Wissenschaften im 17. Jahrhundert, bei der es unter anderem um einen Vergleich von antiker und zeitgenössischer Kunstproduktion ging. Später stellte sich die Frage danach, ob es einen Fortschritt gibt und wie dieser zu bewerten ist. Spätestens an dieser Stelle ist die erste Preisschrift von Jean-Jacques Rousseau zu erwähnen, der mit einer fulminanten Kritik an den Fortschritten der Wissenschaften im Hinblick auf deren Einfluss auf die Entwicklung der Tugend auf die Preisfrage antwortete.

Inzwischen war die Industrialisierung zumindest in Ansätzen erkennbar, denn die Erfindung der Dampfmaschine und deren ständige Verbesserung lag schon eine Weile zurück. Es kursierte die Idee, dass es möglich sei, aus privaten Lastern, etwa aus dem des Eigennutzes, öffentliche Tugenden zu entwickeln. Adam Smith formulierte am Ende des 18. Jahrhunderts die Idee, dass durch eine Teilung der Arbeit eine unglaubliche Produktivität erreicht werden könne, was letztlich in den entstehenden Manufakturen und Fabriken auch so geschah.

Dies ist aber zugleich der Anlass für eine Kritik, in der die zentralen Stichworte fielen, die bis heute in der Kulturkritik der Moderne eine entscheidende Rolle spielen: Dadurch, dass sich der Mensch in seinem Tätigkeitsspektrum auf eine einzige Tätigkeitsform spezialisieren muss, wird er in der Entwicklung seiner Persönlichkeit geradezu deformiert. Man sprach von Entzweiung und Entfremdung, weil durch den arbeitsteiligen Prozess keine engere Beziehung zu dem hergestellten Produkt mehr möglich war. Entzweiung, Entfremdung, später sprach man zusätzlich von Verdinglichung, Simmel verdichtete dies zu der Aussage, dass die Seele nicht mehr Herr im eigenen Hause sei: all dies sind kulturelle Defizitanzeigen, sie gehören zu den „Pathologien der Moderne".

Ähnlich ambivalent diskutierte man den Fortschritt, den man auf der einen Seite wollte, dessen negative Folgen man aber auch zu spüren bekam. Vernunft wurde zum Kernbegriff der Aufklärung, und gleichzeitig erlebte eine Kritik an der bloß instrumentellen Vernunft und der damit verbundenen Vereinseitigung des Menschen eine Konjunktur.

Die Moderne war mit weitreichenden Versprechungen angetreten, so wie sie sich in dem Motto der Französischen Revolution wiederfinden: Freiheit, Gleichheit und Brüderlichkeit. Doch erlebte man etwas Anderes. Selbst die Französische Revolution, die mit großem Pathos begonnen wurde, endete in dem System eines Tugendterrors durch Robbespierre. Und schließlich war es Napoleon, der sich als General der Revolution letztlich zu ihrem Exekutor entwickelte und selbst zum Kaiser krönte. Zudem hatte man diese Ziele nicht als relevant für alle Menschen erachtet.

Ein Kennzeichen der Moderne ist offensichtlich ihre Ambivalenz oder Dialektik. Während die Einen einen Siegeszug der Vernunft sehen, wie es etwa Max Weber tut und den Okzident mit seinen verschiedenen Errungenschaften in seinem berühmten Vorwort zu seinen religionssoziologischen Schriften in seiner Dominanz lobte, sprach er an anderer Stelle von einem „stählernen Gehäuse", akzeptierte also durchaus die kritischen Analysen seines früheren Lehrers und Kollegen Georg Simmel.

Es entstand eine Sehnsucht nach all dem, was offensichtlich eine rationale Moderne nicht liefern kann. Diese Sehnsucht führte wiederum zu Überspitzungen. So forderte der Freiheitsdichter und Ehrenbürger der Französischen Revolution Friedrich Schiller die Akzeptanz eines ästhetischen Zugangs zur Welt, an den die Romantiker anknüpfen konnten. Kant hatte bereits das Subjekt in den Mittelpunkt seines Denkens gestellt. Die Romantiker überspitzten diese Idee und verabsolutierten die Gestaltungsfähigkeit des Individuums.

Eine von vielen vorgetragene Kritik an der bloß instrumentellen Vernunft führte bei vielen Theoretikern im Laufe des 19. Jahrhunderts zu einer radikalen Ablehnung der Vernunft insgesamt. Dies spitzte sich gegen Ende des 19. Jahrhunderts – auch auf der Basis einer zunehmenden Rezeption der Schriften von Nietzsche – in den verschiedensten Reformbewegungen (Jugendbewegung, Frauenbewegung, Freikörperbewegung, vegetarische Bewegung und insgesamt einer Lebensreformbewegung) zu. Der Weg von einer solch militanten antirationalen Haltung zu einer nationalistischen, antidemokratischen und zuletzt einer nationalsozialistischen Position war kurz (vgl. Fuchs 2019a)

Man muss also auch im Hinblick auf die Kritik an der Moderne kritische Positionen, die im Geiste der Aufklärung und der Moderne Defizite der realen Entwicklung beklagen, von solchen Positionen unterscheiden, die sich in einer grundsätzlichen Gegnerschaft zu allen Prinzipien der Moderne befinden. Man kann und muss die Fehlentwicklungen der Moderne, etwa die Einseitigkeit bei der Betonung einer nur noch instrumentellen Vernunft, kritisieren. Dies ist heute dort etwa aktuell, wo man von einer Evidenzbasiertheit in der Politik spricht und damit notwendige kritische Reflexionsinstanzen der Philosophie, der Wissenschaften und der Künste eingrenzen will. Es ist dort der Fall, wo auf der Basis einer Expertise in einer einzelnen Fachdisziplin Wissenschaftlerinnen und Wissenschaftler die Grenzen ihrer Disziplin und damit die Grenzen der Aussagekraft ihrer Forschungsergebnisse ausdehnen und weitreichende Reformempfehlungen für die Gestaltung von Gesellschaftsbereichen geben, in denen sie keine Fachkompetenz haben. Dies gilt zurzeit etwa für die Neurowissenschaften, es galt in früheren Zeiten für Theorien der Kybernetik, es galt lange Zeit für eine Idee einer „Mechanisierung des Weltbildes" (Dijksterhuis 1956).

Man wird die vielen soziologischen diagnostischen Zeitanalysen nicht negieren können, die von der Unbehaustheit, der Entfremdung, der Ambivalenz, der Dialektik, der Kälte, der Vereindeutigung, der Verabsolutierung der Rechenhaftigkeit, der Individualisierung, des Fortschrittsfetischismus, der Wachstumsideologie etc. sprechen. Man muss all diese Beschreibungen ernst nehmen und überlegen, inwieweit unerwünschte Fehlentwicklungen durch ein angemessenes politisches Gestaltungshandeln behoben werden können (Kamper/van Reijen 1987; Habermas 1985).

Es gehört dabei zu der Idee der Moderne, dass ein solch kritischer Umgang auch mit der Kritik der Moderne nicht nur möglich ist, sondern geradezu zu den Prinzipien der Moderne gehört. Allerdings muss man beachten, dass man das Kind nicht mit dem Bade ausschüttet, dass also die berechtigte Kritik an Fehlentwicklungen nicht dazu führen darf, wichtige Errungenschaften der Moderne wie etwa der Anspruch auf vernunftgeleitetes Handeln im Bereich der Politik und der Wirtschaft, aufzugeben.

Liberalismus und Antiliberalismus: Der Liberalismus gilt als zentrale politische Philosophie der (europäischen) Moderne. Daher ist Liberalismuskritik immer auch Modernekritik. In Darstellungen der Geschichte der politischen Ideen (etwa Fenske u. a. 2008, 379 ff.) behandelt man den Liberalismus gleich in drei Kapiteln, die unterschiedliche Strömungen und Entwicklungslinien verbunden mit durchaus unterschiedlichen Zielen und Begründungsweisen behandeln. In dem Kapitel „Fundierung des klassischen Liberalismus" werden die Entwicklung der Menschenrechte und der politischen Emanzipationskampf des „Dritten Standes" in der Französischen Revolution aufgeführt. Es geht insbesondere um die Freiheitsrechte des Menschen, so wie sie in der politischen Philosophie von Kant einen Höhepunkt haben. In dieser Hinsicht ist der Liberalismus eine politische Philosophie, die sich gegen den absoluten Staat richtet und für die Freiheitsrechte der Menschen kämpft. Abgesichert werden diese Freiheitsrechte durch die Entwicklung eines Rechtstaates, den man nur im Rahmen der politischen Ordnung einer Republik realisiert sehen konnte. Auch das Prinzip der Gewaltenteilung war grundlegend in dieser Konzeption. Interessant ist, dass Kant ein durchaus distanziertes Verhältnis zur Demokratie hatte:

> „Ja, die Demokratie erschien ihm geradezu als Despotismus, weil in ihr der Staat Gesetze, der er selbst gegeben habe, eigenmächtig vollziehe. Kennzeichen des ‚Republikanism' war ihm demgegenüber die Absonderung der ausführenden Gewalt von der gesetzgebenden. Die republikanische Verfassung hatte die Sicherung der Freiheit, der staatsbürgerlichen Gleichheit und der allen gemeinsamen Gesetze zu gewährleisten." (Ebd., 388)

Als zweite Entwicklungslinie wird in dem genannten Handbuch der Wirtschaftsliberalismus unterschieden, so wie ihn Adam Smith theoretisch begründet hat. Man muss allerdings sehen, dass Adam Smith Moralphilosoph war. So ging seiner berühmten Schrift über den Reichtum der Nationen eine „Theorie der ethischen Gefühle" voraus, in der Smith bereits die These vertrat, dass das Streben nach Eigennutz durchaus förderlich sei für das allgemeine Wohl. In seiner Hauptschrift plädiert er für die Arbeitsteilung mit dem Ziel, den Volkswohlstand zu erhöhen.

Smith ist also keineswegs ein Ökonom im engen Verständnis dieses Wortes, sondern er bleibt auch in seinen ökonomischen Untersuchungen – durchaus vergleichbar mit Marx, der sich auch in dieser Traditionslinie der „Klassiker" sieht – Moralphilosoph, der das Ziel hat, das Leben aller Menschen verbessern zu helfen.

Allerdings entwickelte sich in der Realität ein Kapitalismus, wobei Marx in seinem „Kapital" in einem wuchtigen Kapitel über die „ursprüngliche Akkumulation des Kapitals" schreibt, in der mit teils drastischen Methoden der Ausplünderung verschiedener Kontinente und des eigenen Volkes die Grundausstattung des notwendigen industriellen Systems finanziert worden ist.

Manchester wurde das Zentrum eines nach ihm benannten kapitalistischen Systems, in dem die moralphilosophischen Intentionen von Adam Smith einer Verbesserung der Lebensweise aller Menschen keine Rolle mehr spielte. Es war zudem der Umschlagsplatz für Baumwolle, dem mit Zucker und Kaffee wichtigsten Produkt der Kolonien.

Insgesamt kann man sagen, dass sich im 19. Jahrhundert die bis heute relevanten großen politischen Strömungen (Liberalismus, Konservativismus, Sozialismus) auf der Basis der dynamischen politischen, kulturellen und ökonomischen Entwicklungen in der Realität entwickelt haben. Der Historiker Jürgen Osterhammel (2011) beschreibt die Geschichte des 19. Jahrhunderts unter dem Titel „Die Verwandlung der Welt". Man erinnere sich, dass die keineswegs gefestigte Demokratie in den Vereinigten Staaten zunächst einmal in einen Bürgerkrieg zwischen den Nord- und Südstaaten mündete. Es gab eine deutsche Einigung, in deren Rahmen der preußische König zum deutschen Kaiser gekrönt wurde, wobei die imperialistischen Welteroberungswünsche der Hohenzollern, die sich sehr stark gegen Frankreich und vor allem gegen England richteten, im ersten modernen Weltkrieg endeten.

Es bahnte sich die sozialistische Revolution in Russland an, es gab eine weltweite Organisation sozialistischer Strömungen und es gab eine ungeheure Wissensproduktion nicht bloß in den Naturwissenschaften und der Technik als Grundlagen der Industriegesellschaft, sondern auch in der Mathematik und in den Geisteswissenschaften.

Als Kernbegriff des Liberalismus gilt der Begriff der Freiheit, sodass man mit einer gewissen Berechtigung die Menschenrechte und insbesondere die Grundrechte, die den Schutz des Einzelnen garantieren sollen, als gemeinsamen Nenner unterschiedlicher liberaler Positionen verstehen kann. Vor diesem Hintergrund soll im Folgenden ein kurzer Blick auf *Kritiker des Liberalismus* geworfen werden. Wie bereits mehrfach in diesem Text lassen sich auch hier im Rahmen der Kritik unterschiedliche Grundsatzpositionen unterscheiden. So gibt es Ansätze, die die Widersprüche zwischen unterschiedlichen liberalen Prinzipien identifizieren, ohne dass sie das humanistische Ziel der Realisierung der Menschenrechte aufgeben wollen. Es gibt Ansätze, die den Liberalismus mit dem Sozialstaat versöhnen wollen. Es gibt – wie am Beispiel der Kommunitaristen gesehen werden kann – eine Kritik des Liberalismus auf der Basis demokratischer Positionen. Nicht zuletzt gibt es allerdings auch eine antiliberale Kritik, die eine völlig andere politische Ordnung anstrebt. Ich will für die unterschiedlichen Positionen einige Beispiele angeben.

Zu denjenigen, die den Liberalismus mit dem Sozialstaat versöhnen wollen, gehören etwa Lisa Herzog (2013) oder Wolfgang Kersting (2009).

Lisa Herzog beschreibt ihren Ansatz wie folgt:

> „Der Kapitalismus, und mit ihm auch der Liberalismus generell, haben in den letzten vergangenen Jahren viel Kritik einstecken müssen. Sehr viel davon war berechtigt. Aber eine Alternative im Sinne eines völlig anders organisierten Systems ist nicht in Sicht.“

Und weiter:

> „Der große Vorteil einer liberalen Gesellschaft ist schließlich, dass innerhalb ihrer Strukturen derartiger Wandel möglich ist. Die Verantwortung dafür gilt es anzunehmen.“

Sie schreibt von dem Ideal gleicher Freiheit und einer Neuorientierung darüber, was der eigentliche Sinn des Wirtschaftens ist. Insbesondere geht es um eine Sensibilität gegenüber der Endlichkeit der natürlichen Ressourcen.

Ihre Vision:

> „Für einen zeitgemäßen Liberalismus ist bei all diesen Schritten die Orientierung an einem selbstbestimmten Leben maßgeblich, und zwar an einem selbstbestimmten Leben für *alle* Menschen. Das bedeutet, dass auf die Balance verschiedener Freiheiten beachtet werden muss, dass sowohl individuelle Handlungsspielräume als auch die Befähigung zu einem selbstbestimmten Leben mit den entsprechenden Ressourcen und die Möglichkeit zur Mitgestaltung der politischen und gesellschaftlichen Verhältnisse im Blick bleiben müssen. Besonders ist auf die Freiheit derjenigen zu achten, die in den formellen und informellen Machtverhältnissen unserer sozialen Welt die schwächsten Glieder sind.“ (181)

Quasi ein Handbuch des Antiliberalismus und der entsprechenden Gegenargumente ist das Buch des Politikwissenschaftlers Stephen Holmes (1995): „Die Anatomie des Antiliberalismus“. Prominente antiliberale Denker wie Josef de Maistre, Carl Schmitt, Leo Strauss, Alasdair MacIntyre, Christopher Lasch und Roberto Unger werden in ihren Positionen dargestellt, wobei Holmes versucht, die genannten Autoren einer fehlerhaften Rezeption des Liberalismus zu überführen. Sein Ansatz:

> „Die Verachtung des ‚Liberalismus‘ ist keine bloß vorübergehende Modeerscheinung des ausgehenden 20. Jahrhunderts, sondern spätestens seit der französischen Revolution ein immer wiederkehrendes Merkmal der westlichen politischen Kultur. Im 19. Jahrhundert verhöhnten die Gegner der Aufklärung, unter ihnen Josef de Maistre und Friedrich Nietzsche, liberale Ideen und Zielsetzungen, und in den zwanziger und dreißiger Jahren unseres Jahrhunderts waren sich extreme Rechte wie extreme Linke einig zumindest in einem: in ihrer unversöhnlichen Feindschaft gegen den Liberalismus. In abgeschwächter Form hat sich diese Einstellung bis auf den heutigen Tag auch an amerikanischen Universitäten erhalten.“ (7)

Als einen Urheber für die gegenwärtige Attraktivität einer antiliberalen Haltung benennt Holmes Martin Heidegger. Es geht um eine Zeitdiagnose des Verfalls und eine Moderne-Kritik, die etwa mit einem Abweichen von der griechischen Polis oder dem Ignorieren des Naturrechts begründet wird.

Was versteht Holmes unter Liberalismus?

> „Ganz grob lässt sich der Liberalismus als eine politische Theorie oder ein politisches Programm definieren, das seine Blütezeit von der Mitte des 17. bis zur Mitte des 19. Jahrhunderts hatte, obgleich er natürlich bedeutende Vorläufer hatte und bis auf den heutigen Tag weiter besteht. Zu den klassischen liberalen Theoretikern zählen John Locke, Montesquieu, Adam Smith,

Kant, James Madison und John Stuart Mill. Liberale Institutionen und eine liberale politische Praxis entwickelte sich zuerst im 17. und 18. Jahrhundert in den Niederlanden, in England und Schottland, in den Vereinigten Staaten und – weniger erfolgreich – in Frankreich. Liberale Prinzipien finden ihren Ausdruck nicht nur in theoretischen Schriften, sondern auch in der englischen *Habeaskorpusakte*, in der *Bill of Rights* und im *Act of Toleration* (1679, 1688/89) in den ersten zehn Zusätzen zur amerikanischen Verfassung und in der *Declaration des droits de l'homme* (beide 1789).

Zu den zentralen Inhalten einer liberalen politischen Ordnung gehören religiöse Toleranz, die Rede- und Meinungsfreiheit, begrenzte Polizeibefugnisse, freie Wahlen, eine konstitutionelle Regierung, die auf dem Prinzip der Gewaltenteilung beruht, ein der öffentlichen Kontrolle unterliegender Staatshaushalt und schließlich eine Wirtschaftspolitik, die anhaltendes Wachstum durch Privateigentum und Vertragsfreiheit zu verwirklichen versucht. Die vier zentralen Normen bzw. Werte des Liberalismus sind *persönliche Sicherheit* (ein staatliches Gewaltmonopol, das auch die Inhaber öffentlicher Ämter an das Gesetz bindet und gesetzlicher Kontrolle unterwirft), *Unparteilichkeit* (das Gesetz gilt für alle Bürger gleichermaßen), *individuelle Freiheit* (d.h. Freiheit von kollektiver oder staatlicher Überwachung, wozu Gewissensfreiheit, das Recht, anders zu sein, das Recht, Ideen anzuhängen, die andere für falsch halten, das Recht zu reisen, auszuwandern usw. gehört) und *Demokratie* bzw. das Recht, durch Wahlen und öffentliche Diskussionen mithilfe einer freien Presse an der Gesetzgebung mitzuwirken. Die größte Neuerung und das radikalste Prinzip liberaler Politik besteht möglicherweise darin, dass öffentlich vorgebrachte Kritik für produktiv gehalten wird.“ (21 f.)

Die antiliberale Kritik lässt sich ebenfalls an bestimmten Schwerpunkten festmachen, nämlich einer Kritik am Individualismus, am Rationalismus, an der humanitären Gesinnung, an der Entwurzelung, an der Toleranz, dem Universalismus, dem Materialismus, dem Skeptizismus und dem Kosmopolitismus (24).

Holmes analysiert die antiliberalen Positionen der Kritik vor allem dadurch, dass er versucht nachzuweisen, dass sie ein falsches Bild liberaler Grundprinzipien zeichnen. So zeigt er, dass dem Liberalismus von seinen Kritikern die Idee eines isolierten Individuums unterstellt wird, was er für falsch hält. Er zeigt, dass die antiliberalen Kritiker dem Liberalismus ein zu optimistisches Weltbild unterstellen, dass sie die Rolle der Emotionen vernachlässigen und letztlich den Staat wegen einem übertriebenen Schutz des Individuums in unverantwortlicher Weise schwächen Er zeigt am Beispiel einzelner Repräsentanten der antiliberalen Kritik, dass sie in nicht-demokratischer Weise eine Regierung durch eine kleine intellektuelle Schicht bevorzugen.

Antiliberale Kritiker beklagen einen Verfall der Moral und fordern daher eine Wiederbelebung eines Tugendkatalogs. Insgesamt kommt Holmes zu dem Schluss, dass es sich antiliberale Kritiker ihre Kritik dadurch in unzulässiger Weise zu leicht machen, dass sie mit einem Zerrbild des Liberalismus arbeiten. So hält er dagegen, dass der Liberalismus keineswegs von einem atomisierten Individuum ausgeht, dass er keineswegs das Allgemeinwohl vernachlässigt, dass er keineswegs gegen eine notwendige Autorität bei der Aufrechterhaltung der öffentlichen Ordnung plädiert. Insbesondere hält er dagegen, dass aus seiner Sicht der Liberalismus eben kein Ökonomismus ist, der einzelne Mensch daher auch nicht als homo oeconomicus vollständig erfasst werden kann (siehe hierzu auch Boettger 2013).

Eigentum und Menschenrechte

Vor dem Hintergrund der Tatsache, dass bislang jeder der behandelten Begriffe sowohl in sich widersprüchlich war als auch sich mit anderen Kernbegriffen in einem Spannungsverhältnis befand, wird es nicht verwundern, dass es sich bei dem Begriff des Eigentums genauso verhält. Dies beginnt schon im alltäglichen Gebrauch. So werben Bausparkassen mit dem Versprechen auf ein Eigenheim, Millionen Menschen spielen Lotto in der Hoffnung, über einen größeren Geldbetrag verfügen zu können. Bereits Kinder im Sandkasten streiten sich darüber, wem der Sandeimer und die Schaufel gehören und wer sie benutzen darf.

Auch in den politischen Debatten ist Eigentum ein Kernthema. Es geht um soziale Sicherung, die durch immer neue Sozialversicherungen oder private Lebensversicherungen abgesichert werden soll, falls ein Notfall wie Krankheit, ein Unfall oder Arbeitslosigkeit eintritt oder weil man schlicht und einfach in Rente geht und möglicherweise Altersarmut droht. Man sieht, dass es zwar auch um das Haben-Wollen geht, auch Gier spielt eine Rolle, dass nämlich Menschen, die ohnehin schon viel haben, noch mehr haben wollen. Es spielt Neid eine Rolle, dass man nämlich etwas haben möchte, was andere haben (Schoeck 1987). Das bedeutet, dass soziale Kontexte wichtig sind, weil sie die Grundlage dafür sind, dass man sich mit anderen auch im Hinblick auf das jeweilige Eigentum vergleichen kann.

Zurzeit ist ein virulentes politisches Thema ein eklatanter Wohnungsmangel gerade in Ballungsräumen. Es geht um Mieten, die mit einem normalen Einkommen kaum noch zu bezahlen sind. Auch hier spielt Eigentum eine Rolle, dass nämlich die einen kein Eigentum an Wohnraum haben, wohingegen andere, die mehr als ihre eigene Wohnung besitzen, gemäß den Marktgesetzen den Mietpreis für ihre Wohnungen aufgrund der Wohnungsknappheit anheben. Doch geht es nicht nur um dieses, in unserer marktwirtschaftlichen Tradition für normal gehaltene Verhalten von Wohnungsbesitzern, es geht vielmehr darum, dass Wohnungen zum Anlage- und Spekulationsobjekt für große Geldmengen gesehen werden. Dies hat wiederum damit zu tun, dass sehr viel mehr Geld zirkuliert als sich attraktive Anlagemöglichkeiten anbieten, in die man investieren kann. Dies wiederum hat mit der aktuellen Entwicklungsstufe unserer kapitalistischen Grundordnung zu tun, in der das Jonglieren mit Geld die Produktion von Gütern und Dienstleistungen bei weitem überschreitet. Man kann dies daran erkennen, dass die heute rotierende Geldmenge nur noch zu einem Bruchteil mit real existierenden Gütern zu tun hat, ein Verhältnis, das sich in den letzten Jahrzehnten dramatisch verändert hat: Noch in den 1970er Jahren überschritt die Menge des rotierenden Geldes die Realwirtschaft nur um das Zwei- oder Dreifache, heute ist der Multiplikationsfaktor mindestens zweistellig.

Bereits diese kurzen Hinweise zeigen die Komplexität und die Problematik des Eigentum-Themas. Es geht zum einen zwar auch um materielle Güter, die man hat, die man nicht hat oder die man sich wünscht, wobei man diese zur Abwehr von materieller Not benötigt, die man aber auch weit über den persönlichen Bedarf hinaus ansammeln kann. Es geht um sozialpsychologische Prozesse des Vergleichens, um die Perspektive zukünftiger Lebenslagen, also um den Aspekt der Zeit, der Vorsorge und möglicher Risiken, und um den Aspekt der Freiheit, für deren reale Umsetzung man eine bestimmte Absicherung seiner Lebensverhältnisse benötigt, es geht allerdings auch darum, dass Ressourcen, die nicht erreichbar sind, weil andere sie mit dem Motiv der Gier horten und nur gegen hohe Geldbeträge weitergeben, die Freiheit der Betroffenen einschränken. Eigentum hat also mit doppelter Hinsicht mit Freiheit zu tun: Sie kann die Möglichkeit schaffen, Freiheit zu praktizieren, es kann aber auch sein, dass die Freiheit von Menschen erheblich eingeschränkt wird, weil andere beanspruchen, frei über ihr Eigentum zu verfügen und damit zu spekulieren.

Man muss zudem das Spektrum weiter ausdehnen, denn es geht nicht nur um materielle Güter, die man sein Eigen nennt, man muss vielmehr von einem erweiterten Begriff des Gutes ausgehen. So gibt es auch immaterielle Güter wie etwa Gesundheit, Bildung, Glück oder – wie oben angesprochen – Freiheit. Wenn man den Eigentumsbegriff auch auf solche Güter ausdehnt, dann ist es unmittelbar ersichtlich, dass man sich im Bereich der Menschenrechte befindet. So gibt es ein Menschenrecht auf Wohnen, auf Gesundheit, es gibt aber auch ein Menschenrecht auf Eigentum, sodass man es wiederum mit einem immanenten Widerspruch oder zumindest mit einem Spannungsverhältnis im System der Menschenrechte zu tun hat.

Wer sich jetzt darüber wundert, dass im Kontext der Eigentumsfrage als ein immaterielles Gut Gesundheit genannt wurde, der sei daran erinnert, dass es in der Tat eine enge Korrelation zwischen Armut auf der einen Seite und Gesundheit und Lebenserwartung auf der anderen Seite gibt. Dies gilt im Weltmaßstab, wenn man etwa die Lebenserwartungen in armen Ländern betrachtet und sie mit den Lebenserwartungen in reichen Ländern vergleicht. Es gilt aber auch im eigenen Land, wie man bei einem Vergleich des Gesundheitsstandes von Arm und Reich sehen kann. Man sieht, dass die Frage des Eigentums aufs engste mit zwei weiteren Grundbegriffen der Menschenrechtstradition spannungsvoll verbunden ist, nämlich mit sozialer Gerechtigkeit und der Frage der Gleichheit.

In philosophischer Hinsicht thematisiert man Eigentum zwar auch im Hinblick auf äußere Dinge, was bei der Entwicklung neuer politischer Ordnungsformen in der Praxis als auch in der politischen Philosophie eine wichtige Rolle spielte. Dazu später mehr. Man thematisiert aber auch den Aspekt des Eigentums am eigenen Körper, an sich selbst. Wer das für verwunderlich hält, denke einmal daran, dass es nicht nur in der Geschichte, sondern auch heute noch Sklaverei und Leibeigenschaft gibt, Menschen also das Verfügungsrecht über sich selbst abgesprochen wird.

Es ist sogar die härteste Strafe in einem zivilisierten Rechtssystem, dieses Verfügungsrecht über sich selbst insofern einzuschränken, als man als Strafe für ein Verbrechen vom Gericht für eine kürzere oder längere Zeit in das Gefängnis geworfen wird, dem Delinquenten also das Recht genommen wird, sich frei zu bewegen. Dieses Recht auf Selbstverfügung scheint ein Fundamentalrecht in einer freien Gesellschaft zu sein. Doch wird auch dieses in entwickelten Rechtsstaaten durchaus eingeschränkt. Man denke etwa an das (christliche) Verbot des Selbstmordes oder an die Einschränkungen oder Verbote im Hinblick auf Schwangerschaftsabbrüche. Es war daher eine wichtige Forderung der Frauenbewegung, die sich in dem Slogan ausdrückte: „Mein Bauch gehört mir!" Doch hat sich nicht jeder Staat in seiner entsprechenden gesetzlichen Regelung auf diese Forderung eingelassen.

Noch weiter geht die Philosophie, wenn etwa Kant die These begründet, dass jeder einzelne Mensch Repräsentant seiner Gattung ist. Dies bedeutet insbesondere, dass man all das, was man sich selbst antut, keine Privatsache mehr ist, sondern ein Eingriff in die Rechte der Gattung bedeutet, über die man allerdings nicht allein verfügen kann. Dieser Ansatz spielt aktuell dort eine Rolle, wo es um den Streit über die Möglichkeiten geht, in den Genpool der Menschen einzugreifen. Denn auch hier geht es zwar auch um das Schicksal einzelner Menschen, wobei in diesem Zusammenhang an die These (ebenfalls von Kant ausformuliert) von der Selbstbestimmung und vor allem der Selbstzweckhaftigkeit des Menschen zu erinnern ist. Auch Eltern ist es diesem Kontext nicht gestattet, ihr zukünftiges Kind, also ein eigenständiger Mensch, der mit allen Menschenrechten ausgestattet ist, nach eigenen Vorstellungen zu formen oder formen zu lassen. Es geht aber auch bei einem solchen Eingriff in den Genpool um die Gattung Mensch als ganzer. Vor diesem Hintergrund ist es also einzusehen, dass man nicht in einer kurzsichtigen utilitaristischen Weise mit dem menschlichen Genpool experimentiert, sondern dass man ausführlich und gründlich über dieses Problem nachdenkt.

Die Frage nach dem Eigentum spielt insbesondere in der Geschichte des politischen Denkens eine entscheidende Rolle. Sicherlich gab es auch schon in Zeiten des Nomadentums, in der Zeit des Jagens und Sammelns ein Eigentum an bestimmten Dingen des Überlebens, also etwa an Waffen und Werkzeugen. Doch die Eigentumsfrage verschärfte sich in dem Moment, als der Mensch sesshaft wurde, also Boden kultivierte und zum Anbau von Lebensmitteln verwendete. Das berühmt gewordene Zitat von Rousseau in seiner zweiten Preisschrift ist oben wiedergegeben worden, dass es nämlich eine gravierende Dummheit der Menschen war, den Eigentumsanspruch an Grund und Boden von anderen Menschen einfach hinzunehmen.

Es ist diese Frage des Eigentums, die wesentlich den Bedarf an verbindlichen rechtlichen Regelungen erhöht hat. Es ist das Eigentum, das eine entscheidende Rolle dabei spielt, wie die Macht- und Herrschaftsverhältnisse in der Gruppe verteilt sind. Denn ökonomische und politische Macht hatten schon immer eine enge Beziehung zueinander. Dies galt in der ersten Demokratie in der griechischen Antike, in der nur die freien Männer mit einem großen Besitz bei der politischen Gestaltung mitwirken durften. Die Frage spielt heute dort eine Rolle, wo man für eine angemessene Entlohnung der Abgeordneten und der Beschäftigten staatlicher Organe sorgen will, damit diese weniger anfällig für Korruption sind. Die große Zahl von Millionären im amerikanischen Senat weist auf diesen Wunsch nach ökonomischer Unabhängigkeit hin.

Mit diesen Hinweisen wird die Komplexität des Eigentumsproblems noch erhöht. Wurde oben bereits der Zusammenhang von Eigentum, Freiheit, Gleichheit und Gerechtigkeit skizziert, so zeigt sich in dem Zitat, wie eng die Eigentumsfrage mit der Entstehung und Entwicklung der bürgerlichen Gesellschaft, der bürgerlich-kapitalistischen Wirtschaftsordnung, dem im Bereich der bürgerlichen Gesellschaft entwickelten Rechtssystem und nicht zuletzt mit der liberal-bürgerlichen politischen Ordnung eines liberalen und demokratischen Rechtsstaates zusammenhängt. In der Tat kann man also die Geschichte des Bürgertums (Schäfer 2009) ebenso als Geschichte des Umgangs mit dem Eigentums beschreiben wie in großen Teilen die Geschichte des Rechts (Wesel 1997) und der Verfassungen.

Trotz dieser ohnehin schon vorhandenen Komplexität der Eigentumsfrage muss diese noch um eine weitere Dimension gesteigert werden. Denn es geht auch um geistiges Eigentum, also um das Recht der Urheber im Bereich der Künste und der Wissenschaften an der Verwertung ihrer eigenen Produkte. Auch hierbei handelt es sich um ein vielfach geschütztes Menschenrecht. Es geht allerdings auch in erheblichem Umfang um ökonomische Fragen, die man versucht, durch das Urheberrecht zu regeln. Denn gerade durch die sozialen Medien beschränkt sich diese Frage des geistigen Eigentums schon längst nicht mehr bloß auf die ausgewählten Berufsgruppen der Künstler und Wissenschaftler, sondern es geht auch um das, was jeder einzelne Mensch in seinem Privatleben tut oder lässt. Große Wirtschaftsunternehmen im Bereich der digitalen Medien nutzen genau dies in ihren Geschäftsideen (siehe Zuboff 2018). Es scheint also, als ob eine traditionsreiche Frage im Kontext des Eigentums aktuell eine große Virulenz erfährt. Denn neben dem Eigentum an äußeren Dingen und dem Eigentum am eigenen Körper und Leib gehört zur Tradition der Debatten über Eigentum auch die Frage des Eigentums an der Seele. Diese Frage hat natürlich religiöse Aspekte, da gerade in diesem Bereich Ansprüche erhoben werden, auf die Seele der Menschen zugreifen zu können. Man kann aber auch die aktuelle Debatte im Bereich der Digitalisierung über die Verwertungsmöglichkeiten aller Informationen, die man über den einzelnen Nutzer sammeln kann, als einen solchen Zugriff auf die Seele der Menschen verstehen.

Eigentum und eine entsprechende Vorsorge, in späteren Zeiten nicht völlig ohne Eigentum dazustehen und ohne Rechtsansprüche auf die Hilfe anderer angewiesen zu sein, hat es also mit Notlagen der Menschen zu tun. *Es gibt die einsichtige These, dass der Umgang mit Notlagen ein Gradmesser für die Menschlichkeit der Gesellschaft ist.* Vor dem Hintergrund der Komplexität des Eigentumbegriffs lässt sich auch eine Komplexität des Begriffs der Notlagen beschreiben: So gibt es eine soziale und materielle Not, es gibt eine geistige und kulturelle Not, es gibt aber auch eine politische und psychische Not. Diese Notlagen entstehen durch Mangelerscheinungen, nämlich einem Mangel an Eigentum, Gesundheit, an Wohnraum, an Anerkennung, an Partizipation, an Entfaltungsmöglichkeiten, an Schutz und Sicherheit. Eigentum in dieser komplexen Sichtweise hat es also entschieden auch mit Fragen der Selbstachtung zu tun (Wetz 2014).

Der moderne liberale und soziale Staat kann sicherlich nicht für alle Notlagen eine Rundumversorgung bereitstellen, bestimmte Notlagen sind allerdings zu beheben. In eindrucksvoller Weise hat eine Arbeitsgruppe rund um den französischen Soziologen Pierre Bourdieu (1997) „Zeugnisse und Diagnosen alltäglichen Leidens an der Gesellschaft“ (so der Untertitel) gesammelt und unter der Überschrift „Das Elend der Welt“ publiziert. Es geht um strukturelle Fragen des Sozialstaates, es geht aber auch um die individuelle Verarbeitung brutaler ökonomischer Entscheidungen und einer verfehlten Wirtschaftspolitik. Selbst bekennende Liberale (oben habe ich die Konzepte von Wolfgang Kersting und Lisa Herzog vorgestellt) befürworten nicht einem radikalen Neoliberalismus, sondern plädieren – gerade im Hinblick auf den liberalen Wertekanon der Menschenrechte – dafür, dass der Staat entsprechende Vorsorgemaßnahmen trifft, zu denen auch gehört, den Einzelnen auch wirklich die Lage zu versetzen, für sich selbst sorgen zu können. Es gibt jedoch Stimmen wie die von Günter Dux, die Kapitalismus und Demokratie grundsätzlich für unvereinbar halten:

„Wir sind mit der Marktgesellschaft in eine Krise geraten. Recht betrachtet sind es drei Krisen, denen sich die Gesellschaft ausgesetzt sieht: der Krise, die durch die Bedrohung der Lebensdienlichkeit der Umwelt bewirkt wird, der Krise des europäischen Währungssystems und der Krise des Bankensystems im Finanzsystem. Drei Gemeinsamkeiten sind es, die die Krisen bestimmen:

- Jede ist durch das ökonomische System der Marktgesellschaft bewirkt. Der liegt, wie wir wissen, die Logik der Kapitalakkumulation zu Grunde.
- Von jeder Krise ist festzustellen, dass das ökonomische System nicht in der Lage ist, ihrer Herr zu werden.
- Von jeder lässt sich sagen, dass sie – wenn überhaupt – nur durch eine Inversion der Gestaltungshoheit in der Marktgesellschaft zu bewältigen ist. Abhilfe schaffen kann nur das politische System.“ (Dux 2013, 245)

Im nächsten Teil gehe ich der Frage nach, wie man im post- und dekolonialen Kontext solche Fragen diskutiert, welche Ursachen man für Gewalt, Ungerechtigkeit und gravierende weltweite Disparitäten identifiziert und welche Veränderungen in Theorie und Praxis vorgeschlagen werden.

Teil 2:

Post- und dekoloniale Debatten – Themen, Methoden, Kritik

In diesem Teil werde ich auf einzelne Themen und Aspekte der post- und dekolonialen Diskurse eingehen und aufzuzeigen versuchen, welche neue Perspektiven sich aus diesen Forschungsansätzen speziell bei der Analyse und Bewertung der „Moderne" – und dies vor allem im Hinblick auf das Projekt einer „Dekolonialisierung der Erziehungswissenschaft" – ergeben. Im letzten Teil wurde zumindest skizziert, welchen Beitrag Autor*innen, die nicht den post- und dekolonialen Kontexten zugerechnet werden können, bei der theoretischen und empirischen Erfassung der Moderne geleistet haben. Insbesondere interessierte mich, wer welche Kritik an Aspekten der Moderne bzw. an der Moderne insgesamt geübt hat und wann dies geschehen ist.

In diesem zweiten Teil werde ich auf die kritische Analyse der Moderne und einzelner für die Erziehungswissenschaft relevanter Themen in post- und dekolonialen Diskursen eingehen, wobei mich speziell die Frage interessiert, welche Beziehungen zwischen der „traditionellen" und der post- und dekolonialen Kritik bestehen. Dabei kann es keinesfalls darum gehen, einen auch nur annähernden Überblick über die Vielfalt post- und dekolonialer Diskurse geben zu wollen, denn ein Charakteristikum dieses Diskursfeldes ist eine ausgeprägte Vielfalt, Heterogenität und zum Teil auch Widersprüchlichkeit der verschiedenen Ansätze. Es werden aber zahlreiche Hinweise auf Publikationen gegeben, in denen man ein einen solchen Überblick bzw. die Diskussion einzelner Ansätze finden kann.

7. Merkmale der (westlichen) Moderne in der post- und dekolonialen Kritik

Selbst ein kursorischer Überblick über Publikationen aus dem Feld post- und dekolonialer Debatten zeigt, dass hierbei Themen behandelt werden, die im Grundsatz nicht neu sind, die jedoch durch post- und dekoloniale Diskurse erheblich an Interesse gewonnen haben: Es geht um die Entwicklung und die Struktur der Moderne, die Rolle des Westens, um reale Prozesse der Kolonisierung und Dekolonisierung und vor allem darum, wie diese realen Prozesse geistig begleitet, legitimiert oder kritisiert wurden. Die Frage der Macht und Gewalt spielt hierbei eine entscheidende eine Rolle. Im Folgenden sollen einige für eine Dekolonialisierung der Erziehungswissenschaft relevante Aspekte und Themen vorgestellt werden.

Zur Relevanz der Thematisierung der „dunklen Seite der Moderne"

Die oben genannten Themen und Fragestellungen waren immer schon Gegenstand der Kultur-, Geistes- und (zum Teil) Naturwissenschaften. Doch spielten bestimmte Themen in verschiedenen Regionen der Welt eine unterschiedlich relevante Rolle. Einige problematische Themen wurden dabei von der Philosophie und den Wissenschaften marginalisiert oder erst gar nicht thematisiert. So weiß man zwar, dass das deutsche Kaiserreich einige Jahre über Kolonien, vor allem in Afrika verfügte, doch wurden diese Verstrickungen in historischen Darstellungen und vor allem im Geschichtsunterricht in Schulen kaum besprochen. Als ein Grund dafür wurde oft angegeben, dass diese Zeit von Deutschland als Kolonialmacht im Vergleich mit der über 500 Jahre dauernden Geschichte der europäischen Expansion nur kurz war. Zudem spielte in Deutschland die kritische Aufarbeitung des Nationalsozialismus eine so große Rolle, sodass der Völkermord etwa an den Herero und Nama nur selten thematisiert wurde. Man spricht gelegentlich von einer „kolonialen Amnesie", nämlich einer gezielten Verdrängung und Nichtberücksichtigung der Ereignisse und Folgen kolonialer Herrschaft.

Es ist daher ein großes Verdienst der post- und dekolonialen Debatten und ihrer Rezeption in Deutschland, die verstärkt seit den 1990-er Jahren stattgefunden hat, dass dieses Thema die Relevanz bekommen hat, die es verdient: nämlich eine Sensibilisierung dafür, wie entsprechende Sammlungen in Museen zustande gekommen sind, wie leichtfertig man mit der Namensgebung von Straßen, Gebäuden und Institutionen umgegangen ist und immer noch umgeht, wenn die Namensgeber in Massen- und Völkermorde früherer Jahre verstrickt waren. Inzwischen gibt es in vielen Städten Initiativen, die auch in dieser Hinsicht Dekolonialisierung bewirken wollen.

In der Kulturpolitik befasst man sich zudem mit dem Problem einer notwendigen Rückgabe von Ausstellungsobjekten, die ursprünglich auf nicht vertretbare Weise erworben worden sind. Damit stellen sich viele juristische, finanzielle und politische Probleme, zumal es immer noch Politiker*innen, Wissenschaftler*innen und Publizist*innen gibt, die in einer gewissen Distanz sowohl zu einer kritischen Aufarbeitung dieser jüngeren Geschichte als auch zur Notwendigkeit einer Rückgabe entsprechender Artefakte und Objekte oder von Reparaturzahlungen stehen. Immerhin zeigt diese Debatte ein Grundprinzip post- und dekolonialer Theorien, dass nämlich der Kolonialismus nicht damit endete, dass ehemalige Kolonien ihre Unabhängigkeit erwarben (in Lateinamerika im frühen 19. Jahrhundert, in Afrika erst seit Mitte des 20. Jahrhunderts). Vielmehr lebt der Kolonialismus in sichtbaren Strukturen (wie etwa in den oben erwähnten Bezeichnungen von Orten und Institutionen), in bestimmten Sprachregelungen und Denkweisen fort. Dies ist also eine erste Unterscheidung, die zu treffen ist, nämlich die zwischen dem historischen Prozess der Beendigung kolonialer Herrschaft und dem hier beschriebenen Weiterleben kolonialen Denkens („Kolonialität").

Man wird zudem beachten müssen, über welche Regionen der Welt und über welche Zeit man spricht. So haben sich dekoloniale Studien im neuen Jahrtausend auch insofern von den älteren postkolonialen Studien abgegrenzt, als sie davon ausgehen, dass sich die koloniale und dekoloniale Situation in Lateinamerika real und in der begleitenden Reflexion deutlich von der (meist englisch diskutierten) Situation im postkolonialen Bereich unterscheidet (siehe Kastner 2022). Auch im Hinblick auf führende Vertreter*innen beider Diskursbereiche lassen sich Unterschiede feststellen. So kommen prominente Vertreter*innen und Impulsgeber*innen im postkolonialen Diskurs aus der Literaturwissenschaft (etwa Said, Spivak oder Bhabha), was vermutlich erklärt, dass in postkolonialen Ansätzen Diskursanalysen und weniger Analysen materieller und realer Entwicklungen im Vordergrund stehen. Eine gewisse Plausibilität erhält dies durch die Rolle, die Schriftsteller*innen in diesem Kontext spielen:

> „In Erzählungen, Gedichten und Romanen meldeten sich seit den ausgehenden 1940-er Jahren Autoren und Autorinnen zu Wort, die ihre Erfahrung von Kolonialherrschaft, Dekolonisierung und oft auch Migration nach Europa thematisierten. Die Geschichten, die sie erzählten, kreisten seltener um die harte materielle Ausbeutung und politische Entrechtung während der

europäischen Herrschaft, häufiger sprachen sie von den Schwierigkeiten, aus einer Lebenssituation ‚dazwischen' (in-between) eine eigene Identität zu gewinnen." (Metzler 2018, 68)

Es geht in diesen Schriften um das Leiden an Formen der Gewalt kolonialer Herrschaft. Allerdings ergibt sich hieraus wiederum ein im Bereich der postkolonialen Diskurse intensiv diskutiertes Problem, nämlich die Frage danach, wer mit welcher Berechtigung über wen und worüber sprechen darf. Ein Vorwurf selbst an solche Vertreter*innen der Moderne, die sich mit den unterdrückten Menschen aus den Kolonien solidarisierten, bestand genau darin: dass dies oft in einer paternalistischen Perspektive geschehe.

Ein weiteres zu diskutierendes Problem ist die Frage nach dem Zusammenhang von Moderne, Kapitalismus, Gewalt, Rassismus und Kolonialismus. Im ersten Teil wurde darauf hingewiesen, dass Rassismus, Kolonialismus und Gewalt keineswegs erst mit der Moderne entstanden sind, sodass sich die Frage nach der besonderen Rolle und Ausprägung im Zusammenhang mit der Moderne stellt. Ein speziell in Deutschland kontrovers diskutiertes Problem ist hierbei die Frage nach der Singularität von Auschwitz. Während die eine Gruppe von Autor*innen diese Singularität betont, sehen Autor*innen vor allem aus dem Bereich des postkolonialen Diskurses eine Kontinuität von Kolonialismus und der industriell organisierten Ermordung von Juden („Von Windhuk nach Auschwitz?", so ein entsprechender Buchtitel des Historikers Jürgen Zimmerer).

Gerade bei diesem Thema, aber auch bei den anderen Themen, die ihren Ausgangspunkt bei dem Leiden von Menschen an kolonialen Machtverhältnisse haben, sind nicht immer nüchterne Analysen zu erwarten. Vielmehr spielen Gefühle und eine moralische Aufladung der Debatten eine große Rolle. Dies ist auch für die vorliegenden Überlegungen von großer Relevanz. Denn es kann aus meiner Sicht kein Zweifel darüber bestehen, dass es notwendig ist, die in post- und dekolonialen Kontexten thematisierten Probleme und Entwicklungen, vor allem die Folgen kolonialer Herrschaft, nicht nur in den ehemaligen Kolonien, sondern auch in den Kolonialmächten zu thematisieren.

Es gehört zudem zu den Standards wissenschaftlichen Arbeitens, immer wieder Themen und Gegenstände mit innovativen Methoden zu bearbeiten, und dies vor allem dann, wenn man den Eindruck gewonnen hat, dass herkömmliche Methoden und Arbeitsweisen den Untersuchungsgegenstand nur unvollständig oder unangemessen erfassen. Post- und dekoloniale Ansätze haben daher notwendigerweise einen kritischen Impetus.

Im ersten Teil wurde häufiger darauf hingewiesen, in welcher Weise die Moderne und die Kultur der Moderne auch von solchen Wissenschaftler*innen und Philosoph*innen kritisiert wurden, die man zu den Anhängern der Moderne rechnen kann. Es wird interessant sein zu überprüfen, inwieweit eine solch selbstkritische Haltung auch im post- und dekolonialen Bereich zu finden ist. Interessant ist in dieser Hinsicht, dass es eine erstaunlich große Überschneidung bei der Benennung von charakteristischen Kriterien und Dimensionen gibt, die man der Moderne zurechnet. Relevante Themen sind Aufklärung und Vernunft, Fortschritt, Freiheit und Autonomie, Universalismus und Eindeutigkeit, Wettbewerb, Eigentum und der moderne (westliche) Staat. Während Vertreter*innen der einen Sichtweise diese Prinzipien mit einem humanitären und zivilisatorischen Fortschritt verbinden, sehen Vertreter*innen der anderen Sichtweise darin die Ursache für all das Elend in der heutigen Welt. Ein wichtiges Thema der folgenden Auseinandersetzungen wird daher darin bestehen, auf diese Diskussionen näher einzugehen.

Einzelne für eine Dekolonialisierung der Erziehungswissenschaft relevante Themen

Eine (kritische) Erziehungswissenschaft, so wie sie sich in Deutschland und anderen (westlichen) Ländern entwickelt hat, verfolgt als Bildungs- und Erziehungsziel das Konzept eines mündigen Bürgers. Es geht um Emanzipation und Empowerment, um Selbstbestimmung und um die Realisierung des je individuellen Projekt des guten Lebens. Eine solche Konzeption basiert auf der Vorstellung eines autonomen Subjekts, das zu Selbstbestimmung fähig ist. Eine hierfür notwendige Handlungsfähigkeit entsteht unter bestimmten kulturellen, sozialen, ökonomischen und kulturellen Bedingungen, findet also in bestimmten gesellschaftlichen und geistigen Kontexten statt und benötigt Ressourcen, die die Gesellschaft bereitstellen muss. Es geht um die Entwicklung der gesamten Persönlichkeit und aller persönlichen Dispositionen.

Eine wichtige Grundlage dieser Prozesse ist hierbei, dass der Mensch den Mut habe, sich seines eigenen Verstandes zu bedienen (so die berühmte Formulierung von Kant in seiner Erläuterung dessen, was unter Aufklärung zu verstehen sei). Damit ist ein wichtiger Hinweis auf eine historische Traditionslinie – zumindest im westlichen pädagogischen Denken – gegeben. So kann man in historischen Darstellungen zur Geschichte des pädagogischen Denkens zwar die Entwicklungslinie der unterschiedlichen kulturgeschichtlichen Etappen nachlesen, doch ist sicherlich die Annahme nicht falsch, dass es insbesondere Entwicklungen im 18. Jahrhundert sind, die zu der oben vorgestellten Charakterisierung erziehungswissenschaftlichen Denkens geführt haben. Es geht in einer so verstandenen Pädagogik um Aufklärung und Vernunft, es geht um die Annahme der Universalität von Konzepten wie Menschenwürde und Menschenrechten kommt sowie um Aspekte der Widerständigkeit gegenüber Unterdrückung.

Richtig ist allerdings auch, dass die praktische Pädagogik und das dazugehörige pädagogische Denken immer auch eine Rolle bei der Legitimierung, Durchsetzung und Aufrechterhaltung von Macht- und Herrschaftsansprüchen gedient haben: Pädagogik und Politik waren von jeher zwei Seiten derselben Medaille. Dies gilt insbesondere bei der Durchsetzung von Macht- und Herrschaftsansprüchen von Ländern des Globalen Nordens, etwa im Zuge der „Eroberung und Unterwerfung der Welt" spätestens seit dem 15. Jahrhundert (siehe etwa Reinhard 2016).

Daher ist es nicht nur verständlich, sondern auch notwendig, Pädagogik, Philosophie und andere Wissenschaften im Hinblick darauf zu überprüfen, inwieweit sie mit ihren Konzepten, Theorien und Ideen in dieses Spiel um Macht und Herrschaft involviert waren. „Dekolonialisierung" bezieht sich daher nicht nur auf den Kampf um Unabhängigkeit ehemaliger Kolonien, sondern auch auf geistige und mentale Prozesse, die mit der Kolonialisierung zusammenhängen und die auch nach der praktischen Dekolonialisierung weiterhin sowohl in den ehemaligen Kolonien als auch in den ehemaligen Kolonialmächten weiterwirken.

Gerade im Hinblick auf diese geistige Seite notwendiger Dekolonialisierungsprozesse hat man es mit der Bearbeitung unterschiedlichster Problemlagen zu tun: Es geht um Verdrängung und Verharmlosung von Gewalttaten, um das Ignorieren etwa indigener Wissenskulturen, um die Aufarbeitung von Lücken in der Darstellung von historischen Prozessen sowie um diskriminierende Bewertungen, die etwa zu einseitigen und lückenhaften Lehrplänen in Bildungseinrichtungen führen. Post- und dekoloniale Debatten haben in den letzten Jahrzehnten dafür gesorgt, dass solche Fragestellungen mehr Aufmerksamkeit hielten, als es bislang geschah.

Allerdings muss man sehen, dass auch außerhalb dieser Diskurse schon länger versucht wurde, eurozentrisches Denken überwinden. So gibt es in nahezu allen Disziplinen inzwischen interkulturelle Ansätze, es gibt speziell in der Pädagogik eine vergleichende Erziehungswissenschaft, man thematisiert und reflektiert über Rassismus, Sexismus, Diskriminierung und Machtverhältnisse. Allerdings ist die Erziehungswissenschaft in dieser Hinsicht weniger weit entwickelt als andere Disziplinen. So diskutiert man etwa schon viele Jahre eine Globalgeschichte, in der Europa nicht mehr die oft in historischen Darstellungen unterstellte zentrale Rolle spielt (Stichwort „Provinzialisierung von Europa", so Dipesh Chakrabarty). In der Literaturwissenschaft, speziell in der englischsprachigen Literaturwissenschaft sind diese Fragen schon lange ein Thema, was man unter anderem auch daran erkennt, dass mit Edward Said, Gayatri Chakravorty Spivak und Homi Bhabha gleich drei Literaturwissenschaftler*innen zu den prominentesten Theoretiker*innen in diesem Feld gehören (siehe Göttsche u. a. 2017).

Bei aller Verschiedenheit der theoretischen Zugriffsweisen auf diese Problematik findet sich bei der kritischen Diskussion einer als eurozentrisch verstandenen Vernunft (Logozentrismus), dem Ziel einer Strukturierung und Ordnen von Wissensgebieten und dem Hang zur Universalität und Durchsetzung von (westlichen) Theorien und Konzepten eine kritische Auseinandersetzung mit dem Konzept einer westlichen Moderne und insbesondere mit den Ideen der Aufklärung. Und hierbei ist es der deutsche Philosoph Immanuel Kant, der bei vielen Autorinnen in diesem Feld im Mittelpunkt einer kritischen Auseinandersetzung steht. Dies ist durchaus nachvollziehbar, denn die Philosophie von Kant gilt – bei allem Respekt vor Aufklärungsdenkern aus England, Frankreich und anderen Ländern – als philosophischer und systematischer Höhepunkt des Aufklärungsdenkens. Neben der Infragestellung des Menschenbildes und der Rolle der Vernunft bei Kant geht es in diesem kritischen Auseinandersetzungen sehr stark um die Frage, inwieweit Sexismus und Rassismus in den Schriften von Kant zu finden sind und welche Rolle diese „dunkle Seite der Aufklärung“ in seinem systematischen Werk spielt. Rassismus ist u. a. deshalb ein zentrales Problem, weil er dazu diente (und dient), Kolonialismus und Sklaverei zu legitimieren.

8. Rassismus: Theorien, Realitäten, Geschichte – Hinweise

Rassismus heute

> „Rassismus und Rechtsextremismus sind integrale Bestandteile des vereinigten Deutschlands. Das zeigen unter anderem die Pogrome der 1990er Jahre, die Mordserie der Terrororganisation NSU, wiederkehrende Angriffe auf Geflüchtetenunterkünfte oder Hunderte Todesopfer rechtsextremer Gewalt in den vergangenen drei Jahrzehnten unmissverständlich auf." (Foroutan 2020, 1)

Mit diesen Worten beginnt die Politikwissenschaftlerin Naika Foroutan ihre Darstellung des „Rassismus in der postmigrantischen Gesellschaft". Sie weist damit nicht bloß auf einen Skandal in einer Gesellschaft hin, die sich als tolerant, liberal und demokratisch versteht, sondern sie stellt damit auch wichtige Zusammenhänge her, die bei der politischen und theoretischen Bearbeitung von Rassismus zu beachten sind: ein Zusammenhang von Rassismus und Rechtsextremismus, einen Zusammenhang mit Flucht, Vertreibung und Migration.

Damit wird zum einen deutlich, dass Rassismus keineswegs nur ein Problem von Vorurteilen bei einzelnen Menschen, sondern strukturell in unserer Gesellschaft verankert ist. *Rassismus, so eine verbreitete und akzeptierte Bestimmung, ist ein gesellschaftliches Verhältnis, sogar: ein gesellschaftliches Gewaltverhältnis, bei dem es um Macht und Herrschaft, um Überlegenheit und Unterlegenheit, um eine starke Form gesellschaftlicher Diskriminierung von Menschen und Menschengruppen geht.*

In der Formulierung wird auch deutlich, dass man Rassismus nicht als isoliertes Phänomen betrachten kann, sondern dass man ihn in Beziehung setzen muss zu anderen Tendenzen und Strukturelementen der Gesellschaft. Diese dadurch entstehende Komplexität wird noch vergrößert, wenn man einen Blick auf die historische Entwicklung von Rassismus und rassistischen Denkfiguren wirft. Denn dann stellt sich rasch heraus, dass es eine enge Verbindung von Rassismus mit Kolonialismus und Sklaverei gibt sodass zum einen die Hautfarbe und andere (äußerliche) Merkmale des Menschen, also eine biologische Rassentheorie, eine Rolle spielen und zum anderen die historische Dimension und vor allem die Art und Weise der Geschichtsschreibung in den Blick gerät. Es geht also um Konstruktionsprozesse von Differenzen und von Anderssein („Othering“) sowohl in unserer aktuellen Gesellschaft als auch in der Art und Weise der historischen Erzählung.

Dieser enge Zusammenhang des Rassismusthemas mit anderen komplexen Themen macht eine isolierte Betrachtung von Rassismus geradezu unmöglich. Dies zeigt sich etwa auch an dem Buch „Mythen, Masken und Subjekte (Eggers u. a. 2020), das in seiner 1. Aufl. im Jahre 2005 geradezu als Gründungsdokument einer „kritischen Weißseinsforschung in Deutschland“ betrachtet wird und in dem neben Beiträgen zur Hautfarbe auch Kolonialismus, Rassismus, Migration, Afrika, und Geschichtsbilder und damit verbundene subjektive Leidens- und Diskriminierungserfahrungen aufgenommen sind.

Es sind also lediglich darstellungstechnische Gründe, die dazu führen, dass im vorliegenden Text Themen wie Rassismus, Kolonialismus oder Sklaverei in getrennten Kapiteln bearbeitet werden. Als inhaltliche Begründung für diese Trennung kann man allerdings darauf hinweisen, dass man trotz des engen Zusammenhangs und manifester Überschneidungen auch davon ausgehen muss, dass die genannten Themen nicht identisch sind, sondern dass es beispielsweise auch einen Rassismus außerhalb des Kolonialismus oder der Sklaverei heute gibt.

Als Einstieg in die Erörterung kann der Forderungskatalog für neue Strukturen einer zu schaffenden antirassistischen Gesellschaft dienen, den die Autorin und Aktivistin Noah Sow vorgelegt hat (2009, 279ff.; es werden nur die zentralen Thesen wiedergegeben):

> „1. Ich fordere den Einsatz eines antirassistischen Medienrates.
>
> 2. Ich fordere, dass Rassismus künftig beim Namen genannt und aktiv bekämpft wird.
>
> 3. Ich fordere, dass potente Firmen und engagierte DemokratInnen eine große Stiftung speziell für antirassistische, postcoloniale und Schwarze deutsche Aufklärungs- und Medienarbeit finanzieren.
>
> 4. Ich fordere Schwarze NachrichtensprecherInnen auf jedem Kanal, und zwar *vor* 4:00 Uhr morgens.
>
> 5. Ich fordere echte Diversity bei der Polizei und das Verbot von Racial Profiling in Deutschland.
>
> 6. Ich fordere die ausdrückliche Anerkennung der Leiden Schwarzer Opfer des Kolonialismus und Nationalsozialismus in allen staatlichen Publikationen.

> 7. Ich fordere, dass weiße Fußballer künftig nicht nur auf dem Rasen ein Transparent „gegen Rassismus“ ausrollen, sondern in Interviews gezielt und von sich aus erwähnen, dass sie keine Rassisten im Stadion haben wollen und Rassismus *persönlich* ablehnen. (Punkt 8 fehlt im Original; M. F.)
>
> 9. Ich fordere, dass es endlich geächtet wird, die Kolonialzeit zu verharmlosen oder zu romantisieren.
>
> 10. Ich fordere, dass die deutschen Hilfsorganisationen künftig antirassistisch geschulte und qualifizierte Angehörige derjenigen Gruppen in die Werbearbeit für Spenden einbeziehen, denen sie Unterstützung gewähren wollen.
>
> 11. Ich fordere, dass auf Briefmarken Schwarze deutsche Persönlichkeiten nicht mehr ignoriert werden.
>
> 12. Ich fordere, dass antirassistische Arbeit nicht mehr kriminalisiert, sondern als wichtige demokratische Aufgabe begriffen und entsprechend unterstützt wird.“

In diesen eindringlichen Forderungen lassen sich Themen und Aspekte erkennen, die auch in der wissenschaftlichen Debatte über Rassismus eine Rolle spielen. So geht es zum einen um die Unterscheidung der drei Ebenen, der Mikro-, der Meso- und der Makroebene, wobei zu Recht gefordert wird, dass strukturelle Maßnahmen ergriffen werden müssen, die auf das Wissen und auf die Haltung von Einzelnen einwirken können. Es wird eine entsprechende Veränderung der Mesoebene, also der Institutionen und Organisationen, gefordert, dass es nämlich eine angemessene Repräsentanz rassistisch diskriminierter Menschen in den entsprechenden Gremien gibt, die die Vielfalt in der Bevölkerung widerspiegelt, und nicht zuletzt geht es um die Form der Darstellung und Repräsentanz sowohl in Geschichtsdarstellungen als auch im Hinblick auf die aktuelle gesellschaftliche Lage entsprechender Bevölkerungsgruppen.

All dies schließt an verbreitete Bestimmungselemente von Rassismus an:

> „Rassismus gilt heute als eine Hierarchisierung der Bewertung sozialer Gruppen, die für diese Gruppen nicht nur affektive, sondern auch politische, gesellschaftliche, gesundheitliche und wirtschaftliche Konsequenzen hat und systematische Ausschlüsse aus Positionen, die gesellschaftliche Strukturen verändern könnten, produziert. Im Kern ist Rassismus somit eine Dominanzstruktur, in der die vermutete biologische oder kulturelle Überlegenheit einer oder mehrerer sozial hegemonialer Gruppen konstruiert wird, um die soziale Ungleichheit anderer zu rechtfertigen oder zu veranlassen.“ (Foroutan 2020, 2)

Es geht also um die Konstruktion von Differenz auf der Basis willkürlich festgelegter Merkmale, die einer als homogen verstandenen Gruppe von Menschen zugeschrieben werden. Fand man diese Merkmale in früheren Zeiten im Rahmen eines biologischen Rassismus in körperlichen Eigenschaften, so sieht man Prozesse der Rassifizierung seit der Mitte des 20. Jahrhunderts zunehmend kulturell konstruiert: Es geht um die Setzung kultureller Differenzen, also um spezifische Konzepte von „Kultur", „Ethnizität", „Religion" oder „Nationalität".

Auf dieser Grundlage diskutiert man die These, dass es einem *Rassismus ohne Rassen* gibt, zumal man zur Kenntnis nehmen musste, dass wissenschaftlich nachgewiesen werden konnte, dass es so etwas wie „Rassen" nicht gibt. Denn der biologische Rassenbegriff setzt voraus, dass es so etwas wie eine genetische Reinheit gebe, die spätestens mit der Entschlüsselung der DNA widerlegt ist. Trotzdem nimmt man in den sozialwissenschaftlichen Debatten zur Kenntnis, dass der Rassebegriff immer noch eine Rolle spielt, allerdings als soziales Konstrukt, was man gelegentlich durch eine Kursivsetzung *Rasse* verdeutlichen will. Man versucht der dadurch entstehenden Verwirrung durch die Verwendung von Anführungszeichen zu entkommen, sodass „Rasse" die biologistische Kategorie meint, die kursiv geschriebene *Rasse* sich auf die kritische Wissens- und Analysekategorie bezieht. Ein weiterer Weg ist das Ausweichen auf den englischen Begriff race, wobei kritisch darauf hingewiesen wird, dass dieser speziell in der US-amerikanischen Tradition andere soziale, historische und kulturelle Voraussetzungen hat (siehe zu all dem Arndt: Racial Turn, in Arndt/Ofuatey-Alazard 2020, 185 ff.)

Ein immer wichtiger werdender Strang in der Rassismusforschung und in der antirassistischen Praxis ist die Kritische Weißseinsforschung. Hierbei geht es unter anderem um hautfarbenbedingte Privilegien und Diskriminierungen. Überzeugend ist in dieser Hinsicht der Hinweis darauf, dass weiße Menschen über die Rolle von (Haut-) Farbe und die damit verbundenen Privilegien zwar nachdenken können, aber nicht müssen, dies aber für Schwarze Menschen nicht möglich ist.

In diesem Zusammenhang ist auf die Schwierigkeit hinzuweisen, die richtige Sprache zu finden. Insbesondere das kritische Nachschlagewerk „Wie Rassismus aus Wörtern spricht" (Arndt/Ofuatey-Alazard 2020) zeigt eindrucksvoll an zahlreichen Beispielen, inwieweit unsere Alltags- und Wissenschaftssprache von einer kolonialen und rassistischen Tradition geprägt ist. Dies betrifft etwa Bezeichnungen wie „Mohr", „Neger", „dunkelhäutig", „Schwarzafrika", „Farbiger", „Mischling" und viele andere. Auch zeigt sich bei der Beschreibung von Gesellschaften und Gesellschaftsstrukturen etwa in Afrika immer wieder eine normative Setzung, nämlich ein Vergleich mit (vermeintlich) westlichen Standards.

Auch in der wissenschaftlichen Arbeitsteilung findet sich dies, wenn etwa „entwickelte Gesellschaften“ in der Zuständigkeit der Sozialwissenschaften sind, wohingegen „unterentwickelte Gesellschaften“ zu dem Arbeitsfeld der Ethnologie gehören. Dies gehört in den Kontext der Produktion von Wissen, insbesondere von wissenschaftlichem Wissen, das auch in früheren Zeiten zugezogen wurde, um die Existenz biologischer Rassen zu begründen (aktuell siehe Rushton 2005, das in einem einschlägig bekannten Verlag erschienen ist). Man kann zeigen, dass die Begründungen und der Aufschwung der Ethnologie („Völkerkunde“) gerade im 19. Jahrhundert sehr viel damit zu tun hatte, dass die Kolonialmächte Wissen darüber brauchten, wie mit den kolonialisierten Menschen und Gebieten umzugehen sei. Auch Begriffe wie Fortschritt und Entwicklung sind in dieser Hinsicht normativ geprägt, was insbesondere an der Mitte des 20. Jahrhunderts in Mode gekommenen Modernisierungstheorie und dem damit verbundenen obligatorischen Entwicklungspfad zu einer modernen kapitalistisch organisierten Gesellschaft zu sehen ist (vgl. Cooper 2012). Ich komme später auf diesen Aspekt und die Rolle, die die großen Denker der Aufklärung in diesem Zusammenhang spielten, zurück.

Kritische Weißseinsforschung wird allerdings gelegentlich auch kritisiert, so etwa in einigen Beiträgen des Onlinemagazins von „Migrantinnen für alle“ – MIGRAZINE, Ausgabe 2013/2, etwa in dem Beitrag von Melanie Bee „Das Problem mit „Critical Whiteness“. Melanie Bee sieht in diesem Ansatz weniger eine konkrete Praxis, sondern vielmehr eine akademische Initiative, an der sie kritisiert, dass Ansätze einer Ermächtigung und Selbstbestimmung von People of Color (PoC) nicht berücksichtigt werden. Es gehe vielmehr wieder nur um weiße Menschen, die sich zwar ihrer Privilegien bewusstwerden (wollen), was aber tendenziell zu einer „klaustrophobischen Nabelschau“ wird, die den Betroffenen wiederum zu einem guten Gewissen verhilft.

Die Problematik und Komplexität, eine geeignete Rassismus-Definition zu finden, wird auch in dem Sammelband von Kimmich und anderen (2017, 13 ff.) diskutiert. Dorothee Kimmich weist darauf hin, dass der englische Begriff racial discrimination, der auch der Anti-Rassismuskonvention aus dem Jahre 1965 zugrunde liegt, sehr weit ist und viele unterschiedliche Formen von Diskriminierung erfasst (siehe oben). Sie weist auf die vielen Versuche hin, menschliche Lebewesen zu klassifizieren, was spätestens seit dem 18. Jahrhundert immer wieder versucht wurde. In jedem Fall geht es um (diskriminierende) Unterscheidungen und Zuschreibungen. Ihre Schlussfolgerung:

> „Sucht man eine Definition von ‚Rassismus‘, indem man ein allen historischen und politischen Varianten gemeinsames Merkmal zu identifizieren versucht, wird man zu wenig erhellenden Ergebnissen kommen. Daher

> schlagen wir vor, Rassismus über eine sogenannte ‚Prototypenlehre' zu bestimmen. Prototypen haben sich in den vergangenen Jahrzehnten bewährt, wenn es darum geht, Kategorien zu entwickeln, die keine eindeutigen Grenzziehungen erlauben, also einen gewissen Grad an Vagheit und Diffusität tolerieren müssen." (20f.)

Als prototypische Rassismen nennt sie etwa die Diskriminierung von Schwarzen oder den Antisemitismus. Die unter dieser Perspektive präsentierten Texte stammen von Etienne Balibar, Robert Miles, von Mark Terkessidis, Frantz Fanon, Albert Melli und Stuart Hall, von Angela Davis und Judith Butler. Ihr Fazit:

> „Es ist kein Text dabei, der alle Aspekte erfasst und kaum einer, der alle Fragen befriedigend beantworten würde. Daher ist die Zusammenstellung selbst zugleich eine Dokumentation der intellektuellen Bemühungen wie auch eine von deren Mängeln und Desideraten. Es handelt sich nicht um die abschließende Darstellung eines Forschungsfeldes, sondern um die Vorstellung einer Herausforderung." (11)

Dieser Hinweis auf die Offenheit und Schwierigkeit mit dem Rassismusbegriff ist deshalb wichtig, weil es bei aller Gemeinsamkeit in dem Grundanliegen, antirassistisch denken und handeln zu wollen, auch in diesem Bereich zu erheblichen Streitigkeiten in Wissenschaft und Praxis über das richtige Vorgehen und die angemessene Begrifflichkeit kommt. Man hat es zudem zum Teil mit der Bildung von Schulen und Gruppierungen zu tun, die einander vehement bekämpfen. Ein Streitpunkt besteht etwa darin, ab welchem Zeitpunkt man überhaupt von Rassismus sprechen kann und ob vormoderne Formen von Rassismus überhaupt vergleichbar mit einem Rassismus ist, dessen Beginn man mit dem 18. Jahrhundert und der Aufklärung in Verbindung bringt. Es werden Ansätze kritisiert, die zwar über Rassismuskritik handeln, die aber die sozialökonomische Seite, etwa das Konzept einer Klassengesellschaft, erst gar nicht in den Blick nehmen (Hund 2018, 121 f.).

Rassismus spielt wie erwähnt eine Rolle als Ideologie, die Ungleichheit, Unterdrückung und Eroberung legitimiert und Vorteile für eine bestimmte Gruppe von Menschen sichert. Dies geschieht insbesondere dadurch, dass durch binäres Denken eine willkürliche Differenz zwischen Menschengruppen geschaffen wird, die Ungleichheit produziert und zementiert (so etwa Bühl a. a. O.), sodass Rassismus auch ein Gegenstand der sogenannten diversity studies wird (Krell u. a. 2007).

Bühl (2016) unterscheidet in seiner systematischen Analyse des Rassismus eine *diskursive Rassifizierung,* die im Körper, in der Kultur, in der Sexualität etc. ihre Grundlagen findet, einen *strukturellen Rassismus* etwa im Hinblick auf eine ungleiche Ressourcenverteilung, bei Fragen der Staatsbürgerschaft und der Einbürgerung, bei der Erteilung des Wahlrechts, einen *institutionellen Rassismus* etwa im Bildungsbereich, im Arbeitsleben, beim Wohnungsmarkt, im Gesundheitswesen, in den Medien sowie bei der Justiz und der Polizei. Er listet eine ganze Reihe gewaltförmiger Erscheinungen des Rassismus auf, nämlich Segregation, Ausschreitungen und Pogromen, Verdrängung, Enteignung, Vertreibung und Deportation, Internierung, Sklaverei und Zwangsarbeit, sexualisierte Gewalt, Sterilisierung, Kolonisierung, Ethnozid, Genozid. Und nicht zuletzt weist er auf rassistische Elemente im Alltag hin, etwa in der Sprache, bei der Verwendung rassistischer Symbole, bei rassistischer Werbung, bei Straßennamen. Und unterscheidet einen antisemitischen, einen antimuslimischen, einen antislawischen, einen antiziganen, einen kolonialistischen und einen engen Rassismus und er weist immer wieder nicht bloß auf die legitimatorische und abgrenzte Funktion von Rassismus hin, sondern auch auf ökonomische und politische Interessen, die bestimmte Gruppen durch rassistisches Denken und rassistische Praktiken erlangen wollen.

Eine Kontroverse in den Rassismusdiskursen besteht wie erwähnt darin, ab wann man überhaupt von Rassismus sprechen kann. Arndt und Ofuatey-Alazard (2020, 12) sehen den Ursprung im 18. Jahrhundert in Europa:

> „Rassismus ist eine *weiße* Ideologie, ein Denksystem, das in Europa erfunden wurde, um aus einer *weißen* Machtposition heraus Ansprüche auf Macht, Herrschaft und Privilegien zu grundieren und ihre gewaltvolle Durchsetzung zu legitimieren."

Dem widerspricht etwa Wulf D. Hund (2018) und weist auf eine sehr viel längere Tradition hin, etwa auf die Argumentation, dass bestimmten Menschengruppen einfach ihr Menschsein abgesprochen wurde:

> „Schon in der Antike lieferte Entmenschlichung das zentrale Muster rassistischer Diskriminierung. Aristoteles brauchte weder Rassen noch Teufel, um zu behaupten,‚dass die Pflanzen um der Tiere und die Tiere um der Menschen willen da sind', dass es keinen ‚Unterschied zwischen manchen Völkern und den Tieren gibt', dass ‚der Nutzen der Sklaven von dem der Haustiere nur wenig verschieden' sei und dass ‚alle diejenigen, welche so weit von andern abstehen wie der Leib von der Seele und das Tier vom Menschen', als ‚Sklaven von Natur' gelten müssten." (30)

Und weiter:

„Tiervergleiche haben in der Geschichte des Rassismus eine lange Tradition." (ebd.)

Ich komme später auf diesen Aspekt zurück, denn er ist wichtig bei der Frage, wieso überzeugte Christen, für die eigentlich gemäß der Bibel ein generelles

Gleichheitsgebot unter allen Menschen gelten müsste, in der Lage waren, mit großer Grausamkeit Regionen zu erobern und die Bevölkerung dort zu versklaven oder zu ermorden.

George L. Mosse (1998) sieht auch das 18. Jahrhundert als wesentlich an:

> „Mit diesem Buch soll der Aufstieg des Rassismus von seinen modernen Ursprüngen bis zu Hitlers , Endlösung ' der Judenfrage nachgezeichnet werden. Der Rassismus, wie er sich im Westen entwickelte, war weder bloß Ausdruck von Vorurteilen noch eine simple Metapher der Unterdrückung, sondern vielmehr ein umfassendes Denksystem, eine Ideologie – wie Konservativismus, Liberalismus oder Sozialismus – mit eigener Struktur und seinen eigenen, typischen Diskursformen." (7)

Das 18. Jahrhundert spielt bei Mosse aus unterschiedlichen Gründen eine wichtige Rolle:

> „Das 18. Jahrhundert erlebte den Aufstieg neuer Wissenschaften wie Anthropologie und Physiognomie (als Erforschung des menschlichen Gesichts), klassifizierte die Menschen und begründete ein Klischee der menschlichen Schönheit, das sich nach klassischen Vorbildern als dem Maßstab aller menschlichen Werte richtete. Auch was die Lebensführung anging, herrschte Ordnung; die Menschen sollten ihre Sinnlichkeit mit dem Intellekt beherrschen. Die moralische Ordnung spiegelte sich in den ästhetischen Werten, welche den Menschen vermittelt worden waren: Harmonie und Mäßigung, Grazie und innere Stärke, exemplifiziert durch die griechischen Skulpturen der Venus und des Apollo." (9)

Genau darin sieht Mosse ein Erfolgsrezept des Rassismus:

> „Der Rassismus war eine auf Klischees oder Stereotypen basierende visuelle Ideologie, und darin lag eine seiner größten Stärken. Da er alle Menschen klassifizierte, besaß der Rassismus die für den Erfolg wesentliche Klarheit und Einfachheit. Darüber hinaus war er jedoch eine gefühlsbetonte Ideologie und nutzte die später einsetzende Reaktion gegen die Aufklärung." (9)

in diesem Verständnis geht Mosse insbesondere den Verbindungen zwischen Rassismus und Antisemitismus nach.

Dass es bei Rassismus nicht bloß um die Schaffung von Unterschieden geht, sondern die Unterscheidungen mit starken Wertungen verbunden sind, ist auch der Grundgedanke in der historischen Darstellung von Christian Geulen (2007):

> „Der Rassismus ist eine Übertreibung. Wo immer wir ihm begegnen, haben wir es mit einseitigen und extremen Entstellungen der Wirklichkeit

zu tun: überzogene Selbst- und herabsetzende Fremdbilder, gewalttätige Ausgrenzung bis hin zu Vernichtungswahn, radikale Unterdrückung, übersteigerter Hass oder übertriebene Diffamierung. Unabhängig davon, was wir im Einzelnen als Rassismus bezeichnen, es beinhaltet regelmäßig einen Extremismus, der sich dem unmittelbaren Verständnis zunächst entzieht. Stattdessen spiegelt ihn die öffentliche Wahrnehmung häufig nur wider, indem sie den Rassismus als ‚Grundübel' und ‚Geißel' der Menschheit beschreibt, als ‚Krankheit' und ‚Wahn', als ‚Perversion' der Moderne, als ‚Virus' oder ‚auszurottende Klage' der Gesellschaft." (7)

Geulen betont, dass Rassismus eben nicht das Andere der politischen Vernunft ist, sondern vielmehr „an die Grundmaximen unseres Denkens anschließt, sich ihnen anverwandelt oder sie instrumentalisiert" (8), ganz so, wie es die Kulturwissenschaftlerin Iris Därmann (2020) tut, wenn sie die politischen Theorien eines Hobbes oder Locke (und vor allem deren Praxis der aktiven Unterstützung der Sklaverei) dekonstruiert.

Christian Geulen findet in seiner historischen Darstellung Formen von kollektiver Ausgrenzung bereits in der Antike, sieht aber eine besondere Dynamik seit Beginn des europäischen Kolonialismus im 15. Jahrhundert. Insbesondere sieht er die Entstehung des Rassebegriffs im Spanien des 15. Jahrhunderts, als der Vollzug einer Taufe (von Juden) nicht mehr ausreichte, um als Christ anerkannt zu werden:

> „An die Stelle des Glaubensbekenntnisses trat jetzt die Abstammung als zentrales Merkmal von Zugehörigkeit. Der Zweck dieser neuen rassischen Kategorien bestand darin, eine faktisch multikulturelle Gesellschaft zunächst auf dem Wege der Naturalisierung von Zugehörigkeit zuordnen und dann auf dem Wege der Zwangsbekehrung zu vereinheitlichen. Damit wurden Kultur, Glaube und Tradition im Kontext der *Reconquista* erstmals von der neuen, ordnungsstiftenden Kategorie der ‚Rasse' überformt und im Medium kollektiver Abstammung erfasst." (35 f.)

Diesen Ansatz hat die oben erwähnte „Verwissenschaftlichung" im 18. Jahrhundert fortgeführt, was auch zu den in der letzten Zeit häufig hervorgehobenen rassistischen Formulierungen von Kant und anderen geführt hat. (Ich komme darauf zurück.)

Eine wichtige Argumentationslinie im Rahmen des Rassismus als Ideologie betrifft das Konzept der Ordnung:

> „Der Rassismus unterstützte die Verhaltensnormen der Gesellschaft, indem er versuchte, die Unterscheidung zwischen normal und anormal zu legitimieren. Das Klischee des triebhaften Außenseiters war fester Bestand des Rassismus und gehörte zu jener Umkehrung anerkannter Werte, die

> für Schwarze oder Juden typisch sein sollte, wobei diese allein aufgrund ihrer Existenz gleichzeitig die bestehende Gesellschaft bedrohten und ihre Normen bestätigten." (Mosse a. a. O., 11)

Es geht also um den Zusammenhang von Ordnung und Normalität, eng verbunden mit dem, was später Foucault Biopolitik nannte.

Die Vereinbarkeit zwischen den Zielen der Aufklärung und Rassismus erläutert Mosse wie folgt:

> „Wissenschaftlicher Anstrich, eine puritanische Lebensauffassung, die erfolgreiche Mittelstandsmoral, christliche Religion, das Schönheitsideal als Symbol für eine bessere und heile Welt, das waren die wesentlichen Bestandteile des Rassismus. Rassismus verteidigte Utopia gegen seine Feinde. Nur wenn man die Rasse bewahrte und ihre Feinde besiegte, nur dann konnten so hehre Ideale wie Freiheit, Gleichheit und Toleranz verwirklicht werden." (23)

Die gelegentlich in postkolonialen Studien praktizierte Abstinenz gegenüber der Frage der Ökonomie teilt der afrikanische Philosoph Achille Mbembe (2017) gerade nicht. Er spricht vielmehr von dem Schwarzwerden der Welt, was bedeutet, dass der früher rassistisch diskriminierte „Neger" nunmehr auf die gesamte „subalterne Menschheit" übertragen wird.

Allerdings zeigt das Buch von Achille Mbembe, dass die hier vorgenommene getrennte Behandlung von Sklaverei, Kolonialismus und Rassismus schwierig ist, denn es zeigt, dass alle drei aufs engste historisch und systematisch zusammenhängen. Ich werde also auch in den anderen Kapiteln auf dieses Buch zurückkommen müssen.

Ein erster Schritt im Verständnis dieses Buches besteht in der Klärung der Grundbegriffe. So fällt zum einen auf, dass er das Wort „Neger" zumeist ohne Kursivierung oder distanzierende Anführungszeichen verwendet. Der Grund dafür liegt in der Hauptlinie seiner Argumentation, nämlich in der Verbindung von Kapitalismus, Moderne, Sklaverei und Kolonialismus. Doch was bedeutet „schwarze Vernunft"? Sie bedeutet:

> „Gestalten des Wissens; ein Ausbeutungs- und Beraubungsmodell; ein Paradigma der Unterwerfung der Modalitäten ihrer Überwindung; und schließlich einen psychischen Traumkomplex. Dieser große Käfig, in Wirklichkeit ein komplexes Netz aus Spaltungen, Unsicherheiten und Mehrdeutigkeiten, hat die Rasse zur Grundlage." (27)

Schwarze Vernunft ist also nicht die Vernunft von Schwarzen, sondern sie ist im Gegenteil eine Vernunft, die zunächst einmal aus schwarzen Menschen – vorwiegend aus Afrika – Neger gemacht hat und macht:

> „Den Neger produzieren heißt ein soziales Band der Unterwerfung und einen Ausbeutungskörper produzieren, also einen Körper, der ganz dem Willen eines Herrn unterworfen ist und dem man ein Höchstmaß an Rentabilität abzupressen versucht. Als ein zur Fronarbeit verdammtes Objekt ist Neger auch der Name einer Erniedrigung, Symbol des Menschen, der sich mit Peitsche und Leid konfrontiert sieht in einem Feld von Kämpfen, in denen sozial und rassisch segmentierte Gruppen und Fraktionen aufeinanderprallen.“ (43)

Der Neger ist also eine billige Arbeitskraft, ein Mittel zur Herstellung von Gewinnen, das zur Ware gemacht und so behandelt wird, wie es zum ersten Mal in den Plantagen des Westens und in den Bergwerken eingesetzt wird. Einem solchen Neger wird die Menschlichkeit abgesprochen und er wird nur in seiner Nützlichkeit bei der Maximierung von Gewinnen gesehen.

Allerdings braucht eine solche Behandlung eine Legitimation, und die liefert die sich entwickelnde Moderne:

> „In diesem Taufbecken unserer Moderne setzte man zum ersten Mal in der Menschheitsgeschichte das Prinzip der Rasse und das Subjekt gleichen Namens unter dem Zeichen des Kapitals an die Arbeit, und genau das unterscheidet den Handel mit Negersklaven und dessen Institutionen von autochthonen Formen der Knechtschaft.“ (33)

Zu dieser Legitimation der Sklaverei haben die intellektuellen Größen der Aufklärung einen wichtigen Beitrag geleistet, was bei Mbembe allerdings nicht dazu führt, diese Denktraditionen zu verdammen oder auch nur zu ignorieren: vielmehr nutzt er deren Einsichten für eigene Zwecke.

Er untersucht die Verbindung von Sklavenhandel, Rassismus, Kolonialismus und Kapitalismus in drei Phasen, wobei ihn vor allem der transatlantische Sklavenhandel interessiert (14 ff.). In einer *ersten Phase (15.-19. Jahrhundert)* werden afrikanische Männer und Frauen zu menschlichen Waren degradiert. Vor allem im Hinblick auf die Dimension der Widerständigkeit ist der Hinweis wichtig, dass sie „dennoch handelnde Subjekte“ bleiben (14).

In einer *zweiten Phase* beginnen sie sich in einer eigenen Sprache auszudrücken und fordern „den Status von vollwertigen Subjekten der Menschenwelt“ ein (ebd.). Im Hinblick auf Widerständigkeit ist dies die Zeit zahlloser Sklavenrevolten, wobei insbesondere der siegreiche Kampf um die Unabhängigkeit Haitis 1804 eine entscheidende Rolle spielt.

Die *dritte Phase* beginnt an der Wende Anfang des 21. Jahrhunderts mit der „Globalisierung der Märkte, der Privatisierung der Welt unter der Ägide des

Neoliberalismus, der wachsenden Komplexität des Finanzsystems, des postimperialen militärischen Komplexes und der elektronischen und digitalen Technologien." (15) Damit verbunden ist eine erzwungene Kodierung des sozialen Lebens in Normen, Kategorien und Zahlen.

Der zentrale Gedanke dieses Narrativs besteht darin, dass die Arbeitenden zu (weitgehend rechtlosen) Arbeitsnomaden werden, dass ein „neuer Mensch" entsteht, der wie zu Beginn der Sklaverei nur noch in der Möglichkeit seiner Verwertung im Interesse der Gewinnmaximierung interessiert: Die schwarze Vernunft der Sklaverei setzt sich wieder durch und macht den arbeitenden Menschen insgesamt zum Neger.

Der Begriff des Negers ist also keine biologische und auch keine primär kulturell bestimmte Kategorie, sondern er wird nunmehr sozialökonomisch betrachtet. In seiner ideologischen Funktion legitimiert der Rassismus zwar weiterhin die Spaltung der Gesellschaft, so wie es in oben angesprochenen Theorienbildungen immer wieder thematisiert wurde, er tut dies – und dies ist ein entscheidender Schritt, mit dem Mbembe über kulturalistische Deutungen hinausgeht – im Interesse einer neoliberalen Formung der Welt:

> „Die Geburt des Rassensubjekts – und damit des Negers – steht im Zusammenhang mit der Geschichte des Kapitalismus.
>
> Triebfeder und Vortrieb des Kapitalismus ist der Drang zur grenzenlosen Überschreitung jeglichen Verbots und zur Aufhebung jeglichen Unterschieds zwischen Mittel und Zweck. In seinem dunklen Glanz ist der Negersklave – das allererste Rassensubjekt – das Produkt dieser beiden Triebe, die manifeste Gestalt dieser Möglichkeit einer hemmungslosen Gewalt und einer grenzenlosen Ungewissheit." (325)

Die von Achille Mbembe vorgenommene Unterscheidung einer Sklaverei, so wie sie im Zuge der europäischen Moderne entstanden und praktiziert und dann auch durch entsprechende Rassentheorien legitimiert wurde, von Formen der Sklaverei früherer Zeiten oder in anderen Weltregionen findet sich auch in Darstellung zur Geschichte des Rassismus, hier etwa Geiss (1988). Der Historiker Imanuel Geiss spricht von einer engeren und einer weiteren Vorgeschichte des Rassismus. Die weitere Vorgeschichte setzt er für die Zeit von 1500 v. Chr. bis 1492 nach Chr. an, wobei neben dem Konflikt zwischen „schwarz" und „weiß" insbesondere die Situation und Verfolgung der Juden in der Antike und im eurasischen Mittelalter im Zentrum steht.

Die engere Vorgeschichte setzt Geiss für die Zeit von 1492 bis 1775 ein. Auch hier geht es um die Verfolgung von Juden, aber auch um die Entwicklung der spanischen und portugiesischen Kolonialherrschaft. Ein weiteres Kapitel befasst sich mit „Formierung und Aufstieg des Rassismus" (1775 bis 1914). Hier geht es um die rassistischen Ansätze von Vertretern der Aufklärung, es geht um die These der angeblichen Geschichtslosigkeit Afrikas bei Hegel, es geht um die Rassenlehre von Gobineau, den Sozialdarwinismus und schließlich den „Rassismus als Rechtfertigungsideologie des Imperialismus“ (174 ff.). Das weitere Nachverfolgen rassistischer Ideologienbildung endet mit einem Kapitel über „Rassenkonflikte der Gegenwart: der verleugnete, aber praktizierte Rassismus“ (315 ff.). Auch hier wird die ideologische Funktion des Rassismus herausgearbeitet, nämlich „als ideologische Verkleidung sozialer Konflikte zwischen Gruppen, die sich religiös, national oder ethnisch definieren.“ (315) Es geht um Wanderarbeiter, Flüchtlinge und „Asylanten“, aber auch um Konflikte in postkolonialen Nachfolgestaaten. Seine Darstellung endet mit einem Appell, Gleichheit als „Bedingung der Möglichkeit“ für Demokratie und Frieden (im Sinne von Kant) und damit die Ideale der Vereinten Nationen und der UNESCO endlich in die Realität umzusetzen. (324)

im Hinblick auf die hier im Mittelpunkt stehende Fragestellung nach einer entsprechenden Formung des Subjekts und der Rolle human- und erziehungswissenschaftlicher Möglichkeiten einer antirassistischen Bildungsarbeit sind zudem die Überlegungen von Mbembe im Hinblick auf die Konstitution von Subjektivität kapitalistisch unterworfener Subjekte und ihren Möglichkeiten zur Widerständigkeit wichtig. Ich komme später auf diese Überlegungen zurück. (Dieses Kapitel stützt sich auf Kap. 4 in Fuchs 2021)

Kant und Rassismus

Es ist keine neue Erkenntnis, dass sich Kant während seines gesamten Erwachsenenlebens mit dem Problem befasst hat, wie man Ordnung in die Vielfalt der Erscheinungsweisen des Menschen bringen kann. Dass es eine solche Vielfalt gibt, war im 18. Jahrhundert ein Thema vielfältiger Gespräche und Veröffentlichungen. Denn es ist das Jahrhundert der Entdeckungsreisen. Man denke etwa an den Engländer James Cook, der in dem deutschen Forschungsreisenden Georg Forster einen sachkundigen Begleiter fand, der sich kritisch mit Kants Äußerungen zu dessen Ordnungsprinzipien von Rassen geäußert hatte.

Reiseberichte waren eine verbreitete Lektüre, und dies gilt insbesondere für Kant, der zwar nie seine Heimatstadt Königsberg verlassen hat, der aber immer wieder darauf hingewiesen hat, wie umfangreich und vielfältig sein Zugang zur Welt in dieser Handelsmetropole und Hafenstadt war. In all seinen Schriften und wohl auch in seinen Vorlesungen, die er über Jahre hinweg über „Physische Geographie“ für eine breite Öffentlichkeit gehalten hat, bezieht er sich immer wieder auf Reiseberichte unterschiedlichster Qualität. Dies ist die empirische Basis für seinen Versuch, ebenso wie in seinen theoretischen philosophischen Schriften auf für diesen Bereich Ordnungsprinzipien zu finden.

Am Anfang von einem seiner publizierten Aufsätze („Bestimmung des Begriffs einer Menschenrasse" aus dem Jahre 1785, also nach der Publikation der „Kritik der reinen Vernunft" im Jahre 1781) formuliert er:

> „Die Kenntnisse, welche die neuen Reisen über die Mannigfaltigkeit in der Menschengattung verbreiten, haben bisher mehr dazu beigetragen, den Verstand über diesen Punkt zur Nachforschung zu reizen, als ihn zu befriedigen. Es liegt gar viel daran, den Begriff, welchen man durch Beobachtung aufklären will, vorher selbst wohl bestimmt zu haben, ehe man seinetwegen die Erfahrung befragt; denn man findet in ihr, was man Bedarf, nur alsdann, wenn man vorher weiß, wonach man suchen soll." (Kant 1982 – Werkausgabe Bd. XI, 65)

Allerdings wurde dieses Vorhaben bereits von Zeitgenossen wie dem oben erwähnten Georg Forster kritisiert, der in einem Brief schreibt:

> „... Kant ist ein vortrefflicher Kopf, und doch kommt der verzweifelte Paroxismus, der den Philosophen von Profession eigen ist, auch über ihn, die Natur nach ihren logischen Distinktionen modeln zu wollen. Der Plunder ist doch wahrlich mehr schädlich als nützlich." (Zitiert nach Graneß 2023, 515)

Es bleibt jedoch nicht bei wertungsfreien Strukturierungsversuchen unter Verwendung des damals im Gebrauch gekommenen Begriffs der Rasse (frz. race), sondern es finden sich in seinen überlieferten Veröffentlichungen diskriminierende Wertungen derjenigen Rassen, die er neben und damit auch unterhalb der weißen Rasse verortet. Ein Beispiel findet sich in seinem ersten zu dieser Frage veröffentlichten Aufsatz „Von den verschiedenen Rassen der Menschen" aus dem Jahre 1775, wo er folgender Aufteilung vornimmt:

- Stammgattung: Weiße von brünetter Farbe
- Erste Rasse: Hochblonde (Nordl. Eur.) von feuchter Kälte
- Zweite Rasse: Kupferrote (Amerik.) von trockener Kälte
- Dritte Rasse: Schwarze (Senegambia) von feuchter Hitze
- Vierte Rasse: Olivengelbe (Indianer) von trockner Hitze. (Kant 1982, Band XI, 28)

In späteren Schriften finden sich veränderte Typologien, die sich zudem nicht mehr auf das Klima beziehen. Über die Jahre seiner Rezeption wurde zwar immer wieder bemerkt und kritisiert, dass insbesondere die Hierarchisierung und diskriminierende Beschreibung dieser Rassen rassistisch ist, doch ist die heutige Prominenz dieses Themas zu einem großen Teil den kritischen Studien aus dem dekolonialen und postkolonialen Kontext zu verdanken. Heinz Kimmerle, einer der Begründer des Ansatzes einer „Interkulturellen Philosophie“, die den Eurozentrismus im Mainstream philosophischer Debatten kritisiert und dagegen angehen will, schreibt in seiner Einführung (Kimmerle 2002):

> „Es scheint ein merkwürdiger Widerspruch zu sein, dass Kant, der Denker der Vernunft und der Freiheit und zugleich einer der Verkünder der Menschenrechte, des Weltbürgertums und des ewigen Friedens, in Bezug auf andere Kulturen offensichtlich rassistische Vorurteile hegt. Dieser Widerspruch wird indessen verständlicher, wenn man bedenkt, dass Vernunft, Freiheit usw. nach Kant auch innerhalb der europäischen Kultur nur den wirtschaftlich selbstständigen männlichen Bürgern zukommen.“

Und weiter:

> „Was Kant über Schwarze sagt, ist äußerst drastisch und übernimmt im Kontext philosophisch-wissenschaftlicher Systematik ‚zum Schein schier infantile rassische Vorbehalte und Vorurteile‘. Der Schwarze sei ein Wilder ohne jede Feinheit der Bildung, und er diene der plastischen Darstellung der ‚Bösartigkeit der menschlichen Natur‘. Der Hautfarbe wird eine geradezu metaphysische Bedeutung zugeschrieben, die ‚zur Unterscheidung der Menschengattung in sichtbarem Licht verschiedener Klassen berechtigt‘. ‚Die Menschheit ist in ihrer größten Vollkommenheit in der Race der Weißen. Die gelben Indianer haben schon ein geringeres Talent. Die Neger sind weit tiefer und am tiefsten steht ein Teil der indianischen Völkerschaften.‘“ (57 f.) Die Zitate von Immanuel Kant sind zum Teil aus seinen Publikationen, zum Teil allerdings auch aus umstrittenen Vorlesungsmitschriften zur physischen Geographie.

Die Debatte über Rassismus bei Kant scheint sich zurzeit zu einer der interessantesten philosophischen Debatten zu entwickeln. Es gibt dabei bei profunden Kant-Kenner*innen erhebliche und oft entgegengesetzte Interpretationen, wobei jede dieser Interpretationen gute Gründe für sich in Anspruch nehmen kann. Als ein (auf Youtube leicht zugängliches) Beispiel für die Vielfalt in dieser Debatten kann eine Diskussionsreihe der Berlin-Brandenburgischen Akademie der Wissenschaften zu dem Thema „Kant – ein Rassist?“ im Jahr 2022 dienen, an der zahlreiche prominente Kant-Forscher*innen sowohl aus dem traditionellen als auch aus dem postkolonialen Diskussionskontext beteiligt waren. Ich gebe einige Thesen und Argumentationen aus den sechs verschiedenen Diskussionsrunden wieder.

Zum einen spielt der Aspekt der Kontextualisierung eine wichtige Rolle, nämlich die Frage, welche Rolle der Rassebegriff zur Zeit Kants in der philosophischen und öffentlichen Debatte gespielt hat und welche Bedeutung dieser Begriff sowohl in dieser Debatte als auch speziell bei Kant hatte. Insbesondere wird auf den Fehler hingewiesen, keinen Unterschied zwischen dem heute in Deutschland verbreiteten Verständnis von Rasse, das sehr stark vor dem Hintergrund des nationalsozialistischen Rassismus gesehen werden muss, und dem damaligen Rasse-Verständnis zu sehen. Es wird darauf hingewiesen, dass gerade aufgrund der Vielfalt menschlicher Erscheinungsformen, so wie sie in der Reise-Literatur beschrieben wurde, nicht nur bei Kant das Bedürfnis entstand, eine Ordnung in diese Vielfalt hineinzubringen. Bekannt waren die Ordnungsversuche und Taxonomien des schwedischen Naturwissenschaftlers Carl von Linné (1707-1778) und des französischen Naturforschers Georges-Louis Marie Leclerc, Comte de Buffon (1707-1788), die den Menschen bereits in ihr Tableau unterschiedlicher Lebensformen einordneten.

> „An der Existenz einer Natur-Ordnung, innerhalb derer die europäischen Rassen an der Spitze standen, zweifelte niemand. An der Frage des sich daraus ergebenden Umgangs mit den außereuropäischen Völkern aber, etwa mit Blick auf die Sklaverei, schieden sich die Geister. Doch wichtiger als die Auseinandersetzung darüber war den meisten Wissenschaftlern die möglichst umfassende Sammlung, Sichtung und Systematisierung rassengeschichtlicher Befunde und Belege, insofern das Hauptziel der Wissenschaft in dieser Epoche – als Reflex des Universalismus – ein enzyklopädisch vollständiges Weltwissen war.“ (Geulen 2007, 57)

Die Überlegungen von Kant ordnen sich daher in einen vielfältigen europäischen Diskurs ein, an dem auch Aufklärungsdenker aus England (Thomas Hobbes, John Locke) oder Frankreich (Montesquieu, Voltaire, Diderot und andere) – ebenfalls mit rassistischen Positionierungen – teilgenommen haben. Eine Argumentationslinie bestand darin, die Vielfalt menschlicher Rassen auf die geographische Lage und insbesondere auf das Klima zurückzuführen, woran sich auch Kant zumindest zeitweise anschloss.

Im Hinblick auf Kants rassistische Bewertungen der identifizierten Rassen finden sich in dieser Berliner Debatte unterschiedliche Positionen. Es gab Vertreter*innen, die nicht nur von einem handfesten Rassismus in den entsprechenden Schriften ausgingen, sondern die auch die These aufstellten, dass diese Schriften keineswegs beiläufige Arbeiten von Kant waren, sondern dass entsprechende Grundgedanken auch in seinen systematischen und theoretischen Grundlagenschriften, also etwa in den berühmten drei Kritiken, zu finden seien. Dem widersprachen traditionelle Kant-Forscher wie etwa Volker Gerhardt, die auch in den problematischen Formulierungen von Kant keinen Rassismus finden konnten. Ein Argument bestand etwa darin, dass Kant unter den Begriff der weißen Rasse auch Türken oder Bewohner Nordafrikas subsumierte und dass man zudem die historischen Kontexte bei dem Verständnis dieser problematischen Texte berücksichtigen müsse. Es könne Kant zudem kein Rassist gewesen sein, da er in seinen ethisch-moralischen Schriften, etwa bei der Formulierung des Kategorischen Imperativs stets alle Menschen und die Menschheit insgesamt im Blick gehabt habe, wobei seine zentrale Aussage von Bedeutung sei, dass der Mensch – und damit jeder Mensch – immer nur Zweck und niemals Mittel sein dürfe. Kant sei ein Denker der Universalität, was insbesondere ausschließt, dass Teile der Menschheit von seinen universell gedachten Bestimmungen ausgeschlossen werden könnten.

Vor diesem Hintergrund ist der Vorschlag der Philosophin Franziska Dübgen interessant, fünf mögliche Lesarten von Kant zu unterscheiden:

- eine Kontextualisierung von Kant (so wie sie auch andere Autoren wie etwa Volker Gerhardt gefordert haben),
- eine Trennung von philosophischen und nicht-philosophischen (insbesondere anthropologischen) Schriften,
- eine Lektüre des Gesamtwerkes von Kant ausgehend von seinen rassistischen Texten im Hinblick darauf, ob es einen impliziten Rassismus auch in seinen systematischen Schriften gibt,
- eine postkoloniale Dekonstruktion und Destruktion,
- und eine emanzipatorische Aneignung, die zwar zur Kenntnis nimmt, dass sich bei Kant auch rassistische Formulierungen finden, dass man aber auf sein emanzipatorisches Anliegen keineswegs verzichten dürfe, sondern dies vielmehr als kritische Ressource nutzen müsse.

Andere Autorinnen sprechen in diesem Zusammenhang davon, das Beste der Aufklärung zu bewahren, ohne deren dunkle Seite zu vernachlässigen (Spivak, Nikita Dhawan). Wiederum andere sprechen davon, dass Kant seine eigenen universalistischen Prinzipien in seinen rassistischen Texten gerade nicht angewandt hat, sodass man die kantianische kritische Methode gerade auch auf Kants Werk selbst anwenden müsse und so möglicherweise Kant besser verstehen würde als Kant selbst.

Die niederländische Kantforscherin Pauline Kleingeld vertritt seit vielen Jahren die These, dass man einen frühen von einem späten Kant unterscheiden müsse. In seinen vorkritischen Schriften war er in der Tat Rassist, doch habe sich dies seit den 1780er Jahren tiefgreifend verändert. Belege wären etwa seine Thesen zum Weltbürgerrecht, zum ewigen Frieden und seine universalistische Moralphilosophie.

Für ein derartiges Verständnis spreche auch, dass es nach Meinung Kants (und anderer Publizisten in dieser Zeit) für alle Menschen nur eine einzige Entstehungsursache gäbe. Andere Kant-Forscher wie etwa Bernd Dörflinger erinnerten an den Gemeinsinn, der ebenfalls alle Menschen einschließt. Zudem schließe die These von der Selbstzweckhaftigkeit des Menschen Sklaverei grundsätzlich aus. Andere Autoren weisen darauf hin, dass Kant sehr deutlich zwischen einer bloß empirischen Psychologie (so wie er sie in seinen anthropologischen Schriften vertritt) und einer eigentlich wichtigen und theoretisch fundierten Prinzipien-Wissenschaft unterscheidet. Insbesondere müsse man seine theoretische Grundlegung egalitärer Prinzipien von einer möglicherweise unzulässigen Anwendung unterscheiden.

Eine ähnliche Problematik, wie sie hinsichtlich Kants Position gegenüber dem Rassismus gesehen wird, wird auch in seinem Verhältnis zur Frau gesehen. Es wird darauf hingewiesen, dass Kant den Menschen als Person in einem ambitionierten Sinne an seine Vernunftfähigkeit knüpft und die Entwicklung einer solchen Fähigkeit als nicht schlechtweg gegeben, sondern als Entwicklungsaufgabe betrachtet. Eine solche Entwicklungsmöglichkeit jedoch sieht Kant bei dem weißen europäischen bürgerlichen Mann und nicht so sehr bei nichtweißen Menschen, bei Frauen und Kindern.

> „Zusammenfassend lässt sich sagen, wenn wir Kants Werk für aktuelle philosophische Zwecke nutzen wollen, ohne unwissentlich einige seiner Vorurteile zu reproduzieren, müssen wir seine Ansichten zu sexuellen und rassischen (racial) Unterschieden erforschen, die unausgesprochenen Annahmen aufdecken, die seine Anwendung egalitärer Prinzipien leiten, den Einfluss dieser Annahmen auf die Form seiner philosophischen Theorien rekonstruieren und diese Theorien, wo nötig, umgestalten." (Pauline Kleingeld, zitiert nach Graneß 2023, 525)

Inzwischen hat sich ein lebhafter rassismuskritischer Diskurs (und eine ebenso lebhafte antirassistische Praxis) entwickelt, an der sich die verschiedenen wissenschaftlichen Disziplinen, staatliche Einrichtungen und zivilgesellschaftliche Organisationen beteiligen. Auf Beispiele im pädagogischen Bereich komme ich später zurück. Als ein Beispiel für einen – auch internationale Erfahrungen einbeziehenden – Diskurskontext nenne ich nur DeZim, das vom Bundesfamilienministerium geförderte Zentrum für Integrations- und Migrationsforschung (Ltg.: Naika Foroutan), u. a. mit seinen Lecture Series unter Beteiligung renommierter Expert*innen (auf Youtube zugänglich).

9. Aspekte post- und dekolonialer Debatten

Überblick

Der Begriff des Postkolonialismus bezieht sich zunächst einmal auf die Zeit, nachdem ehemalige Kolonien ihre Unabhängigkeit erworben bzw. erstritten und erkämpft haben. Dies fand in Lateinamerika (im Hinblick auf die Kolonialmächte Spanien und Portugal) bereits im frühen 19. Jahrhundert statt, in Bezug auf Afrika und Asien fanden solche Prozesse erst in der zweiten Hälfte des 20. Jahrhunderts statt. Für viele Autor*innen geht die Kolonialzeit mit der Unabhängigkeit von Südafrika Anfang der 1990-er Jahre zu Ende.

Postkoloniale Debatten beziehen sich zum einen auf die Situation in den ehemaligen Kolonien, sie betreffen allerdings auch sehr stark die Nachwirkungen der Kolonialzeit bei ehemaligen Kolonialmächten und insgesamt in Ländern des Globalen Nordens. Es geht dabei zum einen um reale (ökonomische, politische und soziale) Prozesse, etwa um die Frage danach, inwieweit Strukturen und Organisationsformen, die während der Kolonialzeit entwickelt wurden, weiter bestehen und das Leben in ehemaligen Kolonien bestimmen. Ein weiterer wichtiger Aspekt besteht allerdings auch in der Untersuchung, inwieweit im geistigen und kulturellen Leben sowohl in den Kolonien als auch in Ländern des Globalen Nordens koloniale Konstellationen nachwirken. Dies betrifft etwa die Landessprache in ehemaligen Kolonien, die häufig die Sprache der ehemaligen Kolonialmächte ist. Es betrifft Fragen des kulturellen Gedächtnisses, der Erinnerungspolitik, der Denkweisen und der Hierarchisierung und Bewertungen von Menschen aus unterschiedlichen Regionen.

Postkoloniale Studien, die sich verstärkt auf das Fortleben des Kolonialismus im Denken und Handeln in Ländern des Globalen Nordens konzentrieren, zeigen auf, dass der Kolonialismus und die mit ihm verbundenen Denkweisen keineswegs mit dem Ende der Kolonialzeit auch beendet sind („Kolonialität“).

Im Hinblick auf die geistige und mentale Ebene spricht man etwa von „epistemischer Gewalt“ Spivak, Mignolo) und fordert auch im Bereich des Geistigen und Kulturellen eine Dekolonialisierung. Diese Forderung findet ihre Berechtigung etwa darin, dass nach wie vor die Lehrpläne sowohl in den ehemaligen Kolonien als auch in den ehemaligen Kolonialmächten und anderen westlichen Ländern überwiegend und zum Teil ausschließlich Geistesgrößen aus Ländern des Globalen Nordens berücksichtigen. Ina Kerner (2012) beschreibt dies in ihrer Einführung in postkoloniale Theorien wie folgt:

> „Postkoloniale Theorien thematisieren die vielfältigen Facetten und Implikationen des ‚Postkolonialismus'. Das betrifft zunächst einmal postkoloniale Konstellationen im zeitlichen Sinne. Diese sind in besonderem Maße für die Gegenwart ehemaliger Kolonien bestimmend, sie haben jedoch auch für die Gegenwart einstiger Kolonialstaaten und für Länder und Regionen, die zwar selbst nie direkt in den Kolonialismus involviert waren, in denen sich aber dennoch Effekte kolonialer Denkweisen und Imagination ausmachen lassen, eine Bedeutung." (9)

Maria do Mar Castro Varela und Nikita Dhawan (2020) formulieren in der 3. Auflage ihrer Einführung einen hohen Anspruch dieser Ansätze:

> „Postkoloniale Theorien können unser Verständnis verbotener Vergangenheiten und Zukünfte erweitern, sodass wir nicht mehr dazu verdammt sind, unsere historischen Fehler, Versäumnisse und Verbrechen zu wiederholen, weil wir unfähig und nicht bereit sind aus ihnen zu lernen. Das vorliegende Buch plädiert darum, Geschichte als eine strategische Infragestellung der Gegenwart zu lesen, um so postimperialistische Zukünfte imaginieren zu können." (8)

Aus diesem hohen Anspruch heraus erklärt sich offenbar auch, dass viele Texte aus diesem Feld von einer hohen moralischen (und oft auch moralisierenden) Position aus geschrieben sind, die zu recht ungnädigen Urteilen über Leistungen von Personen aus Ländern des Globalen Nordens führen. Ina Kerner sieht dieses Problem:

> „Postkoloniale Theorien gleichen daher in entscheidenden Punkten einer Gratwanderung: Denn weder sollten sie in problematische Verallgemeinerungen abgleiten noch durch eine Überbetonung von Kontextspezifika strukturelle Merkmale wie globale Machtverhältnisse aus den Augen verlieren. Wo genau der Mittelweg zwischen diesen Extremen liegt, ist nicht von vornherein festgelegt, sondern zumindest *auch* eine Frage der Einschätzung. Postkoloniale Theorien brauchen daher, wenn sie überzeugen wollen, ein Bewusstsein ihrer schwierigen Ausgangslage und ein hohes Maß an Selbstreflexivität. Sie werden nicht weit kommen, wenn sie sich damit begnügen, fertige Theoreme immer auf immer neue Kontexte zu applizieren." (11)

Die Bezeichnung „post- und dekoloniale Theorien" kann nunmehr den Eindruck erwecken, als ob man es mit einem weitgehend homogenen Theoriefeld zu tun hat.

Es ist geradezu das Gegenteil der Fall, sodass einzelne Autor*innen bezweifeln, dass diese vereinheitlichende Bezeichnung überhaupt gerechtfertigt ist. Es gibt eine Vielzahl unterschiedlichster Theorieansätze, deren Vertreter*innen untereinander ausgesprochen kontrovers diskutieren. Man bezieht sich auf unterschiedliche Theoriekonzeptionen und Forschungsmethoden. Auf das grundsätzliche Spannungsverhältnis etwa zwischen postkolonialen und dekolonialen Autor*innen habe ich bereits oben hingewiesen. Dieses resultiert unter anderem daraus, dass sich dekoloniale Autor*innen vor allem auf die Situation in Lateinamerika beziehen, wohingegen sich postkoloniale Autor*innen wesentlich auf die Entwicklung im ehemaligen britischen Empire beziehen. Damit ergeben sich sofort unterschiedliche Bezüge sowohl auf konkrete historische Entwicklungen als auch auf zum Teil unterschiedliche Theorietraditionen, wobei im deutschsprachigen Raum die oft in spanischer Sprache verfassten Grundlagentexte aus dem dekolonialen Bereich weniger zugänglich sind als die englischsprachigen Texte aus dem postkolonialen Bereich. Das dekoloniale Diskussionsfeld hat sich auch erst in den letzten Jahren von den postkolonialen Debatten entfernt.

Immerhin gibt es im deutschsprachigen Bereich zumindest zwei verbreitete Einführungstexte, nämlich von Kerner (2012) und von Castro Varela/Dhawan (2020, bereits in 3. Aufl.). In jüngster Zeit sind zudem wichtige dekoloniale Texte aus Lateinamerika in deutscher Übersetzung sowie eine informative Einführung vorgelegt worden (hier spielt Jens Kastner als Autor, Herausgeber und Übersetzer eine wichtige Rolle).

Die beiden Einführungen in postkoloniale Theorien sind in ihrer Methode unterschiedlich. Während Castro Varela/Dhawan mit Edward Said, Gayatri Chakravorty Spivak und Homi Bhabha drei prominente Autor*innen aus diesem Bereich in den Mittelpunkt stellen, orientiert sich die Einführung von Ina Kerner an Problemen und Themen, die schwerpunktmäßig in diesem Feld behandelt werden. Die Konzentration auf die drei genannten wichtigen Autor*innen im postkolonialen Diskurs wird häufig mit dem Argument kritisiert, dass damit Arbeiten anderer Autor*innen – vor allem aus ehemaligen afrikanischen Kolonien – ignoriert werden (Spivak und Bhahba stammen aus Indien, Edward Said ist Palästinenser, alle drei übten Lehrtätigkeiten an Eliteuniversitäten in den Vereinigten Staaten aus).

Hervorzuheben ist auch, dass die genannten Einführungstexte selbstkritisch auf das eigene Feld schauen. Insbesondere findet sich in dem Einführungsbuch von Castro Varela/Dhawan ein umfangreiches Kapitel, in dem fair und sachlich Kritikpunkte an der postkolonialen Theorienbildung vorgetragen werden. So geht es etwa darum, dass oft genug die Situation in ehemaligen Kolonien keine Rolle in diesen Arbeiten spielt. Es wird kritisiert, dass postkoloniale Debatten und gerade die

Grundlagentexte von Bhabha und Spivak in abgehobener und schwer zugänglicher Sprache verfasst sind. Es gibt den Vorwurf des Kulturalismus und der Vernachlässigung der ökonomischen Seite kolonialen und postkolonialen Handelns. Man wirft postkolonialen Arbeiten vor, dass sie in ihrer Fokussierung und Konzentration auf eine radikale Kritik westlicher Autoren den eigentlich kritisierten Eurozentrismus reproduzieren und letztlich eigentlich verpöntes und dem Westen zugeschriebenes binäres Denken anwenden. Und weiter:

> „Postkoloniale Theorie begünstigt insbesondere die Arbeit – und die Karrieren – der migrantischen Intelligenzija im Norden, was zwangsläufig zu perspektivischen Schieflagen innerhalb der postkolonialen Theorie selbst geführt hat. Ahmad (gemeint ist der indische Philosoph Aijaz Ahmad; M.F.) macht zudem darauf aufmerksam, dass die Zelebrierung der Arbeiten von People of Color, Migranten und Migrantinnen in den Metropolen zuweilen unglückliche Vorurteilsbildungen befördert." (304)

Im Vorwort zur 3. Aufl. ihrer Einführung vermerken Castro Varela/Dhawan mit Unbehagen, dass ihnen „der plötzliche Hype mit Bezug auf postkoloniale Kritik im deutschsprachigen Raum ebenfalls suspekt ist". Sie stehen allerdings auch kritisch der – auch im vorliegenden Text angesprochenen – Position gegenüber, die darauf hinweist, dass zur westlichen Kultur auch eine kritische Selbstreflexivität gehöre:

> „Gleichzeitig muss die postkoloniale Welt Europa für den Verrat der Aufklärungswerte – Freiheit, Gleichheit, Demokratie, Gerechtigkeit und Menschenrechte – weiter zur Rechenschaft ziehen. Obwohl Europa vorgeworfen wird, den Rest der Welt auszubeuten und zu unterdrücken, wird behauptet, dass die Tradition der Selbstkritik und Selbstevaluierung es Europa erlaube, über die eigenen vergangenen und aktuellen Verbrechen sowie das eigene Versagen zu reflektieren und selbstkorrigierend ethischer und verantwortungsvoller zu werden. (...) Die kritische Tradition wird in allen großen Diskursen über Europa von Europäer/-innen gefeiert. Die europäische Praxis der Selbstinfragestellung wird als die größte Stärke und das wichtigste Erbe der europäischen Aufklärung angesehen, welche sie von anderen Kulturen abhebe, die nicht selten als der Selbstkritik unfähig angesehen werden. Der Imperativ, sich auf kritische Weise auf sich selbst zu beziehen und die daraus resultierende Selbstverbesserung in Gedanken und Handlungen wird als einzigartig und ausschließlich europäisch angesehen." (11f.)

Ich werde später auf diese Kritik und Metakritik zurückkommen.

Hinweise zur Geschichte

In den beiden oben genannten Einführungsbüchern von Kerner und Castro Varela/Dhawan finden sich knappe Kapitel zur historischen Entwicklung des post- und dekolonialen Denkens. So bezieht sich Ina Kerner auf den realen Kolonialismus und seine historische Entwicklung „mit seinen vielfältigen Nachwirkungen auf weite Bereiche von Alltag, Politik und Gesellschaft in den ehemaligen Kolonien bzw. Postkolonien“ (32). Ich habe im ersten Teil einige Hinweise zur historischen Entwicklung gegeben.

Interessant ist in diesem Zusammenhang, dass die kolonialen Unterwerfungsunternehmungen gerade auch von prominenten Philosophen begleitet und flankiert wurden. So weiß man inzwischen, wie stark etwa Thomas Hobbes und John Locke in diese Prozesse nicht bloß geistig, sondern auch ökonomisch involviert waren (Därmann 2020). Auf die Rolle des Rassismus – auch in seiner Funktion als Legitimation von Sklaverei und Kolonialisierung – bin ich im letzten Kapitel eingegangen. Es gab allerdings auch von Anfang an einen europäischen Antikolonialismus und die Ablehnung von Sklaverei (Abolitionismus). Ein immer wieder zitiertes Beispiel ist der Mönch Bartholomé de las Casas (1484-1566), der schon früh den Völkermord an amerikanischen Ureinwohnern durch die Konquistadoren anklagte (siehe Young 2001, Teil II).

Als weitere Quelle gibt Ina Kerner die antikolonialen Kämpfe an, die Widerständigkeit der Menschen gegen die Kolonialmächte und deren theoretische Reflexion. Man erinnere sich, dass sich etwa im Süden von Südamerika die Mapuche erfolgreich jahrelang gegen die spanischen Konquistadoren gewehrt haben. Ein wichtiges Datum ist zudem der erfolgreiche Kampf ehemaliger Sklaven auf Haiti gegen französische Armeen, der 1804 zur Gründung eines Staates geführt hat. Auch spätere Befreiungskämpfe hatten ihre Theoretiker, wobei vermutlich Gandhi einer der bekanntesten ist. Afrikanische Politiker und Theoretiker entwickelten Ideen wie den Panafrikanismus (so etwa der ghanesische Freiheitskämpfer Kwame Nkruma) oder das Konzept der Negritude (Aimé Cesaire, Leopold Senghor, Leon-Gontran Damas). Als dritte Quelle gibt Ina Kerner den Umstand an, dass Kolonialisierte nach Abzug der Besatzer ihren Weg in die Metropolen der früheren Kolonialmächte suchten und oft genug diese Erfahrungen in theoretischen und literarischen Texten darstellten:

> „Die literarischen und theoretischen Texte, die in diesem Zusammenhang entstanden, thematisieren zum einen Erfahrungen der Interkulturalität, des Rassismus und metropolitaner Klassenstrukturen (…). Aber auch Fragen

der Identitätssuche und -bildung werden in diesem Kontext prominent diskutiert.“ (33)

Als vierte Quelle nennt Kerner feministische Arbeiten, wobei man sehen muss, dass sich postkoloniale Feministinnen oft gegen den europäischen Feminismus wenden. Als wichtige theoretische Quelle nennt sie den französischen Poststrukturalismus, der auch deshalb interessant ist, weil dessen Vertreter entweder aus ehemaligen französischen Kolonien in Nordafrika stammen (wie Derrida) oder dort zumindest einige Jahre – so etwa Bourdieu in seiner Militärzeit in Algerien oder Foucault in Tunesien – verbracht haben:

> „Poststrukturalistische Theorien eint eine kritische Haltung zur westlichen Moderne und ihren Verheißungen. Dabei werden vor allem das moderne lineare oder gar teleologische Geschichts- und Fortschrittsverständnis und dem Westen entstammende universalistische theoretische und politische Ansprüche problematisiert. Aber auch die Idee des autonomen und rationalen Subjekts wird hinterfragt.“ (34)

Im Hinblick auf das Verhältnis zur westlichen Moderne gehen im de- und postkolonialen Diskurs die Meinungen weit auseinander. Sie reichen von völliger Ablehnung (etwa bei Walter Mignolo, 2019) bis zur begrenzten Akzeptanz:

> „Postkoloniale Kritik an der westlichen Moderne und den mit ihr einhergehenden Denkmuster und Praktiken bedeutet dabei allerdings nicht notwendig eine vollständige Ablehnung der kritisierten Phänomene. Im Gegenteil. Laut Gayatri Chakravorty Spivak ist Dekonstruktion „eine ständige Kritik dessen, was man nicht wollen kann“ (…). Für den in Ghana aufgewachsenen und in den USA lehrende Philosophen Kwame Antonie Appiah begeht die postkoloniale Theorie (und Literatur) sogar einen Fehler, wenn sie die oftmals dem modernen westlichen Denken zugeschriebenen universalistischen Prinzipien prinzipiell zurückweist – und dagegen lokale Moralsysteme affimiert.“ (34 f.)

Und weiter:

> „Nach Appiah richtet sich postkoloniale Kritik also nicht gegen den Westen und die von ihm reklamierten Attribute im generellen Sinne, sondern vielmehr gegen die Probleme, die daraus erwachsen sind – und dabei insbesondere gegen die Probleme, die sich hieraus für den Rest der Welt ergeben haben. (…) Die poststrukturalistischen Einflüsse auf postkoloniale Theoriepositionen führen mithin zu einer Haltung, die durch Wachsamkeit gegenüber den Ambivalenzen der westlichen Moderne geprägt ist. Die

> Aufmerksamkeit für die diesen Ambivalenzen entspringenden negativen Effekte erscheint dann als primäre Aufgabe postkolonialer Kritik." (35)

Eine wichtige – auch für das Projekt einer Dekolonialisierung der Erziehungswissenschaft relevante – Problematik thematisiert der in Martinique geborene französische Psychiater Frantz Fanon (1925-1961), indem er in seinen Werken die Psyche des kolonialisierten Subjekts und somit die Einflüsse des Kolonialismus auf die Entwicklung der Persönlichkeit thematisiert.

10. Einzelne Konzepte in der Kritik

Es sind immer wieder einzelne Konzepte und Begriffe, auf die sich post- und dekoloniale Diskurse beziehen und die als Schlüsselbegriffe (zusammen mit den historischen Ereignissen, auf die sich diese Begriffe beziehen) in der Kritik stehen. Insbesondere ist es die europäische Moderne verbunden mit einem bestimmten Verständnis von Aufklärung und Vernunft, die man für die Unterdrückung außereuropäischer Regionen verantwortlich macht. Dies ist im Grundsatz nicht zu bestreiten, denn es gibt keinen Mangel an einer Kritik der Moderne. Der Philosoph Hans Schelkshorn (2009) sieht eine vielfache *Entgrenzung* als zentrales Problem, also eine Überdehnung von Sichtweisen, Erkenntnissen, regionalen Entwicklungen und Deutungen, die als solche durchaus ihre (begrenzte) Berechtigung haben. Solche Entgrenzungen findet er in der Entgrenzung des Kosmos (Kopernikus), der menschlichen Natur und des Menschenbildes (durch Pico della Mirandola), des geographisch-politischen Weltbildes (durch Entdeckungen und Eroberungen). Schelkshorn diskutiert die Entgrenzung der Produktivität (Bacon und die moderne Wissenschaft), der modernen Staatsidee (Thomas Hobbes) und schließlich der kapitalistischen Marktwirtschaft (John Locke).

Damit sind zugleich wesentliche Themen – jeweils verbunden mit spezifischen wissenschaftlichen und philosophischen Disziplinen – angesprochen, die Gegenstand einer kritischen Untersuchung und dem Versuch einer Dekolonialisierung sein können. Eine solche kritische Sichtung kolonialer Verflechtungen hat inzwischen begonnen, wobei es große Unterschiede im Hinblick darauf gibt, wie weit solche Studien in den verschiedenen Bereichen gediehen sind. Man muss zudem sehen, dass häufig in solchen post- und dekolonialen Kritiken zum einen selbstkritische Positionen im europäischen Diskurs nicht berücksichtigt oder sogar – wie bei Castro Varela/Dhawan 2020, 11f.– als Teil einer eurozentrischen Arroganz gedeutet werden. Zum zweiten kann man feststellen, dass bei allen Plädoyers für Vielfalt und Pluralität im postkolonialen Diskurs genau dies im Hinblick auf die Konzepte von Aufklärung, Vernunft und Moderne nicht berücksichtigt wird, sondern man sich häufig auf solche Begriffsdeutungen stützt, die die Kritik leicht machen. In diesem Kapitel will ich daher knapp auf diejenigen Begriffe eingehen, die für das Projekt einer Dekolonialisierung der Erziehungswissenschaft besonders relevant sind. Da es dabei um Wissen und Wissenschaft geht, steht auch das Wissen etwa über die

Moderne, die Aufklärung und Vernunft im Mittelpunkt. Auch hierbei stütze ich mich auf eigene Spezialstudien aus den letzten Jahren zu einzelnen dieser Themen.

Wissen, „epistemische Gewalt" und epistemischer Ungehorsam

Der Mensch braucht Wissen und Kenntnisse, um als instinktarmes Wesen sein Leben bewältigen zu können. Das Wissen kann sich dabei auf die natürliche Umgebung, auf die belebte und unbelebte Natur, auf das Wetter und seine Veränderungen, aber auch auf die Art des Zusammenlebens und der gemeinsamen Lebensbewältigung und nicht zuletzt auf den Menschen selbst beziehen. Auch das Wissen über Wissen, über seine Genese und Herstellung, über Wirksamkeit, Begründung, Widerlegung und Reichweite etc. ist ein Gegenstand von Wissen: Wissen ist – oder sollte es zumindest sein – selbstreflexiv.

Dass Wissen in dieser Hinsicht, nämlich als für das Überleben notwendiges individuelles und soziales Steuerungsmedium, Macht bedeutet, wussten die Menschen schon, bevor Francis Bacon dies im 17. Jahrhundert explizit formulierte. Diesem ging es in der Zeit des Aufbruchs der neuzeitlichen Naturwissenschaft um die Forcierung der wissenschaftlichen Erkundung der Welt.

Wissen bedeutet jedoch nicht nur schlechthin Macht, sondern man muss Unterscheidungen treffen, etwa danach, welche Art des Wissens es ist, wie man es erworben hat, wer es besitzt und nutzen kann, ob und wie es weitergegeben wird, welche Bereiche und Gegenstände es betrifft. Es kann sich um tatsächliches oder bloß vermeintliches Wissen handeln, wobei auch Letzteres Wirkungen entfalten kann, wie man in Zeiten von Fake News oder „alternativen Fakten" in den letzten Jahren leidvoll hat feststellen müssen. Mit Wissen kann man nämlich nicht nur die Natur beherrschen, sondern es ist auch in sozialer Hinsicht ein Herrschaftsinstrument. Auch deshalb gab es immer schon einen Streit nicht nur darüber, ob eine Behauptung wahr oder falsch sei und wie man dies jeweils begründen könne, sondern man stritt und streitet auch darüber, welches Wissen legitim oder nicht legitim ist. Denn möglicherweise gibt es schädliches und zerstörerisches Wissen, das man besser nicht erwerben oder weitergeben sollte: Wissen hat immer auch eine ethisch-moralische Dimension.

Es ist also nachvollziehbar, wenn es Streit im Bereich des Wissens gibt. So muss man davon ausgehen, dass unterschiedliche Wissensformen wie Alltagswissen, Erfahrungswissen, wissenschaftliches Wissen, religiöses Wissen untereinander um Anerkennung und Legitimität und nicht zuletzt um Hegemonie streiten. Es gibt zudem innerhalb der genannten Bereiche, also innerhalb der Wissenschaften, der persönlichen Erfahrungen, der Religionen Kritik und gravierende Meinungsunterschiede.

Die indisch-amerikanische Literaturwissenschaftlerin Gayatri Chakravorty Spivak hat im Kontext des Umgangs mit westlichem Wissen den Begriff der „epistemischen Gewalt" eingeführt. Es geht um die Dominanz westlicher Wissensformen verbunden mit der Unterdrückung alternativer Wissenskulturen. Dieses Konzept wurde mehrfach im post- und dekolonialen Diskurs aufgegriffen. So spricht etwa der peruanische Denker Anibal Quijano (2019) von einer „Kolonialität der Macht", womit er eine fortdauernde Verstrickung von Rassismus und Kolonialismus mit den unterschiedlichsten Bereichen der Gesellschaft, etwa der Ökonomie, der politischen Gestaltung und auch im Umgang mit Wissen und Wissenschaft bezeichnet. Der Argentinier Walter Mignolo (2019) hat diese Überlegungen in seinem Verständnis von „epistemischer Gewalt" aufgegriffen. In ihrer umfassenden Studie zu diesem Thema schreibt die Politikwissenschaftlerin Claudia Brunner (2020):

> „Epistemische Gewalt bezeichnet den Beitrag zu gewaltförmigen gesellschaftlichen Verhältnissen, die im Wissen selbst, in seiner Genese, Ausformung, Organisationsform und Wirkmächtigkeit angelegt sind. Damit meine ich nicht jegliche sich auf der Ebene des Wissens manifestierender Erscheinungsform, die in einen Zusammenhang mit direkt erkennbaren Form von Gewalt gestellt werden können. Epistemische Gewalt ist Möglichkeit Bedingung, Bestandteil und Produkt der kolonialen Moderne. Diese Moderne ist keine genuin gewaltfreie, weil fortschrittliche, demokratische und wissensbasierte. Sie ist auf vielfältige Weise mit ihrer kolonialen Vergangenheit und der immer noch gegenwärtigen, sie konstituierenden und von zahlreichen Formen von Gewalt geprägten sogenannten Unterseite verbunden. Aus diesem Grund liegt es nahe, epistemische Gewalt weder in eurozentrischer Gewohnheit zu abstrahieren noch den Begriff für jeglichen Zusammenhang von Wissen und Herrschaft in Zeit und Raum zu verallgemeinern. Ein derartiges Verständnis würde die globale, epochenübergreifende Dimension der historischen Kolonisierung und gegenwärtigen Kolonialität analytisch wie politisch marginalisieren." (274)

In ähnlicher Weise wendet sich der portugiesische Soziologe Boaventura de Sousa Santos gegen die Dominanz des westlichsten Wissens und spricht in seinen Büchern von „Epistemologien des Südens" oder dem „Ende des kognitiven Empires". In diesem Zusammenhang sind auch unterschiedliche Versuche zu sehen, das Wissen indigener Völker anzuerkennen. Dies betrifft nicht nur indigenes Wissen über nachhaltigen Umgang mit der Natur, es betrifft auch das Menschenrecht indigener

Völker, ihre eigene Kultur und ihre Heimat vor politischen, kulturellen und vor allem ökonomischen Übergriffen zu schützen. Es gibt inzwischen zahlreiche regionale, nationale und internationale Organisationen, die indigene Völker bei der Durchsetzung ihres Rechtes unterstützen. Auch im internationalen Völkerrecht wird dies inzwischen berücksichtigt. So wird ausdrücklich in der Abschlusserklärung des Weltnaturgipfels zur Erhaltung der Biodiversität der Vereinten Nationen in Montreal im Jahre 2022 die Berücksichtigung des Indigenen Wissens über die Natur gefordert (allerdings fordert Kai Horsthemke 2004 von der Universität Eichstätt, vormals University of the Witwatersrand/Südafrika, auch einen kritischen Umgang mit „indigenem Wissen", das er nicht in jedem Fall für ein geeignetes Mittel im Kampf gegen Repression und Diskriminierung hält).

Kritik, Selbstkritik und Metakritik der Aufklärung

In den Wissenschaften, so wie sie sich insbesondere im Europa der Neuzeit entwickelt haben, gehört Kritik und insbesondere Selbstkritik gegenüber Ergebnissen, auch bei denen, die man selbst in seiner Forschungsarbeit erzielt hat, zum Grundverständnis wissenschaftlichen Arbeitens. Kritik gehört auch deshalb zu dem Grundprinzip innerhalb jeder einzelnen Wissenschaft, weil es in jeder Wissenschaft unterschiedliche methodische Ansätze gibt, die sich immer auch in einem Konkurrenzkampf um die Hegemonie und das Deutungsmonopol im eigenen Feld befinden. Dies gilt insbesondere auch dann, wenn derselbe Gegenstand Forschungsobjekt unterschiedlicher wissenschaftlicher Disziplinen ist. So ist der Mensch Gegenstand von Biologie, Medizin, Psychologie, Soziologie, Politologie, Pädagogik und weiteren – letztlich allen – Disziplinen. Wissen ist relevant, denn auf dessen Basis werden Bilder von sich und der Welt geschaffen, die wiederum das Denken und Handeln der Menschen orientieren.

Auch deshalb sieht sich das Wissen, das von Europäern über die anderen Teile der Welt und die dort lebenden Menschen, über Kolonialismus, Rassismus, Migration und Diskriminierung sowie über sich selbst erarbeitet und kommuniziert wurde und wird, einer heftigen Kritik ausgesetzt. Es geht bei dieser Kritik nicht bloß um einzelne Fakten, die durch eine neuere Forschung widerlegt wurden (und die trotzdem erstaunlich langlebig sein können), sondern es geht um generelle Grundprinzipien: Etwa die Dominanz des Allgemeinen gegenüber dem Besonderen und um die Betonung des Vernünftigen und Verstandesmäßigen gegenüber dem Emotionalen. Dies ist es, was man den europäischen „Logozentrismus" nennt. Zentrale Konzepte und Denkweisen, die man Europa zuschreibt, werden infrage gestellt. Es geht um eine Fundamentalkritik ganzer Epochen europäischer Philosophiegeschichte wie etwa der Aufklärung. Gerade die Aufklärung steht im Mittelpunkt vieler Streitigkeiten, wenn nämlich ihre Befürworter sie als „Ausgang des Menschen aus seiner selbst verschuldeten Unmündigkeit" (so Kant) sehen, wohingegen andere ihren hegemonialen Anspruch, etwa in dem Trend zur Universalisierung, zur Ordnung und Klassifikation kritisieren und zudem bei wichtigen Repräsentanten rassistische Tendenzen sehen:

> „Die europäische Aufklärung nahm „Welt" in sich auf und wirkte umgekehrt weit über die Grenzen des europäischen Kontinents hinaus. Diesem entprovinzialisierten Bild von Aufklärung, das sie als eine Bewegung der mentalen Öffnung über das Eigene hinaus und damit als Vorläuferin eines heute vielfach angestrebten Kosmopolitismus zu zeigen versucht, steht in der Diskussion eine völlig entgegengesetzte Bewertung gegenüber. Dieser Ansicht zufolge zeigten sich im Verhältnis zur außereuropäischen Welt einige unattraktive Züge der Aufklärung mit besonderer Deutlichkeit: der Wahn sich alles kognitiv unterwerfen zu wollen, Machtausübung durch Ordnung und Planung, universalistische Gleichmacherei ohne Sinn für kulturellen Eigensinn, Zurückweisung aller Maßstäbe, außer den eigenen, ‚Logozentrismus', eine ausschließlich männliche Wahrnehmungsperspektive, usw. Die sonst gelobte Toleranz der Aufklärung wird in dieser Hinsicht als heuchlerisch gebrandmarkt, der intellektuellen Neugier ein imperialer Beherrschungswille unterstellt." (Osterhammel 2010, 407)

Jürgen Osterhammel (a. a. O.) akzeptiert in Grenzen diese kritische Sichtweise:

> „Diese Fundamentalkritik, die vielfach alte gegenrevolutionäre und romantische Motive aufnimmt, ist nicht völlig von der Hand zu weisen. Eine gewisse Skepsis schützt davor, den Selbstidealisierungen des 18. Jahrhunderts zu eng zu folgen, und zumindest das Schweigen der meisten Aufklärer zum Skandalon von Sklavenhandel und Sklaverei irritiert bis zum heutigen Tage."

Allerdings:

> „Dennoch schießt die Aufklärungskritik, die in den neunziger Jahren zur Mode wurde, vielfach weit über das Ziel hinaus. Explizit kolonialismuskritische Stimmen aus dem 18. Jahrhundert (…) werden nicht zur Kenntnis genommen, allzu bruchlose Genealogien zwischen den anthropologischen Differenzierungen von Aufklärungsdenkern und dem späteren biologischen Rassismus des 19. Jahrhunderts konstruiert, Texte nicht mit der nötigen philologischen Umsicht behandelt (…)." (407)

Ähnlich sieht dies der Historiker Wolfgang Reinhard (2016), der insbesondere die politische Relevanz der Historiographie – etwa bei der Identitätsbildung in nachkolonialen Staaten – thematisiert. Er weist darauf hin, dass die berechtigte Kritik an einem eurozentrischen Denken gelegentlich auch zu Vereinseitigungen auf der anderen Seite führt, wenn etwa zu stark harmonisierende Bilder von Afrika vor der Kolonialzeit entworfen werden. Er weist auf blinde Flecken einer postkolonialen Geschichtsschreibung hin, wenn etwa die Konflikte innerhalb ehemaliger Kolonien und die Kollaboration afrikanischer Eliten bei der Kolonialisierung und Versklavung nicht thematisiert werden. Insbesondere ist es ihm wichtig, auf die subjektive Handlungsfähigkeit der Kolonialisierten hinzuweisen:

> „Als handlungskompetente Individuen waren die Kolonisierten keine passiven Objekte der Geschichte und hilflosen Opfer der Kolonialherren. In der nationalhistorischen wie der kolonialkritischen Phase der Historie wurden sie aber entweder so oder ganz einfach überhaupt nicht dargestellt. Allein das Handeln der Kolonialherren erschien historisch relevant, egal ob es bejubelt oder verteufelt wurde." (ebd., 1319)

In eine ähnliche Richtung gehen die kritischen Anmerkungen zu postkolonialen Forschungsansätzen des (auch in post- und dekolonialen Diskursen rezipierten) Afrikaforschers Frederick Cooper (2012):

> „Das Einprügeln auf die Aufklärung und die Kritik an der Moderne sind in der Kolonial- und Postkolonialismus-Forschung zur regelrechten Lieblingsbeschäftigung geworden. Deren Protagonisten wollen in ihren Positionen die Verteidigung von Moderne und Aufklärung gegen die anstürmenden Barbaren erblicken, welche die universellen Prinzipien gefährdeten, auf denen die demokratischen Gesellschaften beruhen. Eine Debatte auf einem solchen Abstraktionsniveau ist wenig erbaulich, nicht zuletzt deswegen, weil beide Seiten sich damit begnügen, die Rationalität der Aufklärung als Symbol zu behandeln, das von seiner historischen Bedeutung abgelöst ist." (24)

Es gibt allerdings im Kontext der postkolonialen Studien gemäßigte Positionen, bei denen etwa – wie bei der prominenten postkolonialen Autorin Gayatri Chakravorty Spivak – von einer „Rettung der Aufklärung" die Rede ist. Ähnlich sieht dies die Politikwissenschaftlerin Nikita Dhawan (2016):

> „Das normative Erbe der Aufklärung ist höchst ambivalent und widersprüchlich und gleichzeitig geprägt von Barbarismus und Zivilität, Beherrschung und Emanzipation." (254)

Offensichtlich fällt es postkolonialen Autor*innen gelegentlich schwer, solche Ambivalenzen auszuhalten. Daher scheint der Hinweis des Anthropologen Michel-Rolph Trouillot (in Conrad/Randeria 2002, 93) hilfreich:

> „Man wird längst verstorbenen Autoren schwerlich vorwerfen können, dass sie uns selbstverständliche ideologische Ansichten nicht teilen. Um zu vermeiden, dass das Problem durch den Ruf nach politischer Korrektheit trivialisiert wird, möchte ich noch einmal betonen: Ich behaupte nicht, dass die Männer und Frauen des 18. Jahrhunderts hätten dieselben Auffassungen wie wir heute über die fundamentale Gleichheit aller Menschen *haben sollen*. Ich behaupte ganz im Gegenteil, dass sie solche Auffassungen gar *nicht haben konnten*. Aber ich versuche, aus dem Verständnis dieser historischen Unmöglichkeit eine Lehre zu ziehen."

Die angeführte Kritik und Bedenken hinsichtlich der Forschungen europäischer Wissenschaftler*innen und Philosoph*innen haben natürlich ihre Berechtigung – und sie fanden mit einer vergleichbaren Radikalität auch im Rahmen der europäischen Geistesgeschichte immer schon statt (vgl. Bollenbeck 2007). So artikulierte man wie erwähnt im Rahmen der Romantik eine ebenso harte Kritik an der Aufklärung wie dies heute in poststrukturalistisch inspirierten Forschungsansätzen geschieht. Man kritisierte die spätere „wissenschaftliche" biologische Begründung des Rassismus, es gab Kritiker der Sklaverei und des Kolonialismus und man kritisierte die Einseitigkeit bestimmter Paradigmen in den Wissenschaften, zumal diese – etwa im Bereich der Wirtschaftswissenschaften – nachweislich zu gravierenden Fehlentwicklungen führten: Die Geschichte der Wissenschaften lässt sich ebenso wie die Geschichte der Moderne als Geschichte ihrer jeweiligen Kritik schreiben.

Zur Pluralität von Wissen(schaft)skulturen

Wissenschaft bedeutet immer auch eine Modellierung und sprachliche Darstellung des jeweiligen Forschungsgegenstandes. Die Analyse und Kritik der jeweils verwendeten Begrifflichkeit und Sprache gehören daher zum Selbstverständnis eines wissenschaftlichen Arbeitens, das seine eigenen Grundprinzipien ernst nimmt. Vor diesem Hintergrund ist gerade die Sprachkritik in postkolonialen Diskursen von besonderer Bedeutung. Es geht also zum einen darum, nicht eigens thematisierte, aber unterstellte normative westliche Maßstäbe etwa in der Entwicklungs- oder Modernisierungstheorie aufzuzeigen, es geht auch um die Entlarvung verharmlosender

Begrifflichkeiten und Diskursverschiebungen, also etwa darum, was von wem wie und wo gesagt wird und gesagt werden darf.

Allerdings ist auch hier darauf hinzuweisen, dass die Macht der Sprache kein neu entdecktes Thema der postkolonialen Studien ist, sondern wissenschaftlich wie auch in der praktischen Politik schon länger eine Rolle spielte. So gibt es geradezu einen Kampf um das (auch sprachliche) Deutungsrecht in der Politik, wie man etwa am Beispiel der Einrichtung einer Arbeitsgruppe Semantik in der CDU durch den damaligen Generalsekretär Kurt Biedenkopf erkennen kann (vgl. Fuchs 2011b). Ein Beispiel war der durchaus erfolgreiche Versuch, den ursprünglich in der Arbeiterbewegung verankerten Begriff der „Solidarität“ nunmehr so umzudeuten, dass er geradezu in sein Gegenteil verkehrt wurde, wenn er etwa dazu diente, „Solidarität“ der Deutschen mit den US-Amerikanern bei ihrem Krieg in Vietnam einzufordern. Ich selbst hatte eine Kontroverse zu dem Begriff des „Kulturstaates“, in deren Rahmen ich darauf hinwies, dass dieser Begriff von seinen Wurzeln her einen rechten und nationalistischen Ursprung hat, der ihn eigentlich untauglich für eine Verwendung in einer Demokratie machen sollte. Allerdings lohnt es sich, um Begriffe zu kämpfen. Denn Deutungen stehen nicht ein für alle Mal fest und es ist keineswegs so, dass die Genese und der Entstehungskontext eines Begriffes nunmehr für immer seine Bedeutung festlegen. Diese Annahme scheint mir bei einigen Begriffsanalysen vorzuliegen, die in dem „kritischen Nachschlagewerk“ von Arndt/Ofuatey-Alazard (2019) behandelt werden. Wie relevant Begriffe und generell Sprache im Kontext des vorliegenden Buches sind, kann man etwa an dem Ringen um eine geeignete Bezeichnung unserer Gesellschaft (Marktwirtschaft, Klassengesellschaft, Einwanderungsgesellschaft, postmigrantische Gesellschaft etc.) oder an der (Selbst- oder Fremd-)Bezeichnung von bestimmten Menschen oder Bevölkerungsgruppen (Schwarzer Deutscher, Person of Colour, Migrant, Ausländer, N…, Farbiger etc.) sehen. Denn mit diesen Begriffen sind nicht bloß Prozesse der Anerkennung oder Diskriminierung verbunden, sie repräsentieren auch jeweils eine bestimmte Politik.

Im Hinblick auf Formen des Wissens, deren Entstehung man Europa zuschreibt, wird man entgegen einer gelegentlichen apodiktischen Ablehnung in postkolonialen Diskursen differenzieren müssen. So zeigen wissenschaftsgeschichtliche Studien, dass bestimmte Prinzipien der „abendländischen Vernunft“ keineswegs nur in Europa entstanden sind, sondern dass europäische Denker das gesamte Wissen ihrer Zeit benutzt haben (vgl. Sommer u. a. 2017). So kannten die Griechen die Wissens- und Denktraditionen in Ägypten und Mesopotamien (vgl. Pichot 1995). Man kann zudem zeigen, dass bestimmte Ausrichtungen, die man in der europäischen Philosophiegeschichte identifizieren kann, auch in anderen Teilen der Welt entwickelt wurden. So lässt sich zum Beispiel eine aufklärungsorientierte Erkenntnistheorie auch im chinesischen Denken finden, etwa beim Me-ti (auch: Mo-tsu, Mo-tse), so wie es Bert Brecht dargestellt hat („Buch der Wendungen"). Andererseits finden sich Gegenmodelle zur Aufklärung, also etwa ein Denken, das das Mystische und Mythische in den Mittelpunkt stellt, auch in der europäischen Philosophietradition. Zudem werden Bilder der Aufklärung produziert, etwa das Bild einer rein logozentrisch verstandenen Aufklärung, die der Realität kaum entsprechen. So zeigt etwa Steffen Martus (2015) eine Aufklärung der Leidenschaften, der Sinnlichkeit, der Emotionalität und der Fantasie als nicht-logozentrisch.

Mit einseitigen Vorstellungen über regionale Wissen(schaft)skulturen wird man also der Realität nicht gerecht und produziert eher ideologische Karikaturen. In einer Untersuchung, in der ich die Künste und die Wissenschaften in ihrer jeweiligen Erkenntnisfunktion verglichen habe (Fuchs 2020), habe ich die Pluralität unterschiedlicher Wissensformen beschrieben. So konnte ich zeigen, dass man auf der Basis der „Philosophie der symbolischen Formen" von Ernst Cassirer (1990) für jede Einzelne der symbolischen Formen (Wissenschaft, Politik, Ökonomie, Technik, Mythos, Religion, Kunst) je eigene Wissensformen mit eigener Logik und Struktur identifizieren kann. Man kann zeigen, dass in jeder dieser Wissensformen eine spezifische Form der Rationalität realisiert und die Funktion der Deutung der Welt- und Selbstverhältnisse erfüllt wird. Insbesondere kann man zeigen, dass sich die Verständnisweisen von Rationalität ausdifferenzieren und pluralisieren. Ich komme in dem genannten Buch zu folgendem Fazit, das aus meiner Sicht auch relevant für das Thema des vorliegenden Buches ist:

> „1. Der Mensch braucht alle Wissensformen und er verwendet sie ständig.
>
> 2. Jede Wissensform kann sich im Grundsatz auf alle Gegenstände beziehen, dies geschieht aber jeweils mit einem spezifischen Ziel oder Erkenntnisinteresse.
>
> 3. Dieses Wissen kann auch missbraucht werden, jedes Wissen muss zudem im Hinblick auf seinen Wahrheitsgehalt überprüft werden können.
>
> 4. Wer von Wissen spricht, muss auch von seinem Gegenteil sprechen, von Irrtümern, Manipulationen und Lügen.
>
> 5. Keine Wissensform kann durch andere ersetzt werden, keine Wissensform ist verzichtbar
>
> 6. Jede Wissensform kann im Grundsatz von jedem angeeignet werden, bei jeder Wissensform ist ein Entwicklungsprozess zu unterstellen.

7. Jede Wissensform kann Mängel und Lücken in anderen Wissensformen entdecken und beseitigen helfen.

8. Für jede Wissensform gibt es Spezialisten bzw. spezialisierte Institutionen.

9. Bei jeder Wissensform ist danach zu fragen, inwieweit sie moralische, ästhetische oder erkenntnisbezogene Dimensionen hat und wie diese Dimensionen zueinander stehen.

10. Der Geltungsanspruch einer jeden Wissensform ist begrenzt.

11. Bei jeder Wissensform gibt es Vertreter, die versuchen, den Geltungsanspruch des von ihnen vertretenen Wissens zu überdehnen. Dazu gehört auch, andere Wissensformen zu diskreditieren.

12. Ein Streit über die Relevanz der jeweiligen Wissensform bzw. zwischen Wissensformen ist normal. Die dadurch entstehende Herausforderung, sich intensiver um die Begründung und Legitimation zu bemühen, kann als Entwicklungsmotor verstanden werden.

13. Jede Wissensform lässt sich im Hinblick darauf überprüfen, welchen Beitrag sie zur Entwicklung und Transformation des Welt- und Selbstverhältnisses (des Einzelnen oder der sozialen Gruppe) leistet. Dabei ist von einem Wechselverhältnis von Welt- und Selbstverhältnis auszugehen.

14. Jede Wissensform muss sich um eigene Standards und Kriterien – etwa im Hinblick auf Wahrheit und Wahrhaftigkeit – bemühen. Eine Übertragung von Standards aus anderen Wissensbereichen kann in heuristischer Weise bei diesem Reflexionsprozess helfen.

15. All diese allgemeinen Bemerkungen gelten insbesondere im Hinblick auf das Wissen der Künste und das Wissen der Wissenschaften und insbesondere auf die Beziehung zwischen diesen beiden Wissensformen.

16. Bei aller Unvermeidbarkeit einer Auseinandersetzung über die Tragweite der jeweiligen Wissensform ist eine strikte Entgegensetzung des Wissens der Künste und des Wissens der Wissenschaften nicht sinnvoll bzw. sogar schädlich.

17. Es ist zudem eine Verabsolutierung von jeder der beiden genannten Wissensformen zu vermeiden. Denn zum einen führte dies auf der Ebene des Individuums zu einer nicht hilfreichen Begrenzung des Kompetenzspektrums, auf der Ebene der Gesellschaft muss man damit rechnen, dass sich entweder eine (undemokratische) Technokratie ergibt oder dass ‚ästhetische Gegenwelten ‘ konstruiert werden, die – wie die Geschichte zeigt – im Zivilisationsbruch enden können.

18. Für die Pädagogik bedeutet dies, dass Möglichkeiten gegeben werden müssen, nicht bloß entsprechendes Wissen aus und über die Wissenschaften und die Künste zu erwerben, sondern auch den engen Zusammenhang beider Bereiche zu erkennen. Dazu sind bestimmte ideologische Vorstellungen beider Bereiche zu überwinden, etwa der, dass die Wissenschaften nichts mit Kreativität oder Ästhetik zu tun haben, oder der, dass die Künste ‚das völlig Andere der Vernunft' seien.

19. Wer einen ästhetischen Zugang zur Welt verstellt, verschließt einen überlebensnotwendigen Zugang, wer einen wissenschaftlichen Zugang zur Welt verstellt, tut das Gleiche. Insbesondere ist zu bedenken, dass zur Bewältigung der gegenwärtigen Probleme und für das Überleben der 7 Milliarden Menschen, die zurzeit auf der Erde leben, nicht weniger Wissenschaft, sondern mehr Wissenschaft notwendig ist, wozu allerdings eine ethisch-moralische Bewertung der Forschungsergebnisse gehört." (229f.)

Diese Thesen lassen sich wiederum zusammenfassen in der *Aufforderung, falsche Gegensätze zu vermeiden.*

Ein wesentliches Verdienst der postkolonialen (und anderer vergleichbarer) Studien besteht darin, auf blinde Flecken hingewiesen zu haben. Der Politikwissenschaftler Aram Ziai (2016) hat Stärken und Schwächen auf beiden Seiten, der „traditionellen" und der postkolonialen Politikwissenschaft aufgezeigt und auf dieser Grundlage die Forderung nach einer verbesserten Kooperation formuliert. Ähnlich argumentieren die oben genannten Historiker Jürgen Osterhammel oder Wolfgang Reinhard.

Als Schwäche einiger postkoloniale Ansätze muss man eine Überbetonung des sozialen Konstruktivismus sehen, bei dem eine real existierende soziale oder gegenständliche Welt erst gar nicht mehr auftaucht. Dies ist oft verbunden mit einem Verständnis von Diskurs, das diesen bloß als sprachliche Handlung interpretiert. Dies geschieht oft unter Bezug auf Michel Foucault, was aus meiner Sicht nicht gerechtfertigt ist, wenn man dessen gesamtes Werk berücksichtigt (siehe dazu meine Analyse entsprechender Schriften von Foucault in Fuchs 2022, Kap. 11). Ähnliches lässt sich dort einwenden, wo man das Konzept der „Subjektivierung" (im Anschluss an Michel Foucault und Judith Butler) lediglich als Prozess der Unterwerfung sieht und die Möglichkeiten emanzipatorischen Handelns und des Empowerments nicht berücksichtigt. Denn damit ist verbunden, den Kolonisierten den Subjektstatus, also die Fähigkeit zu widerständigem Denken und Handeln – entgegen der langen Tradition von Protesten und Revolten gegen unterdrückende Regime – abzusprechen.

Mir scheint, dass bei aller verbalen Ablehnung des binären Denkens, das man der westlichen und europäischen Moderne zuschreibt, genau dies oft in postkolonialen Diskursen praktiziert wird. So akzeptiert man nicht die Vielgestaltigkeit dessen, was man „Moderne" nennen kann (siehe Teil 1). Das „Handbuch Moderneforschung" (Jaeger/Knöbl/Schneider 2015) zeigt die Vielfalt solcher Moderne-Konzeptionen nicht bloß in unterschiedlichen wissenschaftlichen Zugriffsweisen und Disziplinen, sondern auch in unterschiedlichen Regionen der Welt (Afrika, arabische Welt, China, Lateinamerika, Japan, Russland und Osteuropa). Es wird gezeigt, welch intensive und kontroverse Debatten es um dieses Konzept der „Moderne" gibt:

> „Erste vorläufige Ergebnisse verweisen auf das Vorhandensein sehr unterschiedlicher Konzepte und Debattenstränge in den einzelnen Disziplinen der Sozial- und Kulturwissenschaften mit weiteren erheblichen Binnendifferenzierungen innerhalb der Fächer." (a. a. O., 2)

Es ist erstaunlich, dass in Ansätzen, in denen „Differenz" (etwa im Anschluss an Derrida) ein Leitkonzept ist, genau dies dort nicht respektiert wird, wo man es mit einem scheinbaren Gegner zu tun hat. Es kommt daher darauf an, beides zu sehen: Gemeinsamkeiten und Universalien, die sich in allen Kulturen finden lassen (Antweiler 2009), aber auch Unterschiede. Dabei spielt die Frage der Macht eine wichtige Rolle. Vor diesem Hintergrund lässt sich sinnvoll die Frage stellen, worin der „Europäische Sonderweg" besteht, wobei zu berücksichtigen ist, dass es eben nicht nur diesen einen Sonderweg gibt, sondern dass jeder einzelne regionale Entwicklungsprozess als Sonderweg betrachtet werden kann. In dieser Hinsicht ist es gerade kein Okzidentalismus oder Eurozentrismus, wenn man den europäischen Sonderweg (als einen von vielen) in seinen Erfolgen und Niederlagen, in seinen Errungenschaften und Zivilisationsbrüchen studiert, so wie es etwa in der Reihe „Europa bauen" (Verlag C. H. Beck) in zahlreichen Bänden geschehen ist (vergleiche auch Mitterauer 2009) oder wie es der Historiker Joseph Ki-Zerbo in seiner „Geschichte Schwarz-Afrikas" (1979) für Afrika tut.

Vernunft, Ordnung und Machbarkeit

Man kann in der europäischen Aufklärung im 18. Jahrhundert die in der Überschrift genannten Begriffen durchaus als Leitbegriffe sehen, die wesentlich das Denken und Handeln der Menschen in Europa bestimmt haben. Zumindest gilt dies für die geistige Elite, wobei deren Überlegungen durch die entstehende Öffentlichkeit sowohl bei verantwortlichen Politikern – man denke etwa an den aufgeklärten preußischen König Friedrich II – als auch durch das aufblühende Verlags-, Zeitungs- und Zeitschriftenwesen eine immer weitere Verbreitung gefunden haben. Die Industrialisierung nimmt in einigen Regionen an Fahrt auf und man bestaunt Ergebnisse der wissenschaftlichen Forschung. Dazu kommt ein Erstaunen über Regionen, die den Europäern bislang nicht bekannt waren und die nunmehr in viel gelesenen Reiseberichten dargestellt wurden.

Vor diesem Hintergrund wird verständlich, dass geradezu ein Kult der Machbarkeit entstanden ist. Eine gewisse Form von Machbarkeit darf dabei durchaus als anthropologische Grundkonstante gelten, denn der Mensch ist darauf angewiesen, die Bedingungen seines Überlebens selbst zu gestalten. Basis der menschlichen Existenz ist also Arbeit, und dies gilt für Nomaden und Sesshafte gleichermaßen und es gilt in allen Regionen und für alle Zeiten. Doch ist es richtig, dass in der Neuzeit ein Verständnis von Machbarkeit entsteht, das sich zunehmend auf die technischen Anwendungen naturwissenschaftlicher Erkenntnisse bezieht, wobei also Vernunft als messende, zählende, wiegende und vergleichende Vernunft betrachtet wird. Dies ist es, was Max Horkheimer als „instrumentelle Vernunft" bezeichnet hat und deren negativen Auswirkungen wir heute allenthalben zu spüren bekommen:

> „Es ist vieles machbar geworden. Die Machbarkeit ist groß. Sie ist vom Machbaren weitergegangen, das noch nicht Machbare machbar zu machen. Die eigentliche Kraft, die eigentliche Machbarkeit liegt im Machbar-Machen. Indessen erfahren wir mehr und mehr, dass die Machbarkeit auch zum Unmachbaren führt. Wir müssen vermuten, dass wir mit vielem Gemachten ins Unmachbare geraten." (Baruzzi 1996, 18)

Mit diesem sich durchsetzenden Konzept der Machbarkeit ist die Gefahr des Missbrauchs verbunden. Auch dies ist eine der oft beschriebenen Ambivalenzen der Moderne, dass vorhandene oder entwickelte Mittel in unterschiedlicher (positiver oder negativer) Weise genutzt werden können. Es sind oft genug ökonomische Zwecke, die dazu führen, dass bestimmte Errungenschaften zum Nachteil der Menschen verwendet werden. Vor diesem Hintergrund wird die bereits oben erwähnte Aussage von Kant verständlich, dass Machbarkeit ihre Grenzen haben muss, und eine Grenze wird dort gefunden, wo es um den Menschen selbst geht: dass der Mensch nämlich niemals Mittel für fremde Zwecke werden dürfe (so Kant).

Man muss allerdings sehen, dass eine Reduktion von Vernunft auf bloß instrumentelle Vernunft unzulässig ist. So hat sich schon in der Zeit der Aufklärung mit der Romantik eine Gegenbewegung gegen ein solches Vernunftverständnis entwickelt. Man spricht von dem „Anderen der Vernunft", das etwa in der Kunst zu finden ist. Es ist zudem immer wieder an die Philosophie der symbolischen Formen von Ernst Cassirer zu erinnern, der zeigt, in welch unterschiedlichen Weisen der Mensch auf die Welt zugehen kann, wobei in jeder dieser Zugangsweisen ein spezifisches

Konzept von Vernunft wirksam wird. Auch Mythos und Religion als symbolische Formen sind in dieser Hinsicht vernünftige Formen der Welterfassung, unter anderem auch deshalb, weil sie dasselbe Ziel wie die anderen symbolischen Formen verfolgen, nämlich eine Ordnung in der Welt zu erkennen.

Ordnung ist dabei durchaus ein Leitbegriff der Aufklärung. Das 18. Jahrhundert ist ein Jahrhundert der Taxonomien, so wie es oben im Zusammenhang mit der Diskussion des Rassismus bei Kant bereits angesprochen worden ist. Taxonomien sind Versuche, Ordnung in einem bestimmten Bereich des Wissens oder der Realität zu schaffen. Auch dies kann als anthropologische (und damit universelle) Grundkonstante verstanden werden, denn überall dort, wo Menschen leben, wird man etwa die Unterscheidung danach treffen müssen, was lebensdienlich ist und was nicht, also eine existentiell relevante Taxonomie schaffen (vgl. Foucault 2019).

Auch der Gedanke des Fortschritts und insbesondere die Vorstellung einer linearen und zielorientierten Entwicklung, die man in der Geschichte zu erkennen glaubte, gehört in diesen Kontext. Hierbei ist der Vorwurf berechtigt, dass man die eigene (oft auch nur imaginierte) Entwicklung als maßgeblich und vorbildlich für alle anderen Entwicklungen verstanden hat und vermutlich bis heute versteht. Dies ist etwa die Grundlage der über viele Jahrzehnte sowohl in der Soziologie als auch in der Entwicklungspolitik maßgeblichen Modernisierungstheorie (die inzwischen vehement kritisiert wird; vergleiche etwa Cooper 2012). Allerdings muss man sehen, dass es keine gegenwärtige oder historische Kultur gibt oder gegeben hat, die sich nicht selbst für die beste gehalten hat. Ein wichtiger Unterschied besteht jedoch darin, dass in Europa die technischen und militärischen Mittel zur Verfügung standen, die eigenen Vorstellungen gewaltsam durchzusetzen. Dies betrifft nicht nur die Zeit des Kolonialismus, es gilt letztlich auch heute, etwa in der (früher so genannten) Entwicklungshilfe.

Entwicklung

Entwicklung und Entwicklungstheorien und der damit verbundene Begriff der Entwicklungsländer sowie die Entwicklungspolitik als Ganzes sind in den letzten Jahren und Jahrzehnten aufgrund ihrer nachgewiesenen Erfolglosigkeit und der dahintersteckenden (eurozentrischen) Ideologie in Verruf geraten (Fischer 2010 oder Kößler 1998, mit positiver Bewertung Kurer 2017). „Entwicklung“ ist ein normativer Begriff, denn es geht darum, bestimmte, vorab festgelegte Ziele zu erreichen bzw. sich an bestimmte Modelle – in diesem Fall: Gesellschafts-, Wirtschafts- und Politik-Modelle des Westens – anzunähern. Über eine lange Zeit nach dem Zweiten

Weltkrieg war die sogenannte Modernisierungstheorie, die inzwischen auch für die „entwickelten" Länder kaum noch akzeptiert wird, dominant:

> „Der Begriff der „Entwicklung" diente also dazu, für die bereits eingetretene oder sich unmittelbar abzeichnende nachkoloniale Periode die Bindung der peripheren Staaten an das kapitalistische Weltsystem ideologisch abzusichern." (Fischer 2010, 15)

Eine in diesem Sinne kapitalistische Entwicklung zielt auf ökonomisches Wachstum, sodass man von einer „Tyrannei des Bruttosozialproduktes" (31) gesprochen hat. Sehr viel weiter reicht der Human Development Index HDI, der neben dem ökonomischen Indikator des Bruttosozialprodukts pro Kopf auch die Lebenserwartung und den Bildungsstand bei der Beurteilung einer nationalen Lebenssituation berücksichtigt. Die Entwicklungsorganisation der Vereinten Nationen UNDP legt in diesem Sinne jährlich einen Bericht mit einer Rankingliste vor, bei der festzustellen ist, dass die westlichen Länder zusammen mit Japan und einigen Schwellenländern und Ölstaaten im vorderen Bereich und afrikanische Staaten im hinteren Bereich zu finden sind. Zu den Schlusslichtern gehören seit Jahren Burkina Faso, Niger und Sierra Leone (31).

Die Modernisierungstheorie wird inzwischen zusammen mit dem Begriff der Moderne als Leitkategorie für politisches Handeln hart kritisiert (Cooper 2012, 194 ff).

Lateinamerikanische Autoren haben als Alternative die Dependenztheorie entwickelt, in der kritisch die Abhängigkeit der Länder an der Peripherie von den Metropolen der Industrieländer untersucht wird. Hierbei geht es vor allen Dingen um die Kritik an einem kapitalistisch organisierten Weltmarkt, auf dem Entwicklungsländern strukturell keine Chance zur weiteren Entwicklung gegeben wird. Deshalb plädieren viele Vertreter des Globalen Südens für eine Abschottung von dem Weltmarkt.

Ein weiteres Problem besteht in der Durchsetzung neoliberaler Wirtschaftskonzepte, so wie sie in den großen internationalen Organisationen wie Weltbank oder Internationalem Währungsfonds vertreten werden. Es wird gezeigt, wie Entwicklungsländer – durchaus auch aufgrund eines nationalen Missmanagements – in eine Schuldenfalle geraten. Werden die Hilfsangebote der internationalen Organisation genutzt, so ist dies mit gravierenden Eingriffen in die nationale Souveränität verbunden, was etwa bedeutet, Strukturen der öffentlich getragenen Daseinsvorsorge (Gesundheit, Bildung etc.) erheblich einzugrenzen. Vor diesem Hintergrund werden in den letzten Jahren immer wieder Forderungen erhoben, aus diesem (chancenlosen) Wettlauf um internationale Wettbewerbsfähigkeit auszusteigen und zu einer traditionellen Subsistenz-Orientierung zurückzukehren. Auch Konzepte wie etwa „Good Governance“ sowie ambitionierte Programme wie die Formulierung von „Millenium-Entwicklungszielen“ im Kontext der Vereinten Nationen oder die „Agenda 2030“ gehören in diesen Zusammenhang. Die acht Millenium-Entwicklungsziele, die Anfang des neuen Jahrtausends von den Vereinten Nationen verabschiedet wurden, lauten wie folgt:

- Beseitigung der extremen Armut und des Hungers
- Verwirklichung der allgemeinen Grundschulbildung
- Förderung der Gleichstellung der Geschlechter und Ermächtigung der Frauen
- Senkung der Kindersterblichkeit
- Verbesserung der Gesundheit von Müttern
- Bekämpfung von HIV/Aids, Malaria und anderen Krankheiten
- Sicherung der ökologischen Nachhaltigkeit
- Aufbau einer weltweiten Entwicklungspartnerschaft.

Die Realisierung dieser Entwicklungsziele geschieht nur langsam und mit erheblichen Rückschlägen, was zum Teil auch daran liegt, dass die reichen Mitgliedstaaten der Vereinten Nationen vollmundig formulierte Hilfszusagen in der Regel nicht einhalten. Dies gilt auch für die Bundesrepublik Deutschland.

Unter dem normativen Begriff der Good Governance wiederum werden verschiedene Bereiche behandelt: gute Regierungsführung, Demokratie, Dezentralisierung, E-Governance, Good Financial Governance, Rechtsstaatlichkeit, Korruption, Meinungs- und Pressefreiheit, Gender und Governance. Als Problem wird eine „fragile Staatlichkeit“ gesehen, es wird davon gesprochen, dass 1,6 Milliarden Menschen in Ländern leben, die von Gewalt, Konflikten und unsicheren politischen Verhältnissen betroffen sind.

Auf die Frage nach einem eurozentrischen Menschenbild verbunden mit der Diskussion über Menschenwürde und Menschenrechte gehe ich im nächsten Teil ein, weil diese Themen aufs engste mit Pädagogik und Erziehungswissenschaft verbunden sind.

Als eine Art Zwischenbilanz weise ich auf die Schlussbemerkungen aus meinem Buch Eurozentrismus (2021b) hin, die ich auf den Seiten 91-93 wiedergegeben habe.:

Teil 3:

Zur Dekolonialisierung der Erziehungswissenschaft

In diesem Teil will ich versuchen, einen Beitrag zur Dekolonialisierung der Erziehungswissenschaft zu leisten. Dabei wird zu klären sein, was „Dekolonialisierung“ überhaupt bedeutet. Erste Hinweise finden sich in den vorangehenden zwei Teilen. So geht es etwa darum, Begriffe und Denkweisen daraufhin zu untersuchen, inwieweit sie nicht bloß in Europa ausformuliert wurden und entstanden sind, sondern ob sie in eurozentrischer Weise zugleich als besser als jede andere Alternative bewertet werden.

Einige dieser Begriffe wurden im vorangegangenen Teil vorgestellt. In diesem Teil wird es nun in pädagogischer Hinsicht vor allen Dingen um das Konzept eines autonomen Subjektes gehen, das – zumindest im westlichen Denken – das Ziel von Bildungs- und Erziehungsprozessen ist. Es geht um Emanzipation und Empowerment und es wird zu fragen sein, ob diese Ziele wirklich nur auf Europa begrenzt sein können.

Damit ist die Thematisierung von Menschenwürde und Menschenrechten verbunden, so wie sie etwa in der europäischen Renaissance zum ersten Mal explizit ausformuliert wurden (siehe Fuchs 2022). Es geht also um die Frage nach der Universalität eines bestimmten Menschenbildes, das für das westliche pädagogische Denken maßgeblich ist.

Bislang gibt es nur wenig Literatur darüber, was eine „Dekolonialisierung der Erziehungswissenschaft“ bedeuten könnte. Daher werde ich in diesem Teil in der Philosophie und in anderen wissenschaftlichen Disziplinen, die bei diesem Prozess weiter vorangeschritten sind, eruieren, wie die entsprechenden Autor*innen vorgehen. Ebenso wie jede*r andere Erziehungswissenschaftler*in habe auch ich mich mit dem Problem befasst, wie ein „Subjekt“ beschaffen sein soll und was legitimierbare Bildungs- und Erziehungsziele sind. Insbesondere habe ich die historische Entwicklung des pädagogischen Denkens – vor allem im Hinblick auf das Verständnis des jeweils unterstellten Subjekts – untersucht.

Dies betrifft auch die Kritik des Subjektbegriffs, so wie sie insbesondere in poststrukturalistischen Theorien (etwa bei Foucault) vorgenommen worden ist und wie sie im postkolonialen Diskurs heute eine Rolle spielt. In den letzten Jahren hat man sich dabei über das Konzept der Subjektivierung dem Begriff des Subjekts wieder angenähert, wobei dieses heute unter der doppelten Perspektive der Unterwerfung und des Empowerments gesehen wird (Ricken u. a. 2019). Dies ist auch in postkolonialen Diskursen relevant, da antikoloniales Denken und Handeln nur dann erklärbar werden, wenn man von dem Gedanken der vollkommenen Unterwerfung (so wie es in früheren poststrukturalistischen Schriften gelegentlich formuliert wurde) Abstand nimmt und Widerständigkeit und Empowerment bei Menschen, die Unterdrückungsverhältnissen unterworfen sind, unterstellt.

11. Zur Dekolonialisierung in Philosophie und Wissenschaften

Es wurde bereits mehrfach erwähnt, dass sich (nicht nur) in der westlichen und europäischen Tradition Philosophie und Wissenschaften geradezu im Modus der Kritik entwickeln. Auf diese Selbstkritik werde ich zwar immer wieder eingehen, doch soll in diesem Kapitel die postkoloniale Kritik im Mittelpunkt stehen. Man kann dabei in kritischer Perspektive danach fragen, wie sich das jeweilige Fach selbst definiert. Bei der Philosophie ist es etwa die Frage danach, ob man nur Schriftkulturen berücksichtigt und mündliche Überlieferungen außer Acht lässt. Man kann danach fragen, was genau der Forschungsgegenstand ist und wessen Werke als Teil des „Kanons" anerkannt werden. Man kann weiterhin untersuchen, welche Gegenstände nicht erforscht werden und welches Wissen ignoriert wird. Eine nicht unwichtige Rolle spielt zudem die Sprache, in der Forschungsergebnisse publiziert werden.

Ein Weiteres ist zu beachten, nämlich das Problem, dass bereits die disziplinäre Unterteilung von Philosophie und Wissenschaften europäischen Ursprungs ist. Diese heute vorhandene Unterteilung ist Ergebnis eines historischen Prozesses. So haben sich Wissensgebiete in der Neuzeit in Europa zunehmend ausdifferenziert und spezialisiert, sodass es oft genug auch zwischen (westlichen) Wissenschaften zum Ignorieren und Nichtberücksichtigen von Ergebnissen kommt, die in anderen Disziplinen erreicht wurden. Niklas Luhmann hat dies mit dem Begriff der Selbstreferentialität bezeichnet.

Viele Wissensgebiete wie etwa Pädagogik, Ökonomie oder Politik wurden in früheren Zeiten als Teilbereiche der (praktischen) Philosophie verstanden. Auch hinsichtlich des Projektes, Wissensgebiete zu dekolonialisieren, gibt es erhebliche zeitliche Unterschiede. So ist es kein Zufall, dass mit Gayatri Chakrabarty Spivak, Homi Bhabha und Edward Said Literaturwissenschaftler*innen zu den wichtigen Gründungspersonen postkolonialer Diskurse gezählt werden. Denn gerade im englischsprachigen Bereich ging es darum, Anerkennung für Literaturen zu finden, die in den (ehemaligen) Kolonien entstanden sind. Es war ein Kampf um verbindliche Leselisten und um den Kanon, der in entsprechenden Studiengängen als verpflichtend galt.

Die Abgrenzung zu Philosophie und Gesellschaftswissenschaften war hierbei auch deshalb schwierig, weil sich die entsprechenden Schriften mit der gesellschaftlichen Situation in den (ehemaligen) Kolonien und Kolonialmächten befassten und existenzielle Problemlagen thematisierten, die auch Gegenstand von Gesellschaftswissenschaften bzw. Philosophie waren. Im Folgenden will ich einige Ergebnisse einer kursorischen Lektüre von Schriften vorstellen, die einen kritischen (und oft postkolonial inspirierten) Blick auf die eigene Disziplin werfen und Hinweise dazu geben, welche Themen und Aspekte bei einer Dekolonialisierung ihrer jeweiligen Disziplin bearbeitet werden müssten.

Philosophie: Im Hinblick auf die Anerkennung philosophischer Konzeptionen aus Regionen außerhalb Europas gibt es kein großes Problem bei der Anerkennung von philosophischen Entwürfen aus traditionellen Schriftkulturen wie etwa China, Indien oder Arabien. Die Rezeption entsprechender Schriften reicht in Europa einige Jahrhunderte zurück. So waren es im Mittelalter arabische Philosophen, über die man in Europa die Schriften der griechischen Philosophen und entsprechende Kommentierungen kennengelernt hat. Im 18. Und 19. Jahrhundert gab es geradezu einen Hype rund um die indische und chinesische Philosophie. Schopenhauer war keineswegs der Einzige, der sich sehr für diese Ansätze interessierte.

Ein größeres Problem ergibt sich bei der Berücksichtigung von Denkansätzen aus Afrika oder Amerika, die wesentlich auf mündlichen Überlieferungen basieren. Aber auch seit der Einführung der schriftliche Kommunikation haben es Autoren*innen aus diesen Regionen schwer. So wird beklagt, dass weltweit nur eine kleinere Anzahl prominenter Namen aus der westlichen und vor allem europäischen Philosophiegeschichte in den philosophischen Studiengängen dominiert. Als ein Beispiel habe ich oben die Rezeption afrikanischer Philosophie beschrieben. Inzwischen liegen – etwa mit der umfangreichen Studie von Anke Graneß (2023), aber auch mit der Textsammlung von Franziska Dübgen und Stefan Skupien (2015) – auch in deutscher Sprache leicht zugängliche Informationsquellen vor. Es gibt zudem immer mehr afrikanische Philosoph*innen, die weltweit gelesen und diskutiert werden (etwa Achille Mbembe, Kwame Antonie Appiah und andere). Allerdings muss man sehen, dass viele dieser Philosoph*innen ihre ursprüngliche Heimat verlassen haben und inzwischen Lehrtätigkeiten an europäischen und vor allem US-amerikanischen Universitäten ausüben.

Eine wichtige Rolle bei der Überwindung der Grenzen einer bloß westlichen Sichtweise auf die Philosophie spielt der Ansatz einer Interkulturellen Philosophie. Zentren finden sich etwa in Wien oder in Hildesheim. Ram A. Mall, Heinz Kimmerle und Franz Martin Wimmer haben schon vor Jahren entsprechende Einführungen vorgelegt. Aus diesem Diskurskreis stammt auch etwa die Idee eines „Polylog“, der an die Stelle eines Mono- oder Dialogs treten soll: Es gibt viele Stimmen, die im Rahmen einer interkulturellen Philosophie zu berücksichtigen sind. Man behandelt etwa die Frage, wo, wann und wie Philosophie überhaupt in den verschiedenen Regionen der Erde entstand (Kimmerle 2002, 44 ff.). Man setzt sich kritisch mit Hegels negativen Äußerungen zur außereuropäischen Philosophie und mit seiner These über angebliche Völker ohne Geschichte auseinander. Wimmer zitiert etwa den afrikanischen Philosophen Kwasi Wiredu mit seiner Forderung nach einer „begrifflichen Entkolonialisierung" und bezieht sich auf Begriffe wie „Truth, Knowledge, Reality, Self, Person, Space, Time, Life, Matter, Subjectivity" (zitiert nach Wimmer 2004, 63), die in bestimmten afrikanischen Kontexten zumindest unplausibel erscheinen.

> „Wiredus Vorschlag ist ernst zu nehmen, doch führt er weit. Konsequenterweise dürfte das Verfahren nicht auf solche Sprachen begrenzt werden, deren Sprecher einem Kolonisierungsprozess unterworfen waren, sondern müsste bei jeder Sprache durchgeführt werden – und bestünde dann wohl in einer ‚Enthistorisierung' der philosophischen Terminologie. Zudem bliebe weiterhin das Problem, die so gewonnenen Einsichten wieder zu übersetzen, es sei denn, man zöge sich eben auf so etwas wie eine ‚ethnische' Philosophie zurück und ließe die jeweils anderen außerhalb des Diskurses." (63)

Auch die umfangreiche Studie von Anke Graneß (2023) stammt aus diesem Wiener Kontext einer interkulturellen Philosophie. Sie befasst sich unter anderem mit der gelegentlich vorgetragenen These, dass der Anfang der Philosophie keineswegs in Griechenland lag, sondern Afrika als Ursprung angesehen werden müsse. Es werden die Philosophie mündlicher Traditionen und der erste schwarze Philosoph in Deutschland, Anton Wilhelm Ami, behandelt. Graneß plädiert für eine Philosophiegeschichtsschreibung, die außereuropäische und außerwestliche Traditionen angemessen berücksichtigt und will entsprechende Lücken in bislang vorliegenden historischen Darstellungen der Philosophie beseitigen helfen.

Geschichtswissenschaft: In dem Wort Geschichte steckt das Wort Geschehen, d.h., dass es um die Beschreibung von Ereignissen in der Vergangenheit geht, von denen man annimmt, dass sie Einfluss darauf haben, wie wir heute leben. In diesem Satz stecken gleich mehrere geschichtswissenschaftliche Probleme: Wer ist dieses „wir"? Welche Vorstellung von Zeit steckt in einer solchen Beschreibung von Ereignissen? An welchem Ort spielt sich dieses Geschehen ab und wie ist dieses lokal oder regional begrenzte Geschehen verbunden mit Ereignissen, die an anderen Orten der Welt stattgefunden haben? Es geht zudem um Berichte und Erzählungen („Narrative"), also oft genug um Konstruktionen, die etwa zur politischen Legitimation der jeweiligen Ordnung und Machthaber genutzt werden. Geschichtliche Erzählungen sind also keineswegs politisch unschuldig, sondern sie sind vielmehr in vielfältiger Weise mit Interessen verbunden. Das bedeutet, dass nicht bloß die geschichtlichen Ereignisse selbst, sondern auch die Berichte und Deutungen dieser Ereignisse in ihrem sozialen, ökonomischen, kulturellen und politischen Kontext gesehen werden müssen. Postkoloniale Ansätze in der Geschichtswissenschaft weisen in diesem Zusammenhang kritisch darauf hin, dass die traditionelle westliche und europäische Geschichtsschreibung bestimmte Aspekte dieser Kontexte, vor allem die Rolle kolonialer Verstrickungen vernachlässige oder erst gar nicht berücksichtige.

Sebastian Conrad (2013) diskutiert postkoloniale Studien in der Geschichtswissenschaft als möglichen Ansatz einer Global-Geschichte:

> „Postkoloniale Ansätze haben seit den 1980-er Jahren viel dazu beigetragen, die Diskussion über transkulturelle Interaktionen komplexer zu gestalten und den Handlungsspielräumen sozialer Akteure in der kolonisierten Welt Rechnung zu tragen. Ausgangspunkt vieler Arbeiten ist die Überzeugung, dass die moderne Welt auf einer kolonialen Ordnung beruht, die in manchen Regionen – infolge der europäischen Eroberung der Amerikas – bis ins 16. Jahrhundert zurückreicht. Die koloniale Formatierung der Welt betraf dabei nicht nur Formen der Herrschaften der ökonomischen Ausbeutung, sondern schlug sich auch in den Kategorien des Wissens und den Entwürfen von Vergangenheit und Zukunft nieder.“ (119 f.)

Und weiter:

> „Das Ziel, koloniale Begriffe und Perspektiven zu dekonstruieren, zu überwinden und so zu einer nicht-eurozentrischen Deutung der modernen Welt zu gelangen, stellt seitdem ein zentrales Anliegen postkolonialer Historiker dar.“ (120)

Es geht also zum einen um die „Provinzialisierung Europas“ (Chakrabarty), also die Abkehr von einem Blick, der die Entwicklungen in Europa normativ in den Mittelpunkt der Betrachtung stellt. Damit ist zugleich die Überwindung eines linearen Verständnisses von Zeit verbunden, das Entwicklung als Bewegung hin zu einem vorgegebenen, normativ gesetzten Ziel versteht, dass nämlich Europa und der Westen das unhinterfragbare Ziel der Entwicklungsprozesse in allen Regionen sein muss.

Sebastian Conrad diskutiert die postkoloniale Geschichtsschreibung als einen möglichen methodischen Ansatz einer Global-Geschichte, die die Grenzen des Blicks bloß auf eine einzige bestimmte Region überwinden will. Als weitere Ansätze oder Paradigmen diskutiert er die Weltsystemtheorie, die Netzwerktheorie, den Ansatz multipler modernities und die Globalisierungstheorie. In vielen dieser

Ansätze geht es um die Überwindung eines eurozentrischen Blicks und um die Sensibilisierung für die vielfältigen Vernetzungen zwischen regionalen Entwicklungen.

Interessant gerade auch im Hinblick auf das Projekt einer Dekolonialisierung der Erziehungswissenschaft sind seine kritischen Hinweise zu dem postkolonialen Ansatz. So weist Conrad, der seine Nähe zu postkolonialen Denken betont (siehe etwa Conrad/Randeria/Römhild 2013), auf die Vernachlässigung der „herrschafts-, sozial- und wirtschaftsstrukturellen Dimension kolonialer Austauschprozesse zugunsten kultureller Deutungsmuster" hin (121). Er zitiert zweitens die Kritik an einem zu weiten und daher wenig aussagekräftigen Kolonialismusbegriff, der fundamentale Unterschiede kolonialer Herrschaft seit 1492 vernachlässige (ebenda). Zum dritten weist er auf den Fallstrick hin, dass bei aller Kritik an der Universalisierung europäischen Geschichtsdenkens, seinem teleologischen Ansatz und den in diesem Kontext formulierten Entwicklungsstufen die Gefahr bestehe, sich „an einem idealisierten Bild der vormodernen, vorkolonialen Vergangenheit" zu orientieren (122).

Conrad weist allerdings auch auf zahlreiche Anregungen hin, die postkoloniale Ansätze bieten, nämlich „die Betonung des komplexen Geflechts individueller Handlungsspielräume (*agency*), von lokal spezifischer Aneignung, von strategischen Modifikationen sowie von Mechanismen der Hybridisierung als wichtiges Korrektiv" gegenüber zu einfachen Vorstellungen von kulturellem Transfer (122). Als zweites lenkt er den Blick auf die zahlreichen Abhängigkeiten und Interferenzen, die Verflechtungen und Interdependenzen unter Bedingungen ungleicher Machtverteilung. Diese Perspektive führt dazu, „die relationelle Konstituierung der modernen Welt zu betonen. Dies ist gegen eine eurozentrische Weltgeschichtsschreibung gerichtet, die von der Vorstellung ausgeht, die europäisch/westliche Entwicklung sei abgekoppelt vom Rest der Welt verlaufen (…)." (123) Der dritte wichtige Aspekt ist für Conrad „die Aufmerksamkeit dafür (…), dass Prozesse globaler Integration sich nicht in einer herrschaftsfreien Welt vollzogen, sondern innerhalb von Strukturen (kolonialer) Machtungleichheit. In der Sensibilität für diesen Rahmen und seine Machteffekte besteht die wichtigste Anregung für eine kritische Globalgeschichte." (124)

Soziologie: Auf eine Problematik bei gesellschaftswissenschaftlichen Untersuchungen wurde bereits mehrfach im Text hingewiesen, nämlich auf die Arbeitsteilung zwischen Soziologie und Ethnologie. Die Soziologie ist als eigenständige Wissenschaft zur Erforschung von Gesellschaften am Anfang des 19. Jahrhunderts entstanden, als erkannt wurde, dass die (kapitalistische) Industrialisierung mit der Herausbildung neuer Klassen und insbesondere mit der Entwicklung des Proletariats zu neuen Spannungen innerhalb der Gesellschaft führte. Die entstehende Ethnologie konzentrierte sich dagegen (mit einem ersten Höhepunkt in der zweiten Hälfte des 19. Jahrhunderts) auf die Erforschung kolonialisierter Gebiete und Menschen unter anderem auch mit dem Interesse daran, den Kolonialmächten notwendiges Wissen für die Durchsetzung ihrer Macht- und Herrschaftsansprüche zu liefern.

Inzwischen gibt es auch in Deutschland Ansätze einer postkolonialen Soziologie. Ein programmatischer Sammelband (Reuter/Villa 2010) wird wie folgt vorgestellt: Der Band

> „bringt die aktuellen Diskussionen zum Thema aus Kultur-, Migrations- und Geschlechtersoziologie mit dem Ziel zusammen, nicht nur die Grundbegriffe und zentralen Theorien im disziplinären Kontext, sondern auch ihre gesellschaftspolitischen Implikationen vor dem Hintergrund einer postkolonialen Perspektive zu überdenken."

Es geht hierbei wiederum um die Kritik am Eurozentrismus verbreiteter soziologischer Ansätze, so wie es oben am Beispiel der Modernisierungstheorie, vor allem im Rahmen der Entwicklungspolitik bereits gezeigt wurde. Es geht um die Einbeziehung nichteuropäischer Erfahrungen und immer wieder auch um den Beleg der These, dass der Kolonialismus die Grundlage und der Entwicklungsmotor für die Moderne und die moderne Gesellschaft sei.

Allerdings ist in der Zwischenzeit der postkoloniale Ansatz in der Soziologie kritisiert worden, unter anderem mit der These vom „alten Wein in neuen Schläuchen" (so etwa Markus Holzinger). Darauf antwortet Marius Meinhof (2020) unter anderem mit dem Hinweis auf zwei grundlegende postkoloniale Perspektiven. Zum einen geht es um die Kritik an der Vorstellung festumrissener Kulturen oder Zivilisationen. Vielmehr kann gezeigt werden, „dass diese Klassifikationen die Komplexität realer Praktiken verfehlen (…)." (440)

> Ein zweites Thema ist die Kritik an der Idee eines europäischen Primats der Moderne: „Die Idee, dass Moderne zunächst in Europa aufgrund inhärent europäischer Eigenschaften entstanden sei und sich anschließend über die Welt verbreitet hätte (…)."

Vielmehr sei zu zeigen,

> „dass zentrale Merkmale der Moderne erst im Prozess des Austausches zwischen Europa und anderen Regionen der Welt entstanden sind: etwa das System der Nationalstaaten und die Idee universaler Freiheitsrechte (…), die industrielle Revolution (…), moderne Disziplinarregime (…), moderne Sexualitätsdiskurse (…) und so weiter – durchweg wird gezeigt, dass das,

> was aus soziologischer Sicht als Spezifika der Moderne erscheint, nicht aus einem isolierten Europa heraus entstanden ist und nicht durch eine isolierte Betrachtung Europas verstanden werden kann.“ (414)

Meinhof kommt zu dem Schluss:

> „Eine Soziologie, die über nicht-europäische und/oder koloniale Modernitätserfahrungen nichts weiß, kann die Moderne nicht verstehen, auch nicht die Moderne in Europa – sie ist nicht einmal eine sinnvolle Regionalwissenschaft Europas, weil auch diese Region erst durch Kolonialismus das ‚moderne Europa‘ wird.“ (450)

In ihrer programmatischen Einführung in den Sammelband zur postkolonialen Soziologie charakterisieren Julia Reuter und Paula-Irene Villa (2010) die postkoloniale „Brille“ ihres soziologischen Ansatzes mit einem kritischen Blick auf die folgenden Grundbegriffe:

> „*Identität* – vor allem als stabile Identifizierung mit vermeintlich stabilen soziokulturellen Positionen und Zugehörigkeiten wie Nation, Ethnizität, Geschlecht;
>
> *Differenz* – vor allem als ontologischer Status der Alterität zwischen etwa Ethnien, Religionen, Kulturen, Geschlechtern;
>
> *Universalismus* – als Annahme eines differenzübergreifenden Kerns von Bedeutungen, etwa von ‚Moderne‘, ‚Wissen‘, ‚Rationalität‘ usw.;
>
> *Alterität/Fremdheit/Andere* – als an sich existierende ‚Abweichungen‘ von der eigentlichen Form des Eigentlichen (‚Eigenem‘, ‚Vertrautem‘);
>
> *Eindimensionalität* – als vor allem methodologischer Rahmen, der in der sozialwissenschaftlichen Analyse einzelner Differenz- und Ungleichheitskategorien wie Religion, Geschlecht, Nationalität, Schicht von der komplexen Intersektionalität struktureller Verortung konkreter Personen abstrahiert;
>
> *Wissen/Kritik* – als verobjektivierte, voneinander und von anderen Semantiken distinkte Form der Reflexion und Forschung.“ (12)

Politik, Politikwissenschaft und das Recht: Ein Schwerpunkt postkolonialer Ansätze in der Politikwissenschaft steht in einer doppelten Kritik, nämlich der Kritik an der gesellschaftlichen und politischen Realität in Staaten, die sich selbst als demokratisch verstehen, und einer Kritik an den politischen Theorien selbst. Im Hinblick auf die Kritik an den realen Verhältnissen reihen sich postkoloniale Studien geradezu in eine Demokratiekritik ein, die auch von Autor*innen betrieben wird, die sich nicht dem postkolonialen Bereich zuordnen. Man spricht von „Postdemokratie"n von „radikaler Demokratie" und einer „Krise der Demokratie", man vergleicht – mit negativem Ergebnis – Realitäten in sich als demokratisch verstehenden Gesellschaften mit den vollmundigen Zielen, die zum Teil sogar in den betreffenden Verfassungen formuliert werden. Man denke etwa an den Abbau des Asylrechts, an Armut, Wohnungsnot, Arbeitslosigkeit und an die sich vergrößernde Schere zwischen Arm und Reich. Damit sind zentrale Konzepte und Versprechungen der Moderne wie etwa Gerechtigkeit, Freiheit oder Gleichheit angesprochen (siehe Kap. 6).

Auch Befürworter und wohlwollende Kritiker der Demokratie machen sich Sorgen darüber, inwieweit die realisierten Demokratiemodelle zukünftig Bestand haben können. Einen Grund für eine solche Sorge kann man etwa darin sehen, dass in vielen westlichen Ländern rechtes Denken und rechte Parteien, die im Grundsatz das liberal-demokratische Ordnungsmodell ablehnen, an Zulauf gewinnen und zum Teil sogar in Parlamenten sitzen und wichtige politische Funktionen innehaben.

Der Politikwissenschaftler Martin Nonhoff (2022) nennt drei wichtige Kritikpunkte an der westlichen Demokratie:

- Länder des Globalen Nordens nutzen das Argument einer mangelnde Demokratie in Bezug auf Länder des Globalen Südens, um diese weiter disziplinieren zu können. Sie tun dies, obwohl sie selbst immer wieder antidemokratische Tendenzen in diesen Ländern unterstützt haben (Beispiel Chile oder Ägypten).
- Es wird bemängelt, dass westliche Demokratien gerade nicht von Anfang an antirassistisch oder antiklassistisch gewesen seien, sondern vielmehr gesellschaftliche Unterwerfungsverhältnisse in den ehemaligen Kolonien unterstützt haben, etwa durch eine ungerechte Einbindung in den internationalen Markt.
- Es wird darauf hingewiesen, dass bei der Entwicklung demokratischer Theorien und demokratischer Strukturen von Anfang an eine enge Verwobenheit mit Sklaverei, Apartheid und kolonialen Massakern eine Rolle gespielt habe.

Es geht also nicht bloß um eine unzureichende Anwendung von Prinzipien, mit denen man im Grundsatz das Beste erreichen wollte, sondern man findet in diesen Prinzipien bereits Rassismus und Kolonialismus eingeschrieben.

All dies führte dazu, dass inzwischen der Prozess der Dekolonialisierung nicht bloß in der Politik, sondern auch in der Politikwissenschaft an Fahrt aufgenommen hat. So gibt es inzwischen auch in Deutschland eine Reihe von Lehrstuhlinhaber*innen im Bereich der Politikwissenschaft, die in ihrer Forschung die oben genannten Fragestellungen (und viele andere) untersuchen (siehe etwa Zia 2016 oder auch einige Beiträge in Conrad/Randeria/Römhild 2013). Zu den Fragestellungen gehört etwa das Thema der epistemischen Gewalt (Brunner 2020). Auch etablierte Institutionen wie die Deutsche Forschungsgemeinschaft oder bestimmte Max-Planck-Institute haben inzwischen das Thema Dekolonialisierung aufgegriffen. Die „Zeitschrift für politische Theorie" hat in ihrem Themenheft 2/2021 einen Themenschwerpunkt „Postkolonialität und die Krise der Demokratie" mit – online verfügbaren – Beiträgen, in denen etwa die enge Verknüpfung der Theorie und Realität liberaler Demokratien mit (neo-) kolonialer und rassistischer Machtausübung untersucht wird. Zudem wird darauf hingewiesen, dass das gängige westliche Demokratieverständnis auch nicht-westliche Quellen hat, die aber systematisch unsichtbar gemacht wurden (so Ina Kerner in ihrem Heft-Beitrag).

Ein weiterer Aspekt, der eng mit Politik und politischer Theorienbildung verbunden ist, betrifft die rechtliche Ebene. So kennt man die entscheidende Rolle, die die Frage des Eigentums nicht nur in der ökonomischen, sondern auch der politischen Theorienbildung und Gesellschaftsgestaltung spielt. Auf internationaler Ebene ist zudem auf die Aktivitäten der Vereinten Nationen und ihrer Unterorganisationen hinzuweisen, in denen Fragen der Diskriminierung, des Schutzes und der Teilhabe aller Menschen und insbesondere gefährdeter Menschengruppen eine zentrale Rolle spielen. So gibt es eine höhere zweistellige Anzahl entsprechender menschenrechtlicher Konventionen, die diese Problemlagen aufgreifen (Bundeszentrale 2005). Auch hierbei gibt es eine doppelte Kritik, nämlich zum einen eine Kritik an der mangelhaften Umsetzung der Konventionen selbst in solchen Ländern des Globalen Nordens, in denen ein hohes Wohlstandsniveau vorliegt, zum anderen aber auch an der immanenten Begründungslogik dieser Regelungsversuche. Ein zentraler Punkt ist hierbei das dahinterstehende Menschenbild, dem man eine einseitige Orientierung an der westlichen Denktradition vorwirft.

12. Mensch, Menschenwürde und Menschenrechte – Diskurse und Entwicklungen: Europa und Afrika

A) Der Mensch – Einige Hinweise zur Entwicklung in Europa und Afrika

Zur Entwicklung der Idee des Individuums

In seinen späten Jahren hat Immanuel Kant die Aufgabe der Philosophie in der Beantwortung von vier Fragen gesehen: Was kann ich wissen? Was soll ich tun? Was darf ich hoffen? Diese drei Fragen enden in der alles entscheidenden Frage: Was ist der Mensch? In der Terminologie der westlichen Philosophie sind damit Erkenntnistheorie, Moralphilosophie und Ethik sowie die Frage nach der Entwicklung der Geschichte und vielleicht auch nach dem Schicksal des einzelnen Menschen gestellt.

Die Frage nach dem Menschen könnte man nunmehr der Anthropologie als philosophischer oder wissenschaftlicher Disziplin zuordnen, und in der Tat hat Kant über diese Disziplin viele Jahre lang Vorlesungen gehalten, die im Rahmen seiner Werkausgaben zugänglich sind. Doch wäre die Zuordnung der Frage nach dem Menschen in eine philosophische Spezialdisziplin zu eng, denn letztlich handeln alle philosophischen Disziplinen und auch die Wissenschaften vom Menschen, von seinen Selbst- und Weltverhältnissen. Denn es geht nicht um Erkenntnis schlechthin, sondern darum, welche Erkenntnisse dem Menschen möglich und von Nutzen sind. Es geht um die moralische Bewertung seiner Handlungen, um die Ziele und den Sinn seines Lebens. Der Mensch steht in dieser Sichtweise offenbar im Mittelpunkt, und genau dies ist der Paradigmenwechsel, den Kant systematisch vollzieht. Es gibt sicherlich eine objektiv vorhandene Welt (das „Ding an sich"), doch hat es der Mensch stets mit subjektiven Konstruktionen zu tun. Daher richtet sich der Blick seiner Philosophie darauf, wie menschliches Erkennen funktioniert und wie der Mensch moralische und ästhetische Urteile fällt. Der Mensch wird in dieser Sichtweise zum Subjekt, also zum handlungsfähigen Erkenner und Gestalter nicht nur seiner natürlichen und gesellschaftlichen Umwelt, sondern auch seiner Beziehungen zu sich und zu der Welt und nicht zuletzt seines Lebens.

Dies mit einer radikalen Konsequenz durchzudenken war zwar neu, es war zudem eine Gegenposition zu einem Sensualismus im Sinne von John Locke, bei dem der Mensch lediglich ein leeres Gefäß ist, das nach und nach durch die Wahrnehmung der Welt gefüllt wird. Doch neu ist der Gedanke nicht, dass nicht bloß der Mensch als Gattungswesen, sondern dass auch die individuelle Person – der Einzelne – über Gestaltungsmacht verfügt. So haben schon Zeitgenossen von Kant, nämlich Philosophen und Ökonomen wie bspw. Adam Smith, Gesellschaftsentwürfe vorgelegt, die von Aktivitäten und Begierden des Einzelnen ausgingen. Macpherson (1973) interpretiert die politischen Theorien von Hobbes, Harrington und Locke als „Theorien des Besitzindividualismus". Damit wird zugleich die enge Verbindung zwischen Politik, Ökonomie und dem Menschenbild in der Philosophie der beginnenden Neuzeit hervorgehoben (zur Geschichte des Subjektbegriffs siehe etwa Fuchs 2001 und Fuchs 2012).

Aber auch dies war nicht neu in der Kulturgeschichte Europas. So schreibt Richard Friedenthal (1969) Biografien von Montaigne, Pascal und Diderot unter der Überschrift „Entdecker des Ich". Immerhin befindet man sich mit Montaigne (1533-1592) bereits im 16. Jahrhundert. Der Schweizer Kulturhistoriker Jakob Burkhardt hat mit seiner berühmten These von der „Erfindung der Individualität" in der Renaissance die Thematisierung des Ich wiederum in eine frühere Zeit verlagert. So gilt etwa der italienische Dichter Francesco Petrarca (1304-1374) wegen seiner Besteigung des Mont Ventoux nicht bloß als Erfinder des Alpinismus und einer ästhetischen Betrachtung der Natur, er gilt auch als wichtiger Pionier der Selbstgestaltung des eigenen individuellen Lebens.

Jakob Burkhardts These über die kulturgeschichtliche Bedeutung der Renaissance gegenüber einem als dunkel und kollektivistisch beschriebenen Mittelalter wird inzwischen von der Kulturgeschichte nicht mehr unkritisch hingenommen. Man wirft Burkhardt vielmehr ein Verfahren vor, das sich allerdings immer wieder in der Geschichtsschreibung findet: Man beschreibt vorangegangene Zeiten als ausgesprochen finster und rückständig, um die Zeit, für die man sich selbst interessiert, umso strahlender leuchten zu lassen. Das findet sich bei dem Verhältnis der Renaissance zum Mittelalter, es findet sich bei Vertretern der Romantik gegenüber der Aufklärung und es findet sich aktuell bei Vertretern der Postmoderne und des Poststrukturalismus gegenüber der Moderne und der Aufklärung. Während also Jakob Burkhardt noch von der *Erfindung* des Individuums in der Renaissance spricht, ist der Historiker Richard von Dülmen (1997) sehr viel vorsichtiger und spricht nur von der „*Entdeckung* des Individuums" in der Zeit von 1500-1800:

> „Wenn wir heute danach fragen, wann die Menschen anfingen, bewusst über sich nachzudenken, sich als Individuen zu definieren, die ihr Leben und sogar ihre Gesellschaft eigenständig nach ihren Maßstäben gestalten wollten, dann reicht der mehr oder weniger pauschale Hinweis auf die Renaissance, auf die großen bahnbrechenden Persönlichkeiten sowie auf die Säkularisierung der Kraft der Wissenschaft nicht mehr aus." (10)

Von Dülmen weist darauf hin, dass die moderne Vorstellung des Individuums als bürgerlich-autonomes Subjekt dem frühzeitlichen Europa nicht gerecht werde, er erinnert an die sozialen, politischen und ökonomischen Kontexte, in der die verstärkte Selbstthematisierung des Einzelnen (und dies auch nur bei einer intellektuellen Elite) stattgefunden hat. Es ist also ein langsamer und kontingenter Prozess, in dem die sich verstärkende Thematisierung des Ich stattfindet. Dass sie stattfindet, dafür gibt es zahlreiche Belege, etwa in den verschiedenen Künsten. Es entwickelt sich in der bildenden Kunst die Portraitkunst, also die Hervorhebung individueller Besonderheiten bestimmter Personen. Es gibt eine anwachsende Briefkultur, man schreibt Biografien und Autobiografien.

Aber auch hierbei gibt es Vorläufer, die Jahrhunderte zurückreichen. Man denke etwa an die Bekenntnisse („confessiones") von Augustinus (354-430) oder Selbstreflexionen römischer Kaiser (etwa Claudius, 10 vor bis 54 nach Chr.). Historiker des Mittelalters haben sich vehement gegen die von Burkhardt vorgenommene Hervorhebung der Renaissance gewehrt und darauf hingewiesen, welche Vorläufer es bei der Thematisierung des Autonomiegedankens bereits im Mittelalter gegeben hat. Man muss hierbei untersuchen, inwieweit man im realen Leben (noch zu definierende) Aspekte von Individualität und – eng damit verbunden – von Autonomie identifizieren kann. Davon zu unterscheiden sind Mythen, Narrative und Bilder, die man sich jeweils vom Menschen und seiner Lebensbewältigung gemacht hat. Vor diesem Hintergrund ist das Begleitbuch zu der großen Ausstellung „Prometheus. Menschen. Bilder. Visionen", die 1998 in Völklingen/Saar stattgefunden hat, interessant. Richard von Dülmen (1998) hat unter dem Titel „Erfindung des Menschen. Schöpfungsträume und Körperbilder 1500-2000" zahlreiche Autor*innen eingeladen, aus ihrer jeweiligen fachlichen Perspektive den bereits von Norbert Elias beschriebenen Prozess der Zivilisierung detaillierter zu untersuchen:

> „Jede Gesellschaft und Zeit will ihre Zustände überschreiten und propagiert neue Leitbilder, neue Menschenideale, mithilfe derer das Leben besser als mit anderen zu meistern ist und mir menschliches, subjektives Glück verheißen. Die entsprechenden Phantasien kennen keine Grenzen. Menschenbilder und Schöpfungsträume sind zwar stets nur Konstruktionen von Menschen, und reflektierten selten unmittelbar das Alltagsleben, aber als Mythen, Sehnsüchte und Phantasien beherrschen sie die Vorstellungen und schreiben als solche auch Geschichte und Zukunft fest. Insofern ist der Mensch stets eine Erfindung des Menschen." (15)

Die Autor*innen des Sammelbandes verfolgen auch reale Entwicklungen, vor allen Dingen aber die unterschiedlichen Konstruktionen von Menschenbildern beginnend bei dem Mythos vom Prometheus. Man thematisiert die Rolle des Christentums

(Sündenfall, Wunder, Sünder und Hexen), die Schönheit der Menschen in der Renaissance, die „Zähmung des Menschen durch Drill und Dressur“, also die Rolle von Disziplin und Unterwerfung in der frühen Neuzeit. Es wird über die Entstehung der Moderne (Technik, Rassenhygiene, Weltkriege) über Lebensreformbewegungen bis hin zu dem aktuellen Thema geschrieben, inwieweit der Posthumanismus nunmehr durch künstliche Intelligenz und Gentechnologie herkömmliche Bilder vom Menschen endgültig ad absurdum führen will.

Trotz der Vielfalt der Sichtweisen muss man sehen, dass sich alle bislang beschriebenen wissenschaftlichen, philosophischen oder künstlerischen Aktivitäten ausschließlich auf Europa bzw. den Westen konzentrieren. Das ist zwar legitim, wenn man eine europäische Kulturgeschichte schreibt, es wird allerdings zum Eurozentrismus, wenn man diese Entwicklung absolut setzt.

Vor diesem Hintergrund führt die Publikation von Klaus-Peter Köpping u. a. (2002) weiter. Die Publikation ist das Ergebnis eines interdisziplinären Austausches, der von einem Philosophen, einem Ethnologen, einem Ägyptologen und einem Theologen geplant wurde. Michael Welker (Theologe) beantwortet die Leitfrage, inwieweit die autonome Person eine europäische Erfindung sei, damit, dass es darauf ankäme, was man unter Autonomie überhaupt verstehe. Er bietet unterschiedliche Aspekte an, die den Begriff der Autonomie definieren könnten: Autarkie, von der der Ägyptologe Jan Assmann sagt, dass es hierbei bereits eine 4000 Jahre alte ägyptische Tradition gibt; es findet sich eine Widerständigkeit gegen Vereinnahmung auch im außereuropäischen Raum (beispielhaft wird auf afrikanische Stammeskulturen und auf Japan hingewiesen); und es gibt das Prinzip permanenter Selbstdurchsetzung in einem Wettbewerb, so wie man es bereits im antiken Griechenland findet:

> „Das Konzept der modernen autonomen Person verbindet also *Selbstvervollkommnung und moralische, rechtliche und politische Weltvervollkommnung* (Kant) bzw., allgemeiner gefasst (Pierce), eine *Vervollkommnung persönlichen Symbolgebrauchs in Richtung auf eschatologische Gültigkeit hin* (…).“ (10 f.)

In systematischer Hinsicht kann man nunmehr festhalten, dass es offensichtlich unterschiedliche Begrifflichkeiten gibt, wie etwa Individuum, Person, Subjekt, Einzelner, für deren theoretische Fundierung ökonomische, theologische, ästhetische, philosophische oder historische Argumentationen hinzugezogen werden. So deutet der Begriff des Individuums (das in dividuum, das Unteilbare) auf die Idee des Atoms (als Unteilbares) hin, aus dem die Welt zusammengesetzt ist. Der Personenbegriff hat in der Geschichte eine deutliche theologische Konnotation. Schließlich ist bei dem Subjektbegriff, der ursprünglich das Unterworfene bezeichnet, auf die Kantsche Umkehrung hinzuweisen, wodurch das Subjekt nunmehr das Tragende wird. Es gibt zudem eine enge Verbindung zwischen der jeweils gewählten Begrifflichkeit und dem ursprünglich aus der Moralphilosophie stammenden Begriff der Autonomie (wörtlich: Selbstgesetzgebung), was bedeutet, dass die Thematisierung des Einzelnen eng zusammenhängt mit Konzepten der Freiheit, der Verantwortlichkeit für das Handeln, dem Gewissen. Es spielt zudem eine Rolle, ob man den Einzelnen autark und isoliert, quasi als Leibnizsche Monade, versteht oder in einem sozialen und kulturellen Kontext situiert sieht. In dieser Kultur- und Geistesgeschichte der Individualität muss man zudem den Begriff der Menschenwürde berücksichtigen (Gröschner 2013), der zuerst in der Renaissance explizit in die Diskussion eingebracht wurde (Pico della Mirandola).

Man hat zudem schon sehr früh erkannt, dass es eine enge Beziehung zwischen der jeweiligen politischen und sozialen Ordnung auf der einen Seite und der Konstitution des Einzelnen gibt, der in dieser Ordnung lebt und sie trägt. Damit kommt zugleich der Aspekt der Macht in die Diskussion: Es gibt ein Ringen um die jeweilige Formung des Subjekts, ganz so wie es Naumann (2000) formuliert („Das umkämpfte Subjekt").

Dieses sicherlich noch unvollständige Ausloten unterschiedlicher Bestimmungsmerkmale des Begriffs des Individuums eröffnet im Hinblick auf die Frage nach dem möglichen Eurozentrismus eine erweiterte Perspektive. So beschreibt etwa der Philosoph Volker Gerhardt (1999) in seinem Buch „Selbstbestimmung" mit dem Untertitel „Das Prinzip der Individualität" eine ganze Reihe von Elementen, die zu dem Konzept der Selbstbestimmung gehören: Selbsterkenntnis, Selbstständigkeit, Selbstherrschaft, Selbstzweck, Selbstorganisation, Selbstbewusstsein, Selbststeigerung, Selbstverantwortung, Selbstbegriff, Selbstgesetzgebung und Selbstverwirklichung. Im Rahmen eines Kulturvergleichs kann man nunmehr präziser fragen, welches Verständnis von Freiheit sowie der verschiedenen genannten Aspekte von Selbstbestimmung und Individualität in verschiedenen Gesellschaften vorliegen. Dabei wird man sehen, dass es selbst bei einer Konzentration auf Europa oder den Westen kein einheitliches Verständnis dieser Begriffe gibt. Ich habe bereits oben darauf hingewiesen, dass das deutsche Verständnis von Freiheit (als bloß geistiger Freiheit) im 19. Jahrhundert ein anderes ist als das Konzept politischer Freiheit in Frankreich, England oder in den Vereinigten Staaten.

Bei aller Vielfalt, mit der zu rechnen ist, ist jedoch auch immer wieder die Frage nach möglichen Gemeinsamkeiten zu stellen. Ich habe an mehreren Stellen in diesem Text darauf hingewiesen, dass es in dieser Hinsicht einige interessante Ergebnisse gibt. So hat man im Bereich der Künste nach ästhetischen Universalien gesucht und diese auch gefunden. Christoph Antweiler (2009) zählt eine höhere zweistellige Zahl von Universalien auf, die in allen menschlichen Gesellschaften und Kulturen zu finden sind. Anthropologische Grundüberlegungen, aktuell etwa aus dem Bereich der evolutionären Anthropologie, führen ebenfalls dazu, Gemeinsamkeiten bei der Bewältigung des Lebens festzustellen.

Insbesondere ist auf den Wandel von Menschenbildern und auf den jeweiligen Kampf um das Deutungsrecht in dieser Frage hinzuweisen.

Spätestens an dieser Stelle wird die Pädagogik relevant. Denn man kann sehen, dass in prominenten Schriften über geeignete politische Ordnungsmodelle immer auch Überlegungen zu finden sind, wie die Menschen beschaffen sein müssen, die die vorgeschlagenen politischen Ordnungssysteme auch tragen sollen. Ernst Cassirer sprach einmal davon, dass es kein Staat dem Zufall überließe, in welcher Weise die Bürgerinnen und Bürger „geformt“ werden. Für diese Formungsprozesse ist das jeweilige Bildungs- und Erziehungssystem zuständig. Es ist also nicht überraschend, dass sich im Bereich der Erziehungswissenschaften zahlreiche Forschungen darüber finden, wie die Menschenbilder zu verschiedenen Zeiten ausgesehen haben, welche Bildungsziele sich daraus ergaben und wie man das Bildungs- und Erziehungssystem aufgebaut hat, das diese Bildungsziele dann auch realisieren soll. (Vgl. Veith 2003)

Neben dem Interesse der Politik an der „Formung des Subjekts“ gibt es auch ein Interesse aus dem Bereich der Wirtschaft. Man muss sehen, dass die je spezifische Organisation des Wirtschaftslebens zum einen zu ihrer Aufrechterhaltung bestimmte Kompetenzen bei den Menschen benötigt und dass das alltägliche Handeln in einem solchen Wirtschaftssystem allerdings auch die Entwicklung bestimmter Dispositionen bei den handelnden Menschen bewirkt. Ersteres versucht man durch gezielte Bildungs- und Erziehungsmaßnahmen, etwa in dem sich entwickelnden Erziehungs- und Bildungssystem, sicherzustellen, Letzteres kann als informelles Lernen bezeichnet werden und wird etwa in der Sozialisationsforschung untersucht.

Insbesondere haben sich mit der Entwicklung der Industrialisierung und des Fabriksystems besondere Qualifikationsanforderungen ergeben, die etwa unter dem Titel „Die Fabrikation des zuverlässigen Menschen“ (Treiber/Steinert 1980) untersucht worden sind. Seit einigen Jahrzehnten ist zudem die neoliberale Produktion eines „unternehmerischen Selbst“ (Bröckling 2007) in der Diskussion. Psycholog*innen, Pädagog*innen, Sozial-, Politik- und Kulturwissenschaftler*innen befassen sich mit der Analyse von Subjektivierungsprozessen und Persönlichkeitsmodellen. Oft bieten festgestellte oder behauptete Pathologien bei Menschen auch eine Etikettierung für die gesamte Gesellschaft. So sprach man von einer nervösen Gesellschaft, einer depressiven Gesellschaft, einer Gesellschaft der Singularitäten, man sprach von dem Prozess der Pluralisierung der Lebenswelten und der Individualisierung der Lebensstile. Oft waren es negative Befunde, die zu einer (Selbst-) Kritik an der modernen Gesellschaft führten. So wurde seit der zweiten Hälfte des 19. Jahrhunderts der Begriff der Masse und der Vermassung zu einem Kernbegriff einer oft kulturpessimistischen Gesellschaftsanalyse. Von besonderem Interesse war dabei stets die Frage, inwieweit die Autonomie und Selbstbestimmung des Einzelnen gefährdet sei und deshalb geschützt werden müsse. Damit kommen rechtliche Erwägungen ins Spiel, etwa die Frage von Bürger- und Menschenrechten.

Gibt es eine afrikanische Identität?

Rudolf Wagner beginnt seine Darstellung eines „chinesischen Plädoyers gegen die autonome Person" in dem Sammelband Köpping u.a. (2002) mit dem folgenden wichtigen Hinweis:

> „Die Person ist eine historische, kulturelle und soziale Konstruktion, keine anthropologische Konstante. Es lässt sich argumentieren, dass genetische Bandbreite und Unterschiedlichkeit des Lebensweges selbst innerhalb derselben kulturellen und sozialen Bedingungen in jedem Falle sehr unterschiedliche Individuen entstehen lassen. Es ist jedoch eine kulturelle und soziale Entscheidung, welchen Platz diese verschiedenen Ausprägungen in der jeweiligen Ordnung der Dinge erhalten." (83)

Soziale und kulturelle Konstruktionen sind abhängig von Ort und Zeit und haben sehr viel mit Interessen zu tun, die die jeweiligen Konstrukteure verfolgen. Sie sind aber in ihrem Bezug zur Realität weder reine Erfindungen noch bleiben sie wirkungslos im Hinblick auf die Gestaltung der Realität. Man hat es also mit einer schwierigen Gemengelage zu tun zwischen Realitätsgestaltung, Realitätserfassung und ideeller bzw. ideologischer Begriffs- und Theorienbildung.

Der Hinweis auf Ort und Zeit der jeweiligen Konstruktion legt nahe, eine Vielfalt von Personenkonzeptionen zu erwarten. Dies gilt für die kulturelle und soziale Vielfalt in Afrika, es gilt aber auch für europäische Konstruktionen von Personenkonzepten. Obwohl man bei einer Untersuchung, die dem Problem des Eurozentrismus nachgeht, erwarten sollte, bei der Beschreibung außereuropäischer Gegebenheiten nicht mit einem Vergleich mit der Situation Europas zu beginnen, soll doch an einige Erkenntnisse und Erfahrungen aus der europäischen Tradition erinnert werden. So führt bereits die Rede einer europäischen Identität oder eines europäischen Konzeptes von Person in die Irre, wenn damit eine Einheitlichkeit bzw. eine verbindliche Vorgabe unterstellt wird. So kann man gerade an der europäischen Geschichte und ihren Wandlungsprozessen erkennen, wie stark sich Vorstellungen von Menschen dann ändern, wenn es einen dynamischen gesellschaftlichen

Wandel gibt. Es entstehen neue Sozialfiguren und damit neue Personenkonzepte, es werden aber auch herkömmliche Sozialfiguren dysfunktional und verschwinden. Ein Beispiel ist etwa der Rückgang der Ritterschaft im Übergang vom Mittelalter zur Neuzeit, weil es keine soziale Aufgabe für diesen sozialen Stand mehr gab und auch der Habitus des Ritters, nämlich im Kampf mit inzwischen untauglich gewordenen Waffen für ein bestimmtes Verständnis von Ehre einzutreten, das in die sich entwickelnde Gesellschaftsordnung nicht mehr passte. In einem mehrbändigen Publikationsprojekt „Der Mensch im… Jahrhundert" lässt sich nachlesen, wie zeitspezifische Sozialfiguren (und damit Personenkonzepte mit dazugehörigen Vorstellungen vom richtigen und guten Leben) entstehen und vergehen (siehe als Beispiel Vovelle 2004). Insbesondere Zeiten des Übergangs, in denen alte Formen des Zusammenlebens noch fortbestehen, aber angesichts neuer gesellschaftlicher Verhältnisse unter Druck geraten, erleben Menschen mit ihrer bisherigen Vorstellung dessen, was sie sind und wohin sie gehören, eine erhebliche Verunsicherung. Genau dies geschieht in Regionen der Welt, die zunächst von Kolonialmächten erobert, unterworfen und ausgeplündert wurden, in denen Menschen möglicherweise versklavt und zu Arbeiten verpflichtet wurden, die ihren bisherigen Traditionen – etwas des Jagens, des Sammelns oder der Subsistenzwirtschaft – nicht entsprachen. Eine ähnlich dramatische Zeit des Übergangs und des gesellschaftlichen Wandels fand dann in den Prozessen der Dekolonisation statt.

In solchen Zeiten des Nebeneinanders unterschiedlicher Organisationsformen der Gesellschaft werden Menschen unter Druck gesetzt, neue Formen von Identität zu entwickeln. Man spricht in diesem Kontext von einer Hybridisierung nicht bloß der Kulturen, sondern auch der zugehörigen Vorstellungen der Person. Andreas Reckwitz (2006) hat den gesellschaftlichen Veränderungsprozess und den damit verbundenen Prozess der Veränderung von Subjektformen unter der Perspektive der (notwendigen und erzwungenen) Hybridität in der modernen bürgerlichen Gesellschaft im 19. und 20. Jahrhundert untersucht.

Dieser Gedanke des Wandels und der Veränderbarkeit der Gesellschaft, der Subjekte und der Konzeptionen von Subjekten ist auch zentral bei der Diskussion über die Relevanz des Identitätsbegriffs. Der Begriff der Identität scheint in einem Gegensatz zu Prozessen des Wandels zu stehen, weil er auf etwas Statisches und Stabiles hindeutet. So wurde er auch in früheren Theorien der Identitätsentwicklung verstanden, etwa in dem einflussreichen Konzept von Erik Erikson, in dem eine gesetzmäßige Abfolge bestimmter Entwicklungsetappen hin zu einem stabilen Konzept von Identität unterstellt wurde. Insbesondere im Rahmen der Postmoderne sind ein solches Identitätskonzept sowie generell der Subjektbegriff erheblich in die Kritik geraten (siehe etwa den Beitrag von Jürgen Straub in Köpping u. a. 2002, 255 ff.).

Eine gewisse Bedeutung hat vor diesem Hintergrund der Ansatz von Heiner Keupp (1999) erlangt, der von „Identitätsarbeit" und von „Identitätskonstruktionen" spricht, also von einer nie endenden aktiven Arbeit an sich. Allerdings weist auch Keupp etwa unter Bezug auf die Theorien des Gesundheitswissenschaftlers Aaron Antonovsky darauf hin, dass zur Gesundheit des Menschen auch eine gewisse Kohärenz und Stabilität in seinen Selbstverhältnissen gehört. In diesem Sinne schreibt auch Straub in seiner Analyse der postmodernen Kritik am Identitätskonzept:

> „Wir haben gute empirische (und normative) Gründe dafür, Personen weiterhin als um Identität bemühte Subjekte zu beschreiben (und zu behandeln), und zwar ganz in dem von der modernen Psychologie und Soziologie maßgeblich geprägten Sinn. Dies gilt zumindest für zahlreiche Menschen des okzidentalen Kulturkreises. Eine anthropologisch universale Kategorie ist der hier verwendete Identitätsbegriff keineswegs. Er bringt vielmehr Erfahrungen zur Geltung, die für die Struktur des Selbstverhältnisses des modernen Menschen der westlichen Welt mehr und mehr konstitutiv wurden. „Identität" im hier verstandenen Sinne ist ein theoretischer Terminus, der an die Lebensbedingungen, an den Erfahrungsraum und Erwartungshorizont moderner Gesellschaften gebunden ist." (258)

Diese Zuordnung des Identitätsbegriffs zu modernen (westlichen) Gesellschaften ist im Hinblick auf Afrika bedenkenswert, weil sich viele afrikanische Gesellschaften (zum Teil freiwillig, zum Teil auf Wunsch und im Interesse nationaler Eliten und zum Teil aufgrund äußeren Zwanges) auf den Weg zu einer industriellen Moderne gemacht haben. Damit scheint zugleich der Weg zu einem individualistisch verstandenen Personenkonzept vorgegeben zu sein. Allerdings kollidiert dies mit der bedeutenden Rolle, die die Gemeinschaft auch und gerade bei der Konstitution von Personalität in afrikanischen Gesellschaften spielt:

> „Die abendländische Vorstellung von der Person als einem fest umrissenen, einzigartigen, mehr oder weniger integrierten motivationalen und kognitiven Universum, einem dynamischen Zentrum des Bewusstseins, Fühlens, Urteilens und Handelns, das als unterscheidbares Ganzes organisiert ist und sich sowohl von anderen solchen Ganzheiten als auch von einem sozialen und natürlichen Hintergrund abhebt, erweist sich (…) im Kontext der anderen Weltkulturen als eine recht sonderbare Idee." (Geertz 1987, 294)

Dieses Zitat spielt darauf an, dass in den betreffenden außereuropäischen Gesellschaften der Einzelne nur in Relation zu seinem sozialen Kontext verstanden wird. Dies zeigt sich oft auch an der verwendeten Sprache, wenn es etwa unterschiedlicher Bezeichnungen für das Ich gibt, je nachdem, mit wem man in welchem Zusammenhang spricht. Man nennt diese Verständnisweise des Zusammenhangs von Einzelnem und Gemeinschaft Kommunalismus bzw. gelegentlich auch Kommunitarismus. Interessant ist, dass beide Begriffe auch in der westlichen Tradition eine Rolle spielen. So untersucht der Historiker Peter Blickle den Kommunalismus, also die Bedeutung der dörflichen Solidargemeinschaft im Übergang vom Mittelalter zur Neuzeit. Der Kommunitarismus wiederum ist als philosophische Gegenbewegung zu dem Liberalismus entstanden, bei dem das einzelne und oft als autark verstandene Individuum im Mittelpunkt steht.

Auf die bedeutende Rolle des Gemeinschaftssinns und der Gemeinschaft selbst weist auch David van Reybrouck (2013) im Zusammenhang mit der Sklaverei hin. Denn Sklaverei bedeutete, dass Menschen aus ihrem sozialen Kontext brutal herausgerissen wurden („sozialer Tod"):

> „Von jeher wurde Sklaverei in Zentralafrika nicht in erster Linie als Freiheitsberaubung begriffen, sondern als Entwurzelung aus dem sozialen Milieu. Schrecklich war es auf jeden Fall, jedoch aus anderen Gründen, als in der Regel angenommen wird. In einer Gesellschaft, die in so hohem Maße durch Gemeinschaftssinn gekennzeichnet war, bedeutete die ‚Autonomie des Individuums' nicht Freiheit, wie sie in Europa seit der Renaissance proklamiert wird, sondern Einsamkeit und Zerrüttung. Du bist der, den andere kennen, und wenn dich keiner kennt, bist du nichts. Sklaverei, das war nicht geknechtet sein, sondern entwurzelt sein, heimatlos." (63)

Interessant an diesem Zitat ist unter anderem, dass dieses Gefühl des Entwurzeltseins auch eine zentrale Rolle in vielfältigen Ansätzen einer Kritik an der Moderne spielt. Schon Hegel sprach von Entzweiung in der modernen Gesellschaft, beim frühen Marx war es der Begriff der Entfremdung, später waren es Konzepte wie Heimatlosigkeit, Isolation und eben auch Entwurzelung.

Afrikaner leben also zwischen unterschiedlichen Welten mit je unterschiedlichen Anforderungen an die Person. Unverfälschte Traditionen aus der vorkolonialen Zeit gibt es nach Jahrzehnten und Jahrhunderten europäischer Unterdrückung sicherlich kaum noch und lassen sich auch nicht wieder herstellen. Zudem gab es eine bewusste Einflussnahme auf die Mentalitäten der Menschen durch die christliche Missionierung und ihre Bildungsangebote. Man erinnere sich, dass ein bedeutsamer Unterschied des Protestantismus gegenüber dem Katholizismus darin bestand, dass der Einzelne nunmehr unmittelbar eine Beziehung zu Gott aufbauen konnte, dass er auch unmittelbar Verantwortung für sein Handeln übernehmen musste. Der Protestantismus ist auch aufgrund dieses Konzeptes von individualistischer Personalität die Religion der Moderne, wie es der Theologe Ernst Troeltsch, Freund und kongenialer Mitstreiter von Max Weber, formulierte. John und Jean Comaroff sprechen daher in ihrem Beitrag (im Sammelband Köpping u. a. 2002,

78) von protestantischen Eliten in Afrika, die den europäischen Gedanken der Individualität aufnahmen.

Allerdings gab es immer auch schon starke Gegenbewegungen gegen solche Übernahmen, mit denen versucht wurde, Konzeptionen eines „afrikanischen Menschen" den europäischen Vorstellungen entgegenzusetzen. Ein frühes Beispiel waren die Konzeptionen der Negritude vor allem in Frankreich (Aimé Césaire, Leopold Senghor) oder des Panafrikanismus (vor allem in England und in den USA: Marcus Garvey, W. E. B. Du Bois).

Diese Traditionslinie aus der frühen Zeit der Dekolonisation hat sich bis heute fortgesetzt. Ein aktueller Entwurf („Afrotopia") stammt von dem senegalesischen Ökonomen und Musiker Fellwine Sarr (2019):

> „Der afrikanische Mensch der Gegenwart ist hin- und hergerissen zwischen einer Tradition, mit der er nicht mehr vertraut ist, und einer Moderne, die ihn von außen befallen hat wie eine zerstörerische, entmenschlichende Gewalt. Wir erinnern uns: Eine der markantesten Begegnungen mit der westlichen Moderne war die mit dem ‚abscheulichen Antlitz des anderen', die sich vermittelst des Kolonialismus vollzogen hat. Dieser bedeutete für die afrikanischen Gesellschaften und den Charakter ihrer sozialen Zusammenhänge eine radikale Umwälzung. Hinzu kommt, dass die westliche Moderne den afrikanischen Menschen zugleich fasziniert und abgestoßen hat." (35)

Fellwine Sarr zielt vor diesem Hintergrund darauf, afrikanische Traditionen wiederzuentdecken und mit ihnen eine „afrikanischen Moderne" zu entwickeln. Es geht um die Rehabilitation bestimmter afrikanischer Werte wie Würde, Gemeinschaftlichkeit, Gastfreundschaft, Bescheidenheit, Ehrgefühl. In diesen Kontext gehört auch die Debatte über die gemeinwohlorientierte Lebensphilosophie der Ubuntu in Südafrika (weswegen „Ubuntu" auch als Bezeichnung für eine Variante des frei verfügbaren Betriebssystems Linux verwendet wird).

B) Zur Universalität der Menschenrechte

Die Menschenrechte sind ein Versuch, sich in der Gesamtheit der verschiedenen Kulturen und Gesellschaften der Welt auf gemeinsame Schutz- und Anspruchsrechte zu verständigen. Das bedeutet, dass sie Universalität und Allgemeingültigkeit beanspruchen. Sie tun dies in vierfacher Hinsicht: Sie beanspruchen, für *alle* Menschen zu gelten, sie sollen *immer* gelten, sie sollen *überall* und immer auch *alle zusammen* gelten. Dies bedeutet insbesondere, dass keine Ausnahmen gemacht werden dürfen, weder in zeitlicher oder räumlicher Hinsicht oder im Hinblick auf bestimmte Menschengruppen, von denen man glaubt, sie ausschließen zu können.

Die feierliche Erklärung der Menschenrechte fand auf der Basis der Charta der Vereinten Nationen im Jahre 1948 statt. Allerdings war dies eine völkerrechtlich nicht bindende Erklärung, sodass der Wunsch entstand (Eleanor Roosevelt, die Gattin des amerikanischen Präsidenten, spielte hierbei eine wichtige Rolle), sie über völkerrechtlich bindende Konventionen abzusichern. Wer heute in eine (inzwischen nicht mehr ganz aktuelle) Auflistung der Menschenrechte hineinschaut (Bundeszentrale 2004), wird über die Fülle der inzwischen verabschiedeten Konventionen, Erklärungen und Entschließungen überrascht sein. So erfasst dieser Sammelband der Bundeszentrale für politische Bildung eine höhere zweistellige Zahl völkerrechtlich relevanter Vereinbarungen zu diesem Thema.

Basis sind die beiden Internationalen Pakte, zum einen über wirtschaftliche, soziale und kulturelle Rechte, und zum anderen über politische und bürgerliche Rechte, die beide im Jahr 1966 von der Vollversammlung verabschiedet, aber erst zehn Jahre später in Kraft gesetzt wurden.

Eigentlich müssten beide Pakte alle Facetten des Menschenrechtsschutzes abdecken. In der Tat gibt es zwischen den verschiedenen Menschenrechtskonventionen erhebliche Redundanzen, die man sich nur dadurch erklären kann, dass Menschen offenbar dazu neigen, Ausnahmen machen zu wollen. Deshalb wurde es notwendig, dass spezielle Vereinbarungen für Menschen mit Behinderung, für Kinder, für Frauen getroffen werden mussten, dass speziell Menschenhandel und Sklaverei, Kinderarbeit, die Schutzlosigkeit von Wanderarbeiter*innen, Folter oder erniedrigende Behandlung, eine diskriminierende Behandlung von Minderheiten durch entsprechende Konventionen als unvereinbar mit den Menschenrechten deklariert werden mussten.

Ein weiterer Vorwurf, dem sich Menschenrechte immer wieder ausgesetzt sehen, besteht darin, ihnen ein eurozentrisches Menschenbild vorzuwerfen. In der Tat spielen der Schutz des Individuums und der Anspruch auf Entwicklung auf Entwicklung eine wichtige Rolle, sodass die wachsende Anzahl nicht-westlicher Länder in den Vereinten Nationen zunehmend darauf gedrängt hat, die Rolle der Gemeinschaft und deren Entwicklung in ihrer Bedeutung hervorzuheben. Dies ist auf der Wiener Menschenrechtskonferenz im Jahre 1993 geschehen. Inzwischen spricht man von der sogenannten Dritten Generation der Menschenrechte, bei der es insbesondere um das Recht auf Entwicklung geht.

Es gab bereits früher schon erhebliche Auseinandersetzungen über die ersten beiden Menschenrechtskonventionen aus dem Jahr 1966. Während es nämlich bei der einen Konvention um die Schutzrechte des Individuums geht, also um Folterverbot, um

Pressefreiheit, um Religionsfreiheit etc. (wogegen sich nicht bloß die sozialistischen Staaten, sondern zum Teil auch die katholische Kirche gewehrt hat), geht es bei der anderen Konvention um soziale Anspruchsrechte rund um das Leitkonzept der Teilhabe, was in der Realisierung dazu führt, dass Umverteilungsprozesse stattfinden müssen. Gegen diesen Gedanken gab es Widerstand in den westlichen Ländern.

Auf die breite Diskussion über die Geschichte, Systematik, über Begründungsmöglichkeiten, Relevanz, Anwendungs- und Geltungsbereich und die Vielfalt an Interpretationsmöglichkeiten kann hier nicht eingegangen werden (vgl. etwa Menke/Pollmann 2007, Pollmann/Lohmann 2012 oder Sen 2021). Insbesondere ist in unserem Zusammenhang die Frage relevant, ob Menschenrechte politisch, juristisch oder moralisch betrachtet werden müssen. Wichtig ist auch die Frage, wer Subjekt und wer Adressat ist. Der Ansatz von Sen ist auch deshalb relevant, weil die handelnde Person und ihre (moralische) Haltung im Mittelpunkt stehen:

> „Genauer gesagt, geht es ihm (gemeint ist A. Sen; M.F.) um die sehr grundsätzliche Freiheit, selbstbestimmt ein gelingendes Leben führen zu können." (So der Kommentar von Christian Neuhäuser in Sen 2021, 90).

Nun ist es in der Tat so, dass wichtige Initiativen zur Ausformulierung der Menschenrechte aus westlichen Regionen kamen. Man weist immer wieder auf Vorläufer hin, etwa die Virginia Bill of Rights im Vorfeld der Unabhängigkeitserklärung der Vereinigten Staaten, auf die Erklärung der Bürger- und Menschenrechte im Kontext der französischen Revolution, oder – noch viel früher – auf die Magna Charta (1215) oder den Habeas Corpus Act (1679), mit denen in England zunächst die Rechte des Adels gegenüber dem König, später die Rechte der Bürgerschaft formuliert wurden. Doch reichen die Traditionen sehr viel weiter zurück:

> „Die ausdrückliche Verkündung von Menschenrechten stellt etwas verhältnismäßig Neues dar; im 18. Jahrhundert wurden sie im europäischen und nordamerikanischen Raum erstmals für eine breite Öffentlichkeit formuliert. Bereits lange zuvor gab es auch Ansätze in anderen Kulturkreisen. So finden sich im Denken des Buddhismus (sechstes Jahrhundert vor Christi) und bei dem indischen Gesetzschreiber Manu (2./3. Jahrhundert n. Chr.) Elemente, die menschenrechtliche Mindeststandards definieren. Auch die chinesischen Philosophen Konfuzius (551-479 v. Chr.) und Menzius (372-289 v. Chr.) hatten bereits hohe ethische Maßstäbe entwickelt. In ihrem positiven Menschenbild gingen sie allerdings davon aus, dass der Mensch allein durch moralische Selbstdisziplin und Pflichterfüllung das Gute erreichen könne. Die Formulierung von Schutz- und Teilhaberechten gegenüber dem Staat blieb dem Konfuzianismus dagegen fremd." (Axel Hermann in Informationen zur politischen Bildung 297/2007, 6)

Dass die explizite Formulierung der Menschenrechte im Jahr 1948 stattfand, ist natürlich kein Zufall, sondern hat mit der Brutalität und dem Zivilisationsbruch des Zweiten Weltkriegs zu tun. Es ging um Friedenssicherung und den Schutz von Menschen. Basis der Menschenrechte ist die Verletzlichkeit (Vulnerabilität) des Menschen, sind die Verletzungen und Gefährdungen, denen Menschen immer wieder in allen Gegenden der Welt ausgesetzt waren und sind und die Selbstbestimmung und Autonomie erschweren oder sogar verhindern.

Selbstbestimmung und Autonomie gehören jedoch zu den zentralen Charakteristika menschlichen Lebens, sodass man mit Peter Bieri (2013) eine selbstbestimmte Lebensform, die sich an den Maßstäben der Selbstständigkeit, der Wahrhaftigkeit und echter Begegnungen orientiert, mit dem Begriff der *Menschenwürde* verbindet. Dabei gibt Bieri zu bedenken:

> „Unser Leben als denkende, erlebende und handelnde Wesen ist zerbrechlich und stets gefährdet – von außen wie von innen. Die Lebensform der Würde ist der Versuch, diese Gefährdung in Schach zu halten. Es gilt, unser stets gefährdetes Leben selbstbewusst zu *bestehen*. Es kommt darauf an, sich von erlittenen Dingen nicht nur fortreißen zu lassen, sondern ihnen mit einer bestimmten Haltung zu begegnen, die lautet: *Ich nehme die Herausforderung an*. Die Lebensform der Würde ist deshalb nicht *irgendeine* Lebensform, sondern die existenzielle Antwort auf die existenzielle Erfahrung der Gefährdung." (14f.; Hervorh. im Orig.)

Verbunden sind die Menschenrechte mit einer Diskussion darüber, was der Mensch benötigt, um menschenwürdig leben zu können. Es geht um Grundbedürfnisse wie Wohnung, Nahrung, Kleidung, Sicherheit, Gesundheit, Bildung, allerdings auch um weitere Bedürfnisse der Nähe, der Freude an ästhetischer Gestaltung und um die Möglichkeit, soziale und kommunikative Beziehungen einzugehen. Dies macht die „schwache Anthropologie" deutlich, die Martha Nussbaum und Amartya Sen auf der Grundlage eines interdisziplinären Forschungsprojektes im Kontext der Vereinten Nationen mit Expert*innen aus unterschiedlichen Regionen und Kulturen mit verschiedenen weltanschaulichen Grundüberzeugungen entwickelt haben. Nussbaum präzisiert dies:

> „Die zentralen menschlichen funktionalen Kompetenzen
>
> 1. *Leben*. Die Möglichkeit besitzen, bis zum Ende eines menschlichen Lebens von normaler Dauer zu leben; nicht vorzeitig sterben, oder vor jenem Zeitpunkt, in dem das eigene Leben so reduziert ist, dass zu leben nicht mehr wertvoll erscheint.

2. *Körperliche Gesundheit.* Die Möglichkeit zu einer guten Gesundheit besitzen, einschließlich Fortpflanzungsgesundheit (..); angemessen ernährt werden; eine angemessene Unterkunft besitzen.

3. *Körperliche Unversehrtheit.* Die Möglichkeit haben, sich frei von Ort zu Ort zu bewegen, vor gewaltsamen Angriffen sicher sein, einschließlich Vergewaltigung und Gewalttätigkeit in der Familie; die Gelegenheit zur sexuellen Befriedigung besitzen und eine Auswahl hinsichtlich der Fortpflanzung (...) treffen zu können.

4. *Sinne, Vorstellung und Gedanke.* Die Kompetenz haben, empfinden, sich vorzustellen, denken und erkunden zu können – und diese Dinge in einer „wirklich menschlichen" Weise ausführen. Sie wird durch eine angemessene Erziehung gebildet und kultiviert und ist keineswegs auf die Schreib- und Lesefähigkeit, auf fundamentale mathematische und wissenschaftliche Übung eingeschränkt. Die Möglichkeit besitzen, die Einbildungskraft und den Verstand in Verbindung mit der Erfahrung zu benutzen und Werke und Ereignisse nach der eigenen Entscheidung hervorzubringen, sie seien religiöse, literarische, musikalische oder andere. Die Gelegenheit haben, den eigenen Verstand auf Arten anzuwenden, die durch Garantien der freiheitlichen Äußerung in Beziehung auf die sowohl politische als auch die künstlerische Rede geschützt werden, die freiheitliche Ausübung der Religion. Die Gelegenheit zu lustvollen Erfahrungen besitzen und nutzlose Schmerzen vermeiden.

5. *Gefühle.* Das Vermögen zur Sympathie mit Dingen und Menschen außerhalb unserer selbst besitzen; jene lieben, die uns lieben und für uns sorgen, und während ihrer Abwesenheit, Kummer empfinden; im Allgemeinen das Begehren lieben, um Dankbarkeit bekümmert sein und berechtigten Ärger erfahren; die eigene emotionale Entwicklung nicht durch Angst und Furchtbarkeit ruiniert sehen.

6. *Praktische Vernunft.* Fähig sein, eine Vorstellung von dem Guten zu entfalten und sich in der Planung des eigenen Lebens in kritischer Reflexion darauf zu verpflichten.

7. *Zugehörigkeit*

A. Die Möglichkeit besitzen, *mit anderen und in Zuwendung zu anderen zu leben*, sie zu erkennen und für ihren Belang Interesse zu zeigen; sich in verschiedenen Formen des sozialen Austausches engagieren; fähig sein, sich die Situation eines anderen zu vergegenwärtigen (....).

B. Die sozialen Hintergründe der *Selbstachtung und Nicht-Erniedrigung* besitzen; die Gelegenheit haben, als eine würdige Person behandelt zu werden, deren Wert mit anderen gleich ist. Dies schließt Vorkehrungen der Nicht-Diskrimination auf der Basis von Rasse, Geschlecht, sexueller Orientierung, ethnischer Zugehörigkeit, gesellschaftlichem Rang, Religion und religiöser Herkunft ein.

8. *Andere Lebewesen.* Das Vermögen haben, in der Sorge für und in Beziehung auf Tiere, Pflanzen und die Naturwelt zu leben.

9. *Spiel.* Das Vermögen haben zu lachen, zu spielen und erholsame Tätigkeiten zu genießen.

10. Die *Kontrolle* über die eigene Umgebung.

A. *Politisch.* Die Möglichkeit haben, effektiv an politischen Entscheidungen teilzuhaben, die das eigene Leben regulieren; das Recht der politischen Teilnahme, des Schutzes der freien Rede und der freien Assoziation genießen.

B. *Materiell.* Die Möglichkeit haben, Besitz zu unterhalten (sowohl Grundstücke als auch bewegliche Güter) und Besitzrechte auf einer Gleichheitsbasis mit anderen zu genießen; das Recht haben, Beschäftigung auch einer Gleichheitsgrundlage mit anderen zu suchen; von der Möglichkeit ungerechtfertigter Einflussnahme frei zu sein." (Nussbaum 2002, 25 ff.)

Das Problem mit solchen internationalen Ordnungsversuchen besteht darin, dass Recht und Gesetz nur dort wirksam werden, wo sie überwacht werden und wo man bei Verstößen auch Sanktionen aussprechen kann. Nur mühsam wurden entsprechende Institutionen zumindest für einige gravierende Verstöße (wie etwa Verbrechen gegen die Menschlichkeit) in den letzten Jahrzehnten eingerichtet. Auch die Verpflichtung der Regierungen, in regelmäßigen Abständen „Staatenberichte zur Umsetzung der Menschenrechte" vorzulegen, ist nur begrenzt tauglich. Selbst erhebliche Kritikpunkte etwa an Staatenberichten aus Deutschland haben nicht immer dazu geführt, dass entsprechende Veränderungen auf nationaler Ebene vorgenommen wurden. Das betrifft etwa die Frage der Teilhabe an Bildung und Kultur. Immerhin gibt es international agierende zivilgesellschaftliche Organisationen, die auf nationaler und internationaler Ebene Verstöße gegen Menschenrechte registrieren und publizieren.

Ergänzt wird das System der internationalen Menschenrechtserklärungen durch regionale Erklärungen. So gibt es entsprechende Erklärungen und Konventionen aus Amerika, aus Afrika, es gibt eine arabische Charta der Menschenrechte, es gibt eine Erklärung der Menschenrechte im Islam, bei denen es durchaus Unterschiede und

Einschränkungen im Vergleich zu den universellen Erklärungen und Konventionen gibt. Insbesondere betont die afrikanische Charta aus dem Jahr 1981 den Anspruch der Völker auf die freie Verfügung über ihre Reichtümer und Bodenschätze und es wird die Forderung nach der Wiedererlangung eines rechtwidrig weggenommenen Eigentums erhoben.

Art. 20 fordert „das unbestreitbare und unveräußerliche Recht auf Selbstbestimmung." Alle Völker „entscheiden frei über ihren politischen Status und gestalten ihre wirtschaftliche, soziale und kulturelle Entwicklung nach der von ihnen frei gewählten Politik." Und weiter: „Alle Völker haben Anspruch darauf, in ihrem Befreiungskampf von den Vertragsstaaten dieser Charta politisch, wirtschaftlich oder kulturell unterstützt zu werden." (Bundeszentrale 2004, 536; zur postkolonialen Position siehe Samour 2023)

13. Zur Dekolonialisierung der Erziehungswissenschaft 1: Grundlagen

Überblick

Wie bereits mehrfach in diesem Text ausgeführt, kann man unter „Dekolonialisierung" Unterschiedliches verstehen. So ist zunächst der reale historischen Prozess zu nennen, in dessen Verlauf ehemalige Kolonien ihre Unabhängigkeit erkämpft haben, wobei dies sowohl Auswirkungen auf diese Gebiete als auch auf die ehemaligen Kolonialmächte hatte. Es geht aber auch um die Reflexion geistiger Prozesse, in denen Kolonialismus und Sklaverei legitimiert oder sogar angeregt wurden und die auch nach dem Erlangen der Unabhängigkeit sowohl in den neu entstandenen Staaten als auch in den ehemaligen Kolonialmächten nachwirkten.

Zu Recht wurde daher darauf hingewiesen, dass es neben körperlicher, ökonomischer und politischer Gewalt auch eine „epistemische Gewalt" (Brunner 2020 im Anschluss an Spivak und Mignolo) gibt, mit der man sich kritisch-reflexiv auseinandersetzen muss. In diesem Zusammenhang spricht man von „epistemischem Ungehorsam", nämlich einer Weigerung, die Dominanz westlichen Wissens in Philosophie und Wissenschaften weiterhin ungeprüft zu akzeptieren.

Im vorliegenden Text geht es vorwiegend um die Frage einer möglichen epistemischen Gewalt in der Erziehungswissenschaft und weniger um die in Deutschland in den letzten Jahren verstärkten Initiativen und Bemühungen etwa zur Dekolonialisierung von Straßennamen oder Museumsbeständen. Allerdings haben sich im Kontext dieser praktischen Initiativen Diskurse entwickelt, die wiederum bei dem Themas dieses Buches zu berücksichtigen sind.

Der post- und dekoloniale Ansatz hat unterschiedliche Aspekte und Dimensionen, sodass er als Denkweise, als politische Praxis, als kritische Haltung, als Perspektive aber auch als Ideologie oder als Karrierehelfer im akademischen Bereich verstanden werden kann. Aspekte und Themen, die bei einer kritischen Reflexion westlicher und europäischen Wissens aus einer post- und dekolonialen Perspektive zu berücksichtigen sind, sind etwa Fragen asymmetrischer Macht- und Herrschaftsverhältnisse, Fragen der Verstrickung westlicher Philosoph*innen und Wissenschaftler*innen mit kolonialen Unterdrückungsverhältnissen, das Konzept einer westlichen Moderne zusammen mit Konzepten, die man dieser Moderne zurechnet wie etwa „Subjekt", „Autonomie" oder „Vernunft". Es geht um Fragen der Normativität, des Universalismus, der Machbarkeit und der Vorstellung linearer Entwicklung. Zu berücksichtigen sind auch Prozesse des Vergessens und Verdrängens von Wissenskulturen außerhalb des Westens und Europas.

Speziell im Hinblick auf das erziehungswissenschaftliche Denken spielt die Vorstellung eines handlungsmächtigen Subjekts eine Rolle verbunden mit Konzepten der Mündigkeit, der Vernunft und der Autonomie. Dies sind zugleich fundamentale Grundlagen von Vorstellungen über Bildung und Erziehung, die im pädagogischen Denken des Westens eine zentrale Rolle spielen.

Wenn man nun speziell das pädagogische Denken (des Westens) in den Blick nimmt, so sieht man sich mit einer Vielzahl pädagogischer Konzeptionen mit unterschiedlichsten Ansätzen einer theoretischen Fundierung konfrontiert. Offensichtlich ist es unmöglich, dieser Vielfalt – zumal in einem einzigen Text – gerecht zu werden. Ich werde daher die post- und dekolonialen Rückfragen nur auf einzelne erziehungswissenschaftliche Konzeptionen beziehen, von deren Tragfähigkeit ich überzeugt bin. Dies bedeutet allerdings nicht, dass damit andere erziehungswissenschaftliche Zugänge für untauglich befunden werden, man muss vielmehr auch in diesem Feld die Berechtigung von Pluralität wissenschaftlicher Zugriffsweisen berücksichtigen und anerkennen.

Als erste Annäherung an das hier vertretene Bildungsziel beziehe ich mich auf den Aufruf „Für solidarische Bildung in der globalen Migrationsgesellschaft" aus dem Jahre 2015, der von zahlreichen Hochschullehrer*innen – auch solchen, die sich dem post- und dekolonialen Kontext zurechnen lassen – verfasst bzw. getragen wird. Als zentrales Bildungsziel des 21. Jahrhunderts wird das Streben nach globaler Solidarität angegeben. Der Text sieht als Aufgabe der Erziehungswissenschaft und der Sozialen Arbeit das Eintreten für migrationsgesellschaftliche Bewusstseinsbildung und bezieht sich auf ‚die unhintergehbaren Rechte aller Menschen', so wie sie von den verschiedenen Menschenrechtskonventionen betont werden. Man bezieht sich auf die Würde des Menschen und fordert die Vermittlung von „historisch-systematischem Wissen um koloniale und rassistische Gewalt". Auch ich werde mich im Folgenden auf internationale erziehungswissenschaftliche Debatten und Stellungnahmen beziehen, so wie sie etwa im Kontext der Vereinten Nationen oder der UNESCO diskutiert und veröffentlicht wurden.

Die Liste der Hochschullehrer*innen, die diesen Aufruf unterstützen, verweist auf einen weiteren Aspekt, auf den ich im Folgenden eingehen will, dass nämlich Fragen der Diskriminierung und des Rassismus nicht erst seit der Konjunktur des Post- und Dekolonialismus aufgegriffen werden. Vielmehr haben sich auch in der Erziehungswissenschaft und der praktischen Pädagogik zahlreiche kritische Ansätze entwickelt, bei denen diese Fragen im Mittelpunkt stehen bzw. in denen man versucht, einen eurozentrischen Blick zu überwinden. Zu denken ist etwa an die antirassistische, diversitätssensible und diskriminierungskritische Pädagogik. Es gibt das etablierte Feld der interkulturellen Erziehungswissenschaft sowie zahlreiche Ansätze etwa im Bereich der Allgemeinen Pädagogik, die Konzepte wie Autonomie, Handlungsfähigkeit, Mündigkeit und andere, die mit dem Denken der Aufklärung in Verbindung gebracht werden, kritisch reflektieren und zum Teil sogar ablehnen. Damit soll allerdings nicht gesagt werden, dass damit die berechtigten Anforderungen an eine kritisch-reflexive Erziehungswissenschaft, die den Eurozentrismus überwindet, bereits erfüllt seien. Ein Beispiel für eine notwendige Überarbeitung ist die eurozentrische Orientierung in historischen Darstellungen des pädagogischen Denkens, bei denen – mit wenigen Ausnahmen wie etwa der Berücksichtigung der Befreiungspädagogik von Paolo Freire – Pädagog*innen und Erziehungswissenschaftler*innen, die nicht aus dem Westen stammen, nicht berücksichtigt werden.

a) Zu berücksichtigende Kritikpunkte und einzelne erziehungswissenschaftliche Ansätze, in denen solche Kritikpunkte berücksichtigt werden

Kritikpunkte

In einem aktuellen Band über Dekolonisierung der Erziehungswissenschaften (Akbaba/Heinemann 2023) wird der historische Ausgangspunkt post- und dekolonialer Ansätze beschrieben:

> „Es geht und ging immer um Land. Es geht um Landbesitz, die Kämpfe um Landbesitz und damit konkret um die Frage, wer über das Land, seine Ressourcen und die auf ihm lebenden Menschen Kontrolle ausüben und es in (Human-) Kapital verwandeln kann. Koloniale Gewalt – ebenso wie die postkoloniale Ausbeutung nach dem formalen Ende kolonialer Herrschaft – richtet sich entsprechend zu jeder Zeit in erster Linie gegen jene Menschen, die sich zum Zeitpunkt der Kolonisierung bereits auf dem Land befinden, dieses bewohnen und nutzen. Im Zuge des Kolonisierungsprozesses werden sie gewaltvoll enteignet, entrechtet, unterdrückt, als Arbeitskraft ausgebeutet und ihre Kulturen, Sprachen und sogar Körper vernichtet. Ziel der Kolonisatoren ist es, ungehindert auf die Ressourcen der Natur (des Bodens, des Wassers sowie der Pflanzen und Tiere) und der Kultur (vorhandenes Wissen, gegenständliche Errungenschaften u. a.) zugreifen zu können, diese zunächst zu enteignen, anschließend anzueignen und damit den eigenen Wohlstand und die eigenen Privilegien zu mehren.“ (14)

Diese realen Unterdrückungsaktivitäten haben auch eine geistige Dimension:

> „Neben dem direkten Zugriff auf Land und Körper wurde und wird zur Legitimation der Gewalttaten eine koloniale Matrix über den Komplex von Macht, Wissen und Sein etabliert, die die Wissensbestände über die Kolonisierten kontrolliert (…).“ (16)

Gegen das Argument, dass es vor dieser europäischen Kolonisierung auch schon andere Formen von Kolonisierung und Versklavung gegeben habe, werden drei spezifische Besonderheiten hervorgehoben:

> „Erstens (…), die Vorherrschaft der *weißen* Europäer*innen auf jene biologischen Strukturmerkmale zurückzuführen, die sich auf bestimmte Phänotypen und insbesondere die melatoninarme Hautfarbe beziehen, zweitens auf den als überlegen markierten *christlichen* Glauben und drittens auf die brutale, unnachgiebige *diskursive und körperliche* Gewalt, mit der ganze Bevölkerungen nicht nur entmenschlich und entrechtet, sondern auch vernichtet wurden.“ (17)

Stichworte der epistemischen Unterwerfung und Machtausübung sind u. a.: Rassismus, white supremacy, hierarchisierende Bewertung, Unterdrückung, unterschiedliche Formen von Diskriminierung und Ignorieren alternativer Wissenskulturen.

Erste Hinweise zur Berücksichtigung der Kritik in der Erziehungswissenschaft

Ein erster, allerdings sehr allgemein gehaltener erziehungswissenschaftlicher Ansatz, der unterschiedliche Kritikpunkte aus der Aufzählung im letzten Abschnitt berücksichtigt, wurde oben mit dem *Aufruf für eine solidarische Bildung* bereits genannt. Es sind Vertreter*innen verschiedener und spezieller Ansätze, die sich auf das Ziel globaler Solidarität geeinigt haben und die dieses Ziel unter Bezug auf die unhintergehbaren Menschenrechte, also einer Form von Universalismus, begründen. Es wird also nicht – wie in einigen post- und dekolonialen Ansätzen – Universalismus generell abgelehnt und es werden von einer großen Zahl von Erziehungswissenschaftler*innen aus verschiedenen Fachrichtungen die Forderungen und Begründungen universeller Menschenrechte auf der Basis des Prinzips der Menschenwürde als generelle normative Leitlinie akzeptiert.

Diesem Ansatz schließe ich mich an, zumal im letzten Kapitel gezeigt wurde, dass keineswegs das Prinzip der Menschenwürde und die Idee universeller Rechte aller Menschen eine westliche oder gar eurozentrische Erfindung ist, sondern sich solche Gedanken in vielen Kulturen in allen Regionen der Welt finden lassen. Es gibt sowohl explizite Formulierungen dieser Überlegungen, es ist aber auch zu berücksichtigen, dass bestimmte Grundgedanken zwar in vielen Kulturen der Welt auftauchen, aber möglicherweise zum ersten Mal in Europa explizit ausformuliert und systematisiert wurden. Damit werden diese Gedanken allerdings nicht sofort eurozentrisch.

Neben dem Bezug auf die unterschiedlichsten Menschenrechtskonventionen, bei denen man feststellen kann, dass sie selbst in den reichen und sich als demokratisch verstehenden Ländern nur unzureichend umgesetzt werden, sind weitere, mit großer Mehrheit verabschiedete Positionierungen der Vereinten Nationen und der UNESCO hinzuzuziehen. So betrachten viele Wissenschaftler*innen und Politiker*innen die 17 Ziele für eine nachhaltige Entwicklung für eine gute und tragfähige normative Grundorientierung, wobei im Zusammenhang des vorliegenden Textes insbesondere Ziel 4 relevant ist: „Inklusive, gleichberechtigte und hochwertige Bildung gewährleisten und Möglichkeiten lebenslangen Lernens für alle fördern."

Vermutlich ist der Begriff der Bildung in dieser Formulierung derjenige, der am meisten erklärungsbedürftig ist. Im „Handbuch Migrationspädagogik" (Mecheril 2016) gibt der Herausgeber folgende Hinweise auf das Verständnis von Bildung, das die im Buch thematisierten Formen von Diskriminierung reflektiert. Zum einen setzte er sich von einem Verständnis von Bildung ab, das diese auf kapitalistisch verwertbare Kompetenzen reduziert und er versteht Bildung dezidiert als Allgemeinbildung (23). Es geht um eine Transformation von Welt- und Selbstverhältnissen, wobei er sich auf Überlegungen von Hans-Christoph Koller bezieht, der den Artikel über Bildung in dem genannten Handbuch verfasst hat. Bildung ist in diesem Verständnis kein harmonischer Entwicklungsprozess, sondern ein konflikthaftes krisenartiges Geschehen. Koller spricht von Krisen und Fremdheitserfahrungen, die zu bewältigen sind, er weist – unter Bezug auf Wilhelm von Humboldt – auf notwendige Ressourcen hin, die ein solcher Bildungsprozess benötigt. Der Bildungsprozess ist dabei keine individuelle Angelegenheit, sondern vielfältig eingebettet in soziale, kulturelle, ökonomische und politische Kontexte.

In diesem Zusammenhang geht Koller auch auf die Forderung einzelner Erziehungswissenschaftler*innen ein, auf den Bildungsbegriff in der Erziehungswissenschaft ganz zu verzichten, unter anderem deshalb, weil in dessen Geschichte seine Verstrickung mit Machtzusammenhängen zu wenig berücksichtigt worden sei. Sein Fazit:

> „Doch die kritische Auseinandersetzung mit solchen Zusammenhängen enthebt die erziehungswissenschaftliche Reflexionen nicht der Aufgabe, die Maßstäbe solcher Kritik zu begründen und dafür Begriffe zu verwenden, die ihrerseits zu einer Orientierung pädagogischen Handelns beitragen können –

> also genau die Funktion zu erfüllen, die traditionell dem Bildungsbegriff zugesprochen wurde. In diesem Sinne erscheint der Bildungsbegriff – oder ein funktionales Äquivalent – als systematisch unverzichtbar für erziehungswissenschaftliche Reflexionen auch unter migrationsgesellschaftlichen Bedingungen." (43)

Diesen Überlegungen schließt sich Mecheril an und ergänzt dies um den Hinweis darauf, dass die gesellschaftlichen Bezüge des Bildungsbegriffs etwa mit dem Konzept der „epochaltypischen Schlüsselprobleme" eingeholt werden können, so wie es Wolfgang Klafki bereits vor 30 Jahren vorgeschlagen hat. Daraus ergibt sich für ihn als Aufgabe für Bildungseinrichtungen, „auf aktuelle (welt-) gesellschaftliche Rahmenbedingungen einzugehen und beispielsweise Flucht und Asyl vor der Folie globaler Not und Ungleichheit als einen wichtigen (allgemeine) Bildungsgegenstand zu konzipieren." (24)

Diese Überlegungen entsprechen weitgehend meinen eigenen bildungstheoretischen Überlegungen und meinem Vorschlag für eine theoretische Grundlegung der Erziehungswissenschaft insgesamt (Fuchs 2023, 2024): Ich habe vorgeschlagen, Bildung in den Kontext von Lebensführung zu stellen, was insbesondere bedeutet, individuelle Entwicklung in (lokalen und globalen) gesellschaftlichen Kontexten zu verstehen. Es geht um Handlungsfähigkeit, aber nicht im Sinne eines als atomar verstandenen allmächtigen Individuums, so wie es gelegentlich dem (westlichen) Konzept von „Subjekt" in post- und dekolonialen Diskursen im Anschluss an poststrukturalistische Debatten unterstellt wird, sondern um menschliche Entwicklung des Einzelnen in einer Gemeinschaft. Ein wichtiges Prinzip in meinem Verständnis von Bildung ist das *Prinzip der Widerständigkeit* auf der Basis einer Bewusstheit gegenüber vielfältigen Unterdrückungsverhältnissen. Ein solches Verständnis ist gerade nicht eurozentrisch, denn nur auf der Basis des Willens zur Selbstbestimmung und Freiheit lässt sich verstehen, in welch vielfältiger Weise kolonialisierte Menschen oft Widerstand gegen die Übermacht der Kolonialmächte geleistet haben. Es geht um Freiheit und Befreiung, ganz so wie es in der Pädagogik der Befreiung von Paolo Freire bis hin zu methodisch-didaktischen Anweisungen ausgearbeitet wurde. So schreibt die brasilianische Politik- und Erziehungswissenschaftlerin Maria da Gloria Marcondes Gohn zur wichtigen Rolle von Paolo Freire in der educacao popular (Volkserziehung), die in Lateinamerika, Afrika und Asien in Bildungskonzeptionen der Befreiung von Unterdrückung, Ausbeutung und Abhängigkeit eine wichtige Rolle spielt:

> „Im Werk von Paolo Freire bedeutet Bildung allem voran Bewusstwerdung; sie ist ein Akt der Bewusstseinsbildung und ist Praxis der Freiheit. Freire denkt Bildung als politische Handlung, als Wissensproduktion und als

kreatives Schaffen. Ausgangspunkt ist die bestehende Wirklichkeit, die transformiert werden muss. Damit Bildung befreiend wirken kann, muss sie als langfristiger Prozess vonstatten gehen und in den Lehrer*innen dafür ein historisches Bewusstsein angelegt werden." (Gohn in COMPA u. a. 2019, 158)

Einzelne erziehungswissenschaftliche Ansätze

Einige der im postkolonialen Diskurs formulierten Kritikpunkte am (westlichen) pädagogischen Denken sind – wie bereits mehrfach erwähnt – berechtigt, bedürfen jedoch der Aufarbeitung. Zu nennen ist etwa die eurozentrische Sichtweise in der Geschichtsschreibung pädagogischen Denkens, in der außereuropäische und außerwestliche Autor*innen mit wenigen Ausnahmen – Paolo Freire wurde etwa genannt – kaum berücksichtigt werden. Ein ebenfalls vernachlässigtes Thema sind Verstrickungen von Pädagog*innen in Kolonialismus und Sklaverei. So gab es etwa eine Kolonialpädagogik, die genau die Funktionen erfüllte, die in postkolonialen Diskursen angesprochen werden: die Formung der Menschen in den Kolonien zu arbeitswilligen Untertanen, die ihre Unterwerfung als legitim und notwendig akzeptieren. Auch weitere Kritikpunkte müssen im Hinblick auf ihre Relevanz untersucht werden, wenn sich Erziehungswissenschaft als kritisch-reflexive Wissenschaft versteht.

Eine kritisch reflexive Sichtweise ist allerdings auch bei den Bemühungen um eine Dekolonialisierung der Erziehungswissenschaft zu erwarten. Dies bezieht sich etwa auf die Vernachlässigung oder sogar das Ignorieren solcher Ansätze in der Erziehungswissenschaft, in denen kritisierte Aspekte – sowohl in der praktischen Arbeit als auch in wissenschaftlichen Diskursen – zum Teil schon seit Jahren und Jahrzehnten aufgegriffen und reflektiert werden. Dies betrifft etwa den Umgang mit Diversität und Heterogenität, was zumindest seit der verstärkten Rezeption des französischen Poststrukturalismus seit den 1980-er Jahren ein Thema in der wissenschaftlichen Pädagogik ist. Es gibt die Vergleichende Erziehungswissenschaft (Adick 2008), die ihre Traditionslinie bis auf Marc Antoine Jullien de Paris (1775-1848) zurückverfolgt (ebd., 15 ff.). In dieser Disziplin gibt es inzwischen einige Paradigmenwechsel. Dieser Ansatz spielt zudem in internationalen Organisationen wie etwa der UNESCO eine wichtige Rolle, wenn Konzepte und Positionspapiere entwickelt werden, die die Zustimmung von Expert*innen aus den unterschiedlichsten Ländern finden müssen. Interessant an solchen Positionspapieren ist unter anderem, dass die diskutierenden Expert*innen auch aus dem nichtstaatlichen Bereich und unter Beteiligung von internationalen zivilgesellschaftlichen Organisationen gewonnen werden.

Ein weiterer pädagogischer Bereich ist die Ethnopädagogik (Müller/Treml 1992), die in enger Zusammenarbeit mit der Ethnologie untersucht, wie Erziehungsprozesse in anderen, oft „traditionell" genannten Gesellschaften stattfinden und welche Vorstellungen von Kindheit und Jugend vorliegen. Interessant ist in diesem Zusammenhang etwa das Buch von Christoph Antweiler (2009), in dem er – für einen Ethnologen, der von seiner Profession her grundsätzlich Behauptungen von Universalität gegenüber kritisch eingestellt ist – eine höhere zweistellige Zahl von Gemeinsamkeiten und Universalien in weltweit vorhandenen Kulturen darstellt. Dies betrifft etwa Fragen von Gruppenzugehörigkeit, Ritualen, Moralvorstellungen, sexuellen und rechtlichen Regelungen, die zwar in den unterschiedlichsten Kulturen verschieden ausgestaltet sind, die es aber in irgendeiner Form in jeder der weltweit vorhandenen Kulturen gibt. Es geht hierbei um das offensichtlich schwierige Problem, Vielfalt als Wesensmerkmal menschlichen Lebens und menschlicher Gesellungsformen zu akzeptieren, aber gleichzeitig Gemeinsamkeiten nicht zu negieren. Dies betrifft nicht nur die Ethnologie als empirische Untersuchung kultureller Vielfalt, es betrifft auch Fragen der philosophischen Anthropologie, in der man versucht, wesentliche Bestimmungsmerkmale menschlichen Lebens jenseits aller empirisch vorfindlichen Ausdifferenzierungsprozesse festzustellen.

Ebenfalls eine lange Tradition in Theorie und Praxis hat die Reflexion der multiethnischen Zusammensetzung moderner Gesellschaften. Dies gilt nicht nur für traditionelle Kolonialmächte, es gilt auch für Einwanderungsländer wie etwa Deutschland. Auch hierbei gibt es gravierende Paradigmenwechsel von einer Ausländerpädagogik, die auf die Arbeitsmigration in den 1960-er Jahren reagierte, bis zu aktuellen Ansätzen einer Migrationspädagogik, auf die ich oben am Beispiel des Handbuchs Migrationspädagogik (Mecheril 2016) hingewiesen habe. Die Beiträge in diesem genannten Handbuch sind durchweg kritisch im Hinblick auf die Gefahr von Eurozentrismus und thematisieren alle relevanten Stichworte wie Differenz, Diskriminierung, Hegemonie, Kapitalismus oder Postkolonialität und dies in den unterschiedlichsten pädagogischen Handlungsfeldern (Elementarpädagogik, Erwachsenenbildung, Schule, Hochschule etc.). Auf den zwar kritischen, aber insgesamt positiven Bezug auf Menschenrechte (so in dem Artikel von Albert Scherr) habe ich hingewiesen.

Inzwischen arbeiten in diesem Feld zahlreiche Forscher*innen, die selbst oder zumindest deren Familie Migrationserfahrungen haben und die von entsprechenden Diskriminierungen in der deutschen Gesellschaft betroffen sind. Von Albert Scherr und seinen Mitarbeiter*innen stammt auch der Vorschlag, angesichts der Vielfalt unterschiedlicher Ungleichheitsverhältnissen, so wie sie in dem sich ausbreitenden Bereich unterschiedlicher „studies" (cultural, postcolonial, decolonial, gender, disability etc. studies) jeweils thematisiert werden, den Begriff der Diskriminierung als Leitbegriff zu nehmen. Dieser Vorschlag ist vergleichbar mit dem Ansatz der Intersektionalität, nämlich der Erfahrung, dass verschiedene Formen der Diskriminierung zusammen auftreten können (siehe etwa Walgenbach 2017, Mai u. a. 2018, Bronner/Paulus 2021).

Ein inzwischen in Theorie und Praxis etabliertes Feld ist der Umgang mit Rassismus. Bei diesem Thema gab es in Deutschland zunächst Rezeptionsschwierigkeiten, da der Rassismusbegriff sehr stark mit dem nationalsozialistischen Völkermord verbunden war. Inzwischen liegt auch in Deutschland den entsprechenden Praktiken und Diskursen ein erweiterter Rassismusbegriff zugrunde, so wie er auch in internationalen Rassismusdebatten eine Rolle spielt. Es gibt nicht bloß Forschungen in unterschiedlichen Disziplinen (Erziehungswissenschaft, Soziologie, Politikwissenschaft etc.), es gibt auch zahlreiche praxisbezogene Impulse und Initiativen, die sich diesem Thema widmen.

Als ein Beispiel unter vielen will ich das Informations- und Dokumentationszentrum für Antirassismusarbeit (IDA) nennen, das 1989 von zivilgesellschaftlichen Organisationen gegründet wurde und sich im Bereich der politischen Bildung verortet. (Siehe etwa Drücker 2020 und Detzner u. a. 2016). Inzwischen gibt es zahlreiche Publikationen, die von theoretischen Grundsatzüberlegungen, politischen Einordnungen bis hin zu methodisch-didaktischen Praxishilfen reichen. Auf seiner Webseite beschreibt IDA die folgenden Themenfelder: Rassismus (Kritik), Rechtsextremismus, Antisemitismus, rassismuskritische oder interkulturelle Öffnung, Diversität, Diskriminierungskritik und Migrationsgesellschaft.

b) Hinweise auf internationale Debatten über Bildungsfragen und die Kontroverse um das Konzept des Globalen Lernens (GL)

„Da Kriege im Geist der Menschen entstehen, muss auch der Frieden im Geist der Menschen verankert werden." Dies ist die Leitidee der im Jahre 1945 gegründeten Organisation der Vereinten Nationen für Bildung, Wissenschaft, Kultur und Kommunikation UNESCO. Die UNESCO ist zwar eine Teilorganisation der Vereinten Nationen, hat aber eine gewisse Selbstständigkeit, was sich unter anderem daran zeigt, dass die Liste der Mitgliedsstaaten sich (unwesentlich) von der Liste der Mitglieder der Vereinten Nationen unterscheidet. Die UNESCO ist damit der prioritäre Ort, an dem Bildungsfragen weltweit verhandelt werden. Die Deutsche UNESCO Kommission (auf ihrer Webseite) präzisierte das Ziel 4 der 17 Ziele für eine nachhaltige Entwicklung (SDG) wie folgt:

> „Hochwertige, inklusive und chancengerechte Bildung für alle. Bildung ist ein Menschenrecht und der Schlüssel zu individueller und gesellschaftlicher

> Entwicklung. Sie befähigt Menschen dazu, ihre Persönlichkeit zu entfalten und ein erfülltes Leben zu führen. Bildung stärkt Demokratie, fördert Toleranz und eine weltbürgerliche Haltung. Desgleichen ist Bildung Voraussetzung für Nachhaltigkeit. Sie ermöglicht es dem Einzelnen, die Auswirkungen des eigenen Handelns auf die Welt zu verstehen, mit Wandel und Risiken umzugehen und verantwortungsvolle Entscheidungen zu treffen. Damit Bildung ihr Potenzial entfalten kann, muss sie hochwertig, inklusiv und chancengerecht sein."

Die UNESCO veröffentlicht regelmäßig Weltbildungsberichte und immer wieder einflussreiche Denkschriften. Die letzte heißt „Bildung überdenken: Ein globales Gemeingut?" aus dem Jahre 2016. Diese Schrift kann als Folgebericht des UNESCO-Berichts über Bildung für das 21. Jahrhundert betrachtet werden, der von einer internationalen Kommission unter der Leitung von Jacques Delors („Lernfähigkeit: unser verborgener Reichtum") im Jahr 1997 vorgelegt wurde. Wie oben erwähnt, ist ein Spezifikum der Kommissionen, die derartige Berichte erstellen, dass sie international zusammengesetzt sind, wobei zusätzlich zu berücksichtigen ist, dass Länder des Globalen Südens auch in Gremien der UNESCO die Mehrheit stellen.

Die UNESCO ist allerdings nicht der einzige internationale Player, der sich mit bildungspolitischen Fragen befasst. Daneben ist das Kinderhilfswerk der Vereinten Nationen UNICEF zu nennen, das ebenfalls regelmäßig Berichte zur Lage der Kinder in der Welt und in einzelnen Staaten vorlegt. Es gibt die Weltentwicklungsberichte, des Weltentwicklungsprogramms der Vereinten Nationen UNDP. Unter anderem wird darin ein Ranking von Ländern im Hinblick auf ihren Zustand veröffentlicht, wobei die Besonderheit darin besteht, dass nicht allein der ökonomische Indikator des Bruttosozialproduktes eine Rolle spielt, sondern auch Gesundheit und Bildung (gemessen an der Analphabetenrate) mit einbezogen werden (Human Development Index). Weitere Weltberichte, in denen auch Fragen der Bildung berührt werden, stammen etwa von der Weltbank oder der Welthandelsorganisation WTO.

Eine gerade im Bereich der Erziehungswissenschaft oft problematisierte Rolle spielen die Initiativen von Organisationen, die sich mit dem Welthandel befassen und entsprechende Konventionen oder Vereinbarungen durchsetzen wollen. Hier geht es um Vereinbarungen über Freihandel, bei denen das Problem darin besteht, dass Fragen der Bildung (ebenso wie Fragen der Gesundheit, der Kultur, der Medien etc.) lediglich in ihrem ökonomischen Warencharakter betrachtet werden, sodass sie aus der Sicht der betreffenden Organisationen und Verträge auch nur den Regularien der neoliberalen Marktwirtschaft unterliegen sollen. Dies berührt auch den oben erwähnten Vorwurf an die PISA-Studien der OECD, denen ein reduziertes Bildungsverständnis vorgeworfen wird, das Bildung auf ökonomisch verwertbare Kompetenzen einengt.

Ein in unserem Zusammenhang interessanter Vorgang ist die Auseinandersetzung über das Konzept des Globalen Lernens.

Das Konzept des Globalen Lernens (GL), die Global Citizenship Education (GCE) und die postkoloniale Kritik

Im Zusammenhang mit dem Konzept des Globalen Lernens hat sich eine auch im Kontext des vorliegenden Buches relevante kontroverse Debatte ergeben, die einige hier wichtige Aspekte anspricht. Doch was ist Globales Lernen überhaupt?

> „Der Ansatz des Globalen Lernens, der heute weitgehend als Teil von BNE (Bildung für nachhaltige Entwicklung; M. F.) gesehen wird, hat seine Wurzeln in verschiedenen pädagogischen Theorieansätzen, wie etwa der entwicklungspolitischen, der interkulturellen, der ‚Dritte-Welt'-Bildung, der Menschenrechtsbildung sowie der Friedens- und Ökopädagogik. Globales Lernen hat sich früh vom Dritte-Welt-Begriff gelöst und sieht bis heute das Entwicklungsparadigma kritisch, auch im Rahmen der BNE. Es gibt verschiedene unterschiedlich akzentuierte theoretische Konzeptionen, die aber alle von einer engen Verflechtung globaler und lokaler Bezüge ausgehen. Einheitlich werden als Ziele die zu erwerbende Fähigkeit zum Perspektivenwechsel, zum ganzheitlichen, systemisch orientierten Denken sowie zur weltweiten Solidarität, Empathie und Selbstbestimmung betont." (Overwien 2013, 1)

Das Konzept des Globalen Lernens in diesem Sinne wird als „funktionales und semantisches Äquivalent" zu dem internationalen Begriff und Konzept der Global Citizenship Education (GCE) verstanden (so Drerup 2019, 9, Fußnote 4).

Die Konzepte des Globalen Lernens (GL) und der BNE sind inzwischen seit Jahren eingeführt, sie sind vielfach reflektiert und verfügen über eine Infrastruktur, die von der UNESCO, zivilgesellschaftlichen Organisationen und dem Staat unterstützt und gefördert wird. Es geht um eine „Kultur der Nachhaltigkeit", für deren Realisierung eine Fülle an Unterstützungsmaterialien und Personen bereitsteht (siehe etwa das BMBF-Portal www.bne-portal.de). Es gab zudem einige Weltprogramme, in denen dieser Ansatz entwickelt und unterstützt wurde; zurzeit ist es das Weltprogramm „BNE 2030 – die globalen Nachhaltigkeitsziele verwirklichen". Es liegt auf der Hand, dass ein solches Programm, das zudem über eine Fülle wissenschaftlicher, organisatorischer und finanzieller Unterstützung verfügen kann, eine hohe öffentliche

Aufmerksamkeit erhält. Dies ist in einer demokratisch organisierten Gesellschaft berechtigt und notwendig, weil es um eine Schicksalsfrage der Menschheit geht und weil eine solche kritische Aufmerksamkeit auch zur Diskussion, Verbesserung und Verbreitung der Grundideen beitragen kann.

Eine besonders kritische Stellungnahme und Auseinandersetzung mit den Prinzipien der beiden genannten Konzepte stammt von Vertreter*innen des Berliner Vereins glokal e. V.. Dieser Verein stellt sich auf seiner Webseite (www.glokal.org, Zugriff am 19.3.2024) wie folgt vor:

> „glokal e. V. ist ein Berliner Verein für machtkritische Bildungs- und Beratungsarbeit, der seit 2006 in der politischen Jugend- und Erwachsenenbildung tätig ist. (…) Ein elementarer Bestandteil unserer Seminare und Bildungsveranstaltungen sind Nord-Süd-Beziehungen, die in unseren Augen bis heute vor allem von ihrer Kolonialgeschichte und den darauf basierenden asymmetrischen und rassistischen Machtbeziehungen geprägt sind. Ausgangspunkt unserer Arbeit ist somit eine postkoloniale und machtkritische Perspektive auf globale, innergesellschaftliche und zwischenmenschliche Verhältnisse. Wir gehen davon aus, dass globale und lokale Ungleichheit nur dann geändert werden kann, wenn wir dominantes und als selbstverständlich behandeltes Wissen und Handeln selbstkritisch hinterfragen und globale Strukturen grundlegend transformieren. Dazu gehört es auch, kapitalistischen Ausbeutungsverhältnissen nicht nur „fairen" Handel entgegenzusetzen, sondern die gewalttätige ökonomische, soziale und politische Formung von Menschen und Gesellschaft zu hinterfragen."

Etwas später wird erläutert, dass sich im Team des Vereins „Erfahrungen aus dem Bereich der Politik-, Umwelt-, Erziehungs- und Sozialwissenschaften, der Anthropologie, den postcolonial studies, dem Social Development, dem politischen Aktivismus sowie aus den Ansätzen Anti-Bias, Betzavka, Mediation und der systemischen Beratungsarbeit und organisationalen Prozessbegleitung" vereinen. Es gibt entsprechende Fortbildungs- und Beratungsangebote sowie eine größere Zahl von Publikationen. Aus diesem Kontext stammt in einer postkolonialen Perspektive eine harte Kritik an den Konzepten des Globalen Lernens und der Bildung für eine nachhaltige Entwicklung (BNE), die nunmehr seit einigen Jahren anhält und vermutlich so schnell auch kein Ende finden wird. Es ist insbesondere die Zeitschrift für internationale Bildungsforschung und Entwicklungspädagogik ZEP, in der entsprechende Aufsätze veröffentlicht worden sind. Chandra-Milena Danielzik (2013), aktuell Mitarbeiterin in der Abteilung Menschenrechtspolitik des Deutschen Instituts für Menschenrechte, befasst sich kritisch mit den genannten Konzepten. Ihr Schwerpunkt in diesem Aufsatz ist der Zusammenhang von Macht und Wissen

„Dadurch, dass Wissensproduktion eingebettet ist in Machtasymmetrien, stellt jenes Wissen, welches allgemeingültige Wahrheit wird, ein privilegiertes Gut dar und kann nicht von allen gleichberechtigt hervorgebracht werden (…). Vor diesem Hintergrund lege ich den Fokus der folgenden Überlegungen zu institutionalisiertem Globalem Lernen (GL) und der Bildung für nachhaltige Entwicklung (BNE) in Deutschland auf die Produktion von Wissen und die Art und Weise, wie diese mit Machtverhältnissen in Nord-Süd-Beziehung zusammenhängt.“ (26)

Im Folgenden skizziert die Autorin die Zielvorstellungen von GL und BNE und gibt einen kurzen Abriss über die theoretischen Grundlagen postkolonialer Perspektiven.

„Was postkoloniale Perspektiven für GL und BNE so wertvoll macht, ist u. a., dass sie eine emanzipative Herrschaftskritik ermöglichen, welche von theoretischen und aktivistischen Perspektiven des globalen Südens mitbestimmt wird, die sich in die Tradition des anti-kolonialen Widerstandes und den Kämpfen um Selbstermächtigung und Befreiung stellen. Eine konsequente Umsetzung postkolonialer Perspektiven auf GL und BNE würde unter anderem bedeuten, dass sich die gewohnte Blickrichtung ändern müsste: Es könnte nicht mehr darum gehen, dass Vertreter/-innen des globalen Nordens Wissen über Menschen und Lebensrealitäten des globalen Südens anhäufen, sie beschreiben, bewerten und zum Eigenen in Relation rücken.“ (27)

Danielzik erwähnt die Kritik an der Moderne und an der („eurozentrischen“) Vorstellung linearer Entwicklungen in der Modernisierungstheorie, die sie in Beziehung zu Rassismus und Kolonialismus setzt:

„Durch seine Verwobenheit mit dem Kolonialismusdiskurs schrieben sich auch Rassialisierungen in den Entwicklungsdiskurs ein. So wurden die vormals ‚Wilden‘ zu ‚Unterentwickelten‘ gemacht. Beide Kategorisierungen sind rassistische Degradierungen, denen das Bestreben der Domestizierung zum Zweck der ‚Zivilisierung‘ zugrunde liegt.“ (28)

Und weiter:

„Der Rote Faden, der Kolonial- und Entwicklungsdiskurs miteinander verbindet, besteht unter anderem im europäischen Bestreben, die Welt weiterhin nach eigenen Maßstäben zu organisieren (…).“ (28)

Diese und weitere Argumentationen führen zu der leitenden Fragestellungen, „inwiefern GL und BNE zu einer Verstetigung globaler Machtverhältnisse beitragen.“ (28). Eine erste positive Antwort findet die Autorin bereits in der

Unterstützung beider Konzepte durch die Bundesregierung und die Kultusministerkonferenz. Sie findet in den entsprechenden Materialien „koloniale und dementsprechend rassistische Bezeichnungen der Menschen des globalen Südens" (29), sie findet eine „Homogenisierung der ‚Anderen' und insbesondere kritisiert sie die Ausblendung von Kolonialismus, Rassismus und Kapitalismus (29 f.). Ein weiterer Kritikpunkt ist „die Naturalisierung von Kapitalismus und die Festschreibung kapitalistischer Paradigmen" (30 f.). Nicht zuletzt sieht sie eine Ungleichwertigkeit, nämlich die Artikulation von „Überlegenheitsvorstellungen der Angehörigen der Dominanzgesellschaft" (31) sowie ein ungewolltes Zurückgreifen „auf das Gedankengerüst (...), welches der aufklärerischen Rassenlehre zugrunde liegt (...)." (31)

Ihr Fazit:

> „Aktuell lassen die meisten Materialien des GL und der BNE nur einen sehr begrenzten Raum zu, um dominante Geschichtserzählungen, Wirtschaftsweisen, gesellschaftliches Zusammenleben und Politikformen anders zu denken, sie grundsätzlich infrage zu stellen oder aber alternative Erzählungen kennen zu lernen. Die Lernenden erhalten keine Unterstützung dabei, sich aus dominanten Wissensstrukturen heraus zu bewegen und Machtverhältnisse und ihre eigene Verstricktheit darin grundlegend zu hinterfragen." (32)

Damit trügen GL und BNE „zu einer Reproduktion und Vertiefung des Bestehenden" bei und stabilisieren Ungleichheitsverhältnisse auf sozialer, politischer und ökonomischer Ebene.

Auf diesen heftigen Fundamentalangriff gab es ebenso heftige Gegenreaktionen, aber auch ein argumentatives Aufgreifen der Kritikpunkte. Einige Beispiele:

Bernd Overwien (2013) betont, dass Globales Lernen von Beginn an das Thema der globalen sozialen Ungleichheit aufgegriffen habe. Er gesteht allerdings ein, dass antirassistische Fragen zunächst relativ wenig angesprochen worden seien und sieht einen Grund in der Engführung des Rassismusbegriffs in Deutschland (Bezug auf den Terror der Nationalsozialisten), dies habe sich allerdings in der Folgezeit verändert. Auch den Vorwurf des Eurozentrismus und Ethnozentrismus weist er zurück und verweist auf frühe Positionen, in denen sich europäische Denker kritisch gegenüber der europäischen Moderne positionierten (als Beispiel nennt er den „vergessenen Vordenker des Globalen Lernens, Ernest Jouhy"). Er betont das Prinzip der globalen Gerechtigkeit und eine kritische Haltung gegenüber Globalisierungskonzepten, etwa in den Schriften von Christel Adick. Overwien leugnet nicht eine gewisse Dominanz des Nordens, verweist allerdings darauf, dass ein Grundlagendokument von der international zusammengesetzten Brundtland-Kommission vom Anfang der 1980-er Jahre stammt, an dem wesentlich Vertreter*innen des Globalen Südens mitgewirkt haben. Den Vorwurf, das Konzept des BNE sei lediglich ein Konzept des Nordens, weist Overwien vehement zurück:

> „Diese Darstellung offenbart, dass die AutorInnen nicht einmal die einschlägigen Websites besucht haben. Dann hätten sie lesen können, dass Gestaltungskompetenz im Sinne der BNE genau darauf abzielt: Auf einen kritischen Umgang mit Wissensbeständen, Vorgehen gegen ‚Vorurteile, Feindbilder und Diskriminierung' und Orientierung auf Menschenrechte, solidarisches Handeln und Diversity." (4)

Als „merkwürdig" bezeichnet der Autor auch den Hinweis, BNE ziele (erneut) auf eine Erziehung von Menschen des Globalen Südens. Vielmehr habe das Konzept unterschiedliche Ausprägungen. So arbeite BNE in Deutschland

> „mit Kindern, Jugendlichen und auch Erwachsenen (…), damit diese hier befähigt werden (…), sich für nachhaltige Entwicklung einzusetzen."

Auch die Behauptung, die koloniale Vergangenheit spiele in Konzepten des Globalen Lernens keine Rolle, wird zurückgewiesen so wie der Vorwurf einer grundsätzlichen Vernachlässigung des Rassismus. Vielmehr gäbe es inzwischen eine AG „Struktureller Rassismus". Insgesamt sieht Overwien das Grundproblem in der seiner Meinung nach unzulässigen Kritik in dem zugrunde liegenden Ansatz der Critical-Whiteness-Studien, denen er vorwirft,

> „dass in der Critical-Whiteness-Diskussion neue Polaritäten zwischen der sehr unklaren Kategorie ‚People of Colour' und Weißen aufgebaut werden. Von den Unterdrückungskategorien Race, Class und Gender gehen dabei zumindest Class und teils auch Gender verloren." (2)

Die Zeitschrift für internationale Bildungsforschung und Entwicklungspädagogik ZEP nimmt im Jahre 2019 dieses Thema in ihrem Schwerpunkt „Global Citizenship Education (GCE): Problemvorgaben und Herausforderungen" erneut auf. Die Herausgeber beschreiben die Problemlage wie folgt:

> „So stehen z. B. die in vielen Konzeptionen einer GCE vertretenen kosmopolitischen Idealvorstellungen offensichtlich in scharfem Kontrast zu erstarkenden kommunitären und national-patriotischen Orientierungen und Gefühlslagen GCE scheint entsprechend, so die Kritik, auf politischen und ethischen Orientierungen zu basieren, die zurzeit nur von einer kleinen, kosmopolitisch gesinnten Elite geteilt werden, die als privilegierte ‚frequent travellers' ihren Anteil an der Reproduktion globaler Ungerechtigkeits- und Herrschaftsverhältnisse nicht hinreichend reflektieren." (Editorial)

Johannes Drerup, einer der Mitherausgeber dieses Heftes, setzt sich in seinem eigenen Beitrag primär mit dem Vorwurf auseinander, der implizite Universalismus in GCE sei letztlich nur ein weiterer (eurozentrischer) Versuch der Durchsetzung westlicher Werte. Dies bestreitet Drerup nicht nur, sondern er begründet auch die Notwendigkeit universalistischer Prinzipien und Geltungsansprüche.

Er weist darauf hin, dass der „Terminus GCE (…) hoch umstritten" (5) sei. Er sei lediglich eine Art Regenschirmbegriff, der die unterschiedlichsten pädagogischen Ansätze umfassen will. Als eine zentrale bildungstheoretische Idee sieht er die Verknüpfung des Lokalen und Alltäglichen mit dem Globalen und Universalen (5). Dazu gehöre

- die Förderung des Bewusstseins für die (und der kritischen Reflexion von) globalen ökonomischen, kulturellen und politischen Interdependenzen (einschließlich der historischen Genese globaler Ungleichheiten, wie sie etwa durch den Kolonialismus entstanden sind),
- die Erweiterung des je eigenen Referenz- und Bedeutungshorizonts und
- die kritische Reflexion über die eigene Position und Ortsgebundenheit,
- die Vermittlung von Wissen über die im stetigen Wandel begriffenen „Kulturen", Traditionen, lokalen Perspektiven,
- die Vermittlung kosmopolitischer und liberal-demokratischer Einstellungen und Tugenden,
- die Vermittlung basaler, universell gültiger rechtlicher, moralischer und politischer Prinzipien, insbesondere der Menschenrechte.

Seine eigene Konzeption von GCE baut auf vier unterschiedlichen Typen von Universalismus auf:

- moralischer und rechtlicher Universalismus (Stichwort Menschenrechtsbildung)
- pädagogischer Universalismus (orientiert an dem Ideal kritischer Reflexion, Transzendierung und Transformation von Selbst-, Welt- und Sozialverhältnissen)
- politischer Universalismus (Stichwort transnationale Demokratieerziehung)
- epistemologischer Universalismus (Annahme, dass eine Pluralität von Perspektiven, Wissensformen und Formen des Wissenserwerbs kompatibel mit einer universellen und transkulturellen Epistemologie sei).

Insbesondere im Hinblick auf den letzten Punkt betont er, dass epistemologischer Universalismus „inkompatibel mit radikalen Versionen des Konstruktivismus, Relativismus und Antirealismus und epistemologischen Ansätzen (sei), die davon ausgehen, Epistemologien seien ein essenziell politisches Unternehmen, welches notwendig und vollends durch seine Einbettung in Machtstrukturen und-Diskurse determiniert ist." (6)

Im Hinblick auf die Fundamentalkritik an Ideen des Universalismus, die letztlich doch nur eurozentrische Versuche seien, regionale Werte zu universalisieren, gesteht er zwar die Berechtigung von „moderaten Formen der postkolonialen Kritik des Missbrauchs verschiedener Form des Universalismus" (7) ein, formuliert allerdings folgende Kritikpunkte:

- die postkoloniale Kritik sei selbst auf die kritisierte Form westlicher Wissenschaftlichkeit angewiesen
- die postkoloniale Kritik überschätzt die Homogenität innerhalb westlicher Diskurse und neige daher zu Essentialisierung des Begriffs des Westens und
- unterschätze gleichzeitig die Akzeptanz der angeblich westlichen Werte außerhalb des Westens.
- Gleichzeitig werde die Dynamik des globalen Austauschs von Ideen unterschätzt und
- es wird darauf hingewiesen, dass zahlreiche der dem Westen zugeschriebene Ideen auch in anderen Regionen der Welt formuliert wurden.
- Ein weiterer Kritikpunkt besteht darin, dass „sehr viel Aufwand betrieben (wird), um westliche Ideale zu kritisieren, ohne dass man jedoch pädagogische und politische Alternativkonzeptionen (zu den ‚westlichen') ausarbeitet und begründet, die in einer zunehmend integrierten und globalisierten Welt praktikabel wären." (8)
- Schließlich weist er darauf hin, dass die „Annahme zum Beispiel, dass ein Oktroy von Wertvorstellungen auf andere gesellschaftliche oder kulturelle Kontexte moralisch inakzeptabel ist, und die Überzeugung, dass jede Person und jede kulturelle Orientierung Respekt verdient, (…) offenkundig selbst ein transkulturelles und universalistisches Ideal" sei (9).

Sein Fazit:

> „In diesem Beitrag habe ich eine universalistische Konzeption der GCE gegen eine ihrer wichtigsten Kritiken verteidigt. Der Vorwurf, GCE basiere auf genuin westlichen Werten und sei deshalb bloß eine weitere Manifestation einer pädagogischen Rechtfertigung von Imperialismus und Kolonialismus, stützt sich auf fragwürdige theoretische, normative und empirische Prämissen, die sich nicht aufrechterhalten lassen. Zugleich stimme ich mit Andreotti (…)

> und anderen Vertretern postkolonialer Theorie überein, dass eine plausible und historisch informierte Konzeption der GCE zentrale Elemente von postkolonialen Kritiken berücksichtigen muss. Ich hoffe, so einige überzeugende Gründe geliefert zu haben für die Annahme, dass die Leitprinzipien einer (selbst-) kritischen Konzeption der GCE sich nicht angemessen ohne Rekurs auf universalistische Geltungsansprüche begründen lassen." (9)

Sehr viel härter gehen Georg Krämer („Von antirassistischen Denkverboten", in derselben Zeitschrift ZEP 3-2013) und Kai Horsthemke („Epistemizid", „epistemische Gewalt" und „epistemische Emanzipation" in der post- und dekolonialen Theorie, in Knobloch/Drerup 2022, 93-116) mit post- und dekolonialen Theorien ins Gericht. Krämer kritisiert einen Antirassismus, der die Welt binär aufteile, nämlich in einem Globalen Norden (als böse) und einen Globalen Süden (als gut), wobei Privilegierte und Profiteure den Ausgebeuteten gegenüberstehen. Er spricht von Denkverboten im Hinblick auf Missstände, Fehler, Versäumnisse und Entwicklungsprobleme im „Globalen Süden" und besteht darauf, solche Missstände auch ansprechen zu dürfen:

> „Menschen Eigenverantwortung für die Jahrzehnte ihrer politischen Autonomie abzusprechen und stattdessen den Kolonialismus zu bemühen, infantilisiert die Gesellschaften in Afrika, Asien oder Lateinamerika."

Krämer bemängelt eine selektive Weltsicht und die These, dass Rassismus allein an der Hautfarbe festgemacht werden könne. Er unterstellt solchen Antirassismus-Konzeptionen ein geschlossenes ideologisches Weltbild und letztlich einen impliziten Eurozentrismus, insofern es wieder der weiße Europäer ist, der für alles Schlechte in der Welt verantwortlich sei:

> „Unser Rassismus und unser Kolonialismus sind die Quellen allen Bösen und die wahren Herrscher über die Welt. So kehrt der Eurozentrismus über die Hintertür wieder zurück."

Kai Horsthemke (2022) setzt sich kritisch mit der These der epistemischen Gewalt auseinander, so wie sie unter anderem von Walter Mignolo oder Boaventura de Sousa Santos formuliert wird. Auf der Grundlage von Präzisierungen, was unter Epistemologie und Wissen zu verstehen ist, kommt Horsthemke zu folgendem Fazit, in dem er sich gegen die Relativierung von „Wissen" und „Wahrheit" wehrt:

> „Der hier vorgeschlagene Denkansatz erkennt an, dass Menschen nicht über dieselben kognitiven Ressourcen, Fähigkeiten und Möglichkeiten verfügen. Wir handeln und arbeiten nicht alle ohne Zeitdruck oder unter demselben Zeitdruck. Ihre Situationen sind von unterschiedlichen Niveaus von Sachkompetenz geprägt, unterschiedlichen Möglichkeiten des Zugangs zu und

der Verarbeitung von Information, unterschiedlichen Niveaus kognitiver Fähigkeit, Reife und (Aus-) Bildung, von beträchtlichen Unterschieden in der zur Verfügung stehenden Zeit, und auch von unterschiedlichen epistemischen Prioritäten. Diese Einsicht erlaubt uns, von verschiedenen Wissensebenen oder Wissensniveaus zu sprechen, ohne dass dies auf einen Relativismus hinausläuft. (…) Das betreffende Wissen ist auch weiterhin durch die Suche nach Wahrheit und dem Streben nach Fehlervermeidung gekennzeichnet. Die Aussagen eines historisch marginalisierten Menschen sind nur dann „Wissen", wenn sie unter anderem auch wahr sind. Das gleiche gilt selbstverständlich auch für historisch bevorteilte Menschen. Die Wahrheit variiert nicht zwischen verschiedenen Menschen, sozialen oder ethnischen Gruppen, oder verschiedene Kulturen. (…)

Alternatives Wissen bzw. alternative Wissenswege gibt es bei Lichte betrachtet gar nicht ebenso wenig wie alternative Fakten oder alternative Wahrheit(en) (…). Es gibt nur Wissen oder Unwissen/Nichtwissen. Eine Alternative zu Wissen wäre Ignoranz. (…) Ist dies einmal klar, erübrigt sich ein Großteil der Diskussionen über Epistemizid, epistemische Gewalt und epistemische Emanzipation." (114)

Zur Kritik einzelner Konzepte: Subjekt, Autonomie, Selbstbestimmung

Ein zentraler Kritikpunkt post- und dekolonialer Studien besteht in dem Vorwurf der (westlichen und vor allem europäischen) Vorstellung vom Menschen als ein singuläres, atomar verstandenes Individuum. Es handelt sich um einen radikalen Individualismus, bei dem die soziale und kulturelle Eingebundenheit des Einzelnen keine oder kaum eine Rolle spielt. Eine solche Vorstellung von Individualität und menschlicher Existenz gab es tatsächlich in der europäischen Geistes- und Kulturgeschichte. Der Gedanke des Atoms, also des kleinsten Bausteins, aus dem ein Ganzes zusammengesetzt ist, reicht dabei bis in die griechische Antike zurück. Unter den Vorsokratikern gibt es die sogenannten Atomisten, die eine solche Vorstellung hatten (Leukipp, Demokrit). In den Naturwissenschaften und in der Naturphilosophie suchte man nach kleinsten Bausteinen, aus denen das Ganze zusammengesetzt werden kann. Auch in der Logik suchte man nach solchen Bausteinen, man nannte sie archai oder Axiome, und man versuchte, ihre Anzahl auf das Notwendigste zu reduzieren. Das deduktiven Vorgehen, so wie es etwa Euklid in seinem Lehrbuch der Geometrie praktizierte, gilt in dieser Hinsicht als vorbildlich. Über Jahrtausende beschäftigten sich die Logiker*innen mit der Frage, welches die geeigneten Axiome für die unterschiedlichen mathematischen und philosophischen Felder seien und wie man ihre Widerspruchsfreiheit und Vollständigkeit beweisen kann (mos geometricus). Erst im 20. Jahrhundert gab es in der mathematischen Grundlagenforschung – zuletzt durch die Arbeiten von Kurt Gödel – abschließende Antworten. Natürlich ist auch an die Konzeption von Atomen und deren Zusammensetzung in der Chemie zu denken.

Die Vorstellung atomarer Individuen, aus denen dann das Ganze der Gesellschaft zusammengesetzt ist – durchaus auch verbunden mit der Idee einer ähnlichen Berechenbarkeit, Gestaltbarkeit und Beherrschbarkeit wie in den Naturwissenschaften oder der mathematischen Logik – kann daher als Übertragung dieses Gedankens auf das Soziale verstanden werden.

Es gehört auch zur europäischen Rechtstradition, das einzelne Individuum als Träger von Rechten und als Rechtssubjekt zu verstehen. Nicht zuletzt ist dies der tragende Gedanke der ersten beiden Generationen der Menschenrechte, wo es um den Schutz der Integrität des Einzelnen bzw. um seinen Anspruch auf Teilhabe geht. Erst Anfang der 1990er Jahre hat man mit der dritten Generation der Menschenrechte Gruppenrechte eingeführt (Wiener Konferenz 1993). Der Gedanke der Individualität ist insbesondere bei der Frage des Eigentums und dessen Verfügbarkeit relevant. Wichtige Repräsentanten der politischen Philosophie der Neuzeit wie Thomas Hobbes oder John Locke, aber auch Adam Smith, legen ihren Konzeptionen diese Idee eines singulären Einzelnen zu Grunde. Macpherson (1973) sprach daher von einer „Theorie des Besitzindividualismus“. Bis heute ist das der grundlegende Gedanke im Mainstream klassischer ökonomischer (Kapitalismus-) Theorien.

Die dem europäischen Denken unterstellte Vorstellung eines isolierten Individuums ist also durchaus berechtigt. Neben dem oben skizzierten Gedanken der Individualität als einer Vorstellung, wie Ordnung und Zusammensetzung eines Ganzen gedacht werden können, spielt bei der neuzeitlichen Idee der Individualität auch die Abgrenzung von einem kollektivistischen Denken des Mittelalters eine Rolle. Es ist kein Zufall, dass diese Vorstellung von Individualität der Renaissance zugeordnet werden kann (wobei man nicht vergessen sollte, dass der Einzelne auch in früheren Denksystemen eine Rolle spielte und man bedeutende Leistungen einem besonderen Einzelnen zuordnete). Man spricht von der Entdeckung oder sogar von der Erfindung von Individualität in der Renaissance, was sich unter anderem auch dadurch belegen lässt, dass das Konzept der (individuellen) Menschenwürde in dieser Zeit ausformuliert wurde (siehe Fuchs 2022). Im Bereich der Künste sind es Autobiografie oder Selbstporträt, mit denen man diesen neuen Trend zur neuen Rolle des Einzelnen belegen kann.

Die Zuordnung zum europäischen Denken in Abgrenzung etwa zum Denken indigener Völker ist ebenfalls berechtigt, wenn man an die Worte des Ethnologen Clifford

Geertz denkt, der diese Vorstellung von Individualität als eine sehr eigenartige Vorstellung bezeichnet. Der belgische Schriftsteller David van Reybrouck (2010) hat beschrieben, dass und wie dieses Verständnis von Individualität in afrikanischen Kulturen als Vereinzelung und Isolation, als Ausschluss aus der Gemeinschaft und damit als Bestrafung verstanden wird. Auch dies ist im europäischen Denken bis heute zu finden, wenn etwa Isolationshaft als besonders strenge Form der Inhaftierung angewandt wird.

All dies ist also richtig, aber es ist nicht die ganze Wahrheit. Denn es entwickelt sich auch im westlichen und speziell im europäischen Denken ein Denken, das die soziale Eingebundenheit des Menschen reflektiert. So zeigt etwa der historisch entstandene Prozess der Arbeitsteilung, dass nur im Zusammenwirken vieler das Überleben gesichert werden kann. Es entwickeln sich in den letzten 200 Jahren Soziologie und Sozialpsychologie, sodass ein wachsendes Bewusstsein für die „Gesellschaftlichkeit des Individuums" (Holzkamp 1978) entstanden ist. Aktuelle Theorien zur Ontogenese sehen den Einzelnen stets in einem sozialen und kulturellen Kontext, sodass das Beharren darauf, dass in den Kultur-, Human- und Sozialwissenschaften (des Westens) heutzutage der isolierte Einzelne im Mittelpunkt stehe, definitiv falsch ist.

Auch der Gedanke, dass dieser Einzelne in der Lage sei, vollständig die Bedingungen seines Lebens zu kontrollieren oder sogar zu schaffen, wird von niemandem ernsthaft vertreten. Es geht um Selbstbestimmung und Autonomie, aber nicht im Sinne der Hybris einer vollständigen Kontrolle und Machtausübung des Einzelnen, sondern stets im Sinne einer relativen Autonomie.

Allerdings darf man andererseits als Gemeinsamkeit des menschlichen Lebens unterstellen, dass es einen Wunsch nach Selbstbestimmung gibt. Dies lässt sich auch daran erkennen, dass es keine Unterdrückungsverhältnisse gibt, in denen Menschen nicht Widerstand geleistet hätten (siehe Fuchs 2018). Dies belegen auch und gerade die Widerstands- und Befreiungsbewegungen in (ehemaligen) Kolonien. Auch dies, nämlich der Gedanke des Wunsches nach Selbstbestimmung, ist also keineswegs eine westliche oder gar eurozentrische Erfindung.

Dies hat man inzwischen sogar bei denjenigen erkannt, die in der ersten Zeit der Rezeption poststrukturalistischer Theorien unter dem Begriff der Subjektivierung lediglich den Aspekt der Unterdrückung des Einzelnen verstanden. Inzwischen geht man von dem Doppelcharakter von Subjektivierungsprozessen aus, dass diese nämlich sowohl Aspekte der Unterwerfung, aber auch Aspekte der Ermöglichung und des Empowerments haben. Eine sozial-kulturwissenschaftliche Analyse besteht daher darin, diese beiden Prozesse in ihrem spannungsvollen Verhältnis zueinander zu untersuchen zusammen mit jeweiligen Bedingungen, die die eine oder die andere

Dimension verstärken oder schwächen (vgl. Reckwitz 2008). In pädagogischer Hinsicht kann es jedoch nur darum gehen, Subjektivität im Sinne der Entwicklung und Verbesserung von Handlungsfähigkeit zu verstärken. So sind auch die Beiträge in dem „Handbuch *Das starke Subjekt*" (Taube u. a. 2017) zu verstehen, die unter Berücksichtigung der grundsätzlichen Vulnerabilität des Menschen pädagogische Möglichkeiten eruieren, zur Entwicklung von Subjektivität in diesem genannten Sinne beizutragen.

Vor diesem Hintergrund verstehe ich die unterschiedlichen Ausformulierungen von Menschenrechten und gehe daher auch von ihrer universellen Gültigkeit aus, da man keinem Menschen den Schutz seiner Integrität und die Erfüllung seines Anspruchs auf vielfältige Teilhabe verweigern darf. Gerade weil dies aber weltweit geschieht, benötigt man eine normative Messlatte, um solche Verweigerung als Unrecht brandmarken und auch bekämpfen zu können. Diesem Ansatz dienen auch die aus Ländern des Globalen Südens stammenden Konzepte des Ubuntu oder des buen vivir, die inzwischen anerkannter Teil des weltweiten Diskurses über Gleichheit und Gerechtigkeit geworden sind.

Bei aller berechtigten Kritik an der dunklen Seite der Moderne und der Aufklärung ist es daher falsch und oder zumindest unredlich, die entsprechenden Leistungen von Denker*innen, die der Moderne und der Aufklärung zugerechnet werden können, zu unterschlagen. Dies gilt auch und gerade für den häufig als Rassisten gebrandmarkten Immanuel Kant, der insbesondere in seinen späten Schriften seine eigenen Prinzipien der Universalität und Gleichwertigkeit bei seinen Vorschlägen für eine neue politische Weltordnung angewandt hat. In meinem Buch zum Posthumanismus (Fuchs 2022), in dem ich mich mit der Debatte über die Dezentrierung des Subjekts auseinandersetze, gebe ich folgende Zwischenbilanz (207-211):

Die Rückkehr des Subjekts?

Der Poststrukturalismus als Basis der Subjekt- und Vernunftkritik

Es ist der letzte Satz in Michel Foucaults Studie über „Die Ordnung der Dinge" (2019, 462), ‚dass der Mensch verschwindet wie am Meeresufer ein Gesicht im Sand', der als Leitmotiv für eine enorme intellektuelle Bewegung diente. Der ‚Mensch', von dem in dem Zitat die Rede ist, ist das als autark verstandene Individuum mit seinem Anspruch auf Autonomie, auf eine vernunftgesteuerte Herrschaft über die Bedingungen seines Lebens. In vielen Publikationen wurde dieses Subjekt als weißer europäischer heterosexueller Mann identifiziert, dessen Machtstreben nicht bloß in der

Sklaverei und im Kolonialismus, sondern aktuell auch an der Zerstörung der Natur und letztlich der gesamten Menschheit zu erkennen sei. Ein so verstandenes Subjekt wird gesteuert von einer Vernunft, so wie sie angeblich im Zuge der Aufklärung thematisiert wurde. Ein solches Verständnis eines Subjekts, das mit seinem Machtstreben Unheil und Zerstörung in die Welt bringt, wurde auch dem ‚Humanismus' unterstellt.

Es liegt auf der Hand, dass es leicht ist, gute Argumente dafür zu finden, dieses ‚Subjekt' und mit ihm zugleich die ‚Vernunft', die ‚Moderne', die ‚Aufklärung' und nicht zuletzt den ‚Humanismus' zu verabschieden. Dabei ist es keineswegs so, dass man keine Intellektuellen finden könnte, die solche zu kritisierende Positionen vertreten hätten. So hat man bei Kant eindeutig rassistische Aussagen gefunden und die Verstrickungen von Locke und Hobbes in den Kolonialismus und die Sklaverei aufgedeckt. In Strukturen wie etwa in rechtlichen Regelungen wurden entsprechende diskriminierende Überzeugungen institutionalisiert (vgl. Fuchs 2021 und 2021b). Bewegungen gegen Diskriminierung gab es zwar, doch hatten sie mit mächtigen Gegnern zu kämpfen. So hatten etwa die Kirchen lange Zeit Probleme mit den Menschenrechten und dem darin formulierten Recht auf religiöse Selbstbestimmung. Das Wahlrecht für Frauen wurde in Liechtenstein und der Schweiz erst in den 1970er Jahren eingeführt. Es sind vielfältige Verstöße gegen die ‚westlichen Werte' – gerade von Staaten und Organisationen, die sich vollmundig auf sie beziehen – begangen worden. Hierauf immer wieder hingewiesen zu haben ist jedenfalls ein unbestreitbares Verdienst poststrukturalistischer Ansätze und der darauf aufbauenden ‚studies'.

Bei allen Unterschieden in der Themenstellung und der Argumentationsweise zwischen den verschiedenen Ansätzen einer solchen Kritik an der Moderne, an der Vernunft, am modernen Subjekt und an der westlichen Zivilisation kann bei vielen ein Bezug auf solche Auto*innen als gemeinsamer Nenner gesehen werden, die man der Postmoderne bzw. dem Poststrukturalismus zurechnet (Münker/Rösler 2012). Auf dieser Grundlage entwickelten sich zahlreiche wissenschaftliche und philosophische Ansätze, die jeweils bestimmte Fehlentwicklungen in den Blick nahmen: den Umgang mit der Natur, den Umgang mit Menschen im Globalen Süden und mit Fremdheit, die ungleiche Behandlung von Männern und Frauen und die Problematik binärer Ordnungssysteme (Natur-Kultur, Mann-Frau, normal-unnormal etc.).

Man kritisierte eine Anthropologie, die sich anmaßt, überhistorische und universelle Bestimmungen des ‚Wesens des Menschen' festzulegen, die dann als normative Messlatte für eine entsprechende diskriminierende Praxis dienten. Man thematisierte die Techniken, wie Menschen im Rahmen einer ‚Subjektivierung' so geformt werden, dass sie sich widerspruchslos Machtstrategien unterwerfen. All dies unterstellte man auch einem entsprechend verstandenen ‚Humanismus': Er sei anthropozentrisch, eurozentrisch, denke nur in binären Kategorien, nehme die Körperlichkeit des Menschen nicht zur Kenntnis, sei essentialistisch und letztlich bloß ein ideologisches Herrschaftsinstrument. Vor diesem Hintergrund sei es notwendig, ein so verstandenes Subjekt angesichts seiner Selbstüberschätzung zumindest zu dezentrieren, wenn nicht gleich abzuschaffen.

Gegen die Annahme eines feststehenden überhistorischen Konzeptes von Subjekt und Subjektivität wurde in der vorliegenden Arbeit daran erinnert, dass sich die Verständnisweisen des Menschen, die Menschenbilder im Laufe der Geschichte sehr stark veränderten und diese in Abhängigkeit von den jeweiligen sozialen, ökonomischen und politischen Kontexten. Foucaults Studie über die (sich verändernde) ‚Ordnung der Dinge' ist ein materialreiches Beispiel für ein Vorgehen, das die Historizität und den Wandel von Wissenskulturen aufzeigt. Es geht um sich verändernde Konzepte von ‚Wissen' und die Verstrickungen des jeweiligen ‚Wissens' in Prozesse der Macht und Unterwerfung.

Aktuelle Entwicklungen

Auch wenn man zeigen kann, dass einige dieser Ansätze zum Verständnis des Menschen (wie etwa Historisierung, Kontextualisierung und Dezentrierung) auch außerhalb und lange vor poststrukturalistischen Theorieentwürfen vorgeschlagen und ausgearbeitet wurden, muss man anerkennen, dass die oben erwähnten (gender-, postcolonial-, critical whiteness- und andere) studies die Aufmerksamkeit auf blinde Flecken in der bisherigen Forschungs- und Wissenschaftslandschaft gelenkt haben. Zudem kann man feststellen, dass nach einer Phase einer radikalen Vernunft-, Aufklärungs- und Modernekritik nunmehr Ansätze in den Vordergrund treten, die sich – durchaus im Anschluss an die materialreichen Studien von Michel Foucault – theoretisch und praktisch mit Fragen auseinandersetzen, was unter einem ‚Subjekt' oder der ‚Subjektivität' zu verstehen sei, wie Subjekte entstehen bzw.

gemacht werden, wie Subjekte handeln und wie sie eingebunden sind in Handlungskontexte anderer Subjekte und nicht zuletzt: was Bildung solcher Subjekte bedeuten könnte. Es gibt inzwischen elaborierte soziologische, psychologische, pädagogische, historische, philosophische oder politisch-rechtliche Diskurse zu all diesen Fragen, sodass man geradezu von einer Rückkehr des Subjekts sprechen kann. Es ist allerdings nicht das Subjekt, so wie es oben im Mittelpunkt der Kritik stand.

Martin Saar (in Gelhard u. a. 2013, 17 ff.) formuliert auf der Basis von Arbeiten von Louis Althusser, Michel Foucault und Judith Butler die folgenden Thesen:

‚1. Das Subjekt ist gemacht.

2. Das Subjekt ist ((von) der Macht) unterworfen.

3. Das Subjekt wird „frei" gemacht.

4. Das Subjekt ist historisches Produkt.

5. Das Subjekt ist Schnittpunkt einer Vielzahl von Bestimmungskräften.

6. Das Subjekt wird konstruiert und konstituiert sich (immer) zugleich (selbst).

7. Subjektivierung vollzieht sich im Medium der Sprache und des Körpers.

8. Subjektivierung hat eine psychische Dimension.

9. Subjektivierung scheitert (notwendig).'

Es geht um die Vorstellung eines Subjekts, die die Kritikpunkte aus dem poststrukturalistischen Kontext berücksichtigt, ohne auf den Begriff des Subjekts verzichten zu wollen. Als Vorschlag für die Konzeptionierung weiterer Forschungen zu diesem Prozess der Resubjektivierung formuliert Saar:

‚Das Subjekt *wird* es selbst im Schnittpunkt epistemischer, praktisch-sozialer und selbstbezogener Praktiken. Damit ist das Subjekt zugleich gemacht oder konstruiert, wie es sich auch selbst konstituiert und formt. Dass sich diese Prozesse sowohl auf der Ebene der sprachlichen Bezugnahmen wie der materiellen, körperlichen Realität abspielen, ist anzunehmen, ebenso die Tatsache, dass sie sich auch in nur psychologisch beschreibbaren Strukturen niederschlagen, wieso Subjektwerdung auch die Ausbildung einer Art von

Innerlichkeit, Affekt- und Begehrensstruktur enthalten wird, ohne dass sie darauf reduzierbar wäre. Schließlich gehört zu den Prozessen der Subjektivierung eine Unterbestimmtheit und Unvollständigkeit, die Momente von Unvollständigkeit und Widerständigkeit in jede noch so fertig konstituierte Subjektform einschreiben.' (26)

Dieses Fazit aus der Sichtung prominenter Vorschläge und Theorien aus dem poststrukturalistischen Kontext ist zum einen anschlussfähig an Ansätze außerhalb dieses Kontextes und auch und gerade in bildungstheoretischer Hinsicht relevant. Insbesondere ist es der Aspekt, dass entgegen früheren Verständnisweisen einer Subjektivierung als bloßer Unterwerfung nunmehr (speziell bei Judith Butler im Anschluss an entsprechende Überlegungen von Foucault) der *Aspekt der Widerständigkeit* hervorgehoben wird: Man untersucht, über welche Praktiken eine entsprechende Disposition zum Widerstand entstehen kann. In einer traditionalistischen Sprache kann man dies als Frage nach der Möglichkeit von Emanzipation und Mündigkeit verstehen (vgl. Rieger-Ladich 2002)

Mit dem Begriff der Emanzipation ist man dabei in einem Kernbereich des Aufklärungsdenkens. Die berühmte Aufforderung von Kant (in seiner Schrift ‚Was ist Aufklärung?'), dass der Mensch sich aus seiner selbst verschuldeten Unmündigkeit begeben solle, unter anderem dadurch, dass er den Mut haben solle, sich seines eigenen Verstandes zu bedienen, lässt sich mit diesem Ansatz in Verbindung bringen (und wurde von Foucault auch mehrfach in seinen Äußerungen über Aufklärung, Kant und Kritik thematisiert). So schreibt Markus Rieger-Ladich in seinem Versuch, ein vertretbares Konzept von Mündigkeit wiederzugewinnen:

‚Interpretiert man nun Foucaults spätere Arbeiten – wie hier vorgeschlagen – als aufeinander verweisende theoretische Erörterung und praktische Erprobung einer ‚Arbeit an unseren Grenzen', die ‚der Ungeduld der Freiheit Gestalt gibt', zeichnen sich die Umrisse eines neuen, zeitgenössischen Begriffs der Mündigkeit ab. Inspiriert von Kants Beitrag für die Dezember-Nummer der ‚Berlinischen Monatsschrift' von 1784 – doch ohne den Optimismus des berühmten Aufklärers bezüglich der Erreichbarkeit des angestrebten Ziels –, beschreibt Foucault Mündigkeit als hochentwickelte Form einer widerständigen Praxis, die die Kritik der Quellen von Abhängigkeit und Unterdrückung so weit habitualisiert hat, dass sie gleichsam nunmehr im Modus des Überschreitens zu existieren scheint. Als eine drängende Bewegung, die die Ordnung der Dinge permanent herausfordert und in deren Kontingenz die Möglichkeit ihrer Veränderung aufdeckt, gilt sie ihm als die unverzichtbare Zielperspektive, die die Haltung der Kritik orientiert und immer wieder neu ausrichtet. Jene Kritik, die Foucault einmal als die ‚Kunst der freiwilligen Unknechtschaft' beschrieben hat, erweist sich daher nicht nur als das vielleicht wichtigste Mittel im Ringen um Mündigkeit, sondern auch schon als deren erster Vorschein.' (436)

Allerdings ist zu berücksichtigen, dass die unzureichende Umsetzung der Versprechungen der Moderne (Freiheit, Gleichheit, Brüderlichkeit, Wohlstand, Bildung etc.) immer wieder berechtigten Anlass zur Kritik gegeben hat.

14. Zur Dekolonisierung der Erziehungswissenschaft 2: Einsichten

Zum Stand der Diskussion

Es geht in diesem Abschnitt nicht darum, umfassend zu analysieren, in welcher Weise Kritikpunkte aus der post- und dekolonialen Diskussion in der deutschen Erziehungswissenschaft bislang angekommen sind. Ich will vielmehr exemplarisch und ohne Anspruch auf systematische Vollständigkeit einen Blick auf das Diskursfeld werfen, um eine Orientierung für die weiteren Ausführungen zu gewinnen.

Der Begriff der Dekolonialisierung weist schon aufgrund seiner sprachlichen Struktur mit der Vorsilbe „De-" darauf hin, dass etwas rückgängig gemacht werden soll. Dies bedeutet in unserem Fall, dass (selbst-) kritisch Verstrickungen des pädagogischen Denkens und der pädagogischen Praxis mit dem Kolonialismus – und damit verbunden: mit Sklaverei, Rassismus und Diskriminierung – offengelegt werden sollen.

Sichtet man einschlägige Publikationen in diesem Bereich, dann stellt man fest, dass in der Tat die Kritik an vorhandenen Entwürfen und Konzeptionen im deutschsprachigen Bereich, aber auch auf internationaler Ebene dominiert. Daraus ergibt sich sofort die Frage, ob und wie man die „kontaminierten" Begriffe, Sichtweisen, Theorien und Konzeptionen verändern oder – im Falle eines Verzichts – ersetzen kann und sollte. Dieser zweite (konstruktive) Teil des Dekolonialisierungsprozesses ist – gerade im deutschsprachigen Bereich – weitaus weniger bearbeitet. Allerdings kann man feststellen, dass relevante Themen der post- und dekolonialen Diskurse wie etwa Heterogenität, Diskriminierung, Differenz, Diversity, Interkulturalität durchaus auch im „traditionellen" pädagogischen Denken thematisiert wurden. Entsprechende Arbeiten werden allerdings eher selten in post- und dekolonialen Debatten rezipiert.

Kaum zu bestreiten ist die mangelnde Berücksichtigung außereuropäischer pädagogischer Konzeptionen und Erfahrungen in historischen Darstellung des pädagogischen Denkens. Zum Teil beschränken sich solche Darstellungen auf die Entwicklung in Deutschland (wie etwa das Handbuch zur deutschen Bildungsgeschichte, Berg 1987ff.) oder auf europäische Traditionen (Fend 2006). Aber selbst dann, wenn diese regionalen Einschränkungen nicht schon im Titel oder Untertitel angekündigt werden, fehlt die globale Perspektive.

Natürlich sollte es weiterhin möglich sein, sich ebenso, wie es in der Geschichtswissenschaft diskutiert wird (Conrad 2013), auf Entwicklungen in einer bestimmten Region zu begrenzen, doch sollte berücksichtigt werden, dass aufgrund der immer schon vorhandenen globalen Vernetzungen der Diskurse auch regional begrenzte Darstellungen diesen globalen Kontext einbeziehen sollten. Denn erst dadurch wird deutlich, wie sehr die eigene Entwicklung von Entwicklungen außerhalb der eigenen Region beeinflusst wurde und wie wiederum eigene Denkansätze andere Denkansätze beeinflusst haben.

Einen ähnlichen Mangel kann man bei der Darstellung von Bildungstheorien bzw. von Theorien der Erziehungswissenschaft feststellen. So gibt es in entsprechenden Publikationen eine eindeutige Konzentration auf deutschsprachige Entwicklungen und Autor*innen, lediglich ergänzt etwa durch das Werk von Rousseau, Locke oder Dewey. Eine gewisse Internationalität lässt sich allerdings im Bereich der Darstellungen der Reformpädagogik feststellen, wo Traditionen aus meist westlichen Ländern berücksichtigt werden.

In Publikationen aus dem post- und dekolonialen Bereich gibt es naturgemäß ein solches Desiderat nicht. Es publizieren zudem in diesem Feld zahlreiche Wissenschaftler*innen, die selbst oder deren Familie Migrationserfahrungen haben, sodass zum einen Diskriminierung oft genug selbst erlebt wurde und zum anderen eine internationale Perspektive vorhanden ist. Interessant ist dieser Hinsicht der Band COMPA 2019, in dem neben konzeptionellen Ansätzen in Deutschland Erfahrungsberichte und Analysen aus anderen Ländern (mit einem Schwerpunkt in Lateinamerika) vorgestellt werden. Der umfangreiche Band „Erziehungswissenschaften dekolonisieren“ (Akbaba/Heinemann 2023) legt dagegen den Fokus auf Deutschland.

Im Hinblick auf die Berücksichtigung postkolonialer Perspektiven in bildungstheoretischen Publikationen sollen Bücher zweier Autoren (exemplarisch) betrachtet werden. Der erste Autor ist der Latinist Manfred Fuhrmann, der um die Jahrtausendwende zwei Publikationen vorgelegt hat, die sich mit europäischer kultureller Identität und dem europäischen Bildungskanon befassen:

> „Die Formel ‚Europäischer Bildungskanon‘ ist noch wenig verbreitet; sie bedarf einiger Erläuterung. Gemeint ist ein Inbegriff von Wissen und Kennerschaft, den sich alle oder viele Europäer teilen, soweit sie einer bestimmten Schicht, dem gehobenen, insbesondere dem akademischen Bürgertum angehören.“ (Fuhrmann 1999, 9)

Damit ist der entscheidende Akzent für seine Publikationen beschrieben: Es geht nicht um die Frage, wie das Konzept, das zuerst von Comenius im 17. Jahrhundert formuliert wurde, nämlich „Bildung für alle“, realisiert werden kann, sondern es geht um eine begrenzte Schicht in der Bevölkerung. Fuhrmann hat kurze Zeit später eine weitere Publikation vorgelegt (Fuhrmann 2002), in der er zum einen kurz auf die Genese des Konzeptes einer bürgerlichen Allgemeinbildung eingeht und zum anderen die gegenwärtige Situation unter der Perspektive einer „Erlebnisgesellschaft“ (unter Bezug auf die einschlägige Publikation des Soziologen Gerhard Schulze) beschreibt. Der Tenor beider Bücher ist melancholisch, weil beide Bücher einen Niedergang beschreiben, nämlich den Niedergang der (von ihm so verstandenen) bürgerlichen Kultur. Fuhrmann möchte eine Wiederbelebung eines Kulturverständnisses und einer Bildung, die auf dem Fundament eines christlichen Humanismus ruht. Als inhaltliche Bereiche einer solchen Bildung sieht er das Theater, das Konzertwesen, das Museum, die Bildungsreise, die Philosophie und die Literatur.

Diese kurzen Hinweise auf Ziel und Inhalt der beiden Bücher von Fuhrmann genügen, um zu verdeutlichen, dass alle Bemühungen um eine demokratische Kultur- und Bildungspolitik, die nicht bloß für eine bestimmte Minderheit in der Gesellschaft gedacht sind, keine Rolle in diesem bildungstheoretischen Vorschlag spielen. Wichtige Fragen, mit denen sich eine zeitgemäße Pädagogik heute auseinandersetzen müsste und wie sie Wolfgang Klafki seinerzeit unter der Überschrift „epochaltypische Schlüsselprobleme“ (ökologische Fragen, Demographie, Technikfolgen, zwischenmenschliche Beziehungen, Ungleichheit, Krieg und Frieden etc.) dargestellt hat, tauchen nicht auf. Das Europa Fuhrmanns ist auch keineswegs das heutige multikulturelle Europa, das sich der Welt öffnet, sondern es ist ein Europa, das sich geistig und kulturell eher gegenüber den Einflüssen der Welt abschottet.

Eine völlig andere Darstellung aktueller Bildungstheorien gibt Markus Rieger-Ladich (2020). Markus Rieger-Ladich gehört zu der Gruppe von Erziehungswis senschaftler*innen, die sich sehr stark für die Rezeption des französischen Poststrukturalismus eingesetzt haben. Er wählt eine historische Darstellung, die bei Platon beginnt, sich über Meister Eckhart, Pico della Mirandola und Montaigne fortsetzt, einen ersten Höhepunkt an Wilhelm von Humboldt und Friedrich Schleiermacher festmacht, der mit John Dewey den europäischen Raum verlässt, die Rezeption der Kritischen Theorie berücksichtigt, die gesellschaftskritischen Studien von Bourdieu und Stuart Hall ebenso einbezieht wie die poststrukturalistischen Denker*innen Foucault und Butler und mit Gayatri Chakravorty Spivak eine der prominentesten Vertreter*innen des Postkolonialismus mit ihren pädagogischen Vorstellungen präsentiert. In dieser Breite ist das Buch von Markus Rieger-Ladich eine Ausnahme in der entsprechenden deutschsprachigen Literatur. Insbesondere geht er auf die gesellschaftskritischen und vielleicht auch gesellschaftsverändernden

Möglichkeiten der Pädagogik ein. Er zeigt, dass Foucault in seinen ersten Büchern in der Pädagogik lediglich einen Repressionscharakter erkennen konnte, diese Sicht aber in weiteren Publikationen um die Möglichkeit des Empowerments und der Emanzipation erweitert hat. Dies kommt in dem Begriff der „Subjektivierung" zum Ausdruck, wobei er immer wieder auch darauf hinweist, dass selbst eine als repressiv verstandene Schule emanzipatorische Wirkungen haben kann. Dies beschreibt er insbesondere im Hinblick auf das Werk von Spivak, die immer wieder bei der Frage, wie Subalterität und Unterwerfung überwunden werden können, auf Möglichkeiten einer emanzipatorischen Pädagogik eingeht. Insbesondere spielt bei Spivak die ästhetische Praxis eine wichtige Rolle:

> „Der Unterricht in den *Humanities* ist daher nicht nur im Globalen Süden unverzichtbar; er ist es auch an den Eliteuniversitäten der westlichen Welt. Wichtig ist er deshalb, weil ästhetischen Zeugnissen – Romane, Comics, Theaterstücke und Opern – die Macht innewohnt, das Eigene zu befremden und einen Zugang zu fremden Lebenswelten zu verschaffen: Sie können eine folgenreiche Bewegung der Dezentrierung auslösen und auf diese Weise die Erfahrung von Alterität ermöglichten (…)." (154)

Und weiter:

> „Bildung wird daher von Spivak als ein Emanzipationsgeschehen gefasst, das störanfällig ist, keine Sicherheiten kennt und dabei das etablierte pädagogische Setting unterläuft: Die Verlierer der hegemonialen Kämpfe können die Gewinner belehren, Privilegien erweisen sich als Handicaps, und die Umverteilung von Ressourcen muss sich nicht als Null-Summen-Spiel erweisen. Jene, denen etwas genommen wird, können sich, so Spivak, durchaus als Gewinner und als Beschenkte erfahren." (155)

Rieger-Ladich zeigt, dass die Gewinnung von Handlungsfähigkeit (agency) im Zentrum der Überlegungen von Spivak steht. In diesem Zusammenhang betont Rieger-Ladich immer wieder die Relevanz des Ästhetischen:

> „Interessant für die bildungstheoretische Reflexion sind ästhetische Zeugnisse in zweierlei Hinsicht: Zum einen wird ihnen genau das zugetraut, was innerhalb der transformatorischen Bildungstheorie realen Ereignissen vorbehalten scheint – nämlich die nachhaltige Irritation jener Muster der Erfahrungsverarbeitung, die für unser Selbst-, Sozial- und Weltverhältnis verantwortlich sind. Die Konfrontation mit fremden Selbstentwürfen, mit abweichenden Existenzweisen und unvertrauten Lebenswelten ist nicht auf die Beglaubigung durch reale Akteure angewiesen; sie kann auch im

> Bereich des imaginären geschehen und verliert dabei nichts von ihrer Wucht (…).“ (191)

Rieger-Ladich beschreibt im Sinne von Schillers „Briefen zur ästhetischen Erziehung“ und dessen Vision die (politische) Wirksamkeit einer ästhetischen Praxis wie folgt:

> „Temporär freigesetzt von den Zwängen und Verpflichtungen des Alltags, wird es möglich, zu jenen Dispositionen, Routinen und Konventionen in Distanz zu treten, welche die eigenen Spielräume einschränken. (…) Mit der Distanzierung und Einklammerung des Vertrauten eröffnen sie einen ‚Zwischenraum von Eigenem und Fremdem‘ (…), der zu Probehandlungen und dem Experimentieren mit alternativen Lebensentwürfen einlädt.“ (192)

Die einzelnen Kritikpunkte aus den post- und dekolonialen Debatten sind also kritisch zu überprüfen. Mir scheint dabei eine Position akzeptabel zu sein, die von unterschiedlichen Wissenschaftler*innen, die man dem post- oder dekolonialen Feld zurechnet, eingenommen werden. Dies betrifft etwa die These von Spivak, Dhawan oder Cooper, die Aufklärung und ihre Protagonisten nicht generell abzulehnen, sondern zu versuchen, „das Beste der Aufklärung zu bewahren“, also insbesondere die emanzipatorischen Ansätze in Prozessen der Befreiung und des Widerstandes zu nutzen.

Dazu gehört auch ein fairer Umgang mit dem Vorwurf des Rassismus bei früheren Wissenschaftler*innen und Philosoph*innen. Es ist an die Aussage von Trouillot zu erinnern, dass man (zum Beispiel) Kant nicht vorwerfen könne, dass er keinen postkolonialen Studiengang absolviert habe. Hervorzuheben ist in diesem Zusammenhang, dass etwa Ina Kerner (2012), Jens Kastner (2023) oder Castro Varela/ Dhawan (2020, V) in ihren Einführungsbüchern zum Teil recht ausführlich auf die Kritik der vorgestellten Theorien eingehen.

Zur Relevanz post- und dekolonialer Ansätze für die Erziehungswissenschaft

Die Rezeption post- und dekolonialer Debatten in Deutschland hat auf zahlreiche Mängel, Desiderate und Probleme im herkömmlichen (erziehungs-)wissenschaftlichen Denken und im pädagogischen Handeln hingewiesen. Dies gilt zum einen für die Notwendigkeit, dekolonialisierend in die Realität einzugreifen. Man denke etwa an die problematische Namensgebung von Straßen und Institutionen, aber auch an Museumsbestände oder an Begrifflichkeiten im Alltag und in der Literatur.

Auch in den unterschiedlichsten Wissenschaften und in der Philosophie haben post- und dekoloniale Diskurse zu einer kritischen Reflexion und zu einer Überprüfung aufgefordert, inwieweit koloniales Denken immer noch fortwirkt. Dies betrifft etwa eine erhöhte Sensibilität für den Sprachgebrauch oder ein Fortwirken rassistischen Denkens. Auch die Aufforderung, Europa zu provinzialisieren, ist zu berücksichtigen, was bedeutet, Europa und europäische Errungenschaften nicht mehr als Mittelpunkt des Weltgeschehens zu sehen. Eine solche veränderte Sichtweise liegt heute auch deshalb nahe, weil Europa in politischer, ökonomischer und kultureller Hinsicht deutlich an Bedeutung im globalen Kontext verloren hat.

All diese Fragen und Aspekte werden nunmehr in immer mehr wissenschaftlichen Disziplinen und in der Philosophie im Zuge des Prozesses der Dekolonialisierung aufgegriffen. Daraus haben sich interessante, aber auch kontroverse Debatten ergeben, so wie oben am Beispiel der Diskussion über den Rassismus bei Kant gezeigt wurde. Diese Leistungen und Errungenschaften post- und dekolonialer Ansätze müssen akzeptiert und anerkannt werden.

Allerdings bedeutet dies nicht, dass nunmehr jede Kritik an (westlichen) Konzeptionen, Sichtweisen oder Personen akzeptiert werden muss. Ebenso wie post- und dekoloniales Denken zur Selbstkritik auffordert, kann man erwarten, dass diese selbstkritische Sichtweise von post- und dekolonialen Autor*innen auch auf sich selbst angewandt wird. Es ist an mehreren Stellen des vorliegenden Textes gezeigt worden, dass dies nicht immer der Fall ist. So hat etwa die Diskussion über Rassismus bei Kant gezeigt, dass dieses Thema differenzierter gesehen werden muss, als es gelegentlich abgehandelt wird. Dies betrifft den Umgang mit der Aufklärung insgesamt, sodass es zwar richtig ist, auf die dunklen Seiten der Aufklärung (und der Moderne) einzugehen, aber gleichzeitig zu versuchen, „das Beste der Aufklärung zu bewahren" (so etwa Spivak oder Dhawan). Denn es werden in den Arbeiten von Kant und anderen Aufklärungsdenker*innen Denkmittel bereitgestellt, die dabei helfen können, Ungerechtigkeiten zu identifizieren und als solche auch zu bewerten.

Man muss zudem feststellen, dass in Debatten sehr schnell der Vorwurf des Eurozentrismus oder des Rassismus erfolgt, wobei zu untersuchen ist, inwieweit die jeweiligen Vorwürfe überhaupt berechtigt sind. Insbesondere ist bei dem Thema Rassismus zu sehen, dass – gerade vor dem Hintergrund der deutschen Geschichte – kritische Diskussionen nur schwer weitergeführt werden können, wenn der Rassismusvorwurf erhoben wird, weil dann der Verdacht der Relativierung oder sogar Legitimierung nationalsozialistischer Gewalttaten entstehen könnte.

Auch im Hinblick auf Eurozentrismus wurde darauf hingewiesen, dass vieles, was man in diesem Zusammenhang thematisiert – und damit letztlich auch ablehnt –, historisch nicht haltbar ist. Denn es lässt sich häufig zeigen, dass Gedanken, die man Europa zuschreibt, auch in anderen Regionen der Welt entwickelt worden sind und dort auch ihre Bedeutung haben. Zudem wird immer wieder auf die Gefahr hingewiesen, dass sich post- und dekoloniale Kritiken selbst in Widersprüche verwickeln, etwa dann, wenn wissenschaftliche Denkweisen diskreditiert werden, dies aber mit Methoden geschieht, die man vehement kritisiert. Dies gilt etwa auch für die Kritik an dem binären Denken in der westlichen Moderne, wobei in der Kritik oft genug selbst binäres Denken insofern praktiziert wird, als man einen als homogen verstandenen Westen als „das Andere" dem eigenen Diskurs gegenüberstellt.

Es gibt meines Erachtens zudem gute Gründe, einer Fundamentalkritik an Konzepten wie Subjekt, Autonomie, Selbstbestimmung, Vernunft nicht zu folgen, da in vielen Debatten solche Verständnisweisen der kritisierten Konzepte unterstellt werden, die heute niemand mehr ernsthaft vertritt. Insgesamt kann man also die Aussage von Nikita Dhawan im Hinblick auf die Aufklärung in veränderter Form auch hier verwenden, nämlich eine überzogene Kritik an herkömmlichen Konzepten und Denkweisen zwar abzulehnen, aber zu versuchen, *das Beste der post- und dekolonialen Theoriebildung und Kritik zu bewahren.*

Benachteiligung, Diskriminierung, Ausgrenzung

In meinem Vorschlag einer theoretische Grundlegung der Erziehungswissenschaft (Fuchs 2024) habe ich mich auf die Philosophie der symbolischen Formen von Ernst Cassirer bezogen. Cassirer ist ein Philosoph, der trotz gelegentlicher Bezüge auf die indische oder chinesische Philosophie sehr stark in der philosophischen Tradition Europas verankert ist. Trotzdem ist er keineswegs eurozentrisch, sondern geht gerade in seinem letzten Buch, in dem er sich mit dem Nationalsozialismus und dessen geistigen Grundlagen befasst, in eine kritische Distanz zur westlichen Kultur:

> „Die großen Denker, die Forscher, die Dichter und Künstler, die die Grundlagen für unsere westliche Kultur legten, waren oft überzeugt, dass sie für die Ewigkeit gebaut hätten. (…) Es scheint jedoch, dass wir die großen Meisterwerke der menschlichen Kultur auf viel demütigere Weise betrachten müssen. Sie sind weder ewig, noch unangreifbar. Unsere Wissenschaft, unsere Dichtung, unsere Kunst und unsere Religion sind nur die obere Decke einer viel älteren Schicht, die in große Tiefe hinabreicht. Wir müssen immer auf heftige Erschütterungen vorbereitet sein, die unsere kulturelle Welt und unsere soziale Ordnung bis in ihre Grundlagen erschüttern können." (Cassirer 1985, 389)

Cassirer deutet in diesem Buch den Nationalsozialismus als unselige Allianz zweier symbolischer Formen, nämlich einer hoch entwickelten Technik und einem archaischen Mythos des Blutes. Insbesondere befasste er sich in diesem Zusammenhang ausführlich mit dem Rassismus, unter dem er als jüdischer Philosoph, der vor den Nazis die Flucht ergreifen musste und in der Emigration starb, selbst betroffen war.

In dem erwähnten Buch (Fuchs 2024) beziehe ich mich bei der Analyse von Inhalten, mit denen sich Erziehungswissenschaft und insbesondere die Bildungstheorie befassen muss, auf die „epochaltypischen Schlüsselprobleme", die Wolfgang Klafki seinerzeit formuliert hat. Ich zitiere daraus einen relevanten Abschnitt (239-249):

„Benachteiligung, Diskriminierung, Ausgrenzung

Versucht man, ein Fazit aus vorangegangenen Teilen (in Fuchs 2024; M.F.) zu ziehen, dann fällt dies durchaus zwiespältig aus. So gibt es eine ununterbrochene Geschichte der Gewalt, der Unterdrückung, der Demütigung, der Unterjochung und Unterwerfung (Bartlett 1998). Es gibt allerdings auch Gegenbewegungen, sodass man der Geschichte der Gewalt auch eine Geschichte des Widerstandes und des Aufbegehrens daneben stellen kann. Möglicherweise gibt es einen Fortschritt im Hinblick auf eine Reduzierung dieser Gewalt, diese Frage wird kontrovers diskutiert. Doch selbst wenn man die These vom Fortschritt akzeptiert, muss man eingestehen, dass der jeweils erreichte Stand ausgesprochen fragil ist und die Entwicklung immer wieder zurückgedreht werden kann. Dies bedeutet, dass ein Fortschritt hin zu einem universelleren Frieden nicht im Selbstlauf und in einem linearen Entwicklungsprozess hin auf ein bestimmtes Ziel geschieht, sondern dass sich die betroffenen Menschen selbst darum bemühen müssen, das von ihnen angestrebte Gesellschaftsmodell zu erreichen.

Ein wichtiger Teil in diesem Prozess einer historischen Widerständigkeit der Menschen gegen Unterdrückung und Gewalt ist in den Menschenrechten zu sehen. Diese sind zu unterschiedlichen Zeiten, an unterschiedlichen Orten, von unterschiedlichen Trägergruppen und mit sehr verschiedenen Begründungen jeweils einzeln und für sich erkämpft worden. Auch ist der Entwicklungsprozess dieses Systems der Menschenrechte nicht abgeschlossen, wie man etwa an den Initiativen sieht, die sehr stark auf das Individuum fixierten Einzelrechte nunmehr durch Gruppenrechte zu ergänzen. Zudem gibt es erhebliche kulturelle Differenzen bei der Interpretation dieser Menschenrechte und es gibt – anders etwa als bei einer nationalen Verfassung wie dem Grundgesetz – keine höchstrichterliche Instanz, die eine verbindliche Interpretation liefern könnte. Möglicherweise klingt diese Beschreibung negativ, doch muss man sehen, dass zum einen moderne Gesellschaften strukturell konfliktaft sind, eben weil es unterschiedliche Interessen gibt, die ausgetragen werden wollen. Eine demokratische Grundordnung liefert in diesem Zusammenhang den Rahmen dafür, dass diese Konflikte auch friedlich ausgetragen werden können. Kritik, Konflikt, Konfliktbearbeitung und diskursive Aushandlung von Kompromissen gehören zu den Basisprinzipien der Demokratie.

Immerhin gehört es auch zu den Grundprinzipien der demokratischen Grundordnung, festgestellte Mängel analysieren, kommunizieren, kritisieren und beheben zu können. Denn Demokratie ist ein dynamischer Prozess, der nur durch das Handeln der Beteiligten lebt. Dies bedeutet, dass einmal getroffene Entscheidungen und insbesondere solche Entscheidungen, die zu Fehlentwicklungen führen, auch zurückgenommen werden können.

Betrachtet man die zahlreichen kritischen Positionen aktueller Gesellschaftsanalysen, so dürfte ein Hauptnenner der meisten dieser Analysen darin zu finden sein, die aktuelle Realisierungsform des Kapitalismus als Ursache für Defizite und Fehlentwicklungen zu erkennen. Es geht bei den meisten Kritikern nicht darum, das Marktprinzip generell abzuschaffen. Es geht auch nicht um die Abschaffung des Privateigentums, auch nicht um die generelle Abschaffung des Eigentums an Produktionsmitteln. Allerdings geht es darum, Art. 14 unseres Grundgesetzes, nämlich das Ziel der Sozialpflichtigkeit des Eigentums, ernster zu nehmen, als es zurzeit geschieht.

Dies bedeutet insbesondere, dass man sehr genau überlegen muss, welche Güter dem Diktat des Marktes unterworfen werden können und müssen, und welche Güter, vor allen Dingen Güter der Daseinsvorsorge, nicht nach Marktprinzipien verteilt werden können. Zu denken ist etwa an Gesundheit und Bildung, es stellt sich die Frage nach dem Umgang mit der Natur und Umwelt, es ist das Menschenrecht auf Wohnung und Arbeit zu berücksichtigen. Die Umgangsweise mit diesen Gütern ist eine Kernaufgabe der Politik, und die politische Ebene vernachlässigt ihre Aufgabe, wenn sie nicht dafür sorgt, dass zumindest minimale Prinzipien der sozialen Gerechtigkeit angewandt werden.

Im Bereich der Versorgung mit bezahlbaren Wohnungen und bei dem Klimaschutz wird man kaum davon sprechen können, dass hier die aktuelle Politik verantwortungsvoll agiert. Dieses Versagen von Politik und Staat ist geradezu das Einfalltor für rechtspopulistische Argumentationen, wenn diese mit einiger Berechtigung den Finger auf die Wunde legen. Man kann sich in politischer Hinsicht auch nicht damit herausreden, dass man nicht weiß, worum es geht. So gibt es sowohl auf der empirischen Ebene vielfältige Analysen, die auf Mängel hinweisen. Im Bereich der wissenschaftlichen und philosophischen Reflexion und Analyse gibt es seit Jahren gut abgesicherte Diagnosen und plausible Therapievorschläge. So begleitet die Geschichte des Kapitalismus seit seinem Beginn die Sorge, dass eine Kommodifizierung und Vermarktlichung aller Lebensbereiche zu gravierenden Ungerechtigkeiten in der Gesellschaft und damit letztlich zu Zerfallsprozessen führen. Jürgen Habermas spricht seit Jahrzehnten von einer ‚Kolonialisierung der Lebenswelt' in seinem Konzept, der Lebenswelt das ‚System' mit seiner immanenten Systemlogik (in erster Linie die Ökonomie) entgegenzustellen. Es geht dabei um ein unzulässig eingegrenztes Konzept von Rationalität, so wie es als ‚instrumentelle Vernunft' seit über 100 Jahren kritisiert wird.

Die gute Nachricht besteht also darin, dass man auf der Ebene einer theoretischen Durchdringung der Problemlagen von vielen akzeptierte Analysen zur Verfügung hat, dass es eine Vielzahl empirischer Forschungen gibt, die die Problemfelder beschreiben und Ursachen identifizieren, und insbesondere besteht die gute Nachricht darin, dass es zum Wesen der Demokratie gehört, Fehlentwicklungen durch geeignetes Handeln zu beseitigen. Man muss sich einfach nur an den leider dann gestrichenen ersten Satz des Irrsee-Entwurfs des Grundgesetzes erinnern, dass nämlich der Staat (und auch die Wirtschaft) für den Menschen da ist und nicht umgekehrt.

Eine entscheidende Zukunftsaufgabe, die angesichts einer dramatischen Entwicklung kaum weiter aufgeschoben werden kann, besteht darin, das ökologische Problem zugleich mit dem Problem sozialer Schieflagen zusammen anzugehen. Man spricht inzwischen von einem New Green Deal, dessen Ziele – wie mir scheint – von allen politischen Grundpositionen akzeptiert werden. Insbesondere geht es darum, Menschen in die Lage zu versetzen, sich mit ihren Bedürfnissen politisch zu artikulieren, gegen Fehlentwicklungen Widerstand zu leisten und dazu ihre Fähigkeiten – ganz so, wie es in Art. 2 unseres Grundgesetzes steht – voll zu entfalten.

Das Recht auf Bildung und kulturelle Teilhabe

Art. 26 der Allgemeinen Erklärung der Menschenrechte formuliert:

‚1. Jeder hat das Recht auf Bildung. Die Bildung ist unentgeltlich, zu mindesten der Grundschulunterricht und die grundlegende Bildung (....).

2. Die Bildung muss auf die volle Entfaltung der menschlichen Persönlichkeit und auf die Stärkung der Achtung vor den Menschenrechten und Grundfreiheiten gerichtet sein. Sie muss zu Verständnis, Toleranz und Freundschaft zwischen allen Nationen und allen rassischen und religiösen Gruppen beitragen und der Tätigkeit der Vereinten Nationen für die Wahrung des Friedens förderlich sein.‘

Ergänzt wird dieser Artikel durch andere Artikel, die eine politische, ökonomische, soziale und kulturelle Teilhabe sicherstellen sollen. So heißt es in Art. 27 beispielsweise:‘

‚1. Jeder hat das Recht, am kulturellen Leben der Gemeinschaft frei teilzunehmen, sich an den Künsten zu erfreuen und am wissenschaftlichen Fortschritt und dessen Errungenschaften teilzuhaben.‘

Bildung und Erziehung haben das Ziel der Stärkung des Individuums in seinem sozialen Kontext, Bildung und Erziehung sind auch der Schlüssel für politische, soziale und ökonomische Partizipation.

Das handelnde Subjekt hat also zwei große Aufgaben: Eine Aufgabe besteht in der Entwicklung der verschiedenen Persönlichkeitsdimensionen, um die notwendige Fähigkeit zur Selbstbestimmung zu erreichen. Andererseits ist das Ziel gesetzt, dass sich das Subjekt souverän in den verschiedenen Subsystemen bewegen kann. Man kann dies so formulieren, dass es eine Art Alphabetisierung im Hinblick auf die vier verschiedenen Kommunikationsmedien Geld, Macht, Solidarität und Sinn (und dieser wiederum spezifiziert auf die Bereiche Religion, Wissenschaften, Kunst) geben müsse. Dabei ist zu berücksichtigen, dass sowohl je unterschiedliche individuelle Voraussetzungen als auch soziale Rahmenbedingungen wichtig für den Verlauf und Erfolg dieses Prozesses sind: Differenz und Vielfalt spielen also (in Politik und Pädagogik) eine wichtige Rolle, wobei es darauf ankommt, wie man damit umgeht.

Zum pädagogischen Umgang mit Differenz

Differenz und Identität (als ein möglicher Gegenbegriff zu Differenz) sind wichtige, allerdings auch ambivalente und umstrittene Begriffe, die für die unterschiedlichsten Bereiche einer modernen Gesellschaft relevant sind. Beide Begriffe dienen sowohl der Beschreibung und Analyse, sie sind aber auch (normative) Zielbegriffe für praktisches Handeln. So gibt es etwa im Kulturbereich ein Lob der Differenz als Basis von Vielfalt, was sogar als Reichtum gedeutet wird, wohingegen (konstruierte und behauptete) Differenzen eine Grundlage für rassistisches Denken sein können. Ähnliches gilt für den Begriff der Identität. Die einen sprechen davon, dass einzelne Personen oder soziale Gemeinschaften eine Identität benötigen, während andererseits beklagt wird, wenn Personen oder Gruppen bestimmte Identitäten zugeschrieben werden (Niethammer 2000) und sogar eine ‚Identitätspolitik' betrieben wird. Man wird also Unterscheidungen treffen müssen, in welchen Bereichen und Zusammenhängen jeweils welches Verständnis von Differenz bzw. Identität unterstellt wird.

Dies gilt alles auch für die Pädagogik in Theorie und Praxis. So sprechen die einen von einer ‚Pädagogik der Vielfalt' (Annedore Prengel), wobei man von Vielfalt nur dann sprechen kann, wenn die zusammengefassten Entitäten unterschiedlich sind, da Vielfalt sinnvollerweise auf Differenz basiert. Andererseits diskutiert man seit Jahrzehnten, dass und wie die Pädagogik die Aufgabe hat, bei der Entwicklung von Identität zu helfen. Vielfalt hat es also mit Differenzen und Unterschieden zu tun, wobei es wünschenswerte und abzulehnende Differenzen gibt, je nachdem, ob man über Kultur, unser Rechtssystem, die Politik oder die soziale Zusammensetzung unserer Gesellschaft spricht.

Mit Differenz und Verschiedenheit hat allerdings auch das Konzept der Identität zu tun, was man leicht einsieht, wenn man den Entwicklungsaspekt berücksichtigt. Denn Entwicklung, auch Entwicklung einer Identität – sei es bei einer einzelnen Person oder einer sozialen Gruppe –, bedeutet Veränderung, bedeutet die Entstehung von Unterschieden und Ungleichheit. Daraus ergibt sich für die Pädagogik die Notwendigkeit, einen komplexen Umgang mit Differenz zu praktizieren:

‚In alltäglichen (pädagogischen) Praktiken werden kontinuierlich Differenzen hergestellt, etwa zwischen Junge und Mädchen, deutsch und nichtdeutsch oder gesund und krank. Unterschiedliche Differenzlinien strukturieren dabei gesellschaftliche Ordnungen und Normalitätsvorstellungen. Unter Rückgriff auf Differenzen werden interpersonelle, strukturelle und institutionelle Diskriminierungsverhältnisse und soziale Ungleichheit legitimiert. Auch Subjektwerdung findet innerhalb dieser Differenzierungspraxis statt, indem sich Individuen entlang von Differenzlinien selbst positionieren oder entlang dieser positioniert werden.‘ (Mai u. a. 2018, 1)

Das Zitat macht deutlich, wie zentral der Umgang mit Differenz und Ungleichheit für die Pädagogik ist. Es wird allerdings auch sehr schnell eine Verbindung zu Diskriminierungsverhältnissen und der Legitimation sozialer Ungleichheit hergestellt. Dies ist eine – verbreitete – Engführung, da Differenz und Ungleichheit nicht nur ein anthropologisch relevantes Faktum sind – man denke etwa an die unterschiedlichen Geschlechter, die die Basis für das Weiterexistieren von Leben sind –, sondern sie sind auch die Basis für die Vielfalt von Individualitäten und Kulturen.

Die Bedeutung des Umgangs mit Differenz erkennt man auch daran, dass es eine Reihe ähnlicher Begriffe gibt, die relevant für die Pädagogik sind und die sogar die Basis für die Konstitution pädagogischer Richtungen bilden. So setzt man sich im Rahmen von Differenz- und Ungleichheitsdiskursen auch mit Begriffen und Konzepten wie Heterogenität, Diversität und Intersektionalität auseinander, man diskutiert das Verhältnis von Gemeinsamkeit und Unterscheidbarkeit, man untersucht Prozesse der Konstruktion eines Wir und eines Anderen (‚Othering‘). Es sind ganze Forschungsrichtungen entstanden, die sich an dem Problem der wünschenswerten bzw. abzubauenden Differenz abarbeiten (diversity studies, disability studies, cultural studies, gender studies etc.). Insbesondere geht es hierbei immer auch um die Frage, inwieweit die meist als konstruiert verstandenen Differenzen mit Fragen der Macht und Herrschaft verbunden sind, wobei bei dem angenommenen Konstruktionsprozess Sprache und Diskurs eine entscheidende Rolle spielen.

Man unterscheidet in den fachwissenschaftlichen Diskursen eine Vielzahl möglicher Differenzlinien, wobei man neben den bereits klassisch zu nennenden Differenzlinien Klasse, ‚Rasse‘, Nation und Geschlecht eine Reihe weiterer Differenzlinien in den Blick nimmt, zum Beispiel Alter, Körper und Gesundheit, Herkunft, Sprache, sexuelle Orientierung und Bildungsstand.

In Bezug auf die genannten und andere Differenzlinien sind spezialisierte Forschungsrichtungen entstanden, die jeweils auf Lücken oder vernachlässigte Themen in der „traditionellen" Forschung hingewiesen und dadurch große Verdienste erworben haben. Es wurde allerdings auch kritisch angemerkt, dass es gelegentlich zur Verabsolutierung der gewählten Differenzlinie und damit zu einer Hierarchisierung der verschiedenen Formen von Benachteiligung und Diskriminierung gekommen ist. Daher hat man den Gedanken aufgegriffen, dass es in der Realität meist zu mehrfachen Benachteiligungen kommt. Es geht also um Mehrfachbenachteiligung und um Interdependenzen zwischen einzelnen Dimensionen der Benachteiligung, was man in der neuen Forschungsrichtung der Intersektionalität in den Mittelpunkt stellt.

Der Umgang mit Differenz und Identität hat also unterschiedliche Dimensionen, die zudem von unterschiedlichen Disziplinen bearbeitet werden. Der Sammelband Krell u. a. 2007 enthält daher folgerichtig Beiträge aus der Politik-, der Rechts- und Erziehungswissenschaft, der Betriebswirtschaftslehre, der Anthropologie, der Ethnologie und der Medizin. All diese Disziplinen sind auch relevant in einer erziehungswissenschaftlichen Perspektive, wenn es etwa um die rechtliche Basis eines pädagogischen Umgangs mit Differenz geht, etwa in Schulgesetzen oder im Jugendhilfegesetz (KJHG). Pädagogik benötigt Kenntnisse aus der Anthropologie und Ethnologie, etwa bei der Entwicklung eines Menschenbildes, das die normative Basis pädagogischen Handelns ist. Insbesondere spielt aufgrund der Komplementarität von Pädagogik und Politik der Umgang der Politikwissenschaft mit Differenz eine Rolle.

Die beiden Politikwissenschaftlerinnen Barbara Riedmüller und Dagmar Vinz (in Krell u. a. 2007) beschreiben die Situation wie folgt:

‚In der Betriebswirtschaftslehre ist Diversity als konkretes Konzept der Personalentwicklung, als Diversity Management, hinreichend bekannt und in der Erziehungswissenschaft im Rahmen der Ansätze für eine „Pädagogik der Vielfalt" eingeführt (...). In den Kulturwissenschaften wird Diversity in Überschneidung mit den Begriffen der Differenz, Universalität, Vielfalt oder Multikulturalität gebraucht (...) und mit Bezug auf soziale Praxen des Othering bzw. der Konstitution von Alterität in Klassifikationskämpfen gebraucht. In der Soziologie wiederum wird das Verhältnis von kultureller Vielfalt und sozialer Ungleichheit kritisch reflektiert (…). In der Politikwissenschaft jedoch ist Diversity als Begriff bzw. Konzept bisher wenig etabliert. Als Reaktion auf gesellschaftliche Herausforderungen wie Globalisierung und Migration, demographischen und familialen Wandel und den damit zusammenhängenden Veränderungen der Zusammensetzung von Bevölkerung und Erwerbspersonenpotenzial wird Diversity zu einem Bezugspunkt, der – so unsere These – in der zukünftigen politikwissenschaftlichen Forschung eine zentrale Rolle spielen wird.‘ (143)

In diesem Sinne diskutieren die beiden Autorinnen die Rolle von Diversität im Hinblick auf die drei Dimensionen des Politikbegriffs (Politics, Policy, Polity), nämlich in Bezug auf das konkrete politische Handeln von Akteuren und deren Umgang mit Differenz (Politics), in Bezug auf politische Konzepte und Programme als Grundlage von Steuerungsentscheidungen (Policy) und nicht zuletzt im Hinblick auf die Institutionen, Strukturen und Organisationen in der Politik (Polity).

Die Relevanz der politischen Rahmenbedingungen stellt auch Christine Riedel (2016, 7) heraus:

‚Angesichts gesellschaftlicher Verhältnisse, die durch soziale Ungleichheit, hegemoniale Macht- und Herrschaftsverhältnisse, kapitalistische Interessenkonflikte, asymmetrische Geschlechterverhältnisse sowie internationale Grenz- und Migrationsregimes gekennzeichnet sind, stellt sich pädagogisches und soziales Handeln als herausfordernd dar. Prozesse der Ein- und Ausgrenzung, Unterwerfung sowie Normierung und Normalisierung sind immanente Bestandteile dieser Verhältnisse, die durch Neoliberalisierung und ökonomische Krise noch weiter verschärft werden. Diese Verhältnisse spiegeln sich unter anderem in Organisationen und Institutionen von Bildung oder auch in Projekten zu Diversität und Diskriminierungskritik wider. Sie prägen diese und werden hier zugleich reproduziert – aber auch kritisch hinterfragt.‘

Auch den Doppelcharakter der Pädagogik hat Riegel im Blick:

‚In diesem Kontext gestalten sich Bildung und Unterstützung widersprüchlich: Beide enthalten sowohl emanzipatorisches Potenzial als auch normierende, disziplinierende und ausgrenzende Aspekte. (…) Bereits Heydorn (1970) und Bourdieu/Passeron (1973) haben hervorgehoben, dass sich gesellschaftliche Ungleichheitsverhältnisse nicht nur in, sondern auch durch Bildung bzw. Organisation von Bildung produzieren.‘ (7)

Vor diesem Hintergrund diskutiert Riegel als mögliche Ansätze zur Analyse sozialer Differenzen und Ungleichheiten strukturtheoretische Ansätze, sozialkonstruktivistische und interaktionistische Ansätze, poststrukturalistische, diskurstheoretische und dekonstruktivistische Perspektiven, cultural studies, postkoloniale Theorien und Rassismuskritik sowie Intersektionalitätsansätze.

All diese Überlegungen sind auch für die Erziehungswissenschaft relevant, denn sie berühren die Makroebene politischer Rahmenbedingungen, die Mesoebene pädagogischer Institutionen und nicht zuletzt die Mikroebene des unmittelbaren pädagogischen Handelns. Ich komme im übernächsten Kapitel darauf zurück.

Die Erziehungswissenschaftlerin Katharina Walgenbach (2017) wählt unter den möglichen Begriffen, mit denen in der Erziehungswissenschaft Differenz thematisiert wird, die Begriffe und Konzepte der Heterogenität, der Intersektionalität und Diversity. Ich gebe ihre entscheidenden Definitionen und Hinweise wieder. Bei dem Begriff der Heterogenität verweist sie auf den altgriechischen Ursprung (héteros: anders, verschieden; génos: Klasse, Art). Sie weist darauf hin, dass Heterogenität untrennbar mit Homogenität verbunden ist (13).

In einem historischen Rückblick zeigt sie, dass die Pädagogik und insbesondere die Schulpädagogik immer schon mit Heterogenität zu tun hatten, was eine Ausdifferenzierung der verschiedenen Bildungseinrichtungen (Mehrgliedrigkeit der Schule) und an den unterschiedlichen Ausbildungsgängen des pädagogischen Personals erkennbar ist. Man denke etwa an die Trennung der Heranwachsenden je nach Geschlecht, Konfession, Begabung, Behinderung etc. (15). Sie zeigt, dass Heterogenität in der Schulpädagogik eher als Problem gesehen wurde, was man etwa durch ein gegliedertes Schulsystem hat lösen wollen, das das Ziel hatte, homogene Lerngruppen herzustellen. Heterogenität ist insbesondere in der Schule leistungsorientiert.

Sie stellt folgende Kritikpunkte am Heterogenitätsbegriff zusammen: unscharfe Verwendung, mögliche Akzeptanz von Benachteiligung durch eine unangemessene Wertschätzung von Heterogenität, eine ideologische Verwendung des Heterogenitätsbegriffs dann, wenn auf der Basis festgestellter Differenzen unterschiedliche Lebenschancen vergeben werden.

Der zweite zentrale Begriff ist der der Intersektionalität, der ursprünglich aus der Anti-Diskriminierungsdiskussion der amerikanischen Frauenbewegung und insbesondere des Schwarzen Feminismus stammt: Kimberlé Crenshaw (54 f.). Es geht um Macht- und Herrschaftsverhältnisse, wobei insbesondere „bipolare hierarchische Differenzlinien" eine Rolle spielen:

Geschlecht: männlich – weiblich

Sexualität: hetero – homo

„Rasse"/Hautfarbe: weiß – schwarz

Ethnizität: dominante Gruppe – ethnische Minderheiten

Nation/Staat: Angehörige – Nicht-Angehöriger

Klasse: oben – unten, etabliert – nicht etabliert

Kultur: „zivilisiert" – „unzivilisiert"

Gesundheit: nicht-behindert – behindert

Alter: Erwachsene – Kinder, alt – jung

Sesshaftigkeit/Herkunft: sesshaft – nomadisch/angestammt – zugewandert

Besitz: reich/wohlhabend – arm

Nord – Süd/Ost – West: West – der Rest

gesellschaftlicher Entwicklungsstand: modern – traditionell (fortschrittlich – rückständig, entwickelt – nicht entwickelt) (69, im Anschluss an H. Lutz und A. Wenning)

Als Kritikpunkte an diesem Konzept wird vermerkt, dass Intersektionalitätsforschung in Deutschland zunehmend von exklusiven bzw. institutionalisierten Netzwerken betrieben werde (88). Zudem berücksichtige die deutsche Forschung zu wenig die transnationale Dimension.

Der dritte Zentralbegriff ist Diversity. Der Begriff stammt aus dem angloamerikanischen Sprachraum und insbesondere aus den klassischen Einwanderungsländern USA und Kanada. Wie auch in anderen Publikationen zu diesem Thema (etwa Krell u. a. 2007) wird eine Dominanz betriebswirtschaftlicher Diversity-Diskurse bemerkt, bei denen allerdings nicht bloß Verwertungsaspekte, sondern auch bürgerrechtliche Traditionen in den USA eine Rolle spielen. Es wird ein kritischer Bezug zu dem Konzept der Anerkennung hergestellt, nämlich dann, wenn man Anerkennung als Akzeptanz sozial hergestellter Differenzen missversteht. Auch hierbei kommt es also darauf an, eine Unterscheidung zu treffen zwischen einer Vielfalt, die zu unterstützen ist, und einer Vielfalt, die mit sozialer Ungleichheit zu tun hat.

Ein zentraler Kritikpunkt an Diversitätsansätzen besteht darin, dass jedem Umgang mit Diversität bereits bipolare Unterscheidungen (und möglicherweise Essentialisierungen) vorausgehen (Männer-Frauen, Migranten-Nichtmigranten, Behinderte-Nichtbehinderte etc.). Walgenbach kritisiert, dass sich Diversity-Ansätze traditionell auf Diskriminierung und Marginalisierung beziehen würden, wodurch möglicherweise hegemoniale Männlichkeit, Heteronormativität, Bildungsprivilegien und Whiteness aus dem Blick geraten. Kritisch wird auch gesehen, dass Diversity Education als Konkurrenzprogramm zu Konzepten wie Interkulturelle Pädagogik, Mädchenpädagogik oder Behindertenpädagogik gesehen werden könne (121 ff.).

Es gibt also offenbar viele Möglichkeiten, Verhältnisse einer diskriminierenden Ungleichheit in Gesellschaften zu etablieren, sodass sich die Frage stellt, ob und wie man gegen solche Verhältnisse aufbegehren kann, zumal sie sich offensichtlich in rechtlichen Strukturen und Rahmenbedingungen, in Institutionen sowie in der Mentalität bestimmter Professionalitäten festgesetzt haben und legitimiert werden.

Diese Frage und dieses Problem verschärfen sich noch, wenn man berücksichtigt, dass es grundsätzlich eine gewisse Kompatibilität zwischen gesellschaftlichen Strukturen und Machtverhältnissen auf der einen Seite und Formen der Subjektivität auf der anderen Seite gibt und geben muss, will die jeweilige Gesellschaft Bestand haben.

In der Neuzeit wurde in modernen Gesellschaften zu diesem Zweck der „Formung der Subjekte“ ein sich entwickelndes Bildungssystem installiert, das dafür Sorge tragen musste, dass die für den Erhalt der Gesellschaft notwendigen Subjektformen auch ‚produziert' werden.

‚Pädagogisches Handeln in widersprüchlichen Verhältnissen' (Christine Riegel)

Die Überschrift dieses Abschnittes ist dem Untertitel des Buches ‚Bildung, Intersektionalität, Othering' von Christine Riegel (2016) entnommen. Sie weist zum einen darauf hin, dass Pädagogik und Politik zwei Seiten derselben Medaille sind, dass sich insbesondere pädagogisches Handeln nicht unabhängig von gesellschaftlichen Realitäten und den Bildern, die man sich von der Gesellschaft macht, verstehen lässt. Insbesondere muss die Pädagogik zur Kenntnis nehmen, dass die Gesellschaft nicht bloß durch Vielfalt und Heterogenität charakterisiert wird, sondern dass in dieser Vielfalt handfeste Ungleichheiten und einander widersprechende Interessen zu finden sind. Denn es geht nicht bloß um (reale oder konstruierte) Unterschiede zwischen Menschen und Menschengruppen in der Gesellschaft, es geht auch um eine mit dieser Differenzierung oft verbundenen Zuweisung einer Ungleichwertigkeit. Daraus entstehen Prozesse der Nichtanerkennung, der Exklusion, der verweigerten Teilhabe.

Gesellschaftliche Widersprüche finden sich dabei auf der Makroebene der Rahmenbedingungen, wenn etwa gesetzlich Möglichkeiten der Teilhabe oder auch des Ausschlusses von Teilhabe zu ungunsten von bestimmten Gesellschaftsmitgliedern geregelt sind. Widersprüche zeigen sich etwa dadurch, dass man die normativen Grundlagen (etwa der Bezug auf Menschenrechte oder das Grundgesetz) mit gesellschaftlichen Realitäten in Beziehung setzt, die diesen Grundlagen nicht entsprechen.

Gesellschaftliche Widersprüche finden sich auch auf der Mesoebene der Institutionen, speziell der Institutionen in den Bereichen Bildung und Kultur. Dies ist nicht neu, sondern es findet sich auch in Gesellschaften früherer Zeiten. So waren sowohl die antiken Sklavenhaltergesellschaften als auch die mittelalterlichen Ständegesellschaften sehr stark von Ungleichheit geprägt, was oft genug zu widerständigen Handlungen und Protesten führte. Doch deutet man erst in der Moderne vorhandene Ungleichheiten als Skandal. Dies hängt mit den ‚Versprechungen der Moderne' zusammen, nämlich dem Versprechen auf Freiheit, Gleichheit und Gerechtigkeit, also mit Maßstäben, die von der neuzeitlichen politischen Philosophie gut begründet wurden und die daher als Messlatte zur Beurteilung der jeweiligen Realität dienten.

Auch in der bildungstheoretischen Diskussion rückten diese Versprechungen der Moderne in den Mittelpunkt des Nachdenkens. So stellte bereits Mitte des 17. Jahrhunderts der tschechische Philosoph und Pädagoge Johan Comenius (Jan Komensky) seine Forderung ‚Bildung für alle' auf. Er forderte ausdrücklich und in durchaus revolutionärem Gegensatz zu dem Denken und der Realität seiner Zeit, dass Mädchen und Jungen, dass Heranwachsende aus städtischen und ländlichen Regionen unabhängig davon, ob sie arm oder reich sind, einen Anspruch auf Bildung haben. Diese Bildung sollte umfassend sein.

Die Realität des Bildungswesens entwickelte sich bekanntlich anders. Man machte vielmehr Unterschiede je nach Herkunft und Geschlecht, Man führte Jahrgangsklassen und ein mehrgliedriges Schulsystem ein, mit der (in der Realität dann doch nicht erreichten) Zielstellung, homogene Lerngruppen zu schaffen. Gesellschaftliche Unterschiede schlugen sich in der Organisation und Ausgestaltung des Bildungswesens und in den konzeptionellen Vorstellungen darüber nieder, wer welche Bildung überhaupt braucht und wem sie zugestanden werden soll. Dieses Problem ist bis heute nicht gelöst, denn nicht zuletzt zeigten die PISA-Studien, wie stark der Bildungserfolg von der – vor allem sozialökonomischen – Situation der Herkunftsfamilie abhängt.

Der Umgang mit Differenz und Vielfalt war und ist also ein Dauerthema für die Pädagogik. Dabei musste die Pädagogik immer wieder auf Veränderungen in der Gesellschaft reagieren. Waren es schon früh klassische Unterscheidungen wie Arm und Reich bzw. Mädchen und Jungen, die zu einer Ausdifferenzierung des Bildungswesens – oft verbrämt durch angebliche ‚Begabungsunterschiede' – führten, so führten immer auch Veränderungen in der Zusammensetzung der Bevölkerung zu Veränderungen im Bildungswesen.

Auch in der Theorienbildung und in der Ausdifferenzierung der Erziehungswissenschaft spiegeln sich diese gesellschaftlichen Veränderungen. Im Grundsatz kann man dabei zwei Wege unterscheiden. Ein erster Weg besteht darin, dass sich immer weitere Spezialisierungen und Teildisziplinen der Erziehungswissenschaft und der praktischen Pädagogik ausbildeten, etwa eine spezifische Sonder-, Förder- oder Behindertenpädagogik, eine Interkulturelle Pädagogik, eine Pädagogik der unterschiedlichsten Lebensalter und Bildungsorte, eine Pädagogik und Didaktik in Bezug auf unterschiedliche Wissensbereiche etc. Der zweite Weg besteht darin, dass sich

Theorien und Konzepte einer Allgemeinen Pädagogik im Hinblick auf neue Herausforderungen und Aufgaben veränderten. Man kann dies etwa an dem Verständnis eines der Leitbegriffe der Pädagogik, nämlich an der Veränderung und Entwicklung des Bildungsbegriffs erkennen, so wie er in immer neuen Fassungen Probleme seiner Zeit als zu bewältigende einschließt."

Schlussbemerkungen: Auf dem Weg zu einer postkolonialen Pädagogik?

Die post- und dekolonialen Studien stellen eine große Herausforderung für Wissenschaften und Philosophie dar. Insbesondere ist es das Projekt einer Dekolonialisierung, das zu neuen Denkanstrengungen herausfordert. In dieser Hinsicht lässt sich dieser Prozess mit der Entwicklung vergleichen, die in den 1960-er und 1970-er Jahren in den Wissenschaften und in der Philosophie stattgefunden hat, nämlich mit der Herausforderung, die durch die Rezeption der Kritischen Theorie entstanden ist. Auch diese führte dazu, dass vorhandene Wissensbestände insbesondere in der Philosophie und in den Sozialwissenschaften, später dann auch in den Erziehungswissenschaften zu einem kritischen Überdenken der vorliegenden Konzeptionen und Ansätze geführt haben.

Es gab eine rege Publikationstätigkeit, Debatten in den schon vorhandenen Zeitschriften und es gab viele publizistische Neugründungen. Damals war dies nicht nur eine Bewegung im intellektuellen Feld, sondern es gab auch in der politischen Praxis zahlreiche Bewegungen, etwa die Studenten- oder Lehrlingsbewegung. Der akademische Bereich reagierte darauf, indem nicht nur neue Lehrinhalte in die Studiengänge und in die Lehrpläne der Schulen eingebracht wurden, es wurden auch Professuren eingerichtet bzw. neu besetzt durch Personen, die diese neuen kritischen Ansätze vertraten.

All dies ist kann man auch jetzt beobachten, nämlich eine allmählich stattfindende kritische Reflexion vorhandener Wissensbestände unter der Perspektive post- und dekolonialer Studien, die Einrichtung neuer Studiengänge und die Besetzung von Lehrstühlen mit Vertreter*innen aus dem post- und dekolonialen Feld. Es gibt interessante und ergiebige Debatten wie etwa die über den Rassismus bei Kant oder über Globales Lernen, auf die ich in diesem Buch ausführlich Bezug genommen habe. Man kann zudem nicht ernsthaft bestreiten, dass die in den post- und dekolonialen Studien angesprochenen Themen, Probleme und Kritikpunkte relevant sind und diskutiert werden müssen. Insbesondere geht es darum, unterschiedliche Formen von Diskriminierung zu berücksichtigen. Es geht um Unterdrückung von Menschengruppen und Wissensbeständen, um die Nichtberücksichtigung von Erfahrungen, die aus einer privilegierten Sicht oft nicht in den Blick genommen werden. Allerdings wird aus meiner Sicht nicht immer hinreichend berücksichtigt, dass viele Themen (Rassismus, Diskriminierung, Interkulturalität etc.) z. T. schon seit Jahren in der „traditionellen“ Erziehungswissenschaft bearbeitet wurden und in der pädagogischen Praxis wirksam sind.

Hier scheint mir der Diskussionsstand in anderen Disziplinen weiter zu sein, wenn etwa der Politikwissenschaftler Aram Ziai davon spricht, dass in der Zusammenarbeit beider Ausrichtungen jeweilige blinde Flecken erkannt und ausgeglichen werden könnten. Auf solche „blinde Flecken“ im postkolonialen Diskurs – oft sogar formuliert von Wissenschaftler*innen, die sich selbst dem postkolonialen Diskurs zurechnen – bin ich an einigen Stellen in diesem Text eingegangen.

Es gibt zudem auch eine starke Moralisierung und eine Überdehnung von Argumentationen, die den Diskurs nicht unbedingt erleichtern. Meine Schlussbemerkung in meinem Buch über Diskriminierung (Fuchs 2021) gilt daher meines Erachtens auch hier:

> „Ich habe im Vorwort auf Schwierigkeiten hingewiesen, in Deutschland über Rassismus zu sprechen. Ein Grund dafür ist ein Rassismusbegriff, den man recht schnell mit dem Mord an Juden, Sinti und Roma, Homosexuellen und anderen diskriminierten und verfolgten Minderheiten während der Zeit des Nationalsozialismus in Verbindung gebracht hat. Immerhin kann man mit einiger Berechtigung darauf hinweisen, dass es in der Bundesrepublik spätestens seit den 1970er Jahren eine intensive kritische Aufarbeitung dieser Zeit gegeben hat und man insbesondere die Verstrickungen prominenter Künstler*innen, Wissenschaftler*innen, Funktionsträger*innen aus der aus den christlichen Kirchen, Publizist*innen und Politiker*innen aufgezeigt hat.
>
> Vor diesem Hintergrund ergab sich ein gewisses Unverständnis, nunmehr erneut mit Rassismus konfrontiert zu werden. Es musste also zunächst einmal vermittelt werden, dass es einen sehr viel weiteren als den nationalsozialistischen Rassismus-Begriff gibt. Zudem ergibt sich eine weitere Schwierigkeit dadurch, dass wichtige Begrifflichkeiten, Forschungsansätze und -ergebnisse vor allem aus dem englischsprachigen Raum importiert wurden. Damit wurden aber zugleich auch solche Rassismusprobleme importiert, so wie sie insbesondere in den Vereinigten Staaten oder Großbritannien eine entscheidende Rolle spielen (vergleiche etwa Morrison 2018), die in dieser Form in Deutschland nicht vorlagen. Dies bedeutet nicht, dass es – wie oben erwähnt und wie es ausführlicher in Teil 2 dieser Arbeit (gemeint ist Fuchs 2022; M. F.) beschrieben wurde – keine Notwendigkeit gegeben hätte, die Verstrickungen Deutschlands in den Kolonialismus und in den Sklavenhandel ebenso aufzudecken wie einen alltäglichen individuellen, institutionellen und strukturellen Rassismus (im weiten Verständnis dieses Begriffs). Doch ist diese deutsche Geschichte eine andere als die Geschichte

des Kolonialismus und der Sklaverei in Nord-, Mittel- und Südamerika oder in den Staaten mit einer ausgeprägteren Vergangenheit als Kolonialreichen.

Ein weiteres Problem sehe ich darin, dass es immer wieder zu einer Art Wettstreit darüber kommt, welche Diskriminierungsart die entscheidende ist. Immerhin kann man – etwa unter Bezug auf El-Mafaalani (2018) mit seiner tendenziell positiven Bewertung der Integrationsbemühungen in Deutschland – darauf hinweisen, dass es im Hinblick auf bestimmte Diskriminierungsformen in der Gesellschaft und in der Gesellschaftspolitik Fortschritte gegeben hat. El-Mafaalani beginnt sein Buch mit einem Witz:

„Betreten eine Ostdeutsche, ein Homosexueller, ein Rollstuhlfahrer, ein Asiate und eine Schwangere eine Kneipe. Fragt der Wirt: ‚Was seid ihr denn für eine witzige Truppe?‘ Antwortet die Ostdeutsche: ‚Die Regierung!‘“ (9)

Es handelt sich offensichtlich um die Kanzlerin Angela Merkel mit ihren Ministern Guido Westerwelle, Wolfgang Schäuble, Philipp Rösler und der Ministerin Kristina Schröder.

Auch Verbände haben sich intensiv mit bestimmten Formen der Diskriminierung auseinandergesetzt. So gab es etwa in der Bundesvereinigung kulturelle Kinder- und Jugendbildung (BKJ) eine selbstkritische Auseinandersetzung mit der Frage der Geschlechtergerechtigkeit („Gender Mainstreaming“), eine langjährige Auseinandersetzung des Dachverbandes selbst und vieler seiner Mitgliedsorganisationen mit Fragen der Behinderung, es gab Initiativen zum Abbau paternalistischer Positionen etwa durch Einbeziehung von Kindern und Jugendlichen in Entscheidungsgremien und es gab eine ständige Auseinandersetzung mit Fragen der Teilhabe und insbesondere mit dem Problem sozialökonomischer Ungleichheit.

Richtig ist allerdings, dass nunmehr die Auseinandersetzung mit dem Problem des individuellen, institutionellen und strukturellen Rassismus verstärkt angegangen werden muss. Hierbei ist eine Hierarchisierung von Diskriminierungsverhältnissen nicht hilfreich, zumal in Organisationen, die sich mit anderen Diskriminierungsformen als dem Rassismus befassen, wichtige Bündnispartner in einer Antidiskriminierungspolitik zu finden sind. Ich habe hierbei den Eindruck gewonnen, dass Aktivist*innen auch im Bereich der kulturellen Bildungsarbeit nicht immer geschickt, sondern eher mit einem Holzhammer argumentieren und es gelegentlich auch an einer selbstkritischen Überprüfung des eigenen Wissens bzw. der zugrundeliegenden Theorien und

> Forschungsstrategien gerade auch im postkolonialen Diskurs fehlt." (Fuchs 2021, 262-263)

Möglicherweise könnte für eine zu entwickelnde Erziehungswissenschaft als Synthese unterschiedlicher Perspektiven der Ansatz des kürzlich verstorbenen jamaikanischen Philosophen Charles W. Mills (2017, ausführlich bei seinen Tanner Lectures im Jahre 2020 erläutert; auf Youtube leicht zu finden) weiterhelfen. Mills kritisiert scharf den Liberalismus (als vorherrschende Ideologie der modernen Gesellschaft), so wie er von Hobbes, Locke, Rousseau, Kant bis hin zu John Rawls entwickelt wurde. Er will belegen, dass Hobbes, Locke, Kant und andere rassistisch dachten und dies in ihre philosophische Arbeit eingeschrieben war. Zudem bestreitet er vehement den universalistischen Anspruch ihrer Konzeptionen, weil diese von Weißen bloß für Weiße (und oft genug nur für weiße vermögende Männer) entwickelt wurden und den Großteil der Bevölkerung (Frauen, People of colour etc.) nicht berücksichtigten und diese Nichtberücksichtigung auch noch mit ihrem Werk legitimierten. Auch der Ansatz von John Rawls wird von Mills scharf kritisiert, weil dieser dieselben Mängel hat (eine „ideale Theorie" für eine „ideale Gesellschaft", die es jedoch – gerade in den USA – nicht gebe).

Vor diesem Hintergrund fordert er gerade nicht dazu auf, all diese liberalen Denkanstrengungen zu verwerfen, sondern sie zu radikalisieren und im Interesse der Unterdrückten und Verdrängten zu erobern. Er spricht davon, dass es analog zu dem Gesellschaftsvertrag von Rousseau (in Hinblick auf das Verhältnis von Klassen) und von Carol Paterman (Gender-Vertrag) nunmehr einen Vertrag im Hinblick auf Rassen geben solle. Sein radikaler Liberalismus nutzt dabei die Grundlagenarbeiten von W. E. B. Du Bois, Marx und Kant.

Im Hinblick auf die Erziehungswissenschaft wäre es denkbar, ein ähnliches Vorgehen zu wählen. Kandidat*innen, deren Arbeiten sich für ein solches Vorgehen als Grundlage anbieten, könnten Spivak, Humboldt und Klafki sein. Gerade der Ansatz, „epochaltypische Schlüsselprobleme" zu identifizieren, die als Bildungsinhalte (global und lokal) zu respektieren seien, scheint mir für ein solches Vorgehen geeignet zu sein (vgl. etwa Fuchs 2023 und 2024). Spivak ist insofern die geeignete Bezugsperson, als sie – vergleichbar dem Vorgehen von Mills – weiße Philosoph*innen zwar kritisiert, ohne jedoch auf deren Werk vollständig verzichten zu wollen. Zudem werden pädagogische Fragen auch von ihr thematisiert. Ob ein solches Vorgehen Sinn macht, kann hier nicht mehr diskutiert werden und muss weiteren Arbeiten vorbehalten bleiben.

Ein Fazit: Zur Ambivalenz der post- und dekolonialen Studien

Die unterschiedlichen Ansätze der post- und dekolonialen Studien werden inzwischen in der deutschen Erziehungswissenschaft intensiver rezipiert, als dies noch vor einigen Jahren der Fall war. Es gibt eine wachsende Anzahl von Publikationen, es gibt Verlage, die sich sehr stark auf dieses wissenschaftliche Paradigma konzentrieren und bei Neubesetzungen von Lehrstühlen werden zunehmend Wissenschaftler*innen berücksichtigt, die sich diesem Feld zuordnen. Deutschland und speziell die deutsche Erziehungswissenschaft hat in dieser Hinsicht im Vergleich zu anderen Ländern und anderen Disziplinen einen Nachholbedarf.

Verdienste post- und dekolonialer Ansätze: Der vorliegende Text geht von der Überzeugung aus, dass es sich nicht nur lohnt, sondern auch notwendig ist, sich auf Studien und Ergebnisse aus diesem Forschungsfeld einzulassen. Hierfür gibt es mehrere Gründe. So ist es offensichtlich, dass es in vorliegenden Darstellungen der Geschichte und der Systematik des pädagogischen Denkens empfindliche Lücken gibt. Markus Rieger-Ladich (2020) stellt mit seinem Überblick über Bildungstheorien, in dem die bildungstheoretischen Überlegungen der indisch-amerikanischen Literaturwissenschaftlerin Gayatri Chakravorty Spivak berücksichtigt werden, immer noch eine Ausnahme dar. Wenig oder gar nicht berücksichtigt werden Verstrickungen der früheren Pädagogik mit dem deutschen Kolonialismus („Kolonialpädagogik“, Rassismus in pädagogischen Konzeptionen). Der deutsche Kolonialismus wird auch in Curricula des Schulfaches Geschichte und in entsprechenden Studiengängen kaum oder gar nicht berücksichtigt.

Wichtig ist in diesem Zusammenhang auch die Thematisierung der Rolle, die der Kolonialismus bis heute im Straßenbild oder in Museen spielt, wo sich zeigt, dass die Erinnerungskultur in Deutschland bei dieser Frage einen erheblichen Nachholbedarf hat. Ebenso ist auch die Forschung darüber von Bedeutung, inwieweit sich kolonial geprägtes Wissen und Denken (Stichwort Kolonialität) im individuellen und kollektiven Bewusstsein finden lässt.

Ein weiteres Verdienst des post- und dekolonialen Ansatzes ist die Sensibilisierung für unterschiedliche Formen von Diskriminierung, so wie sich diese in einer wachsenden Zahl entsprechender Studien (gender, disability, postcolonial, decolonial etc. studies) zeigt. Ein zentrales Thema ist hierbei der Rassismus in seinen verschiedenen Dimensionen. All dies (und mehr) macht es nicht nur lohnenswert, sondern auch notwendig, sich mit diesen Forschungsansätzen und seinen Ergebnissen auseinanderzusetzen. Es geht um eine Selbstkritik in den verschiedensten Wissenschaften, inwieweit diese genannten Fragen bislang die Rolle spielen, die sie verdienen. Zuzustimmen ist auch der Kritik daran, dass die immerzu im Westen beschworenen Werte in der Praxis keine Rolle spielen, wenn es um die Durchsetzung politischer oder ökonomischer Interessen geht.

Zur (Meta-)Kritik an der post- und dekolonialen Kritik an der Moderne: Kritik und Selbstkritik müssen allerdings auch bei der Rezeption dieser Ansätze berücksichtigt werden. Dies bedeutet insbesondere, die immer wieder selbstbewusst und mit hohem moralischen Anspruch vorgetragenen Kritikpunkte an der Moderne, am Eurozentrismus, am Rassismus und an der Dominanz des weißen und heterosexuellen Mannes wiederum kritisch auf ihre Stichhaltigkeit zu überprüfen. Im vorliegenden Text wurde an mehreren Stellen auf eine entsprechende Kritik auch von solchen Personen und Positionen hingewiesen, die selbst dem post- und dekolonialen Feld zuzuordnen sind. Dabei ist hervorzuheben, dass in den beiden Einführungen von Kerner (2012) und Castro Varela/Dhawan (2020) auch die Kritik an post- und dekolonialen Positionen gewürdigt wird. Einige dieser Kritikpunkte sollen noch einmal aufgeführt werden.

So gibt es erhebliche Einwände gegen eine Fundamentalkritik an der Moderne, ihren Errungenschaften und an der Aufklärung (ohne deren dunkle Seite zu negieren). Man kritisiert die postkoloniale These von der Dominanz des (europäisch-westlichen) Logozentrismus und die Ablehnung von Prinzipien des Liberalismus, die man jedoch für die eigene wissenschaftliche Arbeit in Anspruch nimmt. So wird häufig in der Gegenkritik auf Selbstwidersprüche im post- und dekolonialen Diskurs hingewiesen, wenn ein (abgelehntes) binäres Denken im Westen gefunden wird, das dann aber selbst praktiziert wird, etwa wenn ein homogen verstandener Westen und eine ebenso homogen verstandene westliche Moderne als zu kritisierendes Gegenüber des eigenen Ansatzes konstruiert werden. Auch der dem Westen vorgeworfene Essentialismus ist bei einem solchen Vorgehen zu finden.

Es wird weiterhin am post- und dekolonialen Denken kritisiert, dass die Konzentration auf bestimmte Formen von Diskriminierung, so wie sie in den oben erwähnten studies im Mittelpunkt stehen, nicht nur die davon betroffenen Menschen eindimensional auf eine bestimmte Identität festlegt, sondern mit einer sich daraus ergebenden Identitätspolitik eher zur Spaltung der Gesellschaft beigetragen werde.

Es wird ein monokausales Geschichtsverständnis bei post- und dekolonialen Theorien kritisiert. Zwar wird – auch in der „traditionellen" Geschichtswissenschaft – die wichtige Rolle der Kolonialisierung bei der „Europäisierung der Welt" in den vergangenen Jahrhunderten nicht bestritten, aber es wird in der Kolonialisierung nicht die einzige Ursache für den historischen Prozess gesehen.

Auch Positionen, die von „epistemischer Gewalt“ sprechen, weil als vorherrschend gesehenes Wissen lediglich auf die politische, ökonomische und militärische Macht des Westens zurückgeführt wird, ignoriert dabei die immer schon vorhandenen weltweiten Vernetzungen der Wissensproduktionen und -weitergabe. Die Zuschreibung bestimmter Denkformen zu dem Westen sind daher zu bezweifeln. Zu diesem Bereich gehört auch, dass die im post- und dekolonialen Bereich in Frage gestellte Möglichkeit von Wahrheit letztlich aufgrund der Relativierung von „Wissen“ eine Ablehnung von fake news kaum mehr möglich macht. Dies ist zudem ein weiteres Beispiel für einen Selbstwiderspruch. Denn wenn einige Autor*innen das vermeintlich westliche Wissens- und Wissenschaftsverständnis mit seinen Prinzipien der rationalen Argumentation und nachvollziehbaren Begründungspflicht zusammen mit der Institution der Universität, die sich diesem Paradigma verpflichtet fühlt, ablehnen, dann zerstören sie zugleich die Grundlagen ihrer eigenen Arbeit und ihren Anspruch auf Anerkennung in diesem Feld.

Es wird die Dominanz des sozialen Konstruktivismus und die Priorisierung kultureller Aspekte kritisiert, weil damit oft eine Vernachlässigung der ökonomischen Seite und der realen Kontexte verbunden ist („Kulturalismus“).

Bei der Aufzählung solcher Kritikpunkte ergibt sich allerdings das Problem, dass aufgrund der Vielfalt und Diversität der unterschiedlichen Ansätze im Bereich der post- und dekolonialen Studien sich bei jeder Kritik an einem speziellen Ansatz andere Ansätze finden lassen, die diesen Kritikpunkt vermeiden.

Mir scheint, dass das Beharren auf einer unterstellten und nicht vermittelbaren Gegensätzlichkeit der beiden Positionen nicht hilfreich ist, sondern ebenso, wie es Ziai für die Politikwissenschaft fordert, auch in anderen Disziplinen eine Kooperation dazu führen könnte, die jeweiligen Stärken zu nutzen und die jeweiligen Lücken und Schwachpunkte zu beseitigen.

Literatur

Adick, Christel (2003): Vergleichende Erziehungswissenschaft. Stuttgart: Kohlhammer.

Afewoki Abey, Robel (2023): Dekolonialisierung des Wissens. Bielefeld: transcript.

Akbaba, Yaliz/Heinemann. Alisha (Hrsg*innen) (2023): Erziehungswissenschaft dekolonisieren. Weinheim/Basel: Beltz-Juventa.

Alexander, Jeffrey (2013): The Dark Side of Modernity. Cambridge: polity press.

Allen, Theodore W. (1994): Die Erfindung der weißen Rasse. Berlin: ID-Verlag.

Ansprenger, Franz (1973): Auflösung der Kolonialreiche. München: dtv.

Ansprenger, Franz (1999): Politische Geschichte Afrikas. München: Beck.

Antweiler, Christoph (2009): Heimat Mensch. Was uns alle verbindet. Hamburg: Murmann.

Antweiler, Christoph Apel (2011): Mensch und Weltkultur. Bielefeld: transcript.

Appiah, Kwame Anthony (2011): Eine Frage der Ehre. München: Beck.

Arndt, Susan (2017): Rassismus. Die 101 wichtigsten Fragen. München: Beck.

Arndt, Susan/Ofuatey-Alazard, Nadja (2019) (Hrsg*innen): Wie Rassismus aus Wörtern spricht. Münster: Unrast.

Auernheimer, Georg (2007): Einführung in die interkulturelle Pädagogik. Darmstadt: WBG.

Bachmann-Medick, Doris (2006): Cultural Turns. Reinbek: Rowohlt.

Bales, Kevin (2001): Die neue Sklaverei. München: Kunstmann.

Bartlett, Robert (1998): Die Geburt Europas aus dem Geiste der Gewalt. München: Knaur.

Baruzzi, Arno (1996): Machbarkeit. München: Alber.

Battegey, Raymond/Rauchfleisch, Udo (Hrsg.) (1990): Menschliche Autonomie. Göttingen: Vandenhhoeck&Ruprecht.

Bayly, Christopher (2008): Die Geburt der modernen Welt. Frankfurt/M.-New York: Campus.

Becher, Ursula (1990): Geschichte des modernen Lebensstils. München: Beck.

Bee, Melanie (2013): Das Problem mit "Critical Whiteness". In: MIGRAZINE, Heft 2013

Berg, Christa (Hrsg*in) (1983 ff.): Handbuch der deutschen Bildungsgeschichte. München: Beck.

Bhabha, Homi (2000): Die Verortung der Kultur. Tübingen: Stauffenburg.

Bialas, Wolfgang u. a. (Hrsg*innen) (1996): Die Weimarer Republik. Weimar: Böhlau.

Bielefeld, Heiner (1998): Philosophie der Menschenrechte. Darmstadt: WBG.

Bieri, Peter (2013): Eine Art zu leben. München: Hanser.

Boettger, Felix (2013): Postliberalismus. Frankfurt/M.-New York: Campus.

Bohlken, Eike/Thies, Christian (Hrsg.) (2009): Handbuch Anthropologie. Stuttgart: Metzler.

Bollenbeck, Georg (2007): Die Geschichte der Kulturkritik. München: Beck.

Boltanski, Luc/Chiapello, Eve (2006): Der neue Geist des Kapitalismus. Konstanz: UVK.

Bourdieu, Pierre (1987): Die feinen Unterschiede. Frankfurt/M.: Suhrkamp.

Bourdieu, Pierre (Hrsg.) (1997): Das Elend der Welt. Konstanz: UVK.

Bourdieu, Pierre/Passeron, Jean-Claude (1973): Die Illusion der Chancengleichheit. Berlin: MPI.

Braudel, Fernand (1986): Sozialgeschichte des 15.-18. Jahrhunderts. 3 Bde. München: Kindler.

Braun, Karl-Heinz (1978): Einführung in die politische Psychologie. Köln: Pahl-Rugenstein.

Braun, Tom u. a. (Hrsg.) (2015): Theorien der Kulturpädagogik. Weinheim/Basel: Beltz-Juventa.

Braune-Krickau, Tobias u. a. (Hrsg.) (2013): Handbuch Kulturpädagogik für benachteiligte Jugendliche. Weinheim/Basel: Beltz-Juventa.

Bröckling, Ulrich (2007): Das unternehmerische Selbst. Frankfurt/M.: Suhrkamp.

Bröckling, Ulrich u. a. (2004) (Hrsg.*innen): Glossar der Gegenwart. Frankfurt/M.: Suhrkamp.

Bronner, Kerstin/Paulus, Stefan (2017): Intersektionalität: Geschichte, Theorie und Praxis. Opladen/Toronto: Barbara Budrich.

Brumlik, Micha/Brunkhorst, Hauke (Hrsg.) (1993): Gemeinschaft und Gesellschaft. Frankfurt/M.: Fischer.

Brunner, Otto u. a. (Hrsg.) (2004, zuerst 1972): Geschichtliche Grundbegriffe. Stuttgart: Klett.

Brunner, Claudia (2020): Epistemische Gewalt. Bielefeld: transcript.

Bühl, Achim (2016): Rassismus. Wiesbaden: Marix.

Bundeszentrale für politische Bildung (Hrsg.) (2005): Menschenrechte. Bonn: BpB.

Bundeszentrale für politische Bildung (Hrsg.)/Flack, Anna/Panagiotides, Jannis (Koord.) (2019): (Spät-)Aussiedler in der Migrationsgesellschaft. Bonn: BpB.

Bundeszentrale für politische Bildung (Hrsg.): Informationen zur politischen Bildung, Heft 303: Afrika; Heft 338: Europa zwischen Kolonialismus und Dekolonisierung; Heft 286: Entwicklung und Entwicklungspolitik; Heft 252: Entwicklungsländer. Heft 325: Regieren jenseits des Nationalstaates; Heft 297: Menschenrechte. Bonn: BpB.

Burbank, Jane/Cooper, Frederick (2012): Imperien der Weltgeschichte. Frankfurt/M.-New York: Campus.

Buruma, Ian/Margalit, Avishai (2004): Okzidentalismus. München: Hanser.

Cassirer, Ernst (1990): Versuch über den Menschen. Frankfurt/M.: Fischer.

Cassirer, Ernst (1985): Der Mythus des Staates. Frankfurt/M.: Fischer.

Castro Varela, Maria del Mar/Dhawan, Nikita (2020): Postkoloniale Theorie. Bielefeld: transcript.

Castro Varela, Maria do Mar (2019): Ambivalente Botschaften und Doppelbindung – Warum Kulturelle Bildung das Verlernen vermitteln soll. In. www.kubi-online.de.

Castro Varela, Maria do Mar/Mecheril, Paul (Hrsg*innen) (2016): Die Dämonisierung der Anderen. Bielefeld: transcript.

Chakrabarty, Dipesh (2010): Europa als Provinz. Frankfurt/M.-New York: Campus.

Chibber, Vivek (2019): Postkoloniale Theorie und das Gespenst des Kapitals. Berlin: Dietz.

Cohen, Floris (2011): Die zweite Erschaffung der Welt. Bonn: BpB.

Collier, Paul (2008): Die unterste Milliarde. Warum die ärmsten Länder scheitern und was man dagegen tun kann. München: Beck.

COMPA u. a. (Hrsg*innen) (2019): Pädagogik im globalen postkolonialen Raum. Weinheim/Basel: Beltz-Juventa.

Conrad, Sebastian (2008): Deutsche Kolonialgeschichte. München: Beck.

Conrad, Sebastian (2013): Globalgeschichte. München: Beck.

Conrad, Sebastian/Eckert, Andreas/Freitag, Ulrike (Hrsg*innen) (2007): Globalgeschichte. Frankfurt/M.-New York: Campus.

Conrad, Sebastian/Randeria, Shalini/Römhild, Regina (Hrsg*innen) (2013): Jenseits des Eurozentrismus. Frankfurt/M.-New York: Campus.

Cooper, Frederick (2012): Kolonialismus denken. Frankfurt/M.-New York: Campus.

Crouch, Colin (2000): Postdemokratie. Frankfurt/M.: Suhrkamp.

Dahrendorf, Ralf (1994): Der moderne soziale Konflikt. München: dtv.

Danielzik, Chandra-Milena (2013): Postkoloniale Perspektiven auf Globales Lernen und Bildung für nachhaltige Entwicklung. In: ZEP 2013, Heft 1, 26-33.

Danner, Helmut (2012): Das Ende der Arroganz. Frankfurt/M.: Brandes&Apsel.

Därmann, Iris (2011): Kulturtheorien zur Einführung. Hamburg: Junius.

Därmann, Iris (2020): Undienlichkeit. Gewaltgeschichte und politische Philosophie. Berlin: Matthes&Seitz.

Darwin, John (2000): Der imperiale Traum. Frankfurt/M.: Campus.

Delors, Jaques (Hrsg.) (1996): Lernfähigkeit – unser verborgener Reichtum. Bonn: DUK.

Demirovic, Alex/Bojadzijev, Manuela (Hrsg.)2002): Konjunkturen des Rassismus. Münster: Westfälisches Dampfboot.

Denninger, Erhard (Hrsg.) (1977): Freiheitlich-demokratische Grundordnung. Zwei Bde. Frankfurt/M.: Suhrkamp.

Detzner, Milena/Drücker, Ansgar/Seng, Sebastian (Hrsg*innen) (2016): Rassismuskritik. Düsseldorf: IDA.

Deutsche UNESCO-Kommission (1998): Kultur und Entwicklung. Bonn: DUK.

Deutsche UNESCO-Kommission (2006): Übereinkommen über Schutz und Förderung der Vielfalt kultureller Ausdrucksformen. Bonn: DUK.

Deutsche UNESCO-Kommission (2007): Kulturelle Vielfalt – Unser gemeinsamer Reichtum. Bonn: DUK.

Deutsche UNESCO-Kommission u. a. (Hrsg.) (2016): Bildung überdenken. Bonn: DUK.

Dhawan, Nikita (2009): Zwischen Empire und Empowerment: Dekolonisierung und Demokratisierung. In: Femina Politica 2/2009, 52 – 63.

Dhawan, Nikita (2016): Die Aufklärung retten: Postkoloniale Interventionen. In: ZPTh, Jg. 7, Heft 2/2016, 249-255.

Dhawan, Nikita (2021): Die Aufklärung vor den Europäer*innen retten. In: Forst, Rainer/ Günther, Klaus (Hrsg.) (2021): Normative Ordnungen. Berlin: Suhrkamp, 191-208.

Diamond, Jared (2000): Arm und Reich. Frankfurt/M.: Fischer.

Dietze, Gabriele/Brunner, Claudia/Wenzel, Edith (Hrsg.*innen) (2009): Kritik des Okzidentalismus. Bielefeld: transcript.

Dijksterhuis, Eduard Jan (1956): Die Mechanisierung des Weltbildes. Göttingen: Springer.

Dirim, Inci/Mecheril, Paul (Hrsg.) (2009): Migration und Bildung. Münster usw.: Waxmann.

Dolzer, Rudolf (2007) (Hrsg.): Good Governance. Stuttgart: Herder.

Drerup, Johannes (2019): The West and the Rest? Zur postkolonialen Kritik an Global Citizenship Education. In: ZEP 42(2019) 4, 4-11.

Drücker, Ansgar (Hrsg.) (2020): Kontinuitäten und neue Perspektiven. Düsseldorf: IDA.

Dübgen, Franziska/Skupien, Stefan (Hrsg.) (2015): Afrikanische politische Philosophie. Berlin: Suhrkamp.

Dülmen, Richard von (1997): Die Entdeckung des Individuums. Frankfurt/M.: Fischer.

Dülmen, Richard von (Hrsg.) (1998): Erfindung des Menschen. Wien: Böhlau.

Dussel, Enrique (1989): Philosophie der Befreiung. Hamburg: Das Argument.

Dussel, Enrique (2010): Der Gegendiskurs der Moderne. Berlin/Wien: Turia+Kant.

Dux, Günter (2000): Historisch-genetische Theorie der Kultur. Weilerswist: Velbrück.

Dux, Günter (2013): Demokratie als Lebensform. Weilerswist: Velbrück.

Eagleton, Terry (1994): Ästhetik. Stuttgart: Metzler.

Ebert, Thomas (2012): Soziale Gerechtigkeit. Bonn: BpB.

Eckert, Andreas (1999): Geschichte der Arbeit und Arbeitergeschichte in Afrika. In: Archiv für Sozialgeschichte 39, 1999.

Eckert, Andreas (2008): Spätkoloniale Herrschaft, Dekolonisation und internationale Ordnung. Archiv für Sozialgeschichte 48, 2008.

Eder, Klaus (1980): Die Entstehung staatlich organisierter Gesellschaften. Frankfurt/M.: Suhrkamp.

Eggers, Maureen Maisha (2012): Diversity Matters: Thematisierung von Gleichheit und Differenz in der rassismuskritischen Bildungs- und Soziale Arbeit. Zugänglich unter hs-magdeburg.de (letzter Zugriff: 24.11.2020).

Eggers, Maureen Maisha/Kilomba, Grada/Piesche, Peggy/Arndt, Susan (Hrsg.) (2020): Mythen, Masken und Subjekte. Münster: Unrast.

Einfalt, Martin/Wolfzettel, Friedrich (2000): Autonomie. In: Barck, Karlheinz u. a. (Hrsg*innen) (2000): Ästhetische Grundbegriffe, Bd. 1. Stuttgart/Weimar.

El-Mafaalani, Aladin (2018): Das Integrationsparadox. Köln: Kiepenheuer&Witsch.

El-Kosheri, Ahmed (2007): Good Governance aus der Perspektive der Empfängerländer. In Dolzer 2007.

Emmerich, Marcus/Hornel, Ulrike (2013): Heterogenität, Diversity, Intersektionalität. Wiesbaden: Springer.

Eßbach, Wolfgang (2009): Ungeliebte Moderne. Podcast-Portal der Universität Freiburg (letzter Zugriff 20.5.2013).

Fanon, Frantz (1963): Die Verdammten dieser Erde. Frankfurt/M.: Suhrkamp.

Fend, Helmut (2006): Geschichte des Bildungswesens. Wiesbaden: VS.

Fenske, Hans u. a. (Hrsg.) (2008): Geschichte der politischen Ideen. Frankfurt/M.: Fischer.

Ferdowsi, Mir (Hrsg.) (2004): Afrika – ein verlorener Kontinent? München: Fink

Ferguson, Niall (2013): Der Westen und der Rest der Welt. Berlin: List.

Fisch, Jörg (2010): Das Selbstbestimmungsrecht der Völker. München: Beck.

Fischer, Karin u. a. (Hrsg.) (2010): Entwicklung und Unterentwicklung. Wien: Mandelbaum.

Fischer-Tiné, Harald (2016): Antikolonialismus und kulturelle Selbstbehauptung. Bonn: BpB (https://m.bpb.de/geschichte/zeitgeschichte/postkolonialismus-und-globalgeschichte/219140/antikolonialismus; letzter Zugriff: 26.10.2020)

Fornet-Betancourt, Raul (1988): Philosophie und Theologie der Befreiung. Frankfurt/M.: Materialis.

Fornet-Betancourt, Raul (2005): Lateinamerikanische Philosophie im Kontext der Weltphilosophie. Nordhausen: Bautz.

Foroutan, Naika (2019): Die postmigrantische Gesellschaft. Bielefeld: transcript.

Foroutan, Naika (2020): Rassismus in der postmigrantischen Gesellschaft. In: Aus Politik und Zeitgeschichte, 9.10.2020.

Foucault, Michel (1996): In Verteidigung der Gesellschaft. Frankfurt/M.: Suhrkamp.

Foucault, Michel (2019): Die Ordnung der Dinge. Berlin: Suhrkamp.

Frankopan, Peter (2019): Licht aus dem Osten. Reinbek: Rowohlt.

Frevert, Ute/Haupt. Heinz-Gerhard (Hrsg*innen) (1999a): Der Mensch des 19. Jahrhunderts. Frankfurt/M.-New York: Campus.

Frevert, Ute/Haupt, Heinz-Gerhard (Hrsg*innen) (1999): Der Mensch im 20. Jahrhundert. Frankfurt/M.-New York: Campus.

Frie, Ewald (2017): Die Geschichte der Welt. München: Beck.

Friedenthal, Richard (1969): Entdecker des Ich. Montaigne, Pascal, Diderot. München: Piper.

Fromm, Erich (1973): Anatomie der menschlichen Destruktivität. Reinbek: Rowohlt.

Fuchs, Max (1998): Mensch und Kultur. Wiesbaden: Westdeutscher Verlag.

Fuchs, Max (2001): Persönlichkeit und Subjektivität. Opladen: Leske + Budrich.

Fuchs, Max (2011): Kampf um Sinn. München: Utz.

Fuchs, Max (2008): Kulturelle Bildung. München: kopaed.

Fuchs, Max (2008a): Kultur macht Sinn. Wiesbaden: VS.

Fuchs, Max (2011): Kunst als kulturelle Praxis. München: kopaed.

Fuchs, Max (2011b): Leitformeln und Slogans in der Kulturpolitik. Wiesbaden: VS.

Fuchs, Max (2011a): Die Macht der Symbole. München: Utz.

Fuchs, Max (2012): Kultur und Subjekt. München: kopaed.

Fuchs, Max (2012a): Die Kulturschule. München: kopaed.

Fuchs, Max (2013): Pädagogik und Moderne. München: Utz.

Fuchs, Max (2016): Das starke Subjekt. München: kopaed.

Fuchs, Max (2017): Bildung und die kulturelle Entwicklung des Menschen. Weinheim/Basel. Beltz-Juventa.

Fuchs, Max (2017a): Kulturelle Schulentwicklung. Weinheim/Basel: Beltz-Juventa.

Fuchs, Max (2017b): Politik und Pädagogik. München: kopaed.

Fuchs, Max (2018): Widerständigkeit. München: kopaed.

Fuchs, Max (2019): Die Technik, die Stadt und das Subjekt. München: kopaed

Fuchs, Max (2019a): Rechtes Denken und Kulturpessimismus. München: kopaed.

Fuchs, Max (2019b): Das gute Leben in einer wohlgeordneten Gesellschaft. Weinheim/Basel: Beltz-Juventa.

Fuchs, Max (2020): Kunst als Erkenntnis – Ästhetik als Erkenntnistheorie? München: kopaed.

Fuchs, Max (2021a): Der Mensch und seine Medien. Weinheim/Basel: Beltz-Juventa.

Fuchs, Max (2021): Pädagogik, Diskriminierung und kulturelle Bildung in der Einwanderungsgesellschaft. München: kopaed.

Fuchs, Max (2021b): Eurozentrismus. München: kopaed.

Fuchs, Max (2022): Posthumanismus, Subjekt und Bildung. München: kopaed.

Fuchs, Max (2023): Bildung und Lebensführung. München: kopaed.

Fuchs, Max (2023a): Umwelt, Bildung, Lebensführung. Weinheim/Basel: Beltz-Juventa.

Fuchs, Max (2024): Pädagogik als symbolische Form. München: kopaed.

Fuchs, Max/Braun, Tom (Hrsg.) (2016): Die Kulturschule und kulturelle Schulentwicklung, Bd. 3: Politische Rahmenbedingungen. Weinheim/Basel: Beltz-Juventa.

Fuchs, Max/Braun, Tom (Hrsg.) (2018): Kulturelle Unterrichtsentwicklung. Weinheim/Basel: Beltz-Juventa.

Fuhrmann, Manfred (1999): Der europäische Bildungskanon im bürgerlichen Zeitalter. Frankfurt/M.-Leipzig: Insel.

Fuhrmann, Manfred (2002): Bildung. Stuttgart: Reclam.

Fulcher, James (2007): Kapitalismus. Stuttgart: Reclam.

Gangl, Manfred (Hrsg.) (1994): Intellektuellendiskurse in der Weimarer Republik. Frankfurt/M.: Campus.

Gay, Peter (1967): Zeitalter der Aufklärung. Amsterdam: time-life.

Geertz, Clifford (1987): Dichte Beschreibung. Frankfurt/M.: Suhrkamp.

Geier, Manfred (2012): Aufklärung. Das Europäische Projekt. Reinbek: Rowohlt.

Geiss, Imanuel (1988) Geschichte des Rassismus. Frankfurt/M.: Suhrkamp.

Gelhard, Andreas/Alkemeyer, Thomas/Ricken, Norbert (Hrsg.)(2013): Techniken der Subjektivierung. München: Fink.

Gerhardt Volker (1999): Selbstbestimmung. Stuttgart: Reclam.

Gerhardt Volker (2000): Individualität. München: Beck.

Gerhardt, Volker (2012): Öffentlichkeit. München: Beck.

Geulen, Christian (2007): Geschichte des Rassismus. München: Beck.

Gewecke, Frauke (1986): Wie die neue Welt in die alte kam. Stuttgart: Klett-Cotta.

Gloy, Karen (2007): Von der Weisheit zur Wissenschaft. Freiburg/München: Alber.

Gogolin, Ingrid u. a. (Hrsg.) (2018): Handbuch Interkulturelle Pädagogik. Bad Heilbrunn: Julius Klinkhardt.

Gogolin, Ingrid/Krüger-Potratz, Marianne (2020): Einführung in die interkulturelle Pädagogik. Opladen/Toronto: Barbara Budrich.

Göttsche, Dirk u. a. (Hrsg.*innen) (2017): Handbuch Postkolonialismus und Literatur. Stuttgart: Metzler

Graichen, Gisela/Gründer, Horst (2005): Deutsche Kolonien. Berlin: Ullstein.

Graneß, Anke (2023): Philosophie in Afrika. Berlin: Suhrkamp.

Greve, Anna 82019): Koloniales Erbe in Museen. Bielefeld: transcript.

Gronemeyer, Reimar (2002): So stirbt man in Afrika an Aids. Frankfurt/M.: Brandes&Appel.

Gronemeyer, Reimar u. a. (Hrsg*innen) (1991): Der faule Neger. Reinbek: Rowohlt.

Gronemeyer, Reimar/Rompel, Matthias (2008): Verborgenes Afrika. Frankfurt/M.: Brandes&Appel.

Gröschner, Rolf u. a. (Hrsg*innen) (2013): Wörterbuch der Würde. München: Fink.

Habermas, Jürgen (1981): Theorie des kommunikativen Handelns. Frankfurt/M.: Suhrkamp.

Habermas, Jürgen (1985): Der philosophische Diskurs der Moderne. Frankfurt/M.: Suhrkamp.

Habermas, Jürgen (1992): Die Moderne – Ein unvollendetes Projekt. Leipzig: Reclam.

Habermas, Jürgen (1993): Die postnationale Konstellation. Frankfurt/M.: Suhrkamp.

Hafeneger, Benno/Henkenborg, Peter/Scherr, Albrecht (Hrsg.) (2002): Pädagogik der Anerkennung. Schwalbach: Wochenschauverlag.

Haller, Dieter (2005): dtv-Atlas Ethnologie. München: dtv.

Harari, Yuval (2015): Eine kurze Geschichte der Menschheit. München: Random House.

Harari, Yuval (2017): Homo Deus. Bonn: BpB

Hauck, Gerhard (2001): Gesellschaft und Staat in Afrika. Frankfurt/M.: Brandes&Apsel.

Hauck, Gerhard (2010): Kolonialismus. In: Haug, W. F. u. a. (Hrsg.) (2010): Historisch-kritisches Wörterbuch des Marxismus, Band 7/II. Hamburg: Argument-Verlag.

Hazard, Paul (1939): Die Krise des europäischen Geistes. Hamburg: Hoffmann&Campe.

Hazard, Paul (1949): Die Herrschaft der Vernunft. Hamburg: Hoffmann&Campe.

Hegel, Georg W. H. (19869: Vorlesungen über die Philosophie der Geschichte. Werke, Bd. 12: Frankfurt/M.: Suhrkamp.

Hegel, Georg Wilhelm Friedrich (19809: Werke in 20 Bänden. Frankfurt/M.: Suhrkamp.

Heidbrink, Ludger (2007): Autonomie und Lebenskunst. In: Kersting, Wolfgang/Langbehn, Claus (Hrsg.) (2007): Kritik der Lebenskunst. Frankfurt/M.: Suhrkamp.

Heitmeyer, Wilhelm (Hrsg.) (1997): Was treibt die Gesellschaft auseinander? Was hält die Gesellschaft zusammen? Frankfurt/M.: Suhrkamp.

Heitmeyer, Wilhelm (Hrsg.) (2012): Deutsche Zustände. Frankfurt/M.: Suhrkamp.

Herrmann, Ulrich (Hrsg.) (1981): Das pädagogische Jahrhundert. Weinheim/Basel: Beltz.

Herrmann, Ulrich Hrsg.) (1982): Die Bildung des Bürgers. Weinheim/Basel: Beltz.

Herzog, Lisa (2013): Plädoyer für einen zeitgemäßen Liberalismus. München: Beck.

Hettling, Manfred/Hoffmann, Stefan-Ludwig (Hrsg.) (2000): Der bürgerliche Wertehimmel. Göttingen: Vandenhhoeck&Ruprecht.

Heydorn, Heinz-Joachim (2070): Über den Widerspruch von Bildung und Herrschaft. Frankfurt/M.: EVA.

Hinsch, Wilfried (2002): Gerechtfertigte Ungleichheiten. Berlin/New York: de Gruyter.

Hobbes, Thomas (1995; zuerst 1651): Leviathan. Stuttgart: Reclam.

Hofmann, Werner (1971): Ideengeschichte der sozialen Bewegung des 19. Und 20. Jahrhunderts. Berlin: de Gruyter.

Holmes, Stephen (1995): Die Anatomie des Antiliberalismus. Hamburg: Rotbuch.

Holzkamp, Klaus (1973): Sinnliche Erkenntnis. Frankfurt/M.: Athenäum.

Holzkamp, Klaus (1983): Grundlegung der Psychologie. Frankfurt/M.-New York: Campus.

Holzkamp, Klaus (1993): Musikalische Lebenspraxis und schulisches Musiklernen. Musikpädagogische Forschung 15. Essen: Die Blaue Eule.

Horkheimer, Max/Adorno, Theodor (1971): Dialektik der Aufklärung. Frankfurt/M.: Fischer.

Horsthemke, Kai (2004): „Indigenous knowledge" – Conceptions and Misconceptions. In: Journal of Education 32, 2004, 31-48.

Horsthemke, Kai (2022): „Epistemizid", „epistemische Gewalt" und „epistemische Emanzipation" in der post- und dekolonialen Theorie. In: Knobloch/Drerup 2022, 93-116.

Humboldt, Wilhelm von (1999): Sämtliche Werke, Bd. 1: Essen: Mundus.

Hund, Wulf D. (2018): Rassismus und Antirassismus. München: Beck.

Iliffe, John (2003): Geschichte Afrikas. München: Beck.

Iriye, Akira/Osterhammel, Jürgen (Hrsg.) (2016): (Harvard-)Geschichte der Welt, Bd. 3: 1350-1750, hrsg. von Wolfgang Reinhard; Bd. 4: 1750 – 1870, hrsg. von Sebastian Conrad und Jürgen Osterhammel. München: Beck.

Jaeger, Friedrich/Knöbl, Wolfgang/Schneider, Ute (Hrsg.) (2015): Handbuch Moderneforschung. Stuttgart: Metzler.

Jaeggi, Rahel (2014): Kritik von Lebensformen. Berlin: Suhrkamp.

Jaeggi, Rahel/Loick, Daniel (Hrsg*innen) (2014): Nach Marx. Berlin: Suhrkamp.

Jansen, Jan/Osterhammel, Jürgen (2013): Dekolonisation. München: Beck.

Jestel, Rüdiger (Hrsg.) (1982): Das Afrika der Afrikaner. Frankfurt/M.: Suhrkamp.

Joas, Hans (2012) (Hrsg.): Vielfalt der Moderne. Frankfurt/M.: Fischer.

Joas, Hans/Wiegandt, Klaus (Hrsg.) (2006): Die kulturellen Werte Europas. Frankfurt/M.: Fischer.

Kalpaka, Annita/Räthsel, Nora/Weber, Klaus (Hrsg.) (2017): Rassismus. Hamburg: Argument.

Kalupner, Sibylle (2007): Die Kultur der Menschenrechte. MRM- Menschenrechtsmagazin, Heft 2/2004, 129 – 140.

Kamper, Dieter/van Reijen, Willem (Hrsg.) (1987): Die unvollendete Vernunft. Frankfurt/M.: Suhrkamp.

Kant, Immanuel (1982): Werke (Weischedel). Frankfurt/M.: Suhrkamp.

Kastner, Jens (2022): Dekolonialistische Theorie aus Lateinamerika. Münster: Unrast.

Kerner, Ina (2012): Postkoloniale Theorien zur Einführung. Hamburg: Junius.

Kerner, Ina (2021): Zur Kolonialität der liberalen Demokratie, In: Zeitschrift für politische Theorie, Jg. 12, Heft 2/21, 182-199.

Kersting, Wolfgang (2001): Plädoyer für einen nüchternen Universalismus. www.information-philosophie/kersting.html (letzter Zugriff 19.6.2019).

Kersting, Wolfgang (2009): Verteidigung des Liberalismus. Hamburg: Murmann.

Kersting, Wolfgang (Hrsg.) (2000): Politische Philosophie des Sozialstaates. Weilerswist: Velbrück.

Kersting, Wolfgang/Langbehn, Claus (Hrsg.) (2007): Kritik der Lebenskunst. Frankfurt/M.: Suhrkamp.

Keupp, Heiner u. a. (1999): Identitätskonstruktionen. Reinbek: Rowohlt.

Kevenhörster, Paul/Boom, Dirk van den (2009): Entwicklungspolitik. Wiesbaden: VS.

Kiernan, Ben (2009): Erde und Blut. Völkermord und Vernichtung von der Antike bis heute. München: DVA.

Kimmerle, Heinz (1991). Philosophie in Afrika – Afrikanische Philosophie. Frankfurt/M.: Campus.

Kimmerle, Heinz (2002): Interkulturelle Philosophie. Hamburg: Junius.

Kimmich, Dorothee u. a. (Hrsg.) (2017): Was ist Rassismus? Stuttgart: Reclam.

Ki-Zerbo, Joseph (1979): Die Geschichte Schwarz-Afrikas. Wuppertal: Hammer.

Klafki, Wolfgang (1985): Neue Studien zur Bildungstheorie und Didaktik. Weinheim/Basel: Beltz.

Klinger, Cornelia u. a. (Hrsg.) (2007): Achsen der Ungleichheit. Frankfurt/M.-New York: Campus.

Kneer, Georg u. a. (Hrsg.) (1997/2001): Klassische Gesellschaftsbegriffe der Soziologie. München: Fink.o_education4/20

Knobloch, Philip (2020): on the epistemic decolonialisation of „western“ education. In: on_education. Journal for Research and Debate,no. 07, april 2020, 1-6.

Knoblocvh, Philip/Drerup, Johannes (Hrsg.) (2022): Bildung in postkolonialen Konstellationen. Bielefeld: transcript.

Kocka, Jürgen (2015): Geschichte des Kapitalismus. Bonn: BpB.

Kocka, Jürgen (2022): Kampf um die Moderne. Bonn: BpB.

Köpping, Klaus-Peter/Welker, Michael/Wiehl, Reiner (Hrsg.) (2002): Die autonome Person. München: Fink.

Kolland, Franz/Gächter, August (Hrsg.) (2005): Einführung in die Entwicklungssoziologie. Wien: Mandelbaum.

Koller, Hans-Christoph u. a. (Hrsg.) (2014): Heterogenität. Paderborn: Schöningh.

Komenski, Jan (Comenius) (1970): Große Didaktik. Düsseldorf/München.

Kondylis, Panajotis (1991): Der Niedergang der bürgerlichen Denk- und Lebensform. Weinheim: VHC.

Köpping, Klaus-Peter u. a. (Hrsg.) (2002): Die autonome Person – eine europäische Erfindung? München: Fink.

Kößler, Reinhart (1998): Entwicklung. Münster: Westfälisches Dampfboot.

Krämer, Georg (2013): Von antirassistischen Denkverboten. ZEP 3-2013.

Krell, Gertraude u. a. (Hrsg.) (2007): Diversity Studies. Frankfurt/M.: Campus.

Krüger-Potratz, Marianne (2005): Interkulturelle Bildung. Münster usw.: Waxmann.

Kurer, Oskar (2017): Entwicklungspolitik heute. Wiesbaden: Springer.

Landes, David (1983): Der entfesselte Prometheus. München: dtv.

Landes, David (2010): Wohlstand und Armut der Nationen. Bonn: BpB.

Lauster, Jörg (2014): Die Verzauberung der Welt. München: Beck.

Lehnhart, Volker u. a. (2006): Pädagogik der Menschenrechte. Wiesbaden: VS.

Lessenich, Stephan (Hrsg.) (2003): Wohlfahrtsstaatliche Grundbegriffe. Frankfurt/M.: Campus.

Ley, Hermann (1966): Geschichte der Aufklärung und des Atheismus., Bd. 1. Berlin: Deutscher Verlag der Wissenschaften.

Lloyd, David/Thomas, Paul (eds.) (1998): Culture and the State. New York: Routledge.

Loo, Hans van der/Reijen, Willem van (1992): Modernisierung. München: dtv.

Lukacs, Georg (1981): Die Zerstörung der Vernunft. Neuwied: Luchterhand.

Lund, Bea (2017): Europa von außen betrachtet. ZEP 4/17.

Lutz, Helma u. a. (Hrsg.): Fokus Intersektionalität. Wiesbaden: Springer.

Macpherson, C. B. (1973): Die politische Theorie des Besitzindividualismus. Frankfurt/M.: Suhrkamp.

Maedler, Jens (Hrsg.) (2008): TeileHabeNichtse. München: kopaed.

Mai, Hanna u. a. (Hrsg.)(2018): Pädagogik in Differenz- und Ungleichheitsverhältnissen. Wiesbaden: Springer.

Mann, Michael (1990 ff.): Geschichte der Macht. Frankfurt/M.-New York: Campus.

Mann, Golo/Nitschke, August (Hrsg.) (1991): Propyläen Weltgeschichte. Berlin: Propyläen.

Maquet, Jaques/Ganslmair, Herbert (1971): Afrika. Die schwarzen Zivilisationen. Essen: Magnus.

Marchard, Oliver (2008): Cultural Studies. Konstanz: UVK.

Martus, Steffen (2018): Aufklärung: Das deutsche 18. Jahrhundert – Ein Epochenbild. Reinbek: Rowohlt.

Marx, Karl/Engels, Friedrich (MEW) (1983): Werke, Bd. 23 (Das Kapital) und Bd. 4. Berlin: Dietz.

Mbembe, Achille (2017): Kritik der schwarzen Vernunft. Berlin: Suhrkamp.

Mecheril, Paul (2010): Migrationspädagogik. Weinheim/Basel: Beltz.

Mecheril, Paul (Hrsg.) (2016): Handbuch Migrationspädagogik. Weinheim/Basel: Beltz.

Meinhof, Marius (2020): Postkoloniale Soziologie oder Soziologie des Kolonialismus? In: Soziologie, 49. Jg., Heft 4, 2020, 410-422.

Meissner, Jochen u. a. (2008): Schwarzes Amerika. Bonn: BpB.

Menke, Christoph (2017): Philosophie der Menschenrechte. Frankfurt/M.: Suhrkamp.

Menke, Christoph/Pollmann, Arnd (2007): Philosophie der Menschenrechte. Hamburg: Junius.

Menze, Clemens (Hrsg.) (1993): Menschenbilder. Frankfurt/M. usw.: Peter Lang.

Metzler, Gabriele (2018): Europa zwischen Kolonialismus und Dekolonisierung. Informationen zur politischen Bildung 338, 3/2018.

Mignolo, Walter (2019): Epistemischer Ungehorsam. Wien/Berlin: Turia+Kant.

Mills, Charles W. (2017): Black Rights – White Wrongs. The Critique of Racial Liberalism. New York: Oxford University Press.

Mitterauer, Michael (2009): Warum Europa? Mittelalterliche Grundlagen eines europäischen Sonderweges. München: Beck.

Moebius, Stephan/Schroer, Markus (Hrsg.) (2010): Diven, Hacker, Spekulanten. Frankfurt/M.: Suhrkamp.

Moore, Barrington (1987): Ungerechtigkeit. Frankfurt/M.: Suhrkamp.

Moore, Robert (2001): Die erste europäische Revolution. München: Beck.

Morrison, Toni (2018): Die Herkunft der Anderen. Reinbek: Rowohlt.

Moritz, Ralf u. a. (1988): Wie und warum entstand Philosophie? Berlin: Dietz.

Mörsch, Carmen (2018): Critical Diversity an der Schnittstelle Bildung/Kunst: Einblicke in die immerwährende Werkstatt eines diskriminierungskritischen Curriculums. In Schütze/Maedler 2017, 109 – 120.

Mosse, George L. (1998): Die Geschichte des Rassismus in Europa. Frankfurt/M.: Fischer.

Müller, Franziska/Ziai, Aram (2015): Eurozentrismus in der Entwicklungszusammenarbeit. APUZ, 6.5.2015.

Müller, Klaus/Treml, Alfred K. (Hrsg.) (1992): Ethnopädagogik. Hamburg: Reimer.

Müller, Gerd/Weiser-Ude, Edith von (Hrsg.*innen) (2020): Fokus: Afrika. Bonn/Berlin: BMZ.

Müller, Rudolf Wolfgang (1978): Geld und Geist. Frankfurt/M.-New York: Campus.

Müller-Commichau, Wolfgang (2020): Anerkennung in der Pädagogik. Baltmannsweiler: Hohengehren.

Müller-Heidelberg, Till (Hrsg.) (2016): Grundrechtereport. Frankfurt/M.: Fischer.

Münch, Paul (1984): Ordnung, Fleiß, Sparsamkeit. München: dtv.

Münch, Richard (1986): Die Kultur der Moderne. Frankfurt/M.: Suhrkamp.

Münch, Richard (1991): Dialektik der Kommunikationsgesellschaft. Frankfurt/M.: Suhrkamp.

Münker, Stefan/Rösler, Alexander (2012): Poststrukturalismus. Stuttgart: Metzler.

Münkler, Herfried (2005): Imperien. Bonn: BpB.

Murray, Jocelyn (Hrsg*in) (1998): Afrika. Kunst, Geschichte und Lebensformen. Augsburg: Weltbild.

Nassehi, Armin (2009): Der soziologische Diskurs der Moderne. Frankfurt/M.: Suhrkamp.

Naumann, Thilo Maria (2000): Das umkämpfte Subjekt. Tübingen: edition diskord.

Neumann, Eckhard (2008): Funktionshistorische Anthropologie der ästhetischen Produktivität. Berlin: Reimer.

Ngugi wa Thiong'o (2017): Dekolonisierung des Denkens. Münster: Unrast.

Niethammer, Lutz (2000): Kollektive Identität. Reinbek: Rowohlt.

Nipperdey, Thomas (1998): Wie das Bürgertum die Moderne erfand. Stuttgart: Reclam.

Nipperdey, Thomas (1990): Deutsche Geschichte 1800 – 1918. München: Beck.

Nipperdey, Thomas (1991): Nachdenken über die deutsche Geschichte. München: Beck.

Nohl, Arnd-Michael (2006): Konzepte interkultureller Pädagogik. Bad Heilbrunn: Klinkhardt.

Nolte, Paul (2006): Riskante Moderne. München: Beck.

Nonhoff, Martin (2022): Die postkoloniale Demokratiekritik. IWMpost 128.

Nussbaum, Martha (2002): Aristotelische Sozialdemokratie. In: Nida-Rümelin, Julian/ Thierse, Wolfgang (Hrsg.) (2002): Für eine aristotelische Sozialdemokratie. Essen: Klartext.

Oltmer, Jochen (2014): Migration. Bonn: BpB.

Osterhammel, Jürgen (2000): Sklaverei und die Zivilisation des Westens. München: Siemensstiftung.

Osterhammel, Jürgen (2010): Die Entzauberung Asiens. München: Beck.

Osterhammel, Jürgen (2011): Die Verwandlung der Welt. München: Beck.

Osterhammel, Jürgen/Jansen, Jan (2017): Kolonialismus. München: Beck.

Osterhammel, Jürgen/Petersson, Niels (2007): Geschichte der Globalisierung. München: Beck.

Overwien, Bernd (2013): Die Critical Whiteness-Kritik am Globalen Lernen wird ihrem Gegenstand nicht gerecht. Blätter des IZ3W, Freiburg 8/2013.

Patterson, Orlando (2005): Freiheit, Sklaverei und die moderne Konstruktion der Rechte. In: Joas/Wiegandt 2005, 164 – 218.

Pauen, Michael/Welzer, Harald (2015): Autonomie. Frankfurt/M.: Fischer.

Pelizaeus, Ludolf (2008): Der Kolonialismus. Wiesbaden: Marix.

Pérez de Cuéllar, Javier (Hrsg.) (1998): Our Creative Diversity. Paris: UNESCO.

Pichot, André (1995): Die Geburt der Wissenschaft. Darmstadt: WBG.

Plessner, Helmuth (1974): Die verspätete Nation. Frankfurt/M.: Fischer.

Plessner, Helmuth (1976): Die Frage nach der conditio humana. Frankfurt/M.: Suhrkamp.

Pleticha, Heinrich (Hrsg.) (1996): Weltgeschichte. Gütersloh: Bertelsmann.

Plumpe, Werner (2019): Das kalte Herz. Berlin: Rowohlt.

Pogge, Thomas (2012): Weltarmut und Menschenrechte. Berlin/New York: de Gruyter.

Pollmann, Arnd/Lohmann, Georg (Hrsg.) (2012): Menschenrechte. Ein interdisziplinäres Handbuch. Stuttgart: Metzler.

Prengel, Annedore (1995): Pädagogik der Vielfalt. Opladen: Leske + Budrich.

Prokasky, Herbert/Tabaczek, Martin (1996): Europas Weg in die Moderne. Paderborn: Schöningh.

Quijano, Anibal (2019): Kolonialität der Macht, Eurozentrismus und Lateinamerika. Wien/Berlin: Turia+Kant.

Randeria, Shalini/Eckert, Andreas (Hrsg*innen) (2009): Vom Imperialismus zum Empire. Frankfurt/M.: Suhrkamp.

Rawls, John (1994): Die Idee des politischen Liberalismus. Frankfurt/M.: Suhrkamp.

Rawls, John (1979): Eine Theorie der Gerechtigkeit. Frankfurt/M.: Suhrkamp.

Reckwitz, Andreas (2006): Das hybride Subjekt. Weilerswist: Delbrück.

Reckwitz, Andreas (2008): Subjekt. Bielefeld: transcript.

Reinhard, Wolfgang (1999): Geschichte der Staatsgewalt. München: Beck.

Reinhard, Wolfgang (2007): Geschichte des modernen Staates. München: Beck.

Reinhard, Wolfgang (2016): Die Unterwerfung der Welt. München: Beck.

Reuter, Julia/Karentzos, Alexander (Hrsg*innen) (2012): Schlüsselwerke der Postcolonial Studies. Wiesbaden: SpringerVS.

Reuter, Julia/Villa, Paula-Irene (Hrsg*innen) (2010): Postkoloniale Soziologie. Bielefeld: transcript.

Reuter, Julia/Mecheril, Paul (Hrsg.) (2015): Schlüsselwerke der Migrationsforschung. Wiesbaden: Springer.

Reybrouck, David Van (2010): Kongo. Berlin: Suhrkamp.

Ribeiro, Darcy (1971): Der zivilisatorische Prozess. Frankfurt/M.: Suhrkamp.

Ricken, Norbert/Casale, Rita/Thompson, Christiane (Hrsg.) (2019): Subjektivierung. Weinheim/Basel: Beltz-Juventa.

Riegel, Christine (2016): Bildung, Intersektionalität, Othering. Bielefeld: transcript.

Rieger-Ladich, Markus (2020): Bildungstheorien. Hamburg: Junius.

Ringer, Fritz K. (1983): Die Gelehrten. München: dtv.

Rittelmeyer, Christian (2010): Warum und wozu ästhetische Bildung? Oberhausen: Athena.

Ritter, Joachim u. a. (Hrsg.) (1979 ff.): Historisches Wörterbuch der Philosophie. Basel: Schwabe.

Rittstieg, Helmut (1975): Eigentum als Verfassungsproblem. Darmstadt: WBG.

Roberts, John M. (1986): Der Triumph des Abendlandes. Düsseldorf/Wien: Econ.

Roeck, Bernd (2017): Der Morgen der Welt. München: Beck.

Röd, Wolfgang (2009): Der Weg der Philosophie. Zwei Bde. München: Beck.

Rousseau, Jean Jaques (2019): Abhandlung über den Ursprung der Ungleichheit unter den Menschen. Stuttgart: Reclam.

Ruppert, Wolfgang (1984): Die Fabrik. München: Beck.

Rushton, J. Philippe (2005): Rasse, Evolution und Verhalten. Graz: Ares.

Said, Edward (2009): Orientalismus. Frankfurt/M.: Fischer.

Samour, Nahed (2023): Zur postkolonialen Kritik der Menschenrechte. APuZ 1.12.2023.

Sandkühler, Hands Jörg (2014): Menschenwürde und Menschenrechte. Freiburg/München: Alber.

Sarr, Felwine (2019): Afrotopia. Berlin: Matthes&Seitz.

Scarry, Elaine (1992): Der Körper im Schmerz. Frankfurt/M.: Fischer.

Schäfer, Michael (2009): Geschichte des Bürgertums. Köln usw.: Böhlau.

Schauer, Alexandra (2023): Mensch ohne Welt. Berlin: Suhrkamp.

Scheidler, Fabian (2015): Das Ende der Megamaschine. Wien: promedia.

Schelkshorn, Hans (2009): Entgrenzungen. Weilerswist: Velbrück.

Scherr, Albert/Breit, Helen (2020): Diskriminierung, Anerkennung und der Sinn für die eigene soziale Position. Weinheim/Basel: Beltz-Juventa.

Schneewind, J. B. (1998): The Invention of Autonomy. Cambridge etc.: CUP.

Schneider, Martin (2015): Die Geschichte der Sklaverei. Wiesbaden: Marix.

Schoeck, Helmut (1987): Der Neid und die Gesellschaft. Berlin: Ullstein.

Schreiber, Matthias (2013): Würde. Hamburg: DVA.

Schulze, Gerhard (2003): Die beste aller Welten. München: Hanser.

Schulze, Hagen (2004): Staat und Nation in der europäischen Geschichte. München: Beck.

Schui, Herbert/Blankenburg, Stephanie (2002): Neoliberalismus. Hamburg: VSA.

Schütze, Anja/Maedler, Jens (Hrsg.) (2017): Weiße Flecken. München: kopaed.

Schwardtländer, Johannes/Willoweit, Dietmar (Hrsg.) (1983): Das Recht des Menschen auf Eigentum. Kehl/Straßburg: Engel.

Sedmark, Clemens (Hrsg.) (2012): Freiheit. Darmstadt: WBG:

Seibt, Ferdinand (2002): Die Begründung Europas. Frankfurt/M.: Fischer.

Sen, Amartya (2021): Elemente einer Theorie der Menschenrechte. Stuttgart: Reclam.

Sennett, Richard (2005): Der flexible Mensch. Berlin: Berlin Verlag.

Sheehan, James (2007): Kontinent der Gewalt. München: Beck.

Sofsky, Wolfgang (1997): Die Ordnung des Terrors. Frankfurt/M.: Fischer.

Sommer, Marianne u. a. (Hrsg*innen) (2017): Handbuch der Wissenschaftsgeschichte. Stuttgart: Metzler.

Sonderegger, Arno (2013): Antirassismus und Antikolonialismus unter afrikanischen Intellektuellen, 1850 bis 1970. Stichproben Nr. 25/2013, 53 – 74.

Sonderegger, Arno (2017): Kurze Geschichte des Alten Afrika. Wiesbaden: Marix.

Sow, Noah (2009): Deutschland Schwarz Weiss. München: Goldmann.

Speitkamp, Winfried (2009): Kleine Geschichte Afrikas. Stuttgart: Reclam.

Speitkamp, Winfried (2014): Deutsche Kolonialgeschichte. Stuttgart: Reclam.

Spivak, Gayatri Chakravorty (2020): Can the Subaltern Speak? Berlin: Turia+Kant.

Spivak, Gayatri Chakravorty (2014): Kritik der postkolonialen Vernunft: Stuttgart: Kohlhammer.

Spranger, Eduard (1950): Lebensformen. Tübingen: Neomarins.

Stein, Gerd (Hrsg.) (1984): Die edlen Wilden. Frankfurt/M.: Fischer.

Stern, Fritz (1963): Kulturpessimismus als politische Gefahr. Bern: Scherz.

Störig, Hans Joachim (1998): Kleine Weltgeschichte der Philosophie. Frankfurt/M.: Fischer.

Stollberg-Rilinger, Barbara (2000): Europa im Jahrhundert der Aufklärung. Stuttgart: Reclam.

Stuchtey, Benedikt (2010): Die europäische Expansion und ihre Feinde. München: Oldenbourg.

Sousa Santos, Boaventura de (2014): Epistemologies of the South. London: Routledge.

Tabaczek, Martin/Prokasky (1996): Europas Weg in die Moderne. Paderborn: Schöningh.

Tarnas, Richard (2006): Das Wissen des Abendlandes. Düsseldorf: Albatros.

Taube, Gerd u. a. (Hrsg.) (2017): Handbuch *Das starke Subjekt*. München: kopaed.

Taylor, Charles (1994): Quellen des Selbst. Frankfurt/M.: Suhrkamp.

Taylor, Charles (2009): Ein säkulares Zeitalter. Frankfurt/M.: Suhrkamp.

Tenorth, Heinz-Elmar (2000): Geschichte der Erziehung. Weinheim/Basel: Juventa.

Thoma, Heinz (Hrsg.) (2015): Handbuch Europäische Aufklärung. Stuttgart: Metzler.

Thurn, Hans Peter (1990): Kulturbegründer und Weltzerstörer. Stuttgart: Metzler.

Tilly, Charles (1993): Die europäischen Revolutionen. München: Beck.

Tomasello, Michael (2006): Die kulturelle Entwicklung des menschlichen Denkens. Frankfurt/M.: Suhrkamp.

Tomasello, Michael (2010a): Warum wir kooperieren. Frankfurt/M.: Suhrkamp.

Tomasello, Michael (2010b): Die Ursprünge der menschlichen Kommunikation. Frankfurt/M.: Suhrkamp.

Treiber, Hubert/Steinert, Heinz (1980): Die Fabrikation des zuverlässigen Menschen. München: Heinz Moos.

Treml, Alfred (2004): Evolutionäre Pädagogik. Stuttgart: Kohlhammer.

UNESCO (ed.) (1998): Our Creative Diversity. Paris: UNESCO.

Veith, Hermann (2001): Das Selbstverständnis des modernen Menschen. Frankfurt/M./ New York: Campus.

Veith, Hermann (2003): Kompetenzen und Lernkulturen. Münster/New York: Waxmann.

Vereinte Nationen (1995): Our Creative Diversity. New York: VN.

Vereinte Nationen (2015): Milleniums-Entwicklungsziele. Bericht 2015. New York: VN.

Vovelle, Michel (Hrsg.) (2004): Der Mensch der Aufklärung. Essen: Magnus.

Wagner, Peter (1995): Soziologie der Moderne. Frankfurt/M./New York: Campus.

Wahl, Klaus (1989): Die Modernisierungsfalle. Frankfurt/M.: Suhrkamp.

Walgenbach, Katharina (2017): Heterogenität – Intersektionalität – Diversität. Opladen/ Toronto: Barbara Budrich.

Watson, Peter (2008): Ideen. München: Goldmann.

Weber, Max (2008) Wirtschaft und Gesellschaft. Politik und Gesellschaft. Religion und Gesellschaft. Drei Bde. Frankfurt/M.: Zweitausendeins.

Welzer, Harald (2014): Selbst Denken. Frankfurt/M.: Fischer.

Wendt, Reinhard (2007): Vom Kolonialismus zur Globalisierung. Paderborn usw.: Schöningh.

Wesel, Uwe (2007): Geschichte des Rechts. München: Beck.

Wesel, Uwe (2010): Geschichte des Rechts in Europa. München: Beck.

West, Cornel (2020): Den Status quo bedrohen. Gespräch mit Grace Blakeley. In. Der Freitag Nr. 43 vom 22.10.2020.

Wetz, Franz J. (2005): Die Würde des Menschen. Stuttgart: Klett Cotta.

Wetz, Franz J. (2014): Rebellion der Selbstachtung. Aschaffenburg: Alibri.

Wimmer, Franz Martin (2004): Interkulturelle Philosophie. Wien: WUV:

Young, Robert C. (2001): Postcolonialism. Oxford: Blackwell.

Zeuske, Michael (2013): Handbuch Geschichte der Sklaverei. Berlin/Boston: de Gruyter.

Ziai, Aram (2007): Globale Strukturpolitik. Münster: Westfälisches Dampfboot.

Ziai, Aram (Hrsg.) (2014): Im Westen nichts Neues? Baden-Baden: Nomos.

Ziai, Aram (Hrsg.) (2016): Postkoloniale Politikwissenschaft. Bielefeld: transcript.

Ziegler, Jean (2009): Der Hass auf den Westen. München: Bertelsmann.

Zirfas, Jörg (2017): Das vulnerable Subjekt. In: Taube, Gerd u. a. (Hrsg.) (2017): Handbuch *Das starke Subjekt.* München: kopaed.

Zuboff, Shohana (2018): Das Zeitalter des Überwachungskapitalismus. Frankfurt/M.: Campus